**FOURTH EDITION**

# Sueña

## Español sin barreras | Curso intermedio breve

José A. Blanco

C. Cecilia Tocaimaza-Hatch

**VISTA®**
HIGHER LEARNING

Boston, Massachusetts

**Publisher:** José A. Blanco

**Editorial Development:** Judith Bach, Deborah Coffey, María Victoría Echeverri, Jo Hanna Kurth

**Project Management:** Sally Giangrande, Faith Ryan

**Rights Management:** Jorgensen Fernandez, Ashley Poreda

**Technology Production:** Egle Gutiérrez, Paola Ríos Schaaf

**Design:** Radoslav Mateev, Sara Montoya, Gabriel Noreña, Andrés Vanegas

**Production:** Oscar Díez, Sebastián Díez Pérez

Student Text ISBN (Perfectbound): 978-1-68005-716-4
Student Text ISBN (Loose-Leaf): 978-1-68005-717-1

Instructor's Annotated Edition ISBN: 978-1-68005-718-8

Library of Congress Control Number: 2017949821

1 2 3 4 5 6 7 8 9 WC 22 21 20 19 18 17

# Bienvenidos a

**SUEÑA**, an exciting intermediate Spanish program designed to provide you with an active and rewarding learning experience as you continue to strengthen your language skills and develop cultural competency.

Here are some of the key features you will find in **SUEÑA**:

- A cultural focus integrated throughout the entire lesson

- Authentic **Flash Cultura** video, **Cultura en pantalla** TV clips, and dramatic short films by contemporary Hispanic filmmakers that carefully tie in the lesson theme and grammar structures

- A fresh, magazine-like design and lesson organization that both support and facilitate language learning

- A highly structured, easy-to-navigate design, based on spreads of two facing pages

- An abundance of illustrations, photos, charts, and graphs, all specifically chosen or created to help you learn

- An emphasis on authentic language and practical vocabulary for communicating in real-life situations

- Abundant guided and communicative activities

- Clear and well-organized grammar explanations that highlight the most important concepts in intermediate Spanish

- Short and comprehensible literary and cultural readings that recognize and celebrate the diversity of the Spanish-speaking world

- A built-in **Manual de gramática** for reference, review, and additional practice

- A complete set of print and technology program components to equip you with the materials you need to make learning Spanish easier

# CONTENIDO

| | PARA EMPEZAR | CORTOMETRAJE | SUEÑA |
|---|---|---|---|

| ESTRUCTURAS | MANUAL DE GRAMÁTICA<br>Optional Sequence | CULTURA | LITERATURA |
|---|---|---|---|

# CONTENIDO

| | PARA EMPEZAR | CORTOMETRAJE | SUEÑA |
|---|---|---|---|
| **Lección 5**<br>**Las riquezas naturales** | **Nuestro mundo**..........160<br>los animales<br>la ecología<br>los fenómenos naturales<br>la naturaleza | *Raíz* (17 min)............162<br>España 2003<br>Director: Gaizka Urresti | Colombia, Ecuador y Venezuela .168<br>GALERÍA DE CREADORES:<br>Marisol Escobar, Gabriel García Márquez, Oswaldo Guayasamín, Carolina Herrera ............170<br>FLASH CULTURA: Un bosque tropical ...................173 |
| **Lección 6**<br>**El valor de las ideas** | **Creencias e ideologías** ....198<br>la gente<br>las leyes y los derechos<br>la política<br>la seguridad y la amenaza | *Hiyab* (8 min) ...........200<br>España 2005<br>Director: Xavi Sala | Chile .....................206<br>GALERÍA DE CREADORES:<br>Isabel Allende, Miguel Littín, Roberto Matta, Violeta Parra....208<br>FLASH CULTURA: Puerto Rico: ¿nación o estado?...........211 |

## Icons

Familiarize yourself with these icons that appear throughout **SUEÑA**.

 Content on the Supersite: audio, video, and presentations

 Activity on the Supersite

 Pair activity

 Group activity

 Partner Chat activity

Additional practice on the Supersite, not included in the textbook, is indicated with this icon feature:

 Practice more at vhlcentral.com.

Each section of the textbook comes with resources and activities on the **SUEÑA** Supersite, many of which are auto-graded with immediate feedback. Plus, the Supersite is iPad®-friendly*, so it can be accessed on the go! Visit **vhlcentral.com** to explore this wealth of exciting resources.

**PARA EMPEZAR**
- Audio of the **Vocabulary** with recording activity for oral practice
- Textbook and extra practice activities
- Partner Chat and Virtual Chat activities for increased oral practice

**CORTOMETRAJE**
- Streaming video of the short film with instructor-controlled options for subtitles
- Pre- and post-viewing activities
- Partner Chat and Virtual Chat activities for increased oral practice

**SUEÑA**
- Main **SUEÑA** cultural reading
- Streaming video of **Flash Cultura** cultural video
- Auto-graded textbook and extra practice activities
- Virtual Chat activity for increased oral practice

**ESTRUCTURAS**
- Textbook grammar presentations
- Animated grammar tutorials
- Textbook and extra practice activities
- Partner Chat activities for increased oral practice
- **Repaso** self-test

**CULTURA**
- Audio-synced reading of the main **CULTURA** text
- Textbook and extra practice activities
- Partner Chat and Virtual Chat activities for increased oral practice
- Streaming video of **Cultura en pantalla** TV clips

**LITERATURA**
- Audio-synced reading of the literary text
- Textbook and extra practice activities
- Partner Chat and Virtual Chat activities for increased oral practice
- **Plan de redacción** composition activity

**VOCABULARIO**
- Vocabulary list with audio
- Vocabulary Tools: customizable word lists, flashcards with audio

**MANUAL DE GRAMÁTICA**
- Textbook grammar presentations
- Practice activities with immediate feedback

**Plus!** Also found on the Supersite:
- Lab audio MP3 files
- Forums for oral assignments, group presentations, and projects
- Live Chat tool for video chat, audio chat, and instant messaging without leaving your browser
- Communication center for instructor notifications and feedback
- A single gradebook for all Supersite activities
- WebSAM online Student Activities Manual (Workbook, Lab Manual)
- **v̂Text** online, interactive student edition with access to Supersite activities, audio, and video.

Supersite features vary by access level.
*Students must use a computer for audio recording and select presentations.

# Program Components

### Student Edition vText

This virtual, interactive student edition provides a digital text, plus links to Supersite activities and media.

### Student Activities Manual (SAM)

The **Student Activities Manual** consists of two parts: the **Workbook** and the **Lab Manual**.

- **Workbook**

  The **Workbook** activities provide additional practice of the vocabulary and grammar for each textbook lesson. They also reinforce the content of the **Sueña** section.

- **Lab Manual**

  The **Lab Manual** activities focus on building your pronunciation and listening comprehension skills in Spanish. They provide additional practice of the vocabulary and grammar of each lesson. They also revisit the **Literatura** reading with dramatic recordings and activities.

### WebSAM

Completely integrated with the **SUEÑA** Supersite, the **WebSAM** provides access to online **Workbook** and **Lab Manual** activities with instant feedback and grading for select activities. The complete audio program is accessible online in the **Lab Manual** and features record-submit functionality for select activities. The MP3 files can be downloaded from the **SUEÑA** Supersite and can be played on your computer, portable MP3 player, or mobile device.

### SUEÑA, Fourth Edition, Supersite

Included with the purchase of every new student edition, the passcode to the Supersite (**vhlcentral.com**) gives you access to a wide variety of interactive activities for each section of every lesson of the student text, including auto-graded activities for extra practice with vocabulary, grammar, video, and cultural content; reference tools; the **Cultura en pantalla** TV clips; the short films, **Flash Cultura** videos; News and Cultural Updates; the Lab Program MP3 files, and more.

# CONTENIDO

## outlines the content and themes of each lesson.

**Lesson opener** The first two pages introduce you to the lesson theme. Dynamic photos and brief descriptions of the theme's film, culture topics, and readings serve as a springboard for class discussion.

**Lesson overview** A lesson outline prepares you for the linguistic and cultural topics you will study in the lesson.

## Supersite

Supersite resources are available for every section of the lesson at **vhlcentral.com.** Icons show you which textbook activities are also available online, and where additional practice activities are available. The description next to the ⓢ icon indicates what additional resources are available for each section: videos, audio recordings, readings and presentations, and more!

Supersite features vary by access level.

# PARA EMPEZAR

## practices the lesson vocabulary with thematic activities.

**Vocabulary**  Easy-to-study thematic lists present useful vocabulary.

**Photos and illustrations**  Dynamic, full-color photos and art illustrate selected vocabulary terms.

**Práctica**  This set of activities practices vocabulary in diverse formats and engaging contexts.

## Supersite

- Audio recordings of all vocabulary items
- All textbook activities including Partner Chat activities
- Additional online-only Virtual Chat activities and practice activities

Supersite features vary by access level.

# CORTOMETRAJE

## features award-winning short films by contemporary Hispanic filmmakers.

**Films** Compelling short films from three different countries let you see and hear Spanish in its authentic contexts. Films are thematically linked to the lessons.

**Escenas** Video stills with captions from the film prepare you for the film and introduce some of the expressions you will encounter.

**Notas culturales** These sidebars with cultural information related to the **Cortometraje** help you understand the cultural context and background surrounding the film.

## Supersite

• Streaming video of short films with instructor-controlled subtitle options

Supersite features vary by access level.

# PREPARACIÓN and ANÁLISIS

## provide pre- and post-viewing support for each film.

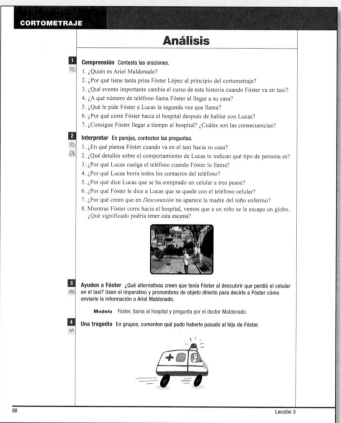

**Preparación** Pre-viewing activities set the stage for the film by providing vocabulary support, background information, and opportunities to anticipate the film content.

**Análisis** Post-viewing activities check your comprehension and allow you to explore broader themes from the film in relation to your own life.

## Ⓢupersite

- All textbook activities including Partner Chat activities

- Additional online-only Virtual Chat and practice activities

Supersite features vary by access level.

# SUEÑA

## simulates a voyage to the featured country or region.

**Magazine-like design** Each reading is presented in the attention-grabbing visual style you would expect from a magazine.

**Readings** Dynamic readings draw your attention to culturally significant locations, traditions, and monuments of the country or region.

**El español de...** Terms and expressions specific to the country or region are highlighted in easy-to-reference lists.

## Supersite

• All reading selections

Supersite features vary by access level.

# GALERÍA DE CREADORES

## profiles important cultural and artistic figures from the region.

**Profiles and dramatic images** Brief descriptions provide a synopsis of the featured person's life and cultural importance. Colorful photos show you their faces and artistic creations.

**Activities** ¿Qué aprendiste? activities check your comprehension of the Sueña and Galería de creadores readings and lead you to further exploration.

### Supersite

- All reading selections
- Textbook activities and online-only Virtual Chat and comprehension activities

Supersite features vary by access level.

# FLASH CULTURA

## features mini-interviews with Spanish speakers.

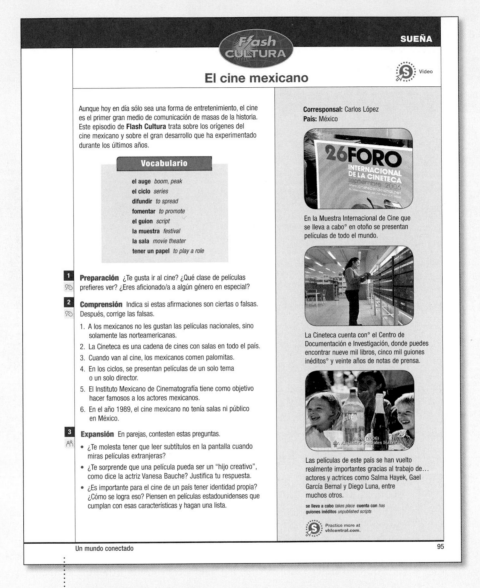

**Flash CULTURA** SUEÑA

### El cine mexicano

🔍 Video

Aunque hoy en día sólo sea una forma de entretenimiento, el cine es el primer gran medio de comunicación de masas de la historia. Este episodio de **Flash Cultura** trata sobre los orígenes del cine mexicano y sobre el gran desarrollo que ha experimentado durante los últimos años.

**Corresponsal:** Carlos López
**País:** México

**Vocabulario**

**el auge** *boom, peak*
**el ciclo** *series*
**difundir** *to spread*
**fomentar** *to promote*
**el guion** *script*
**la muestra** *festival*
**la sala** *movie theater*
**tener un papel** *to play a role*

En la Muestra Internacional de Cine que se lleva a cabo° en otoño se presentan películas de todo el mundo.

**1** **Preparación** ¿Te gusta ir al cine? ¿Qué clase de películas prefieres ver? ¿Eres aficionado/a a algún género en especial?

**2** **Comprensión** Indica si estas afirmaciones son ciertas o falsas. Después, corrige las falsas.

1. A los mexicanos no les gustan las películas nacionales, sino solamente las norteamericanas.
2. La Cineteca es una cadena de cines con salas en todo el país.
3. Cuando van al cine, los mexicanos comen palomitas.
4. En los ciclos, se presentan películas de un solo tema o un solo director.
5. El Instituto Mexicano de Cinematografía tiene como objetivo hacer famosos a los actores mexicanos.
6. En el año 1989, el cine mexicano no tenía salas ni público en México.

La Cineteca cuenta con° el Centro de Documentación e Investigación, donde puedes encontrar nueve mil libros, cinco mil guiones inéditos° y veinte años de notas de prensa.

**3** **Expansión** En parejas, contesten estas preguntas.

• ¿Te molesta tener que leer subtítulos en la pantalla cuando miras películas extranjeras?
• ¿Te sorprende que una película pueda ser un "hijo creativo", como dice la actriz Vanesa Bauche? Justifica tu respuesta.
• ¿Es importante para el cine de un país tener identidad propia? ¿Cómo se logra eso? Piensen en películas estadounidenses que cumplan con esas características y hagan una lista.

Las películas de este país se han vuelto realmente importantes gracias al trabajo de… actores y actrices como Salma Hayek, Gael García Bernal y Diego Luna, entre muchos otros.

**se lleva a cabo** *takes place* **cuenta con** *has* **guiones inéditos** *unpublished scripts*

🔍 Practice more at
vhlcentral.com.

Un mundo conectado 95

**Flash Cultura** Each lesson features a video shot in the form of a news broadcast.

**Activities** Video stills and **Preparación** activities provide visual and linguistic cues to help prepare you for watching the video. **Comprensión** and **Expansión** activities help you get the most out of it.

## 🅢upersite

• Streaming **Flash Cultura** video with instructor-controlled subtitle options

Supersite features vary by access level.

# ESTRUCTURAS

## presents key intermediate grammar topics with detailed visual support.

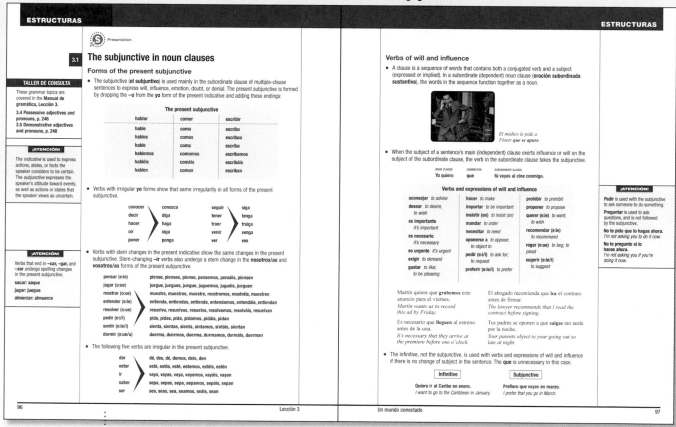

**ESTRUCTURAS**

**3.1**

### The subjunctive in noun clauses

**Forms of the present subjunctive**

- The subjunctive (**el subjuntivo**) is used mainly in the subordinate clause of multiple-clause sentences to express will, influence, emotion, doubt, or denial. The present subjunctive is formed by dropping the **–o** from the **yo** form of the present indicative and adding these endings:

**The present subjunctive**

| hablar | comer | escribir |
|--------|-------|----------|
| hable | coma | escriba |
| hables | comas | escribas |
| hable | coma | escriba |
| hablemos | comamos | escribamos |
| habléis | comáis | escribáis |
| hablen | coman | escriban |

- Verbs with irregular **yo** forms show that same irregularity in all forms of the present subjunctive.

| conocer | conozca | seguir | siga |
|---------|---------|--------|------|
| decir | diga | tener | tenga |
| hacer | haga | traer | traiga |
| oír | oiga | venir | venga |
| poner | ponga | ver | vea |

- Verbs with stem changes in the present indicative show the same changes in the present subjunctive. Stem-changing **–ir** verbs also undergo a stem change in the **nosotros/as** and **vosotros/as** forms of the present subjunctive.

| pensar (e:ie) | piense, pienses, piense, pensemos, penséis, piensen |
| jugar (u:ue) | juegue, juegues, juegue, juguemos, juguéis, jueguen |
| mostrar (o:ue) | muestre, muestres, muestre, mostremos, mostréis, muestren |
| entender (e:ie) | entienda, entiendas, entienda, entendamos, entendáis, entiendan |
| resolver (o:ue) | resuelva, resuelvas, resuelva, resolvamos, resolváis, resuelvan |
| pedir (e:i/i) | pida, pidas, pida, pidamos, pidáis, pidan |
| sentir (e:ie/i) | sienta, sientas, sienta, sintamos, sintáis, sientan |
| dormir (o:ue/u) | duerma, duermas, duerma, durmamos, durmáis, duerman |

- The following five verbs are irregular in the present subjunctive.

| dar | dé, des, dé, demos, deis, den |
| estar | esté, estés, esté, estemos, estéis, estén |
| ir | vaya, vayas, vaya, vayamos, vayáis, vayan |
| saber | sepa, sepas, sepa, sepamos, sepáis, sepan |
| ser | sea, seas, sea, seamos, seáis, sean |

**TALLER DE CONSULTA**

These grammar topics are covered in the **Manual de gramática, Lección 3**.
3.4 Possessive adjectives and pronouns, p. 246
3.5 Demonstrative adjectives and pronouns, p. 248

**¡ATENCIÓN!**

The *indicative* is used to express actions, states, or facts the speaker considers to be certain. The *subjunctive* expresses the speaker's attitude toward events, as well as actions or states that the speaker views as uncertain.

**¡ATENCIÓN!**

Verbs that end in **–car, –gar,** and **–zar** undergo spelling changes in the present subjunctive.
sacar: saque
jugar: juegue
almorzar: almuerce

96 — Lección 3

---

**Presentation**

**ESTRUCTURAS**

**Verbs of will and influence**

- A clause is a sequence of words that contains both a conjugated verb and a subject (expressed or implied). In a subordinate (dependent) noun clause (**oración subordinada sustantiva**), the words in the sequence function together as a noun.

*El médico le pide a Fóster **que se apure**.*

- When the subject of a sentence's main (independent) clause exerts influence or will on the subject of the subordinate clause, the verb in the subordinate clause takes the subjunctive.

| MAIN CLAUSE | CONNECTOR | SUBORDINATE CLAUSE |
|-------------|-----------|--------------------|
| Yo quiero | que | tú vayas al cine conmigo. |

**Verbs and expressions of will and influence**

| aconsejar to advise | hacer to make | prohibir to prohibit |
|---------------------|---------------|----------------------|
| desear to desire; to wish | importar to be important | proponer to propose |
| es importante it's important | insistir (en) to insist (on) | querer (e:ie) to want; to wish |
| es necesario it's necessary | mandar to order | recomendar (e:ie) to recommend |
| es urgente it's urgent | necesitar to need | |
| exigir to demand | oponerse a to oppose; to object to | rogar (o:ue) to beg; to plead |
| gustar to like; to be pleasing | pedir (e:i/i) to ask for; to request | sugerir (e:ie/i) to suggest |
| | preferir (e:ie/i) to prefer | |

Martín quiere que **grabemos** este anuncio para el viernes.
*Martín wants us to record this ad by Friday.*

Es necesario que **lleguen** al estreno antes de la una.
*It's necessary that they arrive at the premiere before one o'clock.*

El abogado recomienda que **lea** el contrato antes de firmar.
*The lawyer recommends that I read the contract before signing.*

Tus padres se oponen a que **salgas** tan tarde por la noche.
*Your parents object to your going out so late at night.*

- The infinitive, not the subjunctive, is used with verbs and expressions of will and influence if there is no change of subject in the sentence. The **que** is unnecessary in this case.

| Infinitive | Subjunctive |
|------------|-------------|
| Quiero ir al Caribe en enero. | Prefiero que vayas en marzo. |
| *I want to go to the Caribbean in January.* | *I prefer that you go in March.* |

**¡ATENCIÓN!**

**Pedir** is used with the subjunctive to ask someone to do something.

**Preguntar** is used to ask questions, and is not followed by the subjunctive.

No te **pido** que le **hagas** ahora.
*I'm not asking you to do it now.*

No te **pregunto** si lo **haces** ahora.
*I'm not asking you if you're doing it now.*

Un mundo conectado — 97

---

**Integration of Cortometraje** Photos with quotes or captions from the lesson's short film show the new grammar structures in meaningful contexts.

**Charts and diagrams** Colorful, easy-to-understand charts and diagrams highlight key grammar structures and related vocabulary.

**Grammar explanations** Explanations are written in clear, easy-to-understand language for reference both in and out of class.

**Atención** These sidebars expand on the current grammar point and call attention to possible sources of confusion.

**Taller de consulta** These sidebars reference relevant grammar points presented actively in **Estructuras**, and refer you to the supplemental **Manual de gramática** found at the end of the book.

upersite

- Grammar presentations
- Animated grammar tutorials

Supersite features vary by access level.

# ESTRUCTURAS

## progresses from directed to communicative practice.

### Práctica

**1** **Seleccionar** Escoge el infinitivo, el indicativo o el subjuntivo para completar las oraciones.

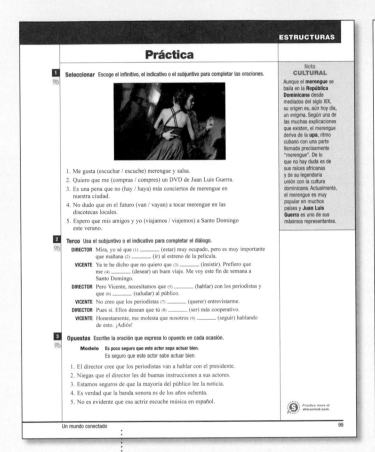

1. Me gusta (escuchar / escuche) merengue y salsa.
2. Quiero que me (compras / compres) un DVD de Juan Luis Guerra.
3. Es una pena que no (hay / haya) más conciertos de merengue en nuestra ciudad.
4. No dudo que en el futuro (van / vayan) a tocar merengue en las discotecas locales.
5. Espero que mis amigos y yo (viajamos / viajemos) a Santo Domingo este verano.

**2** **Terco** Usa el subjuntivo o el indicativo para completar el diálogo.

**DIRECTOR** Mira, yo sé que (1) _____ (estar) muy ocupado, pero es muy importante que mañana (2) _____ (ir) al estreno de la película.

**VICENTE** Ya te he dicho que no quiero que (3) _____ (insistir). Prefiero que me (4) _____ (desear) un buen viaje. Me voy este fin de semana a Santo Domingo.

**DIRECTOR** Pero Vicente, necesitamos que (5) _____ (hablar) con los periodistas y que (6) _____ (saludar) al público.

**VICENTE** No creo que los periodistas (7) _____ (querer) entrevistarme.

**DIRECTOR** Pues sí. Ellos desean que tú (8) _____ (ser) más cooperativo.

**VICENTE** Honestamente, me molesta que nosotros (9) _____ (seguir) hablando de esto. ¡Adiós!

**3** **Opuestas** Escribe la oración que expresa lo opuesto en cada ocasión.

**Modelo** Es poco seguro que este actor sepa actuar bien.
Es seguro que este actor sabe actuar bien.

1. El director cree que los periodistas van a hablar con el presidente.
2. Niegas que el director les dé buenas instrucciones a sus actores.
3. Estamos seguros de que la mayoría del público lee la noticia.
4. Es verdad que la banda sonora es de los años ochenta.
5. No es evidente que esa actriz escuche música en español.

**Nota CULTURAL**

Aunque el **merengue** se baila en la **República Dominicana** desde mediados del siglo XIX, su origen es, aún hoy día, un enigma. Según una de las muchas explicaciones que existen, el merengue deriva de la **upa**, ritmo cubano con una parte llamada precisamente "merengue". De lo que no hay duda es de sus raíces africanas y de su legendaria unión con la cultura dominicana. Actualmente, el merengue es muy popular en muchos países y **Juan Luis Guerra** es uno de sus máximos representantes.

Ⓢ Practice more at vhlcentral.com.

### Comunicación

**4** **Juan Pablo enamorado** Juan Pablo está enamorado de Maricarmen y para impresionarla quiere convertirse en su hombre ideal. Usa las palabras y expresiones de la lista para darle consejos.

**Modelo** Es importante que te peines bien.

| | | |
|---|---|---|
| aconsejar | es mejor | recomendar |
| es importante | es necesario | rogar |
| es malo | insistir en | sugerir |

Juan Pablo antes — Juan Pablo después

**5** **¡Despedido!** En parejas, usen las frases para improvisar una conversación en la que un(a) actor/actriz de televisión es despedido/a (*fired*) por el/la director(a) del programa. Usen el indicativo y el subjuntivo.

**Modelo** ¿No es extraño que los televidentes estén pidiendo otro actor para ese papel?

| | |
|---|---|
| creo que | los anuncios |
| es extraño | el canal |
| es necesario | los chismes |
| es verdad | el comportamiento (*behavior*) |
| espero que | los críticos |
| necesito que | la escena |
| te ruego que | los televidentes |

**6** **¿Cómo son? ¿Qué hacen?** En parejas, usen el subjuntivo para inventar e intercambiar descripciones de estas personas.

**Modelo** La estrella de cine es tacaña.
Dudo que gaste mucho dinero. Prefiere que sus amigos le compren todo.

1. La actriz es antipática.
2. El periodista es muy generoso.
3. El cantante es extraño.
4. La crítica de cine es insegura.

**Práctica** Directed exercises support you as you begin working with the grammar structures, helping you master the forms you need for personalized communication.

**Comunicación** Open-ended, communicative activities help you internalize the grammar point in a range of contexts involving pair and group work.

**Manual de gramática** Practice for grammar points related to those taught in **Estructuras** are included for review and/or enrichment at the end of the book.

### Ⓢupersite

- All textbook activities including Partner Chat activities
- Additional online-only practice activities
- **Manual de gramática** with corresponding activities

Supersite features vary by access level.

# SÍNTESIS

## brings together the lesson grammar and vocabulary themes.

**ESTRUCTURAS**

### Síntesis

# Noticias: ¿Mucho, poco o nada?

Los noticieros de la televisión tienen la misión de informar al público. Sin embargo, hay distintas opiniones sobre estos programas de noticias. Algunas personas están satisfechas con mirar solamente un noticiero para informarse. Generalmente estas personas miran el mismo programa todos los días o todas las semanas. Otras personas creen que deben obtener información de diferentes fuentes°, por ejemplo de otros canales de televisión. Estas personas generalmente miran más de un programa de noticias, en diferentes cadenas de televisión. Y hay incluso otro tipo de televidente que simplemente no cree en los programas de noticias y, por lo tanto, no mira las noticias. Estas personas buscan información en medios de comunicación alternativos, como la radio o Internet, o simplemente no buscan ninguna información y sólo miran la televisión para entretenerse y evadirse de la realidad. ■

*sources*

**1** **Consejos** ¿Qué consejos le darían a un(a) amigo/a que mira la televisión sólo como entretenimiento y nunca mira las noticias? En parejas, escríbanle un párrafo con recomendaciones. Deben utilizar el subjuntivo y el infinitivo. También deben utilizar por lo menos dos mandatos afirmativos y dos negativos.

> **Modelo**   Compra el periódico y léelo. Te recomiendo también que consideres opciones en Internet.

**2** **Anuncio** En grupos pequeños, imaginen que en la historia de la universidad nunca hubo tan pocos nuevos estudiantes inscritos como en este semestre. Escriban un anuncio para la radio para atraer un mayor número de estudiantes el año que viene. Usen tres mandatos informales afirmativos y tres negativos.

> **Modelo**   ¿Todavía no sabes dónde vas a estudiar el semestre que viene? Considera la universidad de...

**3** **Debate** En parejas, imaginen un diálogo entre una persona que nunca utiliza Internet y otra que está todo el día frente a la computadora. Representen el diálogo ante la clase, utilizando la mayor cantidad de pronombres posible.

110                                                                                          Lección 3

---

**Reading** Theme-related readings, realia, and charts reinforce the grammar structures and lesson vocabulary in engaging formats.

**Activities** This section integrates the three grammar points of the lesson, providing built-in, consistent review and recycling as you progress through the text.

## Ⓢupersite

- **Repaso** self-tests

Supersite features vary by access level.

# CULTURA

## features a dynamic cultural reading.

**Readings** Brief, comprehensible readings present you with additional cultural information related to the lesson theme.

**Design** Readings are carefully laid out with line numbers, marginal glosses, pull quotes, and box features to help make each piece easy to navigate.

**Photos** Vibrant, dynamic photos visually illustrate the reading.

**Cultura en pantalla** TV clips related to the culture readings can be found online.

## (S)upersite

- Audio-sync technology for the cultural reading that highlights text as it is being read

- All textbook activities including one Partner Chat activity

- Additional online-only Virtual Chat activity

- Streaming video of **Cultura en pantalla** TV clips and online-only comprehension activities

Supersite features vary by access level.

# LITERATURA

## showcases literary readings by well-known writers from across the Spanish-speaking world.

LITERATURA

LITERATURA

*Audio: Dramatic Reading*

### Ginés S. Cutillas

| | |
|---|---|
| *crashing noise* | staba viendo la tele cuando oí un fuerte estruendo° |
| *surprised* | detrás de mí. Justo en la biblioteca. Me levanté extrañado° |
| *to check* | y fui a comprobar° qué era. Una masa inconsistente de |
| *was in the throes of death* | papel agonizaba° a los pies de la estantería. La cogí entre mis |

5 manos y desmembrando sus partes pude adivinar que aquello
había sido un libro, *Crimen y castigo* para ser exactos. No supe
encontrar una explicación lógica a tan extraño incidente. A la
noche siguiente, otra vez delante de la televisión, oí de nuevo ese
ruido. Esta vez, irónicamente, había sido *Anna Karenina* quien

*bunch / was lying* 10 se había convertido en un manojo° de papel deforme que yacía°
a los pies de sus compañeros. Tras varias noches repitiéndose
*events* los hechos°, me di cuenta de lo que estaba ocurriendo: los libros
se estaban suicidando. Al principio fueron los clásicos, cuanto
más clásico era, más probabilidad tenía de estamparse°contra
*of crashing*
15 el suelo. Más tarde comenzaron los de filosofía, un día moría
Platón y al otro Sócrates. Luego les siguieron autores más
contemporáneos como Hemingway, Dos Passos, Nabokov…
*by leaps and bounds* Mi biblioteca estaba desapareciendo a pasos agigantados°.
Había noches de suicidios colectivos y yo, por más que me
*por... no matter how hard I tried* 20 esforzaba°, no conseguía encontrar un rasgo común entre las
obras kamikazes que me permitiera saber cuál iba a ser la
siguiente. Una noche decidí no encender la televisión para vigilar
atentamente los libros. Aquella noche no se suicidó ninguno. ∎

Un mundo conectado 117

**Literatura** Comprehensible and compelling, these readings present new avenues for using the lesson's grammar and vocabulary.

**Design** Each reading is presented in the attention-grabbing visual style you would expect from a magazine, along with glosses of unfamiliar words.

### Supersite

• Audio-sync technology for the literary reading that highlights text as it is being read

Supersite features vary by access level.

# PREPARACIÓN and ANÁLISIS

## activities provide in-depth pre- and post-reading support for each selection in Literatura and Cultura.

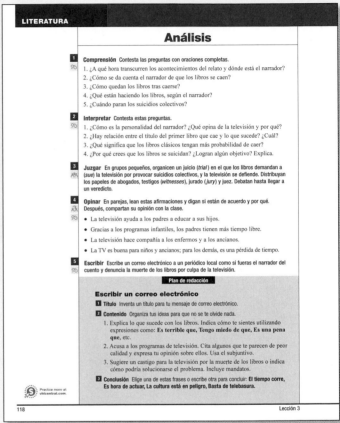

**Preparación** Vocabulary presentation and practice, author biographies, and pre-reading discussion activities prepare you for the reading.

**Análisis** Post-reading activities check your understanding and guide you to discuss the topic of the reading, express your opinions, and explore how it relates to your own experiences.

**Plan de redacción** A guided writing assignment concludes every **Literatura** section.

## Supersite

- All textbook activities including one Partner Chat activity

- Additional online-only Virtual Chat and comprehension activities

- Composition engine for **Plan de redacción** writing activity

- **Sobre el autor** reading

Supersite features vary by access level.

# VOCABULARIO

## summarizes the active vocabulary in each lesson.

**VOCABULARIO**

## Los medios de comunicación
*Vocabulary Tools*

### Los medios
**el acontecimiento** *event*
**la actualidad** *current events*
**el anuncio** *advertisement, commercial*
**la censura** *censorship*
**Internet** *Internet*
**los medios (de comunicación)** *media*
**la parcialidad** *bias*
**la publicidad** *advertising*
**la radio** *radio*
**el reportaje** *news report*
**el sitio web** *website*
**la temporada** *season*

**enterarse (de)** *to become informed (about)*
**navegar en la red** *to surf the web*
**opinar** *to express an opinion, to think*
**ser parcial** *to be biased*
**tener buena/mala fama** *to have a good/bad reputation*

**actualizado/a** *up-to-date*
**destacado/a** *prominent*
**en directo/vivo** *live*
**imparcial** *impartial, unbiased*
**influyente** *influential*

### Profesionales de los medios
**el/la actor/actriz** *actor/actress*
**el/la cantante** *singer*
**el/la crítico/a de cine** *film critic*
**el/la director(a)** *director*
**la estrella (de cine)** *(movie) star*
**el/la fotógrafo/a** *photographer*
**el/la locutor(a) de radio** *radio announcer*
**el/la oyente** *listener*
**el/la periodista** *journalist*
**el público** *audience, public*
**el/la redactor(a)** *editor*
**el/la reportero/a** *reporter*
**el/la televidente** *television viewer*

### El cine y la televisión
**la banda sonora** *soundtrack*
**la cadena** *network*
**el cine** *cinema, movies*
**el doblaje** *dubbing*
**el documental** *documentary*

**los efectos especiales** *special effects*
**el estreno** *premiere, new movie*
**la pantalla** *screen*
**la película** *movie*
**el programa de concursos** *game show*
**el programa de telerrealidad** *reality show*
**los subtítulos** *subtitles*
**la telenovela** *soap opera*
**la transmisión** *broadcast*
**el video musical** *music video*

**ensayar** *to rehearse*
**entretener** *to entertain*
**entrevistar** *to interview*
**grabar** *to record*
**rodar (o:ue)** *to shoot (a movie)*
**transmitir** *to broadcast*

### La prensa
**el horóscopo** *horoscope*
**la libertad de prensa** *freedom of the press*
**las noticias locales/internacionales/ nacionales** *local/international/ national news*
**el periódico/el diario** *newspaper*
**la portada** *front page, cover*
**la prensa (sensacionalista)** *(sensationalist) press*
**la revista** *magazine*
**la sección de sociedad** *lifestyle section*
**la sección deportiva** *sports section*
**la tira cómica** *comic strip*
**el titular** *headline*

**investigar** *to research; to investigate*
**publicar** *to publish*
**suscribirse (a)** *to subscribe (to)*

### Cortometraje
**la chompa** *sweater*
**la guagua** *child*
**los papeles** *documents*

**abrigarse** *to wear warm clothes*
**calcular** *to estimate*
**charlar** *to chat*
**colgar (el teléfono)** *to hang up (the phone)*
**(estar) disponible** *(to be) available*
**fijarse** *to pay attention*

**hacer caso** *to obey*
**parquear** *to park*
**salvar la vida** *to save someone's life*

**chato/a** *sweetie*
**desconsiderado/a** *inconsiderate*
**malcriado/a** *rude*
**tibio/a** *warm*

**no más** *only*

### Cultura
**el bajo** *bass*
**el crecimiento** *growth*
**el estilo** *style*
**el éxito** *success*
**la fama** *fame*
**la flauta** *flute*
**el género** *genre*
**la letra** *lyrics*
**la pista de baile** *dance floor*
**el ritmo** *rhythm*
**el tambor** *drum*
**el violonchelo** *cello*

**golpear** *to beat (a drum)*
**salir a la venta** *to go on sale*
**tocar** *to play (an instrument)*

**controvertido/a** *controversial*

### Literatura
**el castigo** *punishment*
**la desaparición** *disappearance*
**la desesperación** *desperation*
**la estantería** *bookcase*
**el hallazgo** *discovery*
**el rasgo** *trait, feature*
**el suelo** *ground*
**la sospecha** *suspicion*

**vigilar** *to watch, to keep an eye on*

**tras** *after*

Un mundo conectado

119

**Vocabulario** All the lesson's active vocabulary is grouped in easy-to-study thematic lists and tied to the lesson section in which it was presented.

upersite

- Audio for all vocabulary items
- Vocabulary Tools: customizable word lists, flashcards with audio

Supersite features vary by access level.

# SUEÑA Film Collection

The **SUEÑA** Film Collection features dramatic short films by Hispanic filmmakers. These films are a central feature of the lesson, providing opportunities to review and recycle vocabulary from **Para empezar**, and previewing and contextualizing the grammar from **Estructuras**. The films are available for viewing on the Supersite.

## LECCIÓN 1

### NEW! Café para llevar

(España; 13 minutos)

A man and a woman run into each other long after they broke up. Will their love be rekindled?

## LECCIÓN 2

### Adiós mamá

(México; 8 minutos)

In this award-winning short film, a man is grocery shopping alone on an ordinary day when a chance meeting makes him the focus of an elderly woman's existential conflict.

## LECCIÓN 3

### NEW! Desconexión

(Bolivia; 19 minutos)

A desperate man is in a race against the clock. Can he save his nearest and dearest?

## LECCIÓN 4

### NEW! Sin palabras

(España; 13 minutos)

Forced to spend a week with his grandfather, David has to learn how to navigate the generation gap.

## LECCIÓN 5

### Raíz

(España; 17 minutos)

An older couple joyfully awaits the visit of the son they haven't seen in some time.

## LECCIÓN 6

### Hiyab

(España; 8 minutos)

Fátima's teacher is concerned that her wearing a headscarf will make the student stand out at her new school. How far will she go to fit in?

The overwhelmingly popular **Flash Cultura** video provides an entertaining and authentic complement to the **Sueña** section of each lesson. Correspondents from various Spanish-speaking countries report on aspects of life in their countries, conducting street interviews with residents along the way. These episodes draw attention to similarities and differences between Spanish-speaking countries and the U.S., while highlighting fascinating aspects of the target culture. These videos are available for viewing on the Supersite.

# Cultura en pantalla

This online-only component features authentic TV clips related to the **Cultura** reading in each **SUEÑA** lesson. The clips, many new to the Fourth Edition, are available for viewing on the Supersite.

Online-only activities support each TV clip.

## LECCIÓN 1

### Estados Unidos

Hispanos e inmigración en los Estados Unidos

## LECCIÓN 4

### Puerto Rico

Sonia Sotomayor habla sobre su condición de latina

## LECCIÓN 2

### México

Mujeres triquis de Oaxaca

## LECCIÓN 5

### Paraguay

Plantas medicinales

## LECCIÓN 3

### El Caribe

Festival de merengue en la República Dominicana

## LECCIÓN 6

### Chile

Chile y la Operación Cóndor

# Reviewers

On behalf of its writers and editors, Vista Higher Learning expresses its sincere appreciation to the many instructors nationwide who reviewed **SUEÑA**. Their insights, ideas, and detailed comments were invaluable to the final product.

**John Guzman Aguilar**
University of New Mexico, NM

**Collin Ashmore**
Washington College, MD

**Elizabeth Bell**
Ball State University, IN

**Kristee K. Boehm**
St. Norbert College, WI

**Heather C. Cisneros**
Frostburg State University, MD

**Danion L. Doman**
Truman State University, MO

**Audrey Garcia**
Kennesaw State University, GA

**Ines M. Garcia**
American River College, CA

**Marian Giraldez Elizo**
University of New Mexico, NM

**Olga Godoy**
Georgia Southwestern State University, GA

**Dr. Diana Gonzalez**
Northwestern College, IA

**Richard A. Heath**
Kirkwood Community College, IA

**Dr. Natalia Jackovkis**
Xavier University, OH

**Piet J. Koene**
Northwestern College, IA

**Assen Kokalov**
Purdue University North Central, IN

**Iana Konstantinova**
Southern Virginia University, VA

**Dr. Verónica G. León**
Southern Methodist University, TX

**Alejandra Lopez**
California State University, Fresno, CA

**John S. Marchese**
Valparaiso University, IN

**Anne McCormick, PhD**
Berkeley City College, CA

**Dr. Denise G. Mills**
Daemen College, NY

**Dr. Margaret L. Morris**
South Carolina State University, SC

**Lucía Osa-Melero**
Duquesne University, PA

**Joel T. Postema**
Westminster College, PA

**Karry Putzy**
Solon High School, IA

**Eva Rodríguez González**
University of New Mexico, NM

**Denise Saldivar**
Diablo Valley College, CA

**Dr. Rosemary Sands**
St. Norbert College, WI

**Cristina Sparks-Early**
Northern Virginia Community College
Manassas, VA

**Mariana Stoyanova**
Georgia College & State University, GA

**Andrea Van Vorhis**
Owens Community College, OH

**Ingrid Watson-Miller**
Norfolk State University, VA

**Helga Winkler**
Moorpark College, CA

**Milagros Zapata Swerdlow**
Westminster College, PA

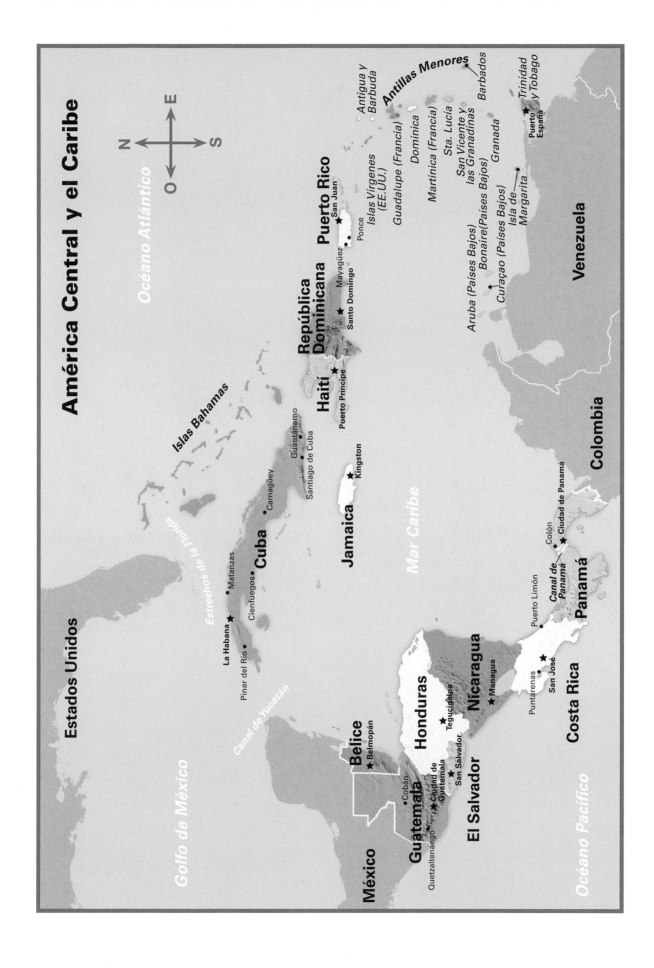

# América Central y el Caribe

Estados Unidos

Golfo de México

Océano Atlántico

México

Islas Bahamas

Canal de Yucatán

Estrechos de la Florida

Cuba

Pinar del Río
La Habana
Matanzas
Cienfuegos
Camagüey

Guantánamo
Santiago de Cuba

Jamaica
Kingston

Mar Caribe

Belice
Belmopán

Guatemala
Cobán
Ciudad de Guatemala
Quetzaltenango
San Salvador

El Salvador

Honduras
Tegucigalpa

Nicaragua
Managua

Costa Rica
Puntarenas
San José

Puerto Limón

Océano Pacífico

Colón
Ciudad de Panamá
Canal de Panamá
Panamá

Colombia

Venezuela

Haití
Puerto Príncipe

República Dominicana
Santo Domingo

Puerto Rico
San Juan
Mayagüez
Ponce

Antigua y Barbuda

Antillas Menores

Islas Vírgenes (EE.UU.)

Guadalupe (Francia)

Dominica

Martinica (Francia)

Sta. Lucía

San Vicente y las Granadinas

Barbados

Granada

Aruba (Países Bajos)
Bonaire (Países Bajos)
Curaçao (Países Bajos)
Isla de Margarita

Trinidad y Tobago
Puerto España

N
E
S
O

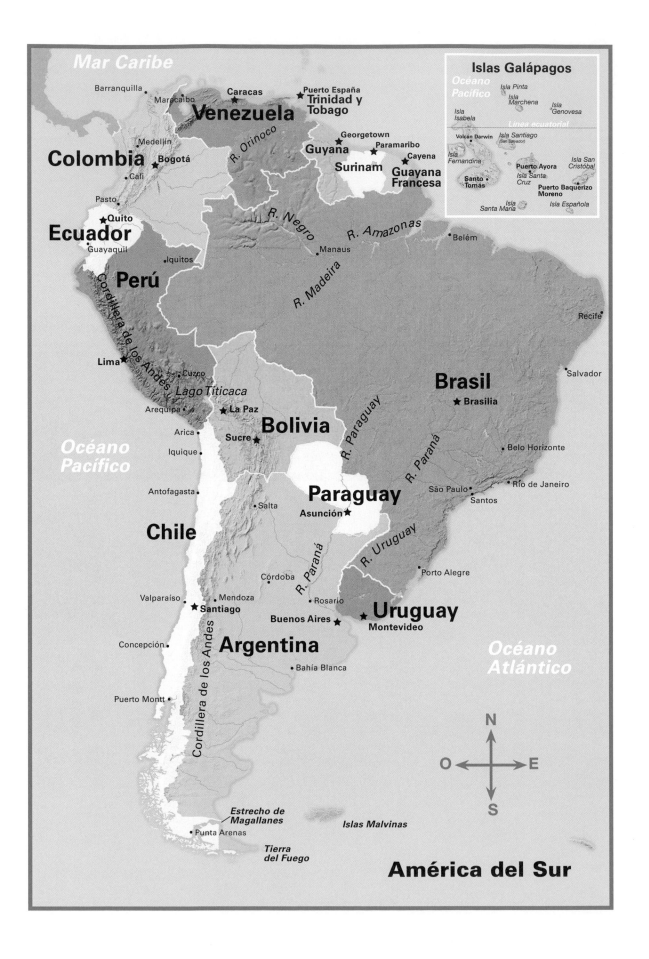

**Islas Galápagos**

Océano Pacífico

Isla Pinta
Isla Marchena
Isla Genovesa
Isla Isabela
Línea ecuatorial
Volcán Darwin
Isla Santiago (San Salvador)
Isla Fernandina
Puerto Ayora
Isla Santa Cruz
Isla San Cristóbal
Santo Tomás
Puerto Baquerizo Moreno
Isla Santa María
Isla Floreana
Isla Española

Mar Caribe

Barranquilla
Maracaibo
Caracas
Puerto España
**Trinidad y Tobago**
**Venezuela**
Medellín
**Colombia**
Bogotá
R. Orinoco
Georgetown
**Guyana**
Paramaribo
Cayena
**Surinam**
**Guayana Francesa**
Cali
Pasto
Quito
**Ecuador**
Guayaquil
R. Negro
R. Amazonas
Belém
Manaus
Iquitos
**Perú**
R. Madeira
Cordillera de los Andes
Lima
Cuzco
Recife
Lago Titicaca
**Brasil**
Arequipa
La Paz
**Bolivia**
Brasilia
Salvador
Arica
Sucre
R. Paraguay
Iquique
Belo Horizonte
Antofagasta
R. Paraná
São Paulo
Río de Janeiro
Salta
**Paraguay**
Santos
**Chile**
Asunción
R. Uruguay
Córdoba
Porto Alegre
Valparaíso
Mendoza
R. Paraná
Santiago
Rosario
**Uruguay**
Buenos Aires
Montevideo
Concepción
**Argentina**
Océano Pacífico
Océano Atlántico
Bahía Blanca
Puerto Montt
Cordillera de los Andes
N
O
E
S
Estrecho de Magallanes
Islas Malvinas
Punta Arenas
Tierra del Fuego

**América del Sur**

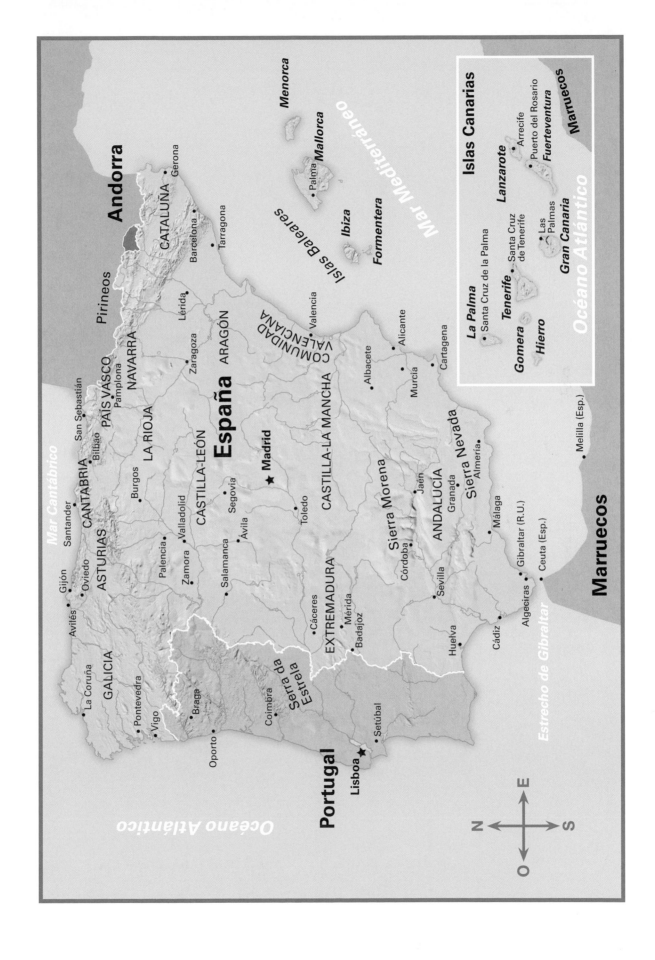

FOURTH EDITION

# Sueña

**Español sin barreras | Curso intermedio breve**

# Sentir y vivir

El deseo de vivir y el instinto de supervivencia son razón suficiente para seguir adelante. Ésta es una de las cualidades que compartimos los seres humanos independientemente de nuestras circunstancias, nuestros sueños o nuestros objetivos. Gracias a esa motivación nos lanzamos, enamorados, ilusionados, indecisos, a vivir sin tenerle miedo al futuro.

9

32

**Destino:**
**ESTADOS UNIDOS**

# Las relaciones personales

Vocabulary Tools

## Las relaciones

**el alma gemela** *soul mate*
**la amistad** *friendship*

**el ánimo** *spirit; mood*
**el chisme** *gossip*
**la cita (a ciegas)** *(blind) date*
**el compromiso** *commitment; engagement*
**el deseo** *desire*
**el divorcio** *divorce*
**la (in)fidelidad** *(un)faithfulness*
**el matrimonio** *marriage*
**la pareja** *couple*
**el riesgo** *risk*

———

**compartir** *to share*
**confiar (en)** *to trust (in)*
**contar (o:ue) con** *to rely on, to count on*
**coquetear** *to flirt*
**dejar a alguien** *to leave someone*
**dejar plantado/a** *to stand (someone) up*
**discutir** *to argue*

**engañar** *to cheat; to deceive*
**ligar** *to flirt; to hook up*
**merecer** *to deserve*
**romper (con)** *to break up (with)*
**salir (con)** *to go out (with)*

## Los sentimientos

**enamorarse (de)** *to fall in love (with)*
**enojarse** *to get angry*
**estar harto/a** *to be fed up (with); to be sick (of)*
**llevarse bien/mal/fatal** *to get along well/badly/terribly*
**odiar** *to hate*
**ponerse pesado/a** *to become annoying*
**querer(se) (e:ie)** *to love (each other); to want*
**sentir(se) (e:ie)** *to feel*
**soñar (o:ue) con** *to dream about*

**tener celos (de)** *to be jealous (of)*
**tener vergüenza (de)** *to be ashamed (of)*

## Los estados emocionales

**agobiado/a** *overwhelmed*
**ansioso/a** *anxious*
**celoso/a** *jealous*

**deprimido/a** *depressed*
**disgustado/a** *upset*
**emocionado/a** *excited*
**enojado/a** *angry, mad*
**pasajero/a** *fleeting*
**preocupado/a (por)** *worried (about)*

## Los estados civiles

**casarse (con)** *to get married (to)*
**divorciarse (de)** *to get a divorce (from)*

———

**casado/a** *married*
**divorciado/a** *divorced*

**separado/a** *separated*
**soltero/a** *single*
**viudo/a** *widowed*

## Las personalidades

**cariñoso/a** *affectionate*

**cuidadoso/a** *careful*
**falso/a** *insincere*
**genial** *wonderful*
**gracioso/a** *funny*
**inolvidable** *unforgettable*
**inseguro/a** *insecure*
**maduro/a** *mature*
**mentiroso/a** *lying*
**orgulloso/a** *proud*
**seguro/a** *secure; confident*
**sensible** *sensitive*
**tacaño/a** *cheap; stingy*
**tempestuoso/a** *impulsive; stormy*

**tímido/a** *shy*
**tranquilo/a** *calm*

# Práctica

**1**

**Definiciones** Completa las oraciones con el adjetivo correcto.

1. Miente para mantener las apariencias. Es _____.          a. tacaño
2. Murió su mujer y vive solo. Es _____.                     b. falso
3. No le gusta gastar su dinero. Es _____.                   c. deprimido
4. Se siente mal y está triste. Está _____.                  d. viudo
5. No vive con su esposa. Está _____.                        e. ansioso
6. Tiene pánico al examen de mañana. Está _____.             f. gracioso
                                                             g. separado

**2**

**Identificar** Indica la palabra que no pertenece al grupo.

1. deprimido • tranquilo • preocupado • enojado
2. ligar • discutir • enamorarse • coquetear
3. pareja • compromiso • ánimo • matrimonio
4. casado • disgustado • viudo • soltero
5. inseguro • fabuloso • maravilloso • genial
6. almas gemelas • pareja • chisme • matrimonio

**3**

**¿Cómo eres?** Trabaja con un(a) compañero/a.

**A.** Contesta las preguntas del test.

| | Sí | A veces | No | Clave |
|---|---|---|---|---|
| 1. ¿Te pones nervioso/a cuando estás con otras personas? | | | | **Sí** = 0 puntos |
| 2. ¿Te incomoda expresar tus emociones? | | | | **A veces** = 1 punto |
| 3. ¿Te parece difícil iniciar una conversación? | | | | **No** = 2 puntos |
| 4. ¿Te ponen nervioso/a las citas a ciegas? | | | | |
| 5. ¿Te sientes inseguro/a cuando te critican? | | | | **Resultados** |
| 6. ¿Tienes vergüenza de hablar en público? | | | | **0 a 3** Eres muy introvertido/a. |
| 7. ¿Piensas mucho antes de tomar una decisión? | | | | **4 a 7** Tiendes a ser introvertido/a. |
| 8. ¿Piensas que, si eres muy simpático/a, las personas pueden creer que eres falso/a? | | | | **8 a 11** No eres ni introvertido/a ni extrovertido/a. |
| 9. ¿Piensas que coquetear es inmaduro? | | | | **12 a 16** Tiendes a ser extrovertido/a. |
| 10. ¿Te llevas bien con las personas muy tímidas? | | | | **17 a 20** Eres muy extrovertido/a. |

**B.** Ahora suma (*add up*) los puntos. ¿Cuál es el resultado? ¿Estás de acuerdo? Comenta tu resultado y tu opinión con tu compañero/a.

Practice more at vhlcentral.com.

# Preparación

**enhorabuena**
  *congratulations*
**la época** *season*
**la imprenta** *printer*
**liado/a (inf.)** *busy*

**un rato** *a while*
**tener prisa** *to be*
  *in a hurry*
**el/la trotamundos**
  *globetrotter*

**arrepentirse** *to regret*
**el/la prometido/a** *fiancé(e)*
**reprochar** *to blame*
**la reseña** *review*
**el rompimiento** *breakup*

### EXPRESIONES

**café para llevar** *coffee to go*

**de vez en cuando** *every once in a while*

**echar de menos** *to miss someone*

**estar embarazada** *to be pregnant*

**ponerte en mi lugar** *to put yourself in my place*

**¡Quién lo iba a decir!** *Who would have thought!*

**se me da bien...** *I am good at...*

**Te lo mereces.** *You deserve it.*

**tener la culpa** *to be at fault*

**1**

**Definiciones** Empareja cada definición con la palabra correcta.

_____ 1. temporada          a. época

_____ 2. viajero            b. enhorabuena

_____ 3. felicitaciones     c. liado

_____ 4. ocupado            d. reseña

_____ 5. comentario         e. trotamundos

**2**

**Diálogo** Ana acaba de llegar a casa de Eva. Completa el diálogo con palabras y expresiones del vocabulario.

**EVA**  ¿Dónde estabas? Llevo (1) _____ llamándote.

**ANA**  Perdona, estoy (2) _____ buscando vestidos de novia.

**EVA**  ¿Vas a casarte? (3) _____ ¿Y te vas a Texas con Andrés?

**ANA**  Sí, a Texas. (4) _____, con lo poco que me gusta el calor.

**ANA**  ¡Ay, qué lejos, te voy a (5) _____!

**EVA**  ¡Me alegro por ti, Ana! Y además (6) _____, Andrés es genial.

**ANA**  Sí, y le encanta viajar. Él es todo un (7) _____. Por cierto, necesito ropa adecuada para el calor.

**EVA**  ¿Te ayudo a buscar? A mí (8) _____ vestir a los demás.

**ANA**  Bueno, tengo que ir a la (9) _____ a encargar las invitaciones.

**EVA**  Ah, pues debes (10) _____, la imprenta cierra a las ocho.

**3**

**Sentimientos** En parejas, observen los fotogramas y comenten los sentimientos que expresan los rostros de estos dos personajes.

> **Modelo** Columna 1:
> **ELLA:** Parece graciosa y contenta.
> **ÉL:** Parece estar feliz.

**4**

**La pareja imperfecta** En parejas, escojan uno de los atributos y contrasten cómo sería su pareja ideal según las cualidades seleccionadas.

> **Modelo** Prefiero una pareja tacaña a una falsa.

| | |
|---|---|
| ¿sensible o seguro? | ¿tímido o cariñoso? |
| ¿generoso o gracioso? | ¿orgulloso o tranquilo? |
| ¿falso o tacaño? | ¿mentiroso o tempestuoso? |

**5**

**Dilemas de la vida** En parejas, lean las situaciones y comenten qué harían en cada una de ellas.

> **Modelo** No me importa si a mi familia no le cae bien mi novia. Es mi novia, no la novia de ellos.

- Te enamoras de una persona, pero por alguna razón, a tu familia no le cae bien.
- Tienes pareja, pero te enamoras de otra persona que vive a miles de millas de distancia.
- Eres feliz en tu comunidad con tus familiares y amigos. Tu pareja se va a vivir en otro país y te pide que vayas con él/ella.
- Tú pareja y tú se quieren mucho pero tiene planes diferente para el futuro.
- Después de muchos años de estar con tu pareja te das cuenta de que ya no es igual y no te sientes enamorado/a.

**6**

**Relaciones personales** En parejas, respondan las preguntas.

1. ¿Creen que es posible seguir siendo sólo amigos/as de sus exnovios/as? ¿Por qué?
2. ¿Cuáles creen que son las razones por las que rompen las parejas?
3. ¿Creen que las relaciones de pareja son fáciles o difíciles? ¿Por qué?
4. ¿Creen que las parejas son más felices antes de casarse o después? ¿Por qué?

Video

**ARGUMENTO** *Alicia y Javi se encuentran dos años después de haber terminado su relación.*

**JAVI** Sí, ya me han dicho que te casas. Enhorabuena.
**ALICIA** Gracias. Me voy corriendo que tengo mucha prisa.

**JAVI** ¿Por qué no te tomas ese café conmigo?
**ALICIA** Bueno.

**JAVI** Bueno, estuve un año dando vueltas por el mundo y cuando volví a mi casa no tenía nada. Necesitaba trabajar.
**ALICIA** ¡Pues quién lo iba a decir!
**JAVI** Eso no es todo. He dejado de fumar.

**ALICIA** ¿Y de dónde es?
**JAVI** De Buenos Aires.
**ALICIA** ¿Pero se ha venido a vivir aquí, por ti?
**JAVI** Sí.

(*Alma saluda desde la ventana.*)
**ALMA** Hola.

**JAVI** Alicia...
(*Javi y Alicia se abrazan.*)

# Análisis

**1**

**Comprensión** Contesta cada pregunta con una oración completa.

1. ¿Por qué se conocen Javi y Alicia?
2. ¿Qué tiene tan ocupada a Alicia?
3. ¿En qué trabaja Javi?
4. ¿Qué ha pasado en la vida laboral de Alicia?
5. ¿Qué le ha pasado a la madre de Alicia?
6. ¿Quién es Marcos?
7. ¿Qué hizo Javi después de separarse de Alicia?
8. ¿Dónde conoció Javi a Alma?
9. ¿De dónde es la novia de Javi?
10. Javi le dice a Alicia que tiene algo que contarle, ¿qué es?

**2**

**¿Qué pensarán?** En parejas, basándose en lo que saben de los personajes, relacionen cada uno de estos pensamientos con uno de ellos.

1. "¿Pero por qué me toma de la mano? ¡Ya no somos novios!" _____
2. "¡Lo he hecho todo mal! Trabajo con mi padre y perdí a la mujer de mi vida". _____
3. "Tiene el cabello bonito esa española". _____
4. "Ojalá pudiera volver al pasado". _____
5. "Decía que no quería tener hijos. No entiendo nada. Me voy". _____
6. "Ella tuvo su oportunidad, pero ahora él está conmigo!" _____
7. "Marcos es un hombre afortunado. ¡Cómo lo envidio!" _____
8. "¡Él quería ser libre y míralo!, trabajando con su papá en la imprenta". _____

**Alicia**

**Alma**

**Javi**

**3**

**Interpretar** En parejas, contesten las preguntas.

1. ¿Qué crees que siente Javi cuando se encuentra con Alicia en la cafetería? ¿Y Alicia?
2. ¿Por qué Alicia duda cuando Javi la invita a tomarse un café con él?
3. ¿De qué hablan primero Javi y Alicia? ¿Por qué?
4. ¿Por qué decide Alicia tomarse el café con Javi?
5. ¿Cómo crees que ha cambiado Javi desde que él y Alicia fueron novios?
6. ¿Qué esperaba Alicia de Javi cuando eran novios? ¿Qué deseaba él?
7. ¿Cómo imaginaba Javi que iba a ser su vida? ¿Lo consiguió?
8. ¿Qué crees que opina Alicia de que Javi trabaje con su padre? ¿Por qué?
9. ¿Qué piensas que siente Alicia cuando ve entrar a Alma? ¿Por qué?
10. ¿Cómo interpretarías la frase final "no entiendo por qué no puedo tener dalias el día de mi boda; me da igual que no sea la época"?

**4**

**¿Qué piensas?** En parejas, respondan las preguntas.

1. ¿Cómo crees que se sintió Javi cuando se vieron Alma y Alicia?
2. ¿Qué pensó Alma al ver a Alicia y a Javi juntos?
3. ¿Qué les deseó Alicia a Javi y a Alma? ¿Por qué?

**5**

**Reproches** En parejas, comenten sobre el rompimiento de Alicia y Javi. Respondan las preguntas.

1. ¿Quién creen que tuvo la culpa de que rompieran Alicia y Javi? ¿Por qué?
2. ¿Cuál de los dos personajes crees que tomó las mejores decisiones en su vida? ¿Por qué?
3. ¿Quién crees que se reprochó más la pérdida del otro? ¿Alicia o Javi? ¿Por qué?
4. ¿Crees que Alicia hace lo correcto casándose con Marcos? ¿Por qué?

**6**

**Puntos de vista** En parejas, lean estas dos reseñas ficticias de la película. Elijan una y defiéndanla.

**A**

"En *Café para llevar*, Javi representa al típico hombre inmaduro que toma las decisiones equivocadas en su juventud y luego mira atrás con melancolía. Alicia, sin embargo, es madura y trabajadora. La película es real como la vida misma". Juana de Mier, *El faro de Cartagena*

**B**

"*Café para llevar* es otro ejemplo de cómo las mujeres tratan de controlar la vida de los hombres. Primero, Alicia intenta que Javi abandone sus sueños; luego, tiene que trabajar con su padre para mantener a su nueva familia. ¡Pobre Javi!" – Miño Meilán, *La voz de Santiago*

**7**

**Volver a empezar** En parejas, elijan una de estas situaciones e improvisen un diálogo. Utilicen seis palabras o expresiones de la lista. Después, represéntenlo delante de la clase.

| | | |
|---|---|---|
| de vez en cuando | la imprenta | ¡Quién lo iba a decir! |
| echar de menos | liado/a | se me da bien |
| enhorabuena | para llevar | te lo mereces |
| la época | ponerte en mi lugar | tener la culpa |
| la horterada | (tener) prisa | el/la trotamundos |

**A**

Después de romper con su novia de muchos años, tu mejor amigo se va a Santiago de Chile. Lleva dos meses de relación con una chica que conoció en este lugar pero se da cuenta de que cometió un error porque extraña mucho a su exnovia y quiere regresar con ella.

**B**

Llega el día de la boda y tu mejor amiga va a decirle a su novio que no puede casarse con él porque todavía está enamorada de su exnovio.

Practice more at
vhlcentral.com.

Reading

# SUEÑA

C uando se presentó como candidato para gobernador de **California**, **Arnold Schwarzenegger** se despidió de los reporteros con una de sus famosas frases de la película *Terminator 2: Judgment Day*: *"¡Hasta la vista, baby!"*. Miles y miles de niños pequeños repiten frases en español que aprendieron de *Dora, la exploradora*. Éstos no son ejemplos aislados. Hoy día, en todo el territorio de los **Estados Unidos**, personas de todas las edades, profesiones y razas utilizan frases en español, a veces sin saber de qué idioma vienen o qué significan. Seguramente tú también has escuchado con frecuencia frases como: *"Hola"*, *"Mi casa es su casa"*, *"Vamos"*, *"Adiós, amigo"* y muchas otras expresiones de boca de personas que no saben español.

ESTADOS

# ¡EL ESPAÑOL ESTÁ DE MODA!

¿ A qué se debe la creciente popularidad del español en los Estados Unidos? La respuesta es sencilla[1]: a la progresiva influencia de este idioma en la cultura y en la vida diaria de este país. Hoy, en los Estados Unidos viven más de 53 millones de hispanohablantes que utilizan el español a diario. Se estima que para el año 2060 la población latina llegará a casi 120 millones. Además del hecho[2] de que el número de latinos ha aumentado, hay que señalar que la población latina se ha extendido cada vez más por todo el país: podemos encontrar comunidades de hispanohablantes desde Florida hasta Alaska y desde Hawái hasta Maine. Actualmente, por lo menos una de cada seis personas en los Estados Unidos es de origen hispano.

Los efectos del rápido crecimiento de la población latina son palpables en la cotidianidad[3] de todos los habitantes de los Estados Unidos. ¿Cuántas veces el cajero automático[4] te dio la opción de escoger entre inglés y español? ¿Cuántas veces llamaste a un contestador automático[5] de atención al cliente y te dieron la opción de seguir el menú en español? ¿Has notado los anuncios[6] en español en aeropuertos, estaciones de tren, hospitales y otros lugares públicos?

Ya son millones los estadounidenses que están aprendiendo español en instituciones educativas de todo el país. En la actualidad[7], el 70% de los estudiantes de secundaria eligen español como segunda lengua y más de 790.000 estudiantes universitarios se matriculan[8] todos los años en cursos de español. De hecho, el español es el idioma más solicitado[9] en los departamentos de lenguas extranjeras. No cabe duda de que el español es el idioma extranjero de mayor impacto en la cultura estadounidense actual, lo cual se refleja constantemente en la calle, en el cine, en Internet y en los medios de comunicación en general.

## Signos vitales

Los **Estados Unidos** es el quinto país con mayor población hispanohablante en el mundo. Algunos argumentan que la cantidad de hispanohablantes podría reducirse a medida que el inglés se convierte en el primer idioma de hijos y nietos de inmigrantes. Sin embargo, algunas estadísticas, como las del US Census Bureau, contradicen este argumento. Según ellas, el número de hispanohablantes se mantiene vivo, e incluso aumenta, gracias a la constante inmigración.

[1] *simple* [2] *fact* [3] *everyday life* [4] *ATM* [5] *answering machine* [6] *announcements*
[7] *At present* [8] *enroll* [9] *in demand; popular*

# UNIDOS

# Latinos en los Estados Unidos

**Jorge Ramos** nació en la Ciudad de México el 16 de marzo de 1958. Desde noviembre de 1986, es el conductor[1] titular del **Noticiero Univisión** en los Estados Unidos. Es el personaje de la televisión estadounidense en español que más tiempo ha estado en el aire en un mismo programa o noticiero. Además de presentador, Ramos es columnista y autor.

**America Ferrera** nació en los Estados Unidos el 18 de abril de 1984, pero sus padres son de **Honduras**. Comenzó a actuar desde muy pequeña en la escuela, y luego pasó al cine y a la televisión. En 2007 ganó los premios **Globo de Oro**, **EMMY** y **Alma** por su papel de Betty Suárez en la serie *Ugly Betty*. Es la voz en inglés de Astrid en la saga *How to Train Your Dragon*, que llegará a su tercera entrega en el 2018.

**César Pelli**, arquitecto argentino graduado de la **Universidad de Tucumán** en 1949. Viajó a los Estados Unidos en 1952 para realizar una maestría en Arquitectura en la Universidad de Illinois y luego se radicó[2] en este país. En 1977 creó su propia firma y ese mismo año fue nombrado decano[3] de la **Escuela de Arquitectura de Yale**, puesto que mantuvo hasta 1984.

De su trabajo podemos mencionar el **World Financial Center** en **Nueva York**, las **Torres Petronas** en **Kuala Lumpur**, **Malasia** y la **terminal norte del aeropuerto Ronald Reagan National** de **Washington, D.C.**

**Susana Martínez**, abogada y política estadounidense, nacida el 14 de julio de 1959. A finales del año 2010 fue elegida gobernadora del estado de **Nuevo México**, lo que la convirtió en la primera mujer en gobernar este estado y también en la primera gobernadora de origen hispano en la historia de los Estados Unidos. En noviembre de 2014 fue reelegida para continuar en el cargo por un segundo período. Es la sucesora de Bill Richardson, otro político de descendencia hispana, quien gobernó el mismo estado hasta diciembre de 2010.

[1] *anchor* [2] *settled* [3] *dean*

## El español en los Estados Unidos

### Expresiones del español de uso común en inglés

| | |
|---|---|
| **Adiós, amigo.** | *Goodbye, my friend.* |
| **fiesta** | *party, celebration* |
| **gracias** | *thank you* |
| **Hasta la vista.** | *See you later.* |
| **Mi casa es su casa.** | *My house is your house.* |
| **número uno** | *the best* (lit. *number one*) |
| **plaza** | *plaza; shopping mall* |
| **pronto** | *now; quick* |
| **salsa** | *sauce; Latin music* |
| **sombrero** | *hat* |
| **Vamos.** | *Let's go.* |

### Influencia del inglés en el español

*Muchas palabras de uso común en español, especialmente palabras relacionadas con tecnología, están adaptadas del inglés.*

| | |
|---|---|
| **chatear** | *to chat (online)* |
| **clic** | *click* |
| **computadora** | *computer* |
| **escáner** | *scanner* |
| **esnob** | *snob* |
| **flirtear** | *to flirt* |
| **gol** | *goal (in sports)* |

# GALERÍA DE CREADORES

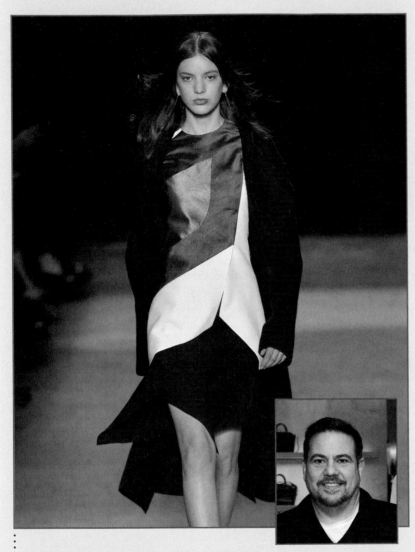

### LITERATURA Julia Álvarez

La escritora Julia Álvarez nació en Nueva York, pero pasó su niñez en la República Dominicana. Su familia se exilió en los Estados Unidos cuando Julia tenía diez años. Algunos de los temas de sus libros son sus experiencias derivadas de la dictadura en su país, su proceso de adaptación a una cultura desconocida y la importancia de la identidad. Es autora de *¡Yo!*, *A cafecito story*, *En el tiempo de las mariposas*, *De cómo las muchachas García perdieron el acento*, *En el nombre de Salomé*, *Para salvar el mundo*, entre otras obras. También escribió la serie *Tía Lola* para lectores más jóvenes.

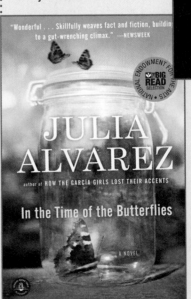

### DISEÑO Y MODA Narciso Rodríguez

En 1996, Narciso Rodríguez causó sensación con el vestido de novia (*wedding gown*) que diseñó (*designed*) especialmente para Carolyn Bessette, quien lo lució (*wore*) el día de su boda con John F. Kennedy, Jr. En el mundo de la moda (*fashion*), este elegante y sencillo traje fue uno de los diseños más comentados de la década. Desde entonces, el diseñador de ascendencia cubana ha tenido por clientes a Salma Hayek, Sarah Jessica Parker, Anna Paquin, Michelle Obama y Charlize Theron. Las características de sus creaciones son la simplicidad, el uso de materiales ligeros (*lightweight*) y la influencia latina.

**PINTURA Carmen Lomas Garza**

Esta artista chicana pinta escenas de la vida cotidiana mexicano-americana inspiradas en recuerdos (*memories*) y experiencias de su niñez en Kingsville, Texas. El objetivo de su arte es mostrar el valor y la humanidad de su cultura. Celebraciones, historias familiares, rituales, preparación de comidas, mitos, tradiciones, juegos, remedios caseros (*home remedies*) y sueños forman parte de ese paisaje cotidiano. *Earache Treatment* es el título de este cuadro (*painting*). Aquí vemos una práctica antigua, pero todavía muy común entre muchas familias latinoamericanas y chicanas para curar el dolor de oído (*earache*).

**CINE Robert Rodríguez**

En veinte días y con sólo siete mil dólares, Robert Rodríguez filmó *El mariachi*, la película que ganó el Premio (*Award*) del Público del Festival de Cine de Sundance de 1993. Las aventuras de *El mariachi* continuaron con *Desperado* y *Once Upon a Time in Mexico*, películas en las cuales actuaron sus amigos Antonio Banderas, Quentin Tarantino y Johnny Depp. El joven tejano forma parte del grupo de directores que han ganado más de $100 millones por película, gracias al éxito (*success*) de su serie *Spy Kids*. Es autor, productor y director de la película *Machete Kills* (2013), secuela de *Machete* (2010), y de la serie *From Dusk till Dawn*.

# ¿Qué aprendiste?

**1**

**Cierto o falso** Indica si estas afirmaciones son ciertas o falsas. Corrige las falsas.

1. El español es el segundo idioma más solicitado en las universidades, después del francés.
2. Muchos niños aprenden frases en español gracias a los dibujos animados.
3. Es difícil encontrar compañías que ofrecen atención al cliente en español.
4. America Ferrera ganó el Globo de Oro por hacer la voz de Astrid en *How to Train Your Dragon*.
5. Hoy por hoy, el español es el idioma extranjero de mayor impacto en la cultura estadounidense.
6. El español es el idioma elegido como segunda lengua por el 70% de los estudiantes universitarios en los Estados Unidos.

**2**

**Preguntas** Contesta las preguntas.

1. ¿Quién popularizó en los Estados Unidos la frase "Hasta la vista, baby"?
2. ¿Cuántos millones de latinos se calcula que habrá para el año 2060 en los Estados Unidos?
3. ¿En qué lugares es común encontrar mensajes o avisos bilingües?
4. ¿Quién fue la primera estadounidense de origen hispano en ser elegida gobernadora de un estado?
5. ¿Qué artista de la Galería te interesa más? ¿Por qué?

**3**

**Identificar** En parejas, cada uno elija un personaje de la sección **Latinos en los Estados Unidos** sin decir a quien escogieron. Después, hagan a su compañero tres de estas preguntas para tratar de identificar el personaje.

1. ¿Qué edad aproximada tiene el personaje que escogiste?
2. ¿En qué parte de la industria del espectáculo se mueve el personaje? ¿En el cine?, ¿en el teatro?, ¿en la música?, ¿en la televisión?, ¿en ninguno de ellos?
3. ¿Tu personaje nació en los Estados Unidos o en algún país de Latinoamérica? Si nació en Latinoamérica, ¿puedes decir en cuál país?
4. ¿Por qué el personaje latino que escogiste es tan reconocido en los Estados Unidos? ¿Ha ganado algún premio? ¿Cuál?
5. ¿Consideras que el papel del personaje es importante y reconocido en los Estados Unidos?

 Practice more at **vhlcentral.com**.

## PROYECTO

### En los EE.UU.

¿Qué sabes de la cultura latina en los EE.UU.? Escoge un tema e investiga toda la información que necesites en la biblioteca o en Internet para preparar un folleto promocional.

a. una comunidad latina
b. una celebración hispana
c. un lugar para el arte y la cultura latinoamericanos

• Escribe la información que consideras importante e incluye fotos.

• Presenta tu folleto a la clase. Explica por qué escogiste ese tema.

Video

# Las relaciones personales

¿No es ideal utilizar el tiempo libre para encontrarse con amigos, familiares, parejas…? Los lugares donde puedes reunirte a hablar o a comer se vuelven especiales porque forman parte del placer de compartir el tiempo con tu gente. En este episodio de **Flash Cultura**, te llevamos a visitar los lugares de encuentro de Madrid.

**Corresponsal:** Miguel Ángel Lagasca
**País:** España

(En la Plaza Mayor) los niños juegan, las madres conversan°, los padres hablan de fútbol y política, los jóvenes se juntan, las parejas se miran a los ojos y los turistas admiran el espectáculo°.

### Vocabulario

**el amor a primera vista** *love at first sight*

**el callejón** *alley*

**la campanada** *tolling of the bell*

**datar de** *to date from*

**el pasacalles** *marching parade*

**el pendiente** *earring*

**el punto de encuentro** *meeting point*

**la uva** *grape*

**1**

**Preparación** Cuando tienes tiempo libre, ¿te reúnes con tus amigos? ¿Cuáles son los lugares donde te encuentras habitualmente con ellos? ¿En qué momentos del día y de la semana pueden verse? ¿Por qué?

**2**

**Comprensión** Indica si estas afirmaciones son ciertas o falsas. Después, en parejas, corrijan las falsas.

1. Es tradición tomar doce uvas el 31 de diciembre mientras suena el famoso reloj de la Puerta del Sol en el corazón de Madrid.

2. La Plaza Mayor es la plaza más conocida y se encuentra en el Madrid Moderno.

3. En la confluencia actual de las calles Toledo y Atocha, se celebraban antiguamente partidos de fútbol.

4. El barrio de La Latina se caracteriza por callejones estrechos, plazoletas, cafés y bares de ambiente muy dinámico.

5. Ninguno de los entrevistados cree en el amor a primera vista.

6. En El Rastro puedes comprar ropa, pendientes, cuadros, etc.

**3**

**Expansión** En parejas, contesten estas preguntas.

- Imagina que estás en Madrid. ¿Cuál de los lugares mostrados prefieres para comer algo o pasear? ¿Por qué?

- ¿Estás de acuerdo con las personas que creen en el amor a primera vista o con las que no creen? Justifica tu respuesta.

- ¿Te gustan los domingos en Madrid: levantarse tarde, comer en un bar de La Latina con amigos y pasear por El Rastro? ¿Cómo son tus domingos?

La Latina, así como la Plaza Mayor y Puerta del Sol, pertenecen al llamado Madrid Antiguo.

Siempre los celos son una parte importante de la relación, sobre todo cuando se está empezando.

**conversan** *chat* **espectáculo** *show*

 Practice more at vhlcentral.com.

Presentation

# The present tense

## Regular *–ar, –er, –ir* verbs

- The present tense (**el presente**) of regular verbs is formed by dropping the infinitive ending **–ar, –er,** or **–ir** and adding personal endings.

### TALLER DE CONSULTA

These grammar topics are covered in the **Manual de gramática, Lección 1**.

**1.4 Nouns and articles, p. 238**
**1.5 Adjectives, p. 240**

For more stem-changing verbs, see the **Verb conjugation tables, pp. 290–291**.

**The present tense of regular verbs**

|  | hablar | beber | vivir |
|---|---|---|---|
| yo | hablo | bebo | vivo |
| tú | hablas | bebes | vives |
| Ud./él/ella | habla | bebe | vive |
| nosotros/as | hablamos | bebemos | vivimos |
| vosotros/as | habláis | bebéis | vivís |
| Uds./ellos/ellas | hablan | beben | viven |

- The present tense is used to express actions or situations that are going on at the present time and to express general truths.

¿Por qué **rompes** conmigo?
*Why are you breaking up with me?*

Porque no te **amo**.
*Because I don't love you.*

- The present tense is also used to express habitual actions or actions that will take place in the near future.

Mis padres me **escriben** con frecuencia.
*My parents write to me often.*

Mañana les **mando** una carta larga.
*Tomorrow I'm sending them a long letter.*

### ¡ATENCIÓN!

Subject pronouns are normally omitted in Spanish. They are used to emphasize or clarify the subject.

—**¿Viven en California?**
*Do they live in California?*

—**Sí, ella vive en Los Ángeles, y él vive en San Francisco.**
*Yes, she lives in Los Angeles, and he lives in San Francisco.*

## Stem-changing verbs

- Some verbs have stem changes in the present tense. In many **–ar** and **–er** verbs, **e** changes to **ie** and **o** changes to **ue**. In some **–ir** verbs, **e** changes to **i**. The **nosotros/as** and **vosotros/as** forms never have stem changes in the present tense.

**Stem-changing verbs**

| e → ie | o → ue | e → i |
|---|---|---|
| **pensar** *to think* | **poder** *to be able to, can* | **pedir** *to ask for* |
| pienso | puedo | pido |
| piensas | puedes | pides |
| piensa | puede | pide |
| pensamos | podemos | pedimos |
| pensáis | podéis | pedís |
| piensan | pueden | piden |

### ¡ATENCIÓN!

**Jugar** changes its stem vowel from **u** to **ue**. **Construir, destruir, incluir,** and **influir** add a **y** before the personal endings. As with other stem-changing verbs, the **nosotros/as** and **vosotros/as** forms do not change.

**jugar**
*juego, juegas, juega, jugamos, jugáis, juegan*

**incluir**
*incluyo, incluyes, incluye, incluimos, incluís, incluyen*

## Irregular *yo* forms

- Many **–er** and **–ir** verbs have irregular **yo** forms in the present tense. Verbs ending in **–cer** or **–cir** change to **–zco** in the **yo** form; those ending in **–ger** or **–gir** change to **–jo**. Several verbs have irregular **–go** endings, and a few have individual irregularities.

| Ending in *–go* | | Ending in *–zco* | |
|---|---|---|---|
| **caer** *to fall* | yo **caigo** | **conducir** *to drive* | yo **conduzco** |
| **distinguir** *to distinguish* | yo **distingo** | **conocer** *to know* | yo **conozco** |
| **hacer** *to do, to make* | yo **hago** | **crecer** *to grow* | yo **crezco** |
| **poner** *to put, to place* | yo **pongo** | **obedecer** *to obey* | yo **obedezco** |
| **salir** *to leave, to go out* | yo **salgo** | **parecer** *to seem* | yo **parezco** |
| **traer** *to bring* | yo **traigo** | **producir** *to produce* | yo **produzco** |
| **valer** *to be worth* | yo **valgo** | **traducir** *to translate* | yo **traduzco** |

| Ending in *–jo* | | Other verbs | |
|---|---|---|---|
| **dirigir** *to direct, manage* | yo **dirijo** | **caber** *to fit* | yo **quepo** |
| **escoger** *to choose* | yo **escojo** | **saber** *to know* | yo **sé** |
| **exigir** *to demand* | yo **exijo** | **ver** *to see* | yo **veo** |
| **proteger** *to protect* | yo **protejo** | | |

- Verbs with prefixes follow the same patterns.

| | | | |
|---|---|---|---|
| **reconocer** *to recognize* | yo **reconozco** | **oponer** *to oppose* | yo **opongo** |
| **deshacer** *to undo* | yo **deshago** | **proponer** *to propose* | yo **propongo** |
| **rehacer** *to remake, redo* | yo **rehago** | **suponer** *to suppose* | yo **supongo** |
| **aparecer** *to appear* | yo **aparezco** | **atraer** *to attract* | yo **atraigo** |
| **desaparecer** *to disappear* | yo **desaparezco** | **contraer** *to contract* | yo **contraigo** |
| **componer** *to make up* | yo **compongo** | **distraer** *to distract* | yo **distraigo** |

## Irregular verbs

- Other commonly used verbs in Spanish are irregular in the present tense or combine a stem-change with an irregular **yo** form or other spelling change.

| dar *to give* | decir *to say* | estar *to be* | ir *to go* | oír *to hear* | ser *to be* | tener *to have* | venir *to come* |
|---|---|---|---|---|---|---|---|
| doy | digo | estoy | voy | oigo | soy | tengo | vengo |
| das | dices | estás | vas | oyes | eres | tienes | vienes |
| da | dice | está | va | oye | es | tiene | viene |
| damos | decimos | estamos | vamos | oímos | somos | tenemos | venimos |
| dais | decís | estáis | vais | oís | sois | tenéis | venís |
| dan | dicen | están | van | oyen | son | tienen | vienen |

**¡ATENCIÓN!**

Some verbs with irregular **yo** forms have stem changes as well.

**conseguir (e:i) → consigo**
**corregir (e:i) → corrijo**
**elegir (e:i) → elijo**
**seguir (e:i) → sigo**
**torcer (o:ue) → tuerzo**

# Práctica

**1**

**Un apartamento infernal** Beto no se siente bien en su apartamento. Completa el párrafo con las palabras de la lista.

| caber | hacer | oír | tener |
|-------|-------|-----|-------|
| estar | ir | ser | ver |

Mi apartamento (1) _____ en el quinto piso. El edificio no (2) _____ ascensor y, para llegar al apartamento, (3) _____ que subir por la escalera. El apartamento es tan pequeño que mis cosas no (4) _____. Las paredes (*walls*) (5) _____ muy delgadas. A todas horas (6) _____ la radio o la televisión de algún vecino. El apartamento siempre (7) _____ oscuro y no puedo (8) _____ cuando (9) _____ la tarea. ¡(10) _____ a buscar otro apartamento!

**2**

**¿Qué haces?** Haz preguntas basadas en estas opciones y contéstalas con una explicación.

**Modelo**   **vivir / en la residencia estudiantil**
—¿Vives en la residencia estudiantil?
—No, vivo en un apartamento con mis dos mejores amigos, Pablo y Julián.

1. salir / con amigos todas las noches
2. decir / mentiras
3. conducir / estar cansado
4. tener / miedo de ser antipático/a con los amigos
5. dar / consejos sobre asuntos personales
6. venir / a clase tarde con frecuencia

**3**

**¿Qué hacen los amigos?** Escribe cinco oraciones completas usando los sujetos y los verbos de las columnas.

**Modelo**   Tú traduces el libro.

| Sujetos | Verbos | |
|---------|--------|--|
| yo | compartir | exigir |
| tú | creer | pensar |
| un(a) buen(a) amigo/a | deber | poner |
| nosotros/as | desear | traducir |
| los/las malos/as amigos/as | | |

1. _____
2. _____
3. _____
4. _____
5. _____

# Comunicación

**4** **En el café** Carola está en el Nuyorican Poets Café con unos amigos. En parejas, escriban ocho oraciones en las que Carola describe lo que hace cada persona. Usen algunos verbos de la lista.

| | | | |
|---|---|---|---|
| beber | estar | oír | ser |
| decir | hablar | pedir | traer |

**5** **Sueños cumplidos** Un nuevo *reality show* tiene como objetivo cumplir los sueños de los participantes.

**A.** En parejas, lean los sueños de algunos posibles participantes y preparen una lista de preguntas que el/la presentador(a) o el público puede hacerle a cada uno. Usen verbos en presente y el vocabulario de la lección.

**María, 21 años**
Sus padres la adoptaron cuando era niña. Cuando cumplió los veintiún años, sus padres le contaron que tiene una hermana melliza (*twin*). María quiere conocerla.

**Pedro, 35 años**
Vive en los Estados Unidos desde los cuatro años. No ve a sus abuelos desde entonces. Se acerca el cumpleaños número noventa de su abuela.

**Francisco, 50 años**
A los diez y ocho años, Francisco emigró a los Estados Unidos. Su hermana, Sofía, emigró a España. Se hablan por teléfono pero hace treinta y dos años que no se ven.

**B.** Elijan al primer participante del programa e improvisen la primera entrevista. Uno/a de ustedes es el/la presentador(a) y el/la otro/a es el/la participante.

Presentation

**1.2**

# *Ser* and *estar*

—Sí, bueno, es que **estoy** preparando mi boda.

—Oh, pues sí que **es** difícil de creer, sí.

## Uses of *ser*

| | |
|---|---|
| Nationality and place of origin | Mis padres **son** argentinos, pero yo **soy** de Florida. |
| Profession or occupation | El Sr. López **es** periodista. |
| Characteristics of people, animals, and things | El clima de Miami **es** caluroso. |
| Generalizations | Las relaciones personales **son** complejas. |
| Possession | La guitarra **es** del tío Guillermo. |
| Material of composition | El suéter **es** de pura lana. |
| Time, date, or season | **Son** las doce de la mañana. |
| Where or when an event takes place | La fiesta **es** en el apartamento de Carlos; **es** el sábado a las nueve de la noche. |

## Uses of *estar*

| | |
|---|---|
| Location or spatial relationships | La clínica **está** en la próxima calle. |
| Health | Hoy **estoy** enfermo. ¿Cómo **estás** tú? |
| Physical states and conditions | Todas las ventanas **están** limpias. |
| Emotional states | ¿**Está** Marisa contenta con Javier? |
| Certain weather expressions | ¿**Está** nublado o **está** despejado hoy en Miami? |
| Ongoing actions (progressive tenses) | Paula **está** escribiendo invitaciones para su boda. |
| Results of actions (past participles) | La tienda **está** cerrada. |

## *Ser* and *estar* with adjectives

- **Ser** is used with adjectives to describe inherent, expected qualities. **Estar** is used to describe temporary or variable qualities, or a change in appearance or condition.

La casa **es** muy pequeña.
*The house is very small.*

¡**Están** tan enojados!
*They're so angry!*

- With most descriptive adjectives, either **ser** or **estar** can be used, but the meaning of each statement is different.

Julio **es alto**.
*Julio is tall. (that is, a tall person)*

¡Ay, qué **alta estás**, Adriana!
*How tall you're getting, Adriana!*

Dolores **es alegre**.
*Dolores is cheerful. (that is, a cheerful person)*

El jefe **está alegre** hoy. ¿Qué le pasa?
*The boss is cheerful today. What's up with him?*

Juan Carlos **es** un hombre **guapo**.
*Juan Carlos is a handsome man.*

¡Manuel, **estás** tan **guapo**!
*Manuel, you look so handsome!*

- Some adjectives have two different meanings depending on whether they are used with **ser** or **estar**.

| ser + [*adjective*] | estar + [*adjective*] |
|---|---|
| Laura **es aburrida**. <br> *Laura is boring.* | Laura **está aburrida**. <br> *Laura is bored.* |
| Ese chico **es listo**. <br> *That boy is smart.* | **Estoy listo** para todo. <br> *I'm ready for anything.* |
| No **soy rico**, pero vivo bien. <br> *I'm not rich, but I live well.* | ¡El pan **está** tan **rico**! <br> *The bread is delicious!* |
| La actriz **es mala**. <br> *The actress is bad.* | La actriz **está mala**. <br> *The actress is ill.* |
| El coche **es seguro**. <br> *The car is safe.* | Creo que puedo ir pero **no estoy seguro**. <br> *I think I can go but I'm not sure.* |
| Los aguacates **son verdes**. <br> *Avocados are green.* | Esta banana **está verde**. <br> *This banana is not ripe.* |
| Javier **es** muy **vivo**. <br> *Javier is very sharp.* | ¿Todavía **está vivo** el autor? <br> *Is the author still living?* |
| Pedro **es** un hombre **libre**. <br> *Pedro is a free man.* | Esta noche no **estoy libre**. ¡Lo siento! <br> *Tonight I am not available. Sorry!* |

**TALLER DE CONSULTA**

Remember that adjectives must agree in gender and number with the person(s) or thing(s) that they modify. See **Manual de gramática, 1.4 p. 238**, and **1.5 p. 240**.

**¡ATENCIÓN!**

**Estar**, not **ser**, is used with **muerto/a**.

**Bécquer, el autor de las *Rimas*, está muerto.**
*Bécquer, the author of* Rimas, *is dead.*

# Práctica

**1**

**La boda de Emilio y Jimena** Completa cada oración de la primera columna con la terminación más lógica de la segunda columna.

1. La boda es _____
2. La iglesia está _____
3. El cielo está _____
4. La madre de Emilio está _____
5. El padre de Jimena está _____
6. Todos los invitados están _____
7. El mariachi que toca en la boda es _____
8. En mi opinión, las bodas son _____

a. de San Antonio, Texas.
b. deprimido por los gastos.
c. en la calle Zarzamora.
d. esperando a que entren la novia (*bride*) y su padre.
e. contenta con la novia.
f. a las tres de la tarde.
g. muy divertidas.
h. totalmente despejado.

**2**

**La luna de miel** Completa el párrafo con las formas apropiadas de **ser** y **estar**.

LA GLORIA CUBANA

Miami, Florida

Emilio y Jimena van a pasar su luna de miel en Miami, Florida. Miami (1) _____ una ciudad preciosa. (2) _____ en la costa este de Florida y tiene playas muy bonitas. El clima (3) _____ tropical. Jimena y Emilio (4) _____ interesados en visitar la Pequeña Habana. Jimena (5) _____ fanática de la música cubana. Y Emilio (6) _____ muy entusiasmado por conocer el parque Máximo Gómez, donde las personas van a jugar dominó. Los dos (7) _____ aficionados a la comida caribeña. Quieren ir a todos los restaurantes que (8) _____ en la Calle Ocho. Cada día van a probar un plato diferente. Algunos de los platos que piensan probar (9) _____ el congrí, los tostones y el bistec palomilla. Después de pasar una semana en Miami, la pareja va a (10) _____ cansada pero muy contenta.

# Comunicación

3

## Entrevistas

**A.** En parejas, usen la lista como guía para entrevistarse. Usen **ser** o **estar** en las preguntas y respuestas.

- origen
- nacionalidad
- personalidad
- personalidad de los padres
- salud

- estudios actuales
- sentimientos actuales
- lugar donde vive/trabaja
- actividades actuales

**B.** Cambien de pareja y cuéntenle a su compañero/a lo que descubrieron (*found out*) sobre el compañero/a entrevistado/a.

**4**

**¿Dónde estamos?** En parejas, elijan una ciudad en la que supuestamente están de viaje. Sus compañeros deberán adivinar de qué ciudad se trata. Pueden elegir una de las ciudades de las fotos u otra ciudad importante.

*Buenos Aires, Argentina*

*Quito, Ecuador*

*Madrid, España*

*Lima, Perú*

*San José, Costa Rica*

*México, D.F., México*

- Hagan cinco afirmaciones usando **ser** o **estar** para dar pistas (*clues*) a sus compañeros. Sean creativos.

- Si las pistas no son suficientes, sus compañeros pueden hacer preguntas con **ser** o **estar**, cuya respuesta sea **sí** o **no**.

- Algunos temas para las afirmaciones o las preguntas pueden ser: ubicación, comida, características de la ciudad, actividades, sentimientos de los viajeros, personajes representativos del lugar, etc.

Presentation

**1.3**

# *Gustar* and similar verbs

*—Hombre, cuando te hacen sentir culpable por hacer lo que te **gusta**, pues...*

## Using the verb *gustar*

**TALLER DE CONSULTA**

See **3.2, p. 102** for object pronouns.

- Though **gustar** is translated as *to like* in English, its literal meaning is *to please*. **Gustar** is preceded by an indirect object pronoun indicating *the person who is pleased*. It is followed by a noun indicating *the thing or person that pleases*.

| INDIRECT OBJECT PRONOUN | | SUBJECT |
|---|---|---|
| **Me** | **gusta** | **la película.** |
| *I* | *like* | *the movie. (literally: The movie pleases me.)* |
| **¿Te** | **gustan** | **los conciertos de rock?** |
| *Do you* | *like* | *rock concerts? (literally: Do rock concerts please you?)* |

- Because *the thing or person that pleases* is the subject, **gustar** agrees in person and number with it. Most commonly the subject is third person singular or plural.

| Singular subject | Plural subject |
|---|---|
| Nos gusta la música de Celia Cruz. | Me gustan las quesadillas. |
| *We like Celia Cruz's music.* | *I like quesadillas.* |
| Les gusta su casa nueva. | ¿Te gustan las películas románticas? |
| *They like their new house.* | *Do you like romantic movies?* |

- When **gustar** is followed by one or more verbs in the infinitive, the singular form of **gustar** is always used.

  No nos **gusta** llegar tarde.
  *We don't like to arrive late.*

  Les **gusta** cantar y bailar.
  *They like to sing and dance.*

- **Gustar** is often used in the conditional (**gustaría**) to soften a request.

  Me **gustaría** un refresco, por favor.
  *I would like a soda, please.*

  ¿Te **gustaría** ir a una cita con mi amigo?
  *Would you like to go on a date with my friend?*

## Verbs like *gustar*

- Many verbs follow the same pattern as **gustar**.

| | |
|---|---|
| **aburrir**  *to bore* | **hacer falta**  *to miss; to need* |
| **caer bien/mal**  *to (not) get along well with* | **importar**  *to be important to; to matter* |
| **disgustar**  *to upset* | **interesar**  *to be interesting to; to interest* |
| **doler**  *to hurt; to ache* | **molestar**  *to bother; to annoy* |
| **encantar**  *to like very much* | **preocupar**  *to worry* |
| **faltar**  *to lack; to need* | **quedar**  *to be left over; to fit (clothing)* |
| **fascinar**  *to fascinate* | **sorprender**  *to surprise* |

**Me fascina** el cine francés.
*I love French movies.*

¿**Te molesta** si voy contigo?
*Will it bother you if I come along?*

A Sandra **le disgusta** esa situación.
*That situation upsets Sandra.*

**Me duelen** sus mentiras.
*Her lies hurt me.*

- The construction **a** + [*prepositional pronoun*] or **a** + [*noun*] can be used to emphasize who is pleased, bothered, etc.

**A ella** no le gusta bailar, pero **a él** sí.
*She doesn't like to dance, but he does.*

**A Felipe** le molesta ir de compras.
*Shopping bothers Felipe.*

**TALLER DE CONSULTA**

See **3.2, p. 103,** for prepositional pronouns.

- **Faltar** expresses what someone or something lacks and **quedar** expresses what someone or something has left. **Quedar** is also used to talk about how clothing fits or looks on someone.

**Le falta** dinero.
*He's short of money.*

**Le falta** sal a la comida.
*The food needs some salt.*

A la impresora no **le queda** papel.
*The printer is out of paper.*

Esa falda **te queda** bien.
*That skirt fits you well.*

DISCOTECA
PALADIO
¿Qué te hace falta en la vida?

# Práctica

**1** **Completar** Completa la conversación con la forma correcta de los verbos entre paréntesis.

**MIGUEL** Mira, César, a mí (1) _____ (encantar) vivir contigo, pero la verdad es que (2) _____ (preocupar) algunas cosas.

**CÉSAR** De acuerdo. A mí también (3) _____ (molestar) algunas cosas de ti.

**MIGUEL** Bueno, para empezar (4) _____ (disgustar) que pongas la música tan alta cuando vienen tus amigos. Tus amigos (5) _____ (caer) muy bien, pero a veces hacen mucho ruido y no me dejan dormir.

**CÉSAR** Sí, claro, lo entiendo. Pues mira, Miguel, a mí (6) _____ (preocupar) que no laves los platos después de comer. Además, tampoco sacas la basura.

**MIGUEL** Es verdad. Pues... vamos a intentar cambiar estas cosas. ¿Te parece?

**CÉSAR** (7) _____ (gustar) la idea. Yo bajo la música cuando vengan mis amigos y tú lavas los platos y sacas la basura más a menudo. ¿De acuerdo?

**2** **Preguntar** En parejas, túrnense para hacerse preguntas sobre estas personas.

**Modelo** fascinar / a tu padre
—¿Qué crees que le fascina a tu padre?
—Pues, no sé. Creo que le fascina dormir.

1. preocupar / al presidente
2. encantar / a tu hermano/a
3. gustar hacer los fines de semana / a ti
4. importar / a tus padres
5. interesar / a tu profesor(a) de español
6. aburrir / a tu novio/a y a ti
7. molestar / a tu mejor amigo/a
8. faltar / a ustedes

**3** **¿Qué te gustaría hacer el fin de semana?** En parejas, pregúntense si les gustaría hacer las actividades relacionadas con las fotos. Utilicen los verbos **aburrir, disgustar, encantar, fascinar, interesar** y **molestar**. Sigan el modelo:

**Modelo** —¿Te molestaría ir al parque de atracciones?
—No, me encantaría.

# Comunicación

**4** 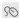 **¿Te gusta?** En parejas, pregúntense si les gustan o no estas personas y actividades. Utilicen verbos similares a **gustar**.

| | |
|---|---|
| Benicio del Toro | ir a discotecas |
| Sofía Vergara | las películas de misterio |
| los discos de Christina Aguilera | las películas extranjeras |
| dormir los fines de semana | practicar algún deporte |
| hacer bromas | salir con tus amigos |

**5** **¿Cómo son?** Elige uno de los personajes de la lista. Luego escribe cuatro oraciones usando los verbos indicados. Dile a tu compañero/a lo que escribiste sin decirle el nombre del personaje. Él/Ella tiene que adivinar de quién se trata. Túrnense para describir por lo menos seis personajes.

> **Modelo** —Le gusta mucho cantar. Le preocupan los problemas sociales
> y ambientales. No le caen bien los *papparazzi*. Es muy rico.
> —¡Es Bono!

- América Ferrera
- Barack Obama
- Tom Cruise
- Eva Longoria
- Jessica Alba
- David Beckham
- Usain Bolt
- Javier Bardem
- Steve Carell

| | | | |
|---|---|---|---|
| aburrir | encantar | hacer falta | molestar |
| caer bien/mal | faltar | importar | preocupar |
| disgustar | fascinar | interesar | quedar |

**6** **Veinte datos** Haz preguntas a por lo menos diez de tus compañeros para completar la tabla. Debes crear los últimos cinco datos de la tabla usando los verbos sugeridos. Luego, comenta con la clase las tres respuestas que más te sorprendieron.

| Encuentra a alguien que/a quien... | Nombre | Encuentra a alguien que/a quien... | Nombre |
|---|---|---|---|
| le gusta el francés | ▼ | le molesta levantarse temprano | ▼ |
| le encanta nadar | ▼ | ama ir a la playa | ▼ |
| le disgusta tener mascotas (*pets*) | ▼ | le gusta chatear por Internet | ▼ |
| no le gusta manejar | ▼ | odia viajar en avión | ▼ |
| ama los helados | ▼ | le interesa la política | ▼ |
| le encanta la música clásica | ▼ | (encantar) _____ | ▼ |
| no le gusta el deporte | ▼ | (caer bien) _____ | ▼ |
| le gusta comprar cosas por Internet | ▼ | (molestar) _____ | ▼ |
| le fascina ir a conciertos de rock | ▼ | (preocupar) _____ | ▼ |
| no le interesa viajar | ▼ | (sorprender) _____ | ▼ |

# Síntesis

# Un consejo sentimental

| Mensaje — Recibidos - consejo | 17 de noviembre de 2017 |

De carlos@misitio.com

Para doctoracorazones@consejeras.com

Bandeja de entrada · Responder · Reenviar

Doctora Corazones:

Tengo 30 años. Hace tres meses que conocí a Marcela, mi novia. Creo que es la mujer de mi vida y le soy fiel°, pero tengo un problema y me gustaría consultarlo con usted: vine a San Antonio por seis meses por razones de trabajo y mi novia se quedó en Nueva York. Por eso, diariamente nos comunicamos por Internet: nos encanta escribirnos mensajes electrónicos.

Un día se me ocurrió hacerme pasar por otro hombre°, para ver si la conquistaba. La verdad es que me costó bastante, pero lo logré°. Ahora, mi novia mantiene una segunda relación virtual con un hombre que ella piensa que es otro. Este juego me preocupa mucho y realmente no sé cómo manejarlo°. Yo la quiero mucho y estoy seguro de que ella me ama, pero para mí esto es como una traición°. La verdad es que no sé qué hacer.

Estoy desesperado.
Gracias,
Carlos

Más recientes · 5 de 1202 · Anteriores

*faithful*

**se me...** *I got the idea to pretend I was another man*

*I pulled it off*

*handle it*

*betrayal*

**1** **La carta** Trabajen en grupos pequeños. Lean la carta dirigida a la doctora Corazones, consejera sentimental, y luego contesten las preguntas.

1. ¿Por qué Carlos y su novia se comunican por Internet?
2. ¿Qué hizo Carlos?
3. ¿Cuál es el resultado?
4. ¿Cómo se siente él ahora?

**2** **Comentar** Con el grupo, comenten el problema de Carlos y propongan una solución. Elijan a un miembro del grupo para presentar la solución a la clase.

**3** **La solución** Con toda la clase, escuchen y comenten las soluciones propuestas por los grupos, pensando en las siguientes preguntas. Entre todos, deben proponer una solución al problema de Carlos.

1. ¿Cómo reaccionan los grupos ante el problema de Carlos?
2. ¿Propone cada grupo una solución distinta?
3. ¿Cuál es la mejor solución?

# Preparación

| Vocabulario de la lectura | Vocabulario útil |
|---|---|
| **ayudarse** *to help one another* | **abandonar** *to leave* |
| **la calidad de vida** *standard of living* | **cuidar** *to take care of* |
| **los familiares** *relatives* | **emigrar** *to emigrate* |
| **fortalecerse** *to grow stronger* | **el/la inmigrante** *immigrant* |
| **por su cuenta** *on his/her own* | **el lazo** *bond, tie* |
| **la red de apoyo** *support network* | **mudarse** *to move* |
| **la voluntad** *will* | **la patria** *home country* |

**1**

**Vocabulario** Completa el diálogo utilizando palabras y expresiones de la lista.

| | | |
|---|---|---|
| abandonar | ciudad | por su cuenta |
| ayudarse | familiares | red de apoyo |
| calidad de vida | lazo | voluntad |

**LUISA** Mañana vamos a tener una gran fiesta y van a venir todos mis
(1) _____: mis tíos, mis primos y mis abuelos.

**CATI** Pero ¿de qué fiesta estás hablando? No tenía ni idea.

**LUISA** Es la despedida de mi primo Carlos. Se va a vivir a Chicago. Dice que
allí va a mejorar su (2) _____.

**CATI** ¿Qué me dices? ¿Conoce a alguien en Chicago? ¿Tiene una (3) _____?

**LUISA** Sí, tenemos allí unos primos. La familia está para (4) _____.

**CATI** Es cierto, aunque desgraciadamente hay veces en que cada uno va
(5) _____. Esperemos que no sea el caso.

**2**

**La inmigración** En parejas, contesten las preguntas.

1. ¿Por qué la gente decide emigrar? Comenta por lo menos tres razones.

2. ¿Alguien de tu familia inmigró a los Estados Unidos o a otro país?
¿Por qué decidió hacerlo?

3. De estar forzado/a a abandonar tu patria, ¿adónde irías? ¿Por qué?

4. ¿Cómo crees que cambiaría tu vida al vivir en otro país?

**3**

**Encuesta** Indica si estás de acuerdo con estas afirmaciones o si no lo estás. Cuando
termines, comparte tu opinión sobre cada afirmación con la clase.

| | Sí | No |
|---|---|---|
| 1. Es importante vivir siempre cerca de los familiares. | ☐ | ☐ |
| 2. Es bueno mantener las tradiciones y costumbres de nuestras familias. | ☐ | ☐ |
| 3. Es necesario ser económicamente independiente de los padres. | ☐ | ☐ |
| 4. Es bueno que los familiares se ayuden mutuamente. | ☐ | ☐ |
| 5. Se aprende mucho más de la vida cuando uno se muda a otra ciudad o a otro país para estudiar o trabajar. | ☐ | ☐ |

# CORRIENTE
## Latina

Ⓢ Audio: Reading

Las tendencias de la inmigración hispana han variado de manera considerable en los últimos años. El perfil del inmigrante ha cambiado y con mayor frecuencia el latino llega a los Estados Unidos con un nivel de estudios más alto y mejor preparado para ejercer° trabajos bien remunerados°.

También está cambiando el destino que elige para empezar su nueva vida. Si antes se establecía en las grandes ciudades y en los estados del suroeste°, ahora busca oportunidades en pueblos y ciudades del centro y norte del país.

La distribución de la inmigración se debe en parte a la disponibilidad° de trabajo y en parte a que los inmigrantes que llegan necesitan una red de apoyo. Muchos de ellos no pueden recurrir° a la ayuda que ofrecen los estados por su desconocimiento del inglés y de la cultura estadounidense. Los familiares y amigos son los responsables de ayudar a los miembros de su círculo y les facilitan casa y trabajo hasta que se puedan establecer por su cuenta. De esa forma, se han producido y se siguen produciendo grandes concentraciones de hispanos del mismo país de origen en áreas donde su presencia antes era escasa° o inexistente.

Un ejemplo de esto es Central Falls, en el estado de Rhode Island. Hoy, más de la mitad de sus habitantes° son de origen colombiano, específicamente del departamento° de Antioquia. Todo empezó en 1964, cuando el antioqueño° Pedro Cano llegó a Central Falls. Vino con la ilusión de tener una vida mejor y con la voluntad de trabajar duro° para cumplir sus sueños. Una vez establecido e integrado a la comunidad, fue acogiendo° a sus familiares y a personas conocidas que huían° de la difícil situación socioeconómica y política colombiana. En los Estados Unidos iban encontrando el apoyo que necesitaban y podían, de esa forma, mejorar su calidad de vida a la vez que mantenían sus tradiciones y costumbres.

El nacimiento de estos microcosmos también está cambiando el paisaje urbano. Una visita a Central Falls lleva al viajero a un mundo nuevo: las tiendas especializadas en música hispana, los restaurantes de comida colombiana y los establecimientos para realizar giros° de dinero a otros países conviven mano a mano con los símbolos de la cultura estadounidense. ∎

*to carry out*
*well-paid*

*southwest*

*availability*

*rely on*

*scarce*

*inhabitants*

*state, province*
*from **Antioquia***

*hard*

*taking in*

*were fleeing*

*remittances*

> ## Pedro Cano vino con la ilusión de tener una vida mejor y con la voluntad de trabajar duro para conseguir sus ideales.

## EE.UU. latino

**17,4%** Porcentaje de población hispana en los EE.UU.

**8** Número de estados en los que viven más de 1.000.000 de hispanos.

**54%** Porcentaje de la población hispana de los EE.UU. que vive en los estados de California, Texas y Florida.

**120.000.000** Número de hispanos en los EE.UU. proyectado para el año 2060.

# Análisis

**1** **Comprensión** Elige la opción correcta.

1. El perfil del inmigrante hispano _____.
   a. es el mismo   b. ha cambiado   c. es diferente al de otros inmigrantes

2. Existe una razón principal por la que los inmigrantes latinos no recurren a la ayuda de los estados y es _____.
   a. el desconocimiento del inglés y de la cultura estadounidense
   b. la búsqueda de oportunidades en el centro y en el norte del país
   c. las concentraciones de hispanos en nuevos lugares

3. Pedro Cano vino a los EE.UU. con la ilusión de _____.
   a. establecer una comunidad colombiana
   b. ahorrar para después volver a su país
   c. mejorar su calidad de vida

4. Muchos de los colombianos que viven en Central Falls, Rhode Island, emigraron por _____.
   a. la situación política y económica de su patria
   b. las oportunidades de trabajo en Central Falls
   c. la posibilidad de mantener sus tradiciones y su cultura

**2** **Micrófono abierto** En parejas, escriban una entrevista imaginaria a un(a) hispano/a que lleva veinte años viviendo en los Estados Unidos. Uno/a de ustedes es el/la periodista y el/la otro/a es el/la inmigrante. Consideren estas preguntas y añadan otras.

- ¿Por qué decidió venir a los Estados Unidos?
- ¿Cómo es su vida aquí?
- ¿Cómo era su vida antes de venir?
- ¿Cuántos años tenía cuando llegó aquí?
- ¿Dónde está su familia?
- ¿Piensa regresar algún día a su país de origen?

**3** **Carta** En grupos de tres, imaginen que son inmigrantes y que acaban de llegar a los Estados Unidos o Canadá. Escriban una carta a su familia incluyendo la información que responde a las preguntas. Cuando terminen, lean la carta delante de la clase.

- ¿Dónde están?
- ¿Cómo es la ciudad?
- ¿Qué les fascina de la ciudad? ¿Qué les molesta?
- ¿Están emocionados/as o disgustados/as con el nuevo lugar?

> 6 de septiembre
>
> Queridos padres:
> ¡Estamos en . . . ! ¿Pueden creerlo?
> Es una ciudad interesante, con . . .

**Practice more at vhlcentral.com.**

# Preparación

## Sobre el autor

**Y**a de muy joven, el chileno **Pablo Neruda** (1904–1973) mostraba inclinación por la poesía. En 1924, a sus veinte años, publicó el libro que lo lanzó (*launched*) a la fama: *Veinte poemas de amor y una canción desesperada.* Además de poeta, fue diplomático y político. El amor fue sólo uno de los temas de su extensa obra: también escribió poesía surrealista y poesía de temática histórica y política. Su *Canto general* lleva a los lectores a un viaje por la historia de América Latina desde los tiempos precolombinos hasta el siglo XX. En 1971, recibió el Premio Nobel de Literatura.

| Vocabulario de la lectura | Vocabulario útil |
|---|---|
| **el alma** *soul* | **el/la amado/a** *beloved, sweetheart* |
| **besar** *to kiss* | **amar(se)** *to love (each other)* |
| **contentarse** *to be contented/satisfied (with)* | **los celos** *jealousy* |
| **el corazón** *heart* | **enamorado/a** *in love* |
| **el olvido** *forgetfulness, oblivion* | **el sentimiento** *feeling* |

**1**

**Vocabulario** Completa este párrafo sobre una nueva película romántica usando palabras del vocabulario.

*Amor sin fronteras* es más que una película de amor. En la primera escena, Francisco le dice a Fernanda que él está (1) _____ de ella. La joven, sin embargo, no comparte el (2) _____, ya que ama en secreto a Javier, el hermano de Francisco, que emigró a Texas hace dos años. Francisco la (3) _____ y la abraza, pero confunde su frialdad con timidez. Sin embargo, cuando Francisco le ofrece llevarla a Texas con él, Fernanda no puede contener la emoción. Es su oportunidad de volver a ver a Javier. La historia de estas dos (4) _____ confundidas se complica cuando, una vez en Texas, Francisco descubre que su (5) _____ en realidad ama a su hermano y lo invaden los (6) _____.

**2**

**Preparación** En parejas, contesten las preguntas.

1. ¿Han estado enamorados/as alguna vez?

2. ¿Les gusta leer poesía?

3. ¿Han escrito alguna vez una carta o un poema de amor?

4. ¿Se consideran románticos/as?

5. ¿Comparten sus sentimientos por escrito? ¿A través de qué medio?

6. ¿Creen que el romanticismo es necesario en el amor?

7. ¿Cuál es su historia de amor favorita? ¿Por qué?

8. ¿Qué consejo le darían a alguien que tiene un amor imposible?

9. ¿Qué medio de comunicación usarían para una declaración de amor? ¿Qué palabras/imágenes/sonidos usarían? ¿Por qué?

10. ¿Han visto películas que tratan sobre hacer películas o han leído libros en los que el narrador habla sobre personajes que a su vez escriben libros? Den ejemplos.

Practice more at vhlcentral.com.

# POEMA 20

Pablo Neruda

Puedo escribir los versos más tristes esta noche.

Escribir, por ejemplo: "La noche está estrellada°,    *starry*
y tiritan°, azules, los astros°, a lo lejos°".    *blink, tremble / stars / in the distance*

El viento de la noche gira° en el cielo y canta.    *turns*

5   Puedo escribir los versos más tristes esta noche.
Yo la quise, y a veces ella también me quiso.

En las noches como ésta la tuve entre mis brazos.
La besé tantas veces bajo el cielo infinito.

Ella me quiso, a veces yo también la quería.
10  Cómo no haber amado sus grandes ojos fijos°.    *fixed*

Puedo escribir los versos más tristes esta noche.
Pensar que no la tengo. Sentir que la he perdido.

Oír la noche inmensa, más inmensa sin ella.
Y el verso cae al alma como al pasto el rocío°.    **como al. . .** *like the dew on the grass*

15  Qué importa que mi amor no pudiera guardarla°.    *keep, protect*
La noche está estrellada y ella no está conmigo.

Eso es todo. A lo lejos alguien canta. A lo lejos.
Mi alma no se contenta con haberla perdido.

Como para acercarla° mi mirada la busca.    *to bring closer*
20  Mi corazón la busca, y ella no está conmigo.

La misma noche que hace blanquear° los mismos árboles.    *to whiten*
Nosotros, los de entonces, ya no somos los mismos.

Ya no la quiero, es cierto, pero cuánto la quise.
Mi voz° buscaba el viento para tocar su oído.    *voice*

25  De otro. Será de otro. Como antes de mis besos.
Su voz, su cuerpo claro. Sus ojos infinitos.

Ya no la quiero, es cierto, pero tal vez la quiero.
Es tan corto el amor, y es tan largo el olvido.

Porque en noches como ésta la tuve entre mis brazos,
30  mi alma no se contenta con haberla perdido.

Aunque éste sea el último dolor que ella me causa,
y éstos sean los últimos versos que yo le escribo. ■

# Análisis

**1** **Comprensión** Contesta las preguntas con oraciones completas.

1. ¿Quién habla en este poema?
2. ¿De quién habla el poeta?
3. ¿Cuál es el tema del poema?
4. ¿Sigue enamorado el poeta? Explica tu respuesta.

**2** **Interpretar** Contesta las preguntas con oraciones completas.

1. ¿Cómo se siente el poeta? Da algún ejemplo del poema.
2. ¿Es importante que sea de noche? Razona tu respuesta.
3. ¿Cómo interpretas este verso: "Ya no la quiero, es cierto, pero tal vez la quiero."?
4. Explica el significado de estos versos y su importancia en el poema. ¿Por qué escribe el poeta un verso entre comillas?

> Puedo escribir los versos más tristes esta noche.
>
> Escribir, por ejemplo: "La noche está estrellada,
> y tiritan, azules, los astros, a lo lejos".
>
> El viento de la noche gira en el cielo y canta.

**3** **Metaficción** En grupos de tres, lean esta definición y busquen ejemplos de metaficción en el poema de Neruda. ¿Qué efecto tiene este recurso en el poema?

> **La metaficción consiste en reflexionar dentro de una
> obra de ficción sobre la misma obra.**

**4** **Escribir** Escribe una carta dirigida a un(a) amigo/a, a tu novio/a o a un(a) desconocido/a (*stranger*) expresando lo que sientes por él o ella. Sigue el **Plan de redacción**.

### Plan de redacción

## Escribir una carta

**1** **Encabezamiento** Piensa a quién quieres dirigirle la carta: ¿a un(a) amigo/a? ¿a tu pareja? ¿a alguien que no te conoce? ¿a una estrella de cine? Elige un saludo apropiado: **Estimado/a**, **Querido/a**, **Amado/a**, **Amor mío**, **Vida mía**.

**2** **Contenido** Organiza las ideas que quieres expresar en un esquema (*outline*) y después escribe la carta. Utiliza estas preguntas como guía.

1. ¿Sabe esta persona lo que sientes? ¿Es la primera vez que se lo dices?
2. ¿Cómo te sientes?
3. ¿Por qué te gusta esta persona?
4. ¿Crees que tus sentimientos son correspondidos?
5. ¿Cómo quieres que sea tu relación en el futuro?

**3** **Firma** Termina la carta con una frase de despedida (*farewell*) adecuada. Aquí tienes unos ejemplos: **Un abrazo**, **Besos**, **Te quiero**, **Te amo**, **Tu eterno/a enamorado/a**.

Practice more at
**vhlcentral.com**.

# Las relaciones personales

 Vocabulary Tools

## Las relaciones

**el alma gemela** *soul mate*
**la amistad** *friendship*
**el ánimo** *spirit; mood*
**el chisme** *gossip*
**la cita (a ciegas)** *(blind) date*
**el compromiso** *commitment; engagement*
**el deseo** *desire*
**el divorcio** *divorce*
**la (in)fidelidad** *(un)faithfulness*
**el matrimonio** *marriage*
**la pareja** *couple*
**el riesgo** *risk*

**compartir** *to share*
**confiar (en)** *to trust (in)*
**contar (o:ue) con** *to rely on, to count on*
**coquetear** *to flirt*
**dejar a alguien** *to leave someone*
**dejar plantado/a** *to stand (someone) up*
**discutir** *to argue*
**engañar** *to cheat; to deceive*
**ligar** *to flirt; to hook up*
**merecer** *to deserve*
**romper (con)** *to break up (with)*
**salir (con)** *to go out (with)*

## Los sentimientos

**enamorarse (de)** *to fall in love (with)*
**enojarse** *to get angry*
**estar harto/a** *to be fed up (with); to be sick (of)*
**llevarse bien/mal/fatal** *to get along well/badly/terribly*
**odiar** *to hate*
**ponerse pesado/a** *to become annoying*
**querer(se) (e:ie)** *to love (each other); to want*
**sentir(se) (e:ie)** *to feel*
**soñar (o:ue) con** *to dream about*
**tener celos (de)** *to be jealous (of)*
**tener vergüenza (de)** *to be ashamed (of)*

## Los estados emocionales

**agobiado/a** *overwhelmed*
**ansioso/a** *anxious*
**celoso/a** *jealous*
**deprimido/a** *depressed*
**disgustado/a** *upset*
**emocionado/a** *excited*
**enojado/a** *angry, mad*
**pasajero/a** *fleeting*
**preocupado/a (por)** *worried (about)*

## Los estados civiles

**casarse (con)** *to get married (to)*
**divorciarse (de)** *to get a divorce (from)*

**casado/a** *married*
**divorciado/a** *divorced*
**separado/a** *separated*
**soltero/a** *single*
**viudo/a** *widowed*

## Las personalidades

**cariñoso/a** *affectionate*
**cuidadoso/a** *careful*
**falso/a** *insincere*
**genial** *wonderful*
**gracioso/a** *funny*
**inolvidable** *unforgettable*
**inseguro/a** *insecure*
**maduro/a** *mature*
**mentiroso/a** *lying*
**orgulloso/a** *proud*
**seguro/a** *secure; confident*
**sensible** *sensitive*
**tacaño/a** *cheap; stingy*
**tempestuoso/a** *impulsive; stormy*
**tímido/a** *shy*
**tranquilo/a** *calm*

## Cortometraje

**la época** *season*
**la imprenta** *printer's*
**liado/a** *busy*
**el/la prometido/a** *fiancé(e)*
**un rato** *a while*
**la reseña** *review*
**el rompimiento** *breakup*
**el/la trotamundos** *globetrotter*

**arrepentirse** *to regret*
**echar de menos** *to miss someone*

**ponerte en mi (tu/su) lugar** *to put yourself in my(his/her/their) place*
**reprochar** *to blame*
**tener la culpa** *to be at fault*
**(tener) prisa** *to be in a hurry*

**café para llevar** *coffee to go*
**de vez en cuando** *every once in a while*
**enhorabuena** *congratulations*
**me parece una horterada** *I think it's really tacky*
**¡Quién lo iba a decir!** *Who would have thought!*
**se me da bien…** *I am good at...*
**te lo mereces** *you deserve it*

## Cultura

**la calidad de vida** *standard of living*
**los familiares** *relatives*
**el/la inmigrante** *immigrant*
**el lazo** *bond, tie*
**la patria** *home country*
**la red de apoyo** *support network*
**la voluntad** *will*

**abandonar** *to leave*
**ayudarse** *to help one another*
**cuidar** *to take care*
**emigrar** *to emigrate*
**fortalecerse** *to grow stronger*
**mudarse** *to move*

**por su cuenta** *on his/her own*

## Literatura

**el alma** *soul*
**el/la amado/a** *loved one, sweetheart*
**los celos** *jealousy*
**el corazón** *heart*
**el olvido** *forgetfulness, oblivion*
**el sentimiento** *feeling*

**amar(se)** *to love (each other)*
**besar** *to kiss*
**contentarse con** *to be contented/satisfied with*

**enamorado/a** *in love*

# Vivir en la ciudad

**M**ovimiento, comunicación, convivencia. Estos elementos definen la vida en la gran ciudad, donde el espacio es limitado y hay que ser flexible y tolerante. En **Madrid**, **Buenos Aires**, **Bogotá** o **Lima**, conviven culturas diversas que dan vida a esos espacios de convivencia. En esta lección te invitamos a conocer la historia y la cultura de **México**, el país hispanohablante más grande del mundo.

**Destino:**
# MÉXICO

# En la ciudad

 Vocabulary Tools

## Lugares

las afueras *suburbs*
los alrededores *the outskirts*
el ayuntamiento *city hall*
el barrio *neighborhood*
el centro comercial *(shopping) mall*
el cine *movie theater*

la ciudad *city*
la comisaría *police station*
la discoteca *dance club*
el edificio *building*
la estación (de trenes/de autobuses) *(train/bus) station*
la estación de bomberos *fire station*
la estación de policía *police station*
el estacionamiento *parking lot*
el estadio *stadium*
el metro *subway*
el museo *museum*
la parada (de metro/de autobús) *(subway/bus) stop*
la plaza *square*
el rascacielos *skyscraper*

el suburbio *suburb*
la vivienda *housing; home*

## Indicaciones

la acera *sidewalk*
la avenida *avenue*

la calle *street*
la cuadra *city block*
la dirección *address*
la esquina *corner*
el letrero *sign, billboard*
el puente *bridge*
el semáforo *traffic light*
el tráfico *traffic*
el transporte público *public transportation*

cruzar *to cross*
doblar *to turn*
estar perdido/a *to be lost*
indicar el camino *to give directions*
parar *to stop*
preguntar el camino *to ask for directions*

## Gente

el/la alcalde(sa) *mayor*
el/la ciudadano/a *citizen*
el/la conductor(a) *driver*
la gente *people*
el/la pasajero/a *passenger*
el peatón/la peatona *pedestrian*
el policía/la (mujer) policía *policeman/woman*

## Actividades

la vida nocturna *nightlife*

bajar *to go down; to get off (a bus)*
construir *to build*
conversar *to talk*
convivir *to live together; to coexist*
dar un paseo *to take a stroll*
dar una vuelta *to take a walk/ride*
dar una vuelta en bicicleta/carro/motocicleta *to take a bike/car/motorcycle ride*
disfrutar (de) *to enjoy*
hacer diligencias *to run errands*
pasarlo/la bien/mal *to have a good/bad time*
poblar *to settle; to populate*
quedar *to be located; to arrange to meet*
quedarse *to stay*
recorrer *to travel (around a city)*
relajarse *to relax*
residir *to reside*
subir *to go up; to get on (a bus)*

## Para describir

atrasado/a *late, behind schedule*
cotidiano/a *everyday*
inesperado/a *unexpected*
lleno/a *full*
ruidoso/a *noisy*
vacío/a *empty*

# Práctica

**1**

**¿Qué significa?** Empareja cada palabra con su definición.

_____ 1. no saber cómo llegar a un lugar

_____ 2. construcción que conecta
dos lugares

_____ 3. persona que toma el metro

_____ 4. todos los días

_____ 5. reducir la tensión que
uno tiene

_____ 6. vivir (en un apartamento)

_____ 7. pasarlo bien

_____ 8. anuncio escrito

a. puente

b. residir

c. relajarse

d. letrero

e. pasajero

f. cotidiano

g. estar perdido

h. ruidoso

i. disfrutar

j. la cuadra

**2**

**Titulares** Completa estos titulares (*headlines*) con las palabras o expresiones de la lista.

| alrededores | discoteca | hace diligencias |
| ciudadanos | estacionamientos | suburbio |
| construyen | está perdida | tráfico |

1. Encuentran tesoro (*treasure*) escondido en un _____ de la ciudad

2. Hombre muere en un accidente de _____

3. Pareja baila sin parar 24 horas en una _____

4. Los _____ creen que el transporte público debe ser barato

5. _____ rascacielos de más de cien pisos

6. Una familia de turistas _____ en el metro; nadie los ayuda

7. No hay suficiente espacio en los _____ para tantos automóviles

**3**

**La ciudad** Indica si estás de acuerdo con estas afirmaciones. Después, compara tus opiniones con las de un(a) compañero/a y explica por qué piensas así. ¿Tienen las mismas preferencias?

|  | Sí | No |
|---|---|---|
| 1. Vivir en el centro de la ciudad es mejor que vivir en las afueras. | ☐ | ☐ |
| 2. Nunca se debe hablar con desconocidos (*strangers*). | ☐ | ☐ |
| 3. Es mejor convivir con alguien que vivir solo. | ☐ | ☐ |
| 4. Es mejor vivir en una calle pequeña que en una avenida. | ☐ | ☐ |
| 5. Se deben eliminar los parques para construir más edificios. | ☐ | ☐ |
| 6. En una ciudad es más cómodo manejar que tomar transporte público. | ☐ | ☐ |

**4**

**En el ayuntamiento** Imagina que eres el/la alcalde(sa) de una ciudad. ¿Cómo puedes mejorar la vida de los ciudadanos? ¿Qué cambios quieres hacer? Compara tus ideas con las de tus compañeros/as.

Practice more at
vhlcentral.com.

# Preparación

| Vocabulario del corto | Vocabulario útil |
|---|---|
| **afligirse** *to get upset* | **el/la cajero/a** *cashier* |
| **borracho/a** *drunk* | **el/la desconocido/a** *stranger* |
| **el choque** *crash* | **la fila** *line* |
| **las facciones** *features* | **ingenuo/a** *naïve* |
| **parecerse** *to look like* | **valorar** *to value* |
| **repentino/a** *sudden* | |

**EXPRESIONES**

**Pero... si sólo es/son...** *But... it's only...*

**¿Sabe(s)?** *You know?*

**¿Y a mí, qué?** *What do I care?*

**1** **Vocabulario** Completa el artículo con el vocabulario que acabas de aprender.

## Robo en supermercado

Ayer un (1) _____ robó en el supermercado ESTRELLA.
El hombre entró en la tienda a las nueve de la noche y
esperó en la (2) \_\_\_\_ cinco minutos. Después, empezó
a hablar del tiempo con la (3) _____. De repente, las luces
se apagaron (*went out*) y él se fue con el dinero de la caja.
Salió del estacionamiento tan rápido que tuvo un (4) _____
con otro carro. Se fue corriendo, pero la policía lo
encontró. Había tomado tequila y estaba (5) _____.
Cuando dijeron que lo iban a llevar a la cárcel (*jail*), dijo:
"¿(6) _____?" y saltó al río. No se sabe si está vivo.
Este hombre (7) _____ mucho a Simon Cowell.
Según la gente, tiene las (8) _____ idénticas.

**2** **Preguntas** En parejas, contesten las preguntas.

1. ¿Hablan con desconocidos en algunas ocasiones? ¿Les gusta hacerlo?

2. Den ejemplos de dos o tres lugares donde es más fácil o frecuente hablar con gente que no conocen.

3. Según el título del cortometraje, *Adiós mamá,* ¿de qué creen que va a tratar la historia?

4. ¿Les parece sencillo comenzar una conversación con un(a) desconocido(a)? ¿Tienen alguna técnica para romper el hielo?

5. ¿Alguna vez les sucedió algo interesante o divertido en un supermercado? ¿Qué sucedió?

**3**

**Fotogramas** En parejas, observen los fotogramas e imaginen lo que va a ocurrir en el cortometraje. Después, compartan sus ideas.

**4**

**¿Eres ingenuo?** En parejas, hagan el test de personalidad.

**A.** Marquen sus respuestas para saber si son ingenuos/as.

TEST DE **PERSONALIDAD**

1. **Tu compañero/a de apartamento tiene que ir a una conferencia durante el fin de semana y te vas a quedar solo/a.**
   a. Organizas una gran fiesta. Seguro que no lo va a descubrir.
   b. Invitas a unos amigos y se lo cuentas a tu compañero/a cuando regresa.
   c. Limpias la casa. Él/Ella está trabajando y tú debes hacer lo mismo.

2. **¿Con qué afirmación te identificas?**
   a. Debes creer en la gente y pensar bien de todos.
   b. Hay que esperar a conocer a las personas para tener una opinión de ellas.
   c. Todo el mundo es muy egoísta. Hay que tener cuidado.

3. **Un(a) desconocido/a te manda un mensaje de texto y quiere verte para tomar un café por la tarde.**
   a. ¿Quién será? ¡Qué emoción! ¿Será el/la chico/a tan guapo/a de la clase?
   b. Borras el mensaje inmediatamente. ¡Qué manera de perder el tiempo!
   c. ¡Caramba, seguro que es Amalia para pedir dinero! ¡Siempre igual!

4. **¿Con qué personaje de ficción te identificas?**
   a. El Hombre Araña
   b. Darth Vader
   c. Bart Simpson

5. **Un(a) amigo/a te cuenta que el fin de semana pasado estuvo cenando con tu actor/actriz favorito/a.**
   a. No le crees y le preguntas a todo el mundo si es verdad.
   b. Estás muy contento/a y le pides que te cuente todo.
   c. Le cuentas que el fin de semana pasado tú estuviste en Buenos Aires.

6. **Si les preguntamos a tus mejores amigos/as cuál es tu mejor cualidad, ¿qué contestarán?**
   a. Sin duda, eres la mejor persona del grupo.
   b. Eres inteligente como Einstein.
   c. Eres muy divertido/a y aventurero/a.

**B.** Ahora, intercambien (*exchange*) sus respuestas y díganle a su compañero/a si creen que es ingenuo/a y por qué.

Video

Premio especial
del Jurado,
Semana Internacional
de Cine Experimental
de Valladolid 1997,
España

Una producción de CONACULTA/INSTITUTO MEXICANO DE CINEMATOGRAFÍA  Guion y Dirección ARIEL GORDON
Producción JAVIER BOURGES  Producción ejecutiva PATRICIA RIGGEN
Fotografía SANTIAGO NAVARRETE  Edición CARLOS SALCES  Música GERARDO TAMEZ
Sonido SANTIAGO NUÑEZ/NERIO BARBERIS
Arte FERNANDO MERI/AARÓN NIÑO CÁMARA
Actores DANIEL GIMÉNEZ CACHO/DOLORES BERISTAIN/PATRICIA AGUIRRE/PACO MORAYTA

**ARGUMENTO** *Un hombre está en el supermercado. En la fila para pagar, la señora que está delante de él le habla.*

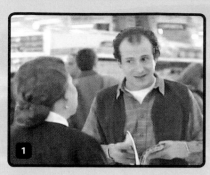

**SEÑORA** Se parece a mi hijo. Realmente es igual a él.
**HOMBRE** Ah pues no, no sé qué decir.

**SEÑORA** ¿Sabe? Usted es su doble. Bendito sea el Señor (*Blessed be the Good Lord*) que me ha permitido ver de nuevo a mi hijo. ¿Le puedo pedir un favor?
**HOMBRE** Bueno.

**SEÑORA** ¡Adiós hijo!
**HOMBRE** ¡Adiós mamá!
**SEÑORA** ¡Adiós querido!
**HOMBRE** ¡Adiós mamá!

**SEÑORA** Murió en un choque. El otro conductor iba borracho. Si él viviera, tendría la misma edad que usted.
**HOMBRE** Por favor, no llore.

**SEÑORA** Nunca tuve oportunidad de despedirme de él. Su muerte fue tan repentina. ¿Al menos podría llamarme mamá y decirme adiós cuando me vaya?

**CAJERA** No sé lo que pasa, la máquina desconoce el artículo. Espere un segundo a que llegue el gerente.
*El gerente llega y ayuda a la cajera.*

# Análisis

**1** **Comprensión** Lee cada párrafo y decide cuál resume mejor el cortometraje.

1. Los personajes están en un supermercado. Ellos no se conocen, pero la señora dice que el hombre se parece a un hijo del que nunca pudo despedirse porque murió en un accidente de tráfico. Por eso, la señora le pide al hombre que le diga "adiós mamá" al salir. El hombre se da cuenta de la trampa (*trap*).

2. Los personajes están en un supermercado. Ellos no se conocen y, aunque parece que el hombre no tiene ganas de hablar con la señora, ella insiste. Ella le cuenta que estuvo hace poco en un accidente de tráfico y que perdió a su hijo. Le pide al hombre que le diga "adiós mamá" al salir. La señora le cae tan bien al hombre que a él no le importa pagar por lo que ella compró.

**2** **Ampliar** En parejas, háganse las preguntas.

1. ¿Qué verdaderos motivos tendría la señora para engañar (*deceive*) al hombre?

2. ¿Qué creen que aprendió el hombre con esta experiencia?

3. ¿Les pasó a ustedes o a alguien que conocen algo similar alguna vez? Expliquen.

4. Si alguien se les acerca (*approach*) en el supermercado y les pide este tipo de favor, ¿qué hacen?

**3** **Detective** El hombre está contándole a un(a) detective lo que pasó en el supermercado. En parejas, uno/a de ustedes es el/la detective y el/la otro/a es el hombre. Preparen el interrogatorio y represéntenlo delante de la clase.

**4** **Notas** Ahora, imagina que eres el/la detective y escribe un informe (*report*) de lo que pasó. Tiene que ser lo más completo posible. Puedes inventar los datos que tú quieras.

**5** **Inventar** Primero, lean lo que dice la madre. Después, en parejas, imaginen que el hijo ficticio nunca tuvo un accidente y, por lo tanto, no murió. ¿Qué pasó con él? ¿Cómo fue su vida? ¿Visitaba a su madre con frecuencia? Escriban un párrafo de unas diez líneas.

> "Murió en un choque. El otro conductor iba borracho.
>
> Si él viviera, tendría la misma edad que usted.
>
> Se habría titulado y probablemente tendría una familia.
>
> Yo sería abuela".

**6** **Imaginar** En parejas, imaginen la vida de uno de los personajes del corto. Escriban por lo menos cinco oraciones usando como base las preguntas.

- ¿Cómo es?
- ¿Dónde vive?
- ¿Con quién vive?
- ¿Qué le gusta?
- ¿Qué no le gusta?
- ¿Tiene dinero?

**7** **Sociedad** En grupos, conversen sobre estas preguntas. Después, compartan sus ideas con la clase.

1. ¿Creen que se cometen más delitos (*crimes*) ahora que hace diez años? ¿Por qué?
2. ¿Son más frecuentes en pueblos pequeños o en grandes ciudades? ¿Por qué?
3. ¿Creen que la televisión y el cine son malas influencias para los jóvenes? Expliquen su respuesta.
4. ¿Cómo piensan que se puede eliminar este tipo de conducta criminal? ¿Con más justicia social? ¿Con castigos (*punishments*) más severos?

**8** **Directores** En parejas, imaginen que tienen que hacer su propio (*own*) cortometraje. Contesten las preguntas y luego compartan sus respuestas con la clase.

- ¿De qué trata?
- ¿Por qué les interesa ese tema?
- ¿Quiénes son los protagonistas?
- ¿Qué género (*genre*) prefieren usar (comedia, drama, suspenso, etc.)? ¿Por qué?

**9** **¿Y tú?** En parejas, elijan una de las situaciones y escriban un diálogo. Cuando terminen, represéntenlo delante de la clase.

**A**
Necesitan mucho dinero y están desesperados porque no saben dónde conseguirlo. ¿Qué hacen? ¿Por qué? ¿Con quién hablan?

**B**
Su mejor amigo/a les pidió mucho dinero el mes pasado; les dijo que se lo iba a devolver en dos días. No se lo ha devuelto todavía y saben que está comprando muchas cosas inútiles.

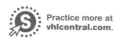 Practice more at vhlcentral.com.

# SUEÑA

Templo de Kukulcán, en Chichén Itzá

**S** Reading

**M**éxico es un país muy rico por su geografía, sus tradiciones, sus recursos y su gente. Sólo en este país se concentra más de la quinta parte de la población mundial de hispanohablantes. Sus habitantes pertenecen a numerosos grupos étnicos, entre los que hay más de sesenta pueblos indígenas autóctonos[1]. Su territorio abarca[2] áridos desiertos, densas selvas tropicales y extensas cordilleras[3]. Para el turista, México ofrece atractivos y modernos balnearios[4] en **Acapulco**, **Mazatlán**, **Cabo San Lucas** y **Cancún**; reconocidos sitios arqueológicos, como los de **Chichén Itzá**, **Teotihuacán** y **Palenque**, donde se conservan las ruinas de civilizaciones prehispánicas como los mayas y los aztecas; y grandes ciudades cuya riqueza cultural y artística se refleja[5] en su arquitectura colonial y moderna. Algunas fiestas tradicionales, como el **Día de los muertos**, han trascendido fronteras y ahora se festejan también en los Estados Unidos.

# Ciudad de México: el corazón de México

**L**a **Ciudad de México**, o **México, D.F.** (Distrito Federal), es el centro cultural, gubernamental[6] y comercial de México. Con casi nueve millones de habitantes, es una de las ciudades más pobladas del mundo. El carácter contemporáneo de Ciudad de México se entrelaza[7] día a día con las profundas tradiciones prehispánicas que conservan sus habitantes. La variedad de atractivos que ofrece es innumerable: desde la **Alameda Central**, antiguo parque que ha sido centro de actividades culturales y recreativas desde la época de los aztecas, hasta **Polanco**, una de las zonas de tiendas y restaurantes más elegantes de la ciudad.

El corazón de la Ciudad de México es la **Plaza de la Constitución**, más conocida como el **Zócalo**. Esta plaza es el punto de encuentro de diversas manifestaciones artísticas[8] y de movimientos sociales. A su alrededor se encuentran varias de las instituciones más importantes del país. En un costado[9] del Zócalo está el **Palacio Nacional**, donde el presidente mexicano tiene sus oficinas y donde **Diego Rivera** pintó algunos de sus famosos murales sobre la historia de México. En otro costado de la plaza se encuentra la **Catedral Metropolitana**, cuya construcción fue ordenada por el conquistador español **Hernán Cortés** en el siglo XVI.

## Signos vitales

Con más de 122 millones de habitantes, **México** es el primer país en población del mundo hispanohablante. Sin embargo, el 6% de los mexicanos mayores de cinco años también hablan alguna lengua indígena, de las 94 que existen en el territorio. Las más habladas son el náhuatl y el maya.

Catedral Metropolitana en el Zócalo de Ciudad de México

[1] *native* [2] *covers* [3] *mountain ranges* [4] *resorts* [5] *is reflected* [6] *governmental* [7] *intertwines itself* [8] **manifestaciones**... *artistic expressions* [9] *side*

# ¡Conozcamos el D.F.!

**Bosque de Chapultepec** Es el parque más extenso de la **Ciudad de México**, con un área de más de seis kilómetros cuadrados. En **Chapultepec** se encuentran algunos de los mejores museos de la ciudad, incluyendo el **Museo Nacional de Antropología**,

el **Museo de Arte Moderno** y el **Museo Rufino Tamayo**. La riqueza artística también se puede apreciar al aire libre gracias a la fascinante arquitectura, escultura y, por supuesto, naturaleza del bosque.

**Tianguis** Ya desde la época de los aztecas se organizaban los llamados **tianguis**, mercados tradicionales al aire libre. Allí se vendían e intercambiaban toda clase de productos, desde comida y animales, hasta canastas[1] y tapetes[2]. Hoy los tianguis se pueden ver por toda la ciudad.

**Paseo de la Reforma** Es una de las principales avenidas de la ciudad y va desde la **Alameda Central** hasta el **Bosque de Chapultepec**. Aquí encontramos, además de museos, importantes bancos y edificios históricos, así como hoteles,

almacenes y restaurantes. Cerca del corredor turístico conocido como la **Zona Rosa** se encuentra el **Monumento a la Independencia**, donde está la escultura del **Ángel de la Independencia**. Este monumento fue construido en 1910 para conmemorar el centenario de la independencia mexicana.

**El Metro** Es la manera más eficaz[3] y económica de moverse por toda la ciudad. Con doce líneas diferentes que cubren 226 kilómetros, aproximadamente cinco millones de personas lo utilizan todos los días.

En las horas de mayor congestión no está permitido llevar maletas o equipaje[4] por encima de cierto tamaño[5] para facilitar el movimiento de los pasajeros.

[1] *baskets*  [2] *rugs (Col.; Méx.)*  [3] *efficient*  [4] *baggage*  [5] *size*

## El español de México

| alberca | piscina; *pool* |
|---|---|
| **aventarse** | atreverse; *to dare* |
| **botana(s)** | aperitivos; *appetizers* |
| **camión** | autobús; *bus* |
| **chacharear** | comprar cosas pequeñas; *to shop for trinkets* |
| **chavo/a** | chico/a; *kid* |
| **colonia** | barrio; *neighborhood* |
| **platicar** | conversar; *to chat* |
| **sale** | de acuerdo; *OK* |

### Palabras derivadas de lenguas indígenas

| **guajolote** | pavo; *turkey* |
|---|---|
| **huaraches** | sandalias; *sandals* |
| **jorongo** | poncho; *poncho* |
| **papalote** | cometa; *kite* |

### Expresiones y coloquialismos

| **¡Órale, pues!** | *OK!, Let's do it!* |
|---|---|
| **¡Es/Está padre/padrísimo!** | ¡Es/Está muy bueno!; *It's great!, It's cool!* |
| **¿Qué onda?** | ¿Qué pasa?, ¿Qué tal?; *What's up?* |

# GALERÍA DE CREADORES

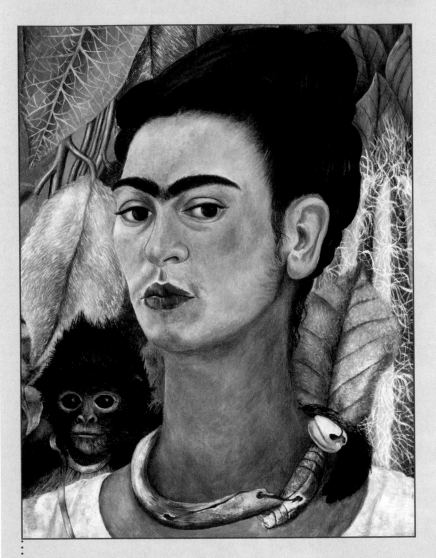

## LITERATURA/PERIODISMO
### Elena Poniatowska

Hija de madre mexicana y padre polaco, nació en París en 1932 y reside en México desde 1942. Escritora activa y multifacética, Elena Poniatowska es también una intelectual pública y figura política. Ha escrito para muchos periódicos y colaboró en la fundación del diario mexicano *La Jornada*. Como autora, ha escrito en casi todos los géneros: novela, cuento, poesía, ensayo, crónica y entrevista. Algunas de sus obras más conocidas son *La noche de Tlatelolco*, *Tinísima*, *La piel del cielo* y el libro *Leonora* sobre la pintora Leonora Carrington. Entre sus libros más recientes se encuentran dos antologías de cuentos titulados *Llorar en la sopa* y *Hojas de papel volando*.

## PINTURA Frida Kahlo

Considerada la mayor representante de la pintura introspectiva mexicana del siglo XX, Frida Kahlo es conocida principalmente por sus autorretratos (*self-portraits*), en los que expresa, a menudo con dolor, los acontecimientos y emociones de su vida personal. En 1929 se casó con el pintor y muralista Diego Rivera, con quien compartía el deseo de afirmar (*assert*) su identidad mexicana por medio del arte. Aquí aparece en su obra *Autorretrato con mono*.

### CINE/DRAMA Gael García Bernal

Gael García Bernal nació en 1978 en Guadalajara, México, y actualmente es una figura del cine internacional. Hijo de actores, empezó actuando en teatro y apareció en telenovelas y cortometrajes antes de triunfar con la película *Amores perros* (2000). También ha trabajado en *Y tu mamá también* (2001), *La mala educación* (2004), *Babel* (2006), *Blindness* (2008) y *Letters to Juliet* (2010). García Bernal debutó como director con la película *Déficit* (2007), en la cual también interpreta uno de los papeles (*roles*). En el año 2016 ganó el Globo de Oro en la categoría de mejor actor de serie de televisión (comedia o musical), por su papel como Rodrigo de Souza en *Mozart in the Jungle*.

### PINTURA/MURALISMO Diego Rivera

Diego Rivera es uno de los pintores mexicanos más reconocidos. Sus murales y frescos relatan la historia y los problemas sociales de su país. Pintó muchas de sus composiciones en techos y paredes de edificios públicos para que la clase trabajadora también pudiera tener acceso al arte. Su obra también cuenta con acuarelas (*watercolors*) y óleos (*oil paintings*) que han sido expuestos en todo el mundo. Aquí se ve un detalle de su fresco *Cruzando la Barranca*, pintado en el Palacio de Cortés, en Cuernavaca, estado de Morelos.

# ¿Qué aprendiste?

**1**

**Cierto o falso** Indica si estas afirmaciones son ciertas o falsas. Corrige las falsas.

1. En México vive más de la quinta parte de los hispanohablantes del mundo.
2. En Chichén Itzá, Teotihuacán y Palenque se conservan los restos de edificios coloniales.
3. Elena Poniatowska es una escritora mexicana que nació en Francia.
4. La Alameda Central es una catedral de la época azteca.
5. El Paseo de la Reforma es un mercado tradicional al aire libre medio azteca y medio maya.
6. Diego Rivera se preocupó por los problemas sociales de su país, pero no los retrató en su obra.

**2**

**Preguntas** Contesta las preguntas.

1. ¿Qué expresa Frida Kahlo en sus autorretratos?
2. ¿Cuáles son las dos lenguas indígenas más habladas en México?
3. ¿Qué son los tianguis?
4. ¿En qué edificio público a un costado del Zócalo se pueden ver murales de Diego Rivera? ¿Quién trabaja allí?
5. ¿Qué hizo Gael García Bernal por primera vez en la película *Déficit*?
6. ¿Qué artista de la Galería te interesa más? ¿Por qué?

**3**

**Confusión** En parejas, busquen los lugares que no corresponden con la descripción y comenten lo que se puede hacer en ellos, según la lectura.

| Lugar turístico | Descripción |
|---|---|
| El Zócalo | Avenida principal del D.F. |
| Paseo de la Reforma | Balneario |
| Acapulco | Tiendas y restaurantes |
| Palacio Nacional | Sede presidencial |
| Chichén Itzá | Parque más grande de la capital |
| Polanco | Sitio arqueológico |
| Bosque de Chapultepec | Corazón de la Ciudad de México |

Practice more at **vhlcentral.com**.

## PROYECTO

### Un viaje a México

Imagina que vas a hacer un viaje a México. Investiga toda la información que necesites en Internet. Después, prepara tu viaje según los siguientes puntos:

- Selecciona los lugares que quieres visitar y recopila fotos.
- Dibuja un mapa para mostrar tu itinerario.
- Presenta tu plan de viaje a tus compañeros/as de clase. Explícales por qué escogiste los lugares adonde vas a ir.

# El metro del D.F.

Ya has leído sobre Ciudad de México, una de las ciudades más grandes del mundo. Ahora mira este episodio de **Flash Cultura** para descubrir una de las mayores obras de ingeniería civil de toda Hispanoamérica: el metro del D.F.

### Vocabulario

**concurridos** *crowded*
**las exposiciones** *exhibitions*
**gratuito** *free*
**imponente** *imposing*
**la red** *network*
**repartidas** *distributed*
**el transbordo** *transfer*

**1** **Preparación** ¿Has visitado alguna vez una gran ciudad? ¿Había mucho tráfico? ¿Qué medio de transporte usaste para ir de un sitio a otro?

**2** **Comprensión** Indica si estas afirmaciones son ciertas o falsas. Después, en parejas, corrijan las falsas.

1. El metro del D.F. es rápido pero demasiado caro para la gente.

2. Sólo hay dos sistemas de metro en el mundo que lleven más viajeros que el metro del D.F.

3. El metro del D.F. empezó a funcionar en 1920.

4. La plaza más importante de Ciudad de México se llama Chapultepec.

5. El metro del D.F. también se conoce como Metrobús.

6. Todo el metro del D.F. es subterráneo.

**3** **Expansión** En parejas, contesten estas preguntas.

• ¿Qué ciudades de Estados Unidos tienen un sistema de transporte público comparable al de Ciudad de México?

• ¿Qué ventajas tiene el transporte público sobre el transporte privado? ¿Cuáles son los principales inconvenientes?

• Millones de personas utilizan el metro del D.F. todos los días. ¿Qué pasaría si el metro dejara de funcionar de repente?

**Corresponsal:** Carlos López
**País:** México

Nos encontramos en el Bosque de Chapultepec, en pleno centro de la ciudad, y uno de los lugares más concurridos.

Algunas de las estaciones son de una sola línea y otras se llaman de transbordo, precisamente porque sirven para cambiar de trenes para ir a diferentes puntos de la ciudad.

Para la gente de pelo blanco, de edad, mayor de sesenta años, el transporte es totalmente gratuito.

 Practice more at **vhlcentral.com**.

Presentation

**2.1**

# The preterite

- Spanish has two simple tenses to indicate actions in the past: the preterite (**el pretérito**) and the imperfect (**el imperfecto**). The preterite is used to describe actions or states that began or were completed at a definite time in the past.

### TALLER DE CONSULTA

These additional grammar topics are covered in the **Manual de gramática, Lección 2.**

**2.4 Progressive forms, p. 242**
**2.5 Telling time, p. 244**

| The preterite of regular –ar, –er, and –ir verbs | | |
|---|---|---|
| **comprar** | **vender** | **abrir** |
| compré | vendí | abrí |
| compraste | vendiste | abriste |
| compró | vendió | abrió |
| compramos | vendimos | abrimos |
| comprasteis | vendisteis | abristeis |
| compraron | vendieron | abrieron |

- The preterite tense of regular verbs is formed by dropping the infinitive ending (**–ar, –er, –ir**) and adding the preterite endings. Note that the endings of regular **–er** and **–ir** verbs are identical in the preterite tense.

- The preterite of all regular and some irregular verbs requires a written accent on the endings in the **yo, usted, él**, and **ella** forms.

  Ayer **empecé** un nuevo trabajo.  Mi mamá **preparó** una cena deliciosa.

  *Yesterday I started a new job.*  *My mom prepared a delicious dinner.*

- Verbs that end in **–car, –gar,** and **–zar** have a spelling change in the **yo** form of the preterite. All other forms are regular.

  | buscar | busc– | –qu– | yo busqué |
  | llegar | lleg– | –gu– | yo llegué |
  | empezar | empez– | –c– | yo empecé |

- **Caer, creer, leer,** and **oír** change **–i–** to **–y–** in the **usted, él,** and **ella** forms and in the **ustedes, ellos,** and **ellas** forms of the preterite. They also require a written accent on the **–i–** in all other forms.

  caer    caí, caíste, cayó, caímos, caísteis, cayeron
  creer   creí, creíste, creyó, creímos, creísteis, creyeron
  leer    leí, leíste, leyó, leímos, leísteis, leyeron
  oír     oí, oíste, oyó, oímos, oísteis, oyeron

- Verbs with infinitives ending in **–uir** change **–i–** to **–y–** in the **usted, él,** and **ella** forms and in the **ustedes, ellos,** and **ellas** forms of the preterite.

  construir    construí, construiste, construyó, construimos,
               construisteis, construyeron
  incluir      incluí, incluiste, incluyó, incluimos, incluisteis, incluyeron

- Stem-changing **–ir** verbs also have a stem change in the **usted, él,** and **ella** forms and in the **ustedes, ellos,** and **ellas** forms of the preterite.

**Preterite of –ir stem-changing verbs**

| pedir | | dormir | |
|---|---|---|---|
| pedí | pedimos | dormí | dormimos |
| pediste | pedisteis | dormiste | dormisteis |
| pidió | pidieron | durmió | durmieron |

- Stem-changing **–ar** and **–er** verbs do not have a stem change in the preterite.

- A number of verbs, most of them **–er** and **–ir** verbs, have irregular preterite stems. Note that none of these verbs takes a written accent on the preterite endings.

—Nunca **tuve** oportunidad de despedirme de él.

**Preterite of irregular verbs**

| infinitive | u-stem | preterite forms |
|---|---|---|
| andar | anduv– | anduve, anduviste, anduvo, anduvimos, anduvisteis, anduvieron |
| estar | estuv– | estuve, estuviste, estuvo, estuvimos, estuvisteis, estuvieron |
| poder | pud– | pude, pudiste, pudo, pudimos, pudisteis, pudieron |
| poner | pus– | puse, pusiste, puso, pusimos, pusisteis, pusieron |
| saber | sup– | supe, supiste, supo, supimos, supisteis, supieron |
| tener | tuv– | tuve, tuviste, tuvo, tuvimos, tuvisteis, tuvieron |

| infinitive | i-stem | preterite forms |
|---|---|---|
| hacer | hic– | hice, hiciste, hizo, hicimos, hicisteis, hicieron |
| querer | quis– | quise, quisiste, quiso, quisimos, quisisteis, quisieron |
| venir | vin– | vine, viniste, vino, vinimos, vinisteis, vinieron |

| infinitive | j-stem | preterite forms |
|---|---|---|
| conducir | conduj– | conduje, condujiste, condujo, condujimos, condujisteis, condujeron |
| decir | dij– | dije, dijiste, dijo, dijimos, dijisteis, dijeron |
| traer | traj– | traje, trajiste, trajo, trajimos, trajisteis, trajeron |

- Note that not only does the stem of **decir (dij–)** end in **j**, but the stem vowel **e** changes to **i**. In the **usted, él,** and **ella** form of **hacer (hizo)**, **c** changes to **z** to maintain the pronunciation. Most verbs that end in **–cir** have **j**-stems in the preterite.

# Práctica

**1**

**Acapulco** Escribe la forma correcta del pretérito de los verbos indicados.

1. El sábado pasado, mis compañeros de apartamento y yo _____ (ir) a Acapulco.

2. (Nosotros) _____ (quedarse) en un edificio muy alto y bonito.

3. En la playa, yo _____ (leer) un libro y Carlos _____ (tomar) el sol.

4. Mariela y Felisa _____ (caminar) mucho por la ciudad.

5. Una señora les _____ (indicar) el camino para ir a un restaurante muy conocido.

Playa de Acapulco

6. Por la noche, todos nosotros _____ (cenar) en el restaurante.

7. Después, en la discoteca, Carlos y Mariela _____ (bailar) toda la noche.

8. Y yo _____ (ver) a unos amigos de Monterrey. ¡Qué casualidad!

9. (Yo) _____ (hablar) con ellos un ratito.

10. Y (nosotros) _____ (llegar) al hotel a las tres de la mañana. ¡Qué tarde!

**2**

**¿Qué hicieron?** Combina elementos de cada columna para narrar lo que hicieron estas personas.

| anoche | yo | conversar | |
| anteayer | mi compañero/a de cuarto | dar | |
| ayer | | decir | |
| la semana pasada | mis amigos/as | ir | ? |
| | el/la profesor(a) de español | pasar | |
| una vez | | pedir | |
| dos veces | mi novio/a | tener que | |

**3**

**La última vez** En parejas, indiquen cuándo hicieron por última vez estas cosas. Incluyan detalles en sus respuestas.

**Modelo**    **llorar viendo una película**

—La última vez que lloré viendo una película fue en 2010. La película fue *Biutiful*.
—Bueno, ¡yo lloré mucho viendo *Adiós mamá...*!

1. hacer diligencias
2. decir una mentira
3. olvidar algo importante
4. perderse en una ciudad
5. indicar el camino

6. oír una buena/mala noticia
7. hablar con un(a) desconocido/a
8. estar enfadado con un(a) amigo/a
9. ver tres programas de televisión seguidos
10. comer en un restaurante

Practice more at
vhlcentral.com.

# Comunicación

**4**

**La semana pasada** Pasea por el salón de clase y haz preguntas a tus compañeros/as para averiguar qué hicieron la semana pasada. Anota el nombre de la primera persona que conteste que sí a las preguntas.

**Modelo**   **ir al cine**
—¿Fuiste al cine la semana pasada?
—Sí, fui al cine y vi una película muy buena./No, no fui al cine.

| Actividades | Nombre |
|---|---|
| 1. asistir a un partido de fútbol | _____ |
| 2. conducir tu carro a la universidad | _____ |
| 3. dar un consejo (*advice*) a un(a) amigo/a | _____ |
| 4. dormirse en clase o en el laboratorio | _____ |
| 5. estudiar toda la noche para un examen | _____ |
| 6. hablar con un policía | _____ |
| 7. hacer una tarea dos veces | _____ |
| 8. ir al centro comercial | _____ |
| 9. perder algo importante | _____ |
| 10. tomar un autobús | _____ |
| 11. viajar en transporte público | _____ |
| 12. visitar un museo | _____ |

**5**

**La ciudad** En parejas, túrnense para hablar de la última vez que visitaron una ciudad que no conocían.

**Modelo**   —¿Y qué hiciste en Taxco?
—Pues muchas cosas… Visité la Iglesia de Santa Prisca, una de las más bellas de México, disfruté de la arquitectura colonial, anduve y anduve, tomé miles de fotos…

- ¿Adónde fuiste?
- ¿Por qué fuiste?
- ¿Quién planeó el viaje?
- ¿Cuándo fue?
- ¿Cuánto tiempo te quedaste?
- ¿Qué hiciste allí?
- ¿Quiénes fueron y quiénes no pudieron ir?
- ¿Te gustó? ¿Por qué?

**6**

**¿Qué haces para divertirte?**

**A.** Haz una lista de diez actividades divertidas que hiciste el mes pasado.

**B.** En parejas, túrnense para preguntarse qué hicieron y averigüen si hicieron lo mismo.

**C.** Describan a la clase lo que hizo su compañero/a.

**D.** Luego, la clase decide quién es el/la más activo/a.

Presentation

**2.2**

# The imperfect

- The imperfect tense in Spanish is used to narrate past events without focusing on their beginning, end, or completion.

—*Mi hijo **era** tímido y de pocas palabras como usted.*

- The imperfect tense of regular verbs is formed by dropping the infinitive ending (**–ar, –er, –ir**) and adding personal endings. **–Ar** verbs take the endings **–aba, –abas, –aba, –ábamos, –abais, –aban**. **–Er** and **–ir** verbs take **–ía, –ías, –ía, –íamos, –íais, –ían**.

| The imperfect of regular *–ar*, *–er*, and *–ir* verbs | | |
|---|---|---|
| **caminar** | **deber** | **abrir** |
| caminaba | debía | abría |
| caminabas | debías | abrías |
| caminaba | debía | abría |
| caminábamos | debíamos | abríamos |
| caminabais | debíais | abríais |
| caminaban | debían | abrían |

- **Ir, ser,** and **ver** are the only verbs that are irregular in the imperfect.

| The imperfect of irregular verbs | | |
|---|---|---|
| **ir** | **ser** | **ver** |
| iba | era | veía |
| ibas | eras | veías |
| iba | era | veía |
| íbamos | éramos | veíamos |
| ibais | erais | veíais |
| iban | eran | veían |

- The imperfect tense indicates how things were or what was happening at certain time in the past.

> Cuando yo **era** joven, **vivía** en una ciudad muy grande. Todas las semanas, mis padres y yo **visitábamos** a mis abuelos.
> *When I was young, I lived in a big city. Every week, my parents and I visited my grandparents.*

**TALLER DE CONSULTA**

To express past actions in progress, the imperfect or the past progressive may be used. See **Manual de gramática 2.4, p. 242.**

**¿Qué hacías ayer cuando llamé?**
*What were you doing yesterday when I called?*
**Estaba estudiando.**
*I was studying.*

- The imperfect of **haber** is **había**. There is no plural form.

  **Había** tres cajeros en el supermercado.
  *There were three cashiers in the supermarket.*

  Sólo **había** un mesero en el café.
  *There was only one waiter in the café.*

- These words and expressions, among others, are often used with the imperfect because they express habitual or repeated actions without reference to their beginning or end: **de niño/a** (*as a child*), **todos los días** (*every day*), **mientras** (*while*).

  **De niño, vivía** en un suburbio de la Ciudad de México.
  *As a child, I lived in a suburb of Mexico City.*

  **Todos los días visitaba** a mis primos en un pueblo cercano.
  *Every day I visited my cousins in a nearby village.*

Siempre dormía muy mal.
Nunca podía relajarme.
Estaba desesperado; no sabía qué hacer.
Ahora, mis problemas están
resueltos con mi nueva cama.

DORMALUX
LA CAMA DE TUS SUEÑOS

# Práctica

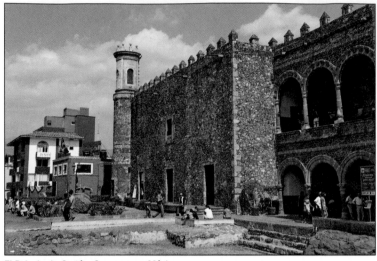

El Palacio de Cortés, Cuernavaca, México

**1**

**Cuernavaca** Escribe la forma correcta del imperfecto de los verbos indicados.

Cuando yo (1) _____ (tener) veinte años, estuve en México por seis meses. (2) _____ (vivir) en Cuernavaca, una ciudad cerca de la capital. (3) _____ (ser) estudiante en un programa de español para extranjeros. Entre semana mis amigos y yo (4) _____ (estudiar) español por las mañanas. Por las tardes, (5) _____ (visitar) los lugares más interesantes de la ciudad para conocerla mejor. Los fines de semana, nosotros (6) _____ (ir) de excursión. (Nosotros) (7) _____ (visitar) ciudades y pueblos nuevos. ¡Los paisajes (8) _____ (ser) maravillosos!

**2**

**Antes** En parejas, túrnense para hacerse preguntas usando estas frases.

**Modelo**    **tomar el metro**
          —¿Tomas el metro?
          —Ahora sí, pero antes nunca lo tomaba./Ahora no, pero antes siempre lo tomaba.

1. ir a las discotecas
2. tomar vacaciones
3. ir de compras al centro comercial
4. hacer diligencias los fines de semana
5. trabajar por las tardes
6. preocuparse por el futuro

**3**

**Rutinas** En parejas, un(a) compañero/a comienza la narración de alguna rutina que hacía en el pasado. El/La otro/a tiene que adivinar (*to guess*) cómo termina.

**Modelo**    —Mi madre me daba dinero y me llevaba al centro comercial.
          —Tú comprabas ropa y discos. Luego, tu madre te recogía y regresaban a casa.

Practice more at
vhlcentral.com.

# Comunicación

**4** ¿Y ustedes?

**A.** Pregunta a varios compañeros si hacían estas cosas cuando eran niños/as. Escribe el nombre de la primera persona que conteste afirmativamente cada pregunta.

> **Modelo** ir mucho al cine
> —¿Ibas mucho al cine?
> —Sí, iba mucho al cine.

| ¿Qué hacían? | Nombre |
|---|---|
| 1. tener miedo de los monstruos y fantasmas de los cuentos | _____ |
| 2. llorar todo el tiempo | _____ |
| 3. siempre hacer su cama | _____ |
| 4. ser muy travieso/a (*mischievous*) | _____ |
| 5. romper los juguetes (*toys*) | _____ |
| 6. darles muchos regalos a sus padres | _____ |
| 7. comer muchos dulces | _____ |
| 8. pasear en bicicleta | _____ |
| 9. correr en el parque | _____ |
| 10. beber limonada | _____ |

**B.** Ahora, comparte con la clase los resultados de tu búsqueda.

**5** **Antes y ahora** En parejas, comparen cómo ha cambiado este lugar en los últimos años. ¿Cómo era antes? ¿Cómo es ahora?

**Antes**

**Ahora**

**6** **Entrevista** Trabajen en parejas. Uno/a de ustedes es una persona famosa y el/la otro/a es un(a) reportero/a que la entrevista para saber cómo era su vida de niño/a. Después, informen a la clase sobre la celebridad. Sean creativos.

> **Modelo** De niña, Salma Hayek viajaba todos los veranos al sureste de México. Le gustaba ir a las tiendas en el centro de Mérida...

Presentation

**2.3**

# The preterite vs. the imperfect

- Although the preterite and imperfect both express past actions or states, the two tenses have different uses. They are not interchangeable.

## Uses of the preterite

- To express actions or states viewed by the speaker as completed.

> **Viviste** en ese barrio el año pasado.
> *You lived in that neighborhood last year.*

> Mis amigas **fueron** al centro comercial ayer.
> *My girlfriends went to the mall yesterday.*

- To express the beginning or end of a past action.

> La telenovela **empezó** a las ocho.
> *The soap opera began at eight o'clock.*

> Estas dos noticias **se difundieron** la semana pasada.
> *These two news items were broadcast last week.*

—Mi hijo **murió** en un choque.

- To narrate a series of past actions.

> **Salí** de casa, **crucé** la calle y **entré** en el edificio.
> *I left the house, crossed the street, and entered the building.*

> **Llegó** al centro, le **dieron** indicaciones y **se fue**.
> *He arrived at the center, they gave him directions, and he left.*

## Uses of the imperfect

- To describe an ongoing past action without reference to beginning or end.

> **No se podía** parar delante de la comisaría.
> *Stopping in front of the police station was not permitted.*

> Juan **tomaba** el transporte público frecuentemente.
> *Juan frequently took public transportation.*

- To express habitual past actions.

> **Me gustaba** jugar al fútbol los domingos.
> *I used to like to play soccer on Sundays.*

> **Solían** hacer las diligencias los fines de semana.
> *They used to run errands on weekends.*

—El otro conductor **iba** borracho.

- To describe mental, physical, and emotional states or conditions.

> **Estaba** muy nerviosa antes de la entrevista.
> *She was very nervous before the interview.*

- To tell time.

> **Eran** las ocho y media de la mañana.
> *It was eight thirty a.m.*

**TALLER DE CONSULTA**

To review telling time, see
**Manual de gramática 2.5,
p. 244.**

## The preterite and imperfect used together

- When narrating in the past, the imperfect describes *what was happening*, while the preterite describes the action that *interrupted* the ongoing activity. The imperfect provides background information, while the preterite indicates specific events that advance the plot.

> Mientras **estudiaba, sonó** la alarma contra incendios. Me **levanté** de un salto y **miré** el reloj. **Eran** las 11:30 de la noche. **Salí** corriendo de mi cuarto. En el pasillo **había** más estudiantes. La alarma **seguía** sonando. **Bajamos** las escaleras y, al llegar a la calle, me **di** cuenta de que **hacía** un poco de frío. No **tenía** un suéter. De repente, la alarma **dejó** de sonar. No **había** ningún incendio.

> *While I was studying, the fire alarm went off. I jumped up and looked at the clock. It was 11:30 p.m. I ran out of my room. In the hall there were more students. The alarm continued to blare. We rushed down the stairs and, when we got to the street, I realized that it was a little cold. I didn't have a sweater. Suddenly, the alarm stopped. There was no fire.*

## Different meanings in the imperfect and preterite

- The verbs **querer**, **poder**, **saber**, and **conocer** have different meanings when they are used in the preterite. Notice also the meanings of **no querer** and **no poder** in the preterite.

| infinitive | imperfect | preterite |
|---|---|---|
| **querer** | **Quería** acompañarte. *I **wanted** to go with you.* | **Quise** acompañarte. *I **tried** to go with you (but failed).* |
| | | **No quise** acompañarte. *I **refused** to go with you.* |
| **poder** | Ana **podía** hacerlo. *Ana **could** do it.* | Ana **pudo** hacerlo. *Ana **succeeded** in doing it.* |
| | | Ana **no pudo** hacerlo. *Ana **could not** (and did not) do it.* |
| **saber** | Ernesto **sabía** la verdad. *Ernesto **knew** the truth.* | Por fin Ernesto **supo** la verdad. *Ernesto finally **discovered** the truth.* |
| **conocer** | Yo ya **conocía** a Andrés. *I already **knew** Andrés.* | Yo **conocí** a Andrés en la fiesta. *I **met** Andrés at the party.* |
| | María y Andrés **se conocían**. *María and Andrés **knew** each other.* | María y Andrés **se conocieron** en Acapulco. *María and Andrés **met** in Acapulco.* |

# Práctica

**1**

**El centro** Elena y Catalina prometieron llevar a su amigo Daniel a una entrevista de trabajo. Completa las oraciones con el imperfecto o el pretérito de estos verbos.

| | | |
|---|---|---|
| conducir | desayunar | llamar |
| construir | estar | llegar |
| cruzar | haber | salir |
| dar | leer | ser |
| decir | levantarse | ver |

Eran las ocho cuando Catalina y Elena (1) _____ para ir al centro. Elena (2) _____ cuando Daniel la (3) _____ para decir que estaba listo. Le (4) _____ otra vez que la cita (5) _____ a las diez y media. Ellas (6) _____ a las nueve y media. Todavía era temprano y (7) _____ tiempo. Elena (8) _____ mientras Catalina (9) _____ las indicaciones para llegar. Había mucho tráfico cuando (10) _____ el puente. No (11) _____ el edificio de oficinas porque (12) _____ perdidas. (13) _____ muchas vueltas y por fin (14) _____. Ya eran las once menos cuarto. ¡Pero no (15) _____ nadie allí!

**2**

**Interrupciones** Combina palabras y frases de cada columna para contar lo que hicieron las siguientes personas. Usa el pretérito y el imperfecto.

**Modelo** Ustedes miraban la tele cuando el médico llamó.

| | | | |
|---|---|---|---|
| yo | dormir | usted | ~~llamar por teléfono~~ |
| tú | comer | ~~el médico~~ | salir |
| Marta y Miguel | escuchar música | la policía | sonar |
| nosotros | ~~mirar la tele~~ | el/la profesor(a) | recibir el correo electrónico |
| Pablo | conducir | los amigos | ver el accidente |
| ~~ustedes~~ | ir a... | Shakira | |
| | | la alarma | |

(cuando)

**3**

**Las fechas importantes**

**A.** Escribe cuatro fechas importantes en tu vida y explica qué pasó.

| Fecha | ¿Qué pasó? | ¿Con quién estabas? | ¿Dónde estabas? | ¿Qué tiempo hacía? |
|---|---|---|---|---|
| **Modelo** | | | | |
| el 6 de agosto de 2017 | Conocí a Dave Navarro. | Estaba con un amigo. | Estábamos en el gimnasio Vida. | Llovía mucho. |

**B.** Intercambia tu información con tres compañeros/as. Ellos te van a hacer preguntas para conocer más detalles sobre lo que te pasó.

Practice more at **vhlcentral.com**.

# Comunicación

**4**

## La mañana de Esperanza

**A.** En parejas, observen los dibujos. Escriban lo que le pasó a Esperanza después de abrir la puerta de su casa. ¿Cómo fue su mañana? Utilicen el pretérito y el imperfecto en la narración.

1.

2.

3.

4.

**B.** Con dos parejas más, túrnense para presentar las historias que han escrito. Después, combinen sus historias para hacer una nueva.

**5**

**Crónicas** En grupos de tres, pongan estos fragmentos de oraciones en una secuencia lógica. Después, completen las oraciones y añadan otras para crear una historia. Usen el pretérito y el imperfecto.

1. Con frecuencia, mis amigos/as …
2. El sábado pasado, …
3. Regularmente, en la plaza de …
4. Anoche, un conductor …
5. Generalmente, los pasajeros …
6. Ayer en la ciudad …

**6**

**Cambios** En parejas, díganse en qué ciudad crecieron. Luego, describan los cambios actuales en esa ciudad y cómo se vivía antes. Por último, en pocas palabras, presenten a la clase la descripción de su compañero/a.

> **Modelo**  Hace cinco años, construyeron un nuevo rascacielos.
> Antes, podíamos ver las montañas desde nuestro jardín.

# Síntesis

## La ciudad es mía

Esta mañana abrí la ventana de la habitación. Hacía calor. En un instante decidí no leer el periódico, es más, decidí no ir al trabajo. Salí a la calle sin desayunar y, sin dudar, me subí al primer autobús que paró. Había muchos asientos libres, elegí uno sin prisa y me senté.

El autobús avanzaba° y yo observaba escenas cotidianas. Estuve en el autobús un buen rato° y después bajé. Crucé la calle, empecé a caminar y llegué a una plaza inmensa. Había mucha gente. Hombres y mujeres de todas las edades iban y venían en todas direcciones. Me perdí entre la multitud. Estaba contento. Me gusta vagabundear° sin destino° por la ciudad. En una esquina me paré y tomé otra decisión.

Mientras caminaba, seguí a un grupo de jóvenes. Pensé que ellos iban a algún lugar interesante. ¡Y así fue! Yo no solía seguir a la gente, pero hoy era diferente; quería improvisar.

Empezaba a llover, pero las calles no estaban vacías. Yo quise terminar el día con un paseo bajo la lluvia, pero no pude. Algo inesperado° sucedió°. ■

*was moving forward*

*a while*

*roam/destination*

*unexpected/ happened*

---

**1** **Preguntas** Contesta las preguntas.

1. ¿Qué decisiones tomó el protagonista ("P") de la historia?

2. ¿Qué transporte público tomó?

3. ¿A quién siguió? ¿Por qué?

**2** **Detalles** En parejas, inventen las respuestas para completar el día de P por las calles de la Ciudad de México. Utilicen la imaginación y su conocimiento de esta ciudad.

1. ¿A qué plaza llegó P? ¿Qué había? ¿Cómo era?

2. ¿Adónde fueron los jóvenes? ¿Qué hicieron? ¿Qué hizo P?

3. ¿Cómo fue el día de P? ¿Lo pasó bien? ¿Por qué?

**3** **Algo inesperado** P no pudo contarnos qué sucedió mientras regresaba a casa bajo la lluvia. En grupos de tres, inventen un final posible y después compártanlo con la clase.

# Preparación

**Vocabulario de la lectura**

**acostumbrar** *to do as a custom/habit*
**la costumbre** *custom; habit*
**el cuidado** *care*
**decidido/a** *determined*
**difundir (noticias)** *to spread (news)*
**el/la habitante** *inhabitant*
**el matriarcado** *matriarchy*
**el mito** *myth*
**permitir** *to allow*

**Vocabulario útil**

**el bienestar** *well-being*
**la característica** *characteristic*
**conservar** *to preserve*
**cooperar** *to cooperate*
**la influencia** *influence*
**justo/a** *just, fair*
**significar** *to mean*

**1** **Vocabulario** Completa cada oración con la palabra más adecuada.

1. Me caí dando una vuelta en bicicleta. Iba rápido y no tuve suficiente _____.
   a. cuidado          b. influencia          c. bienestar

2. La ley no _____ doblar cuando hay peatones en la esquina.
   a. significa          b. permite          c. coopera

3. Trata de relajarte un poco cada día. Tienes que pensar en tu _____ mental.
   a. bienestar          b. costumbre          c. mito

4. Supe del accidente porque _____ las imágenes en la televisión.
   a. significaron          b. acostumbraron          c. difundieron

5. Cada barrio es diferente y _____ sus tradiciones independientes.
   a. conserva          b. coopera          c. significa

**2** **Las mujeres de tu vida** Contesta las preguntas y explica tus respuestas. También puedes añadir anécdotas y detalles.

1. ¿Qué mujeres ocupan un papel importante en tu vida personal?

2. ¿Qué mujeres tienen papeles importantes en tu comunidad?

3. ¿A qué mujer famosa admiras?

4. ¿Qué cualidades admiras más en la personalidad de una mujer?
   ¿Y en la de un hombre? ¿Son las mismas?

**3** **Hombres y mujeres** En parejas, hagan dos listas: una con cinco cosas que creen que tienen en común los hombres y las mujeres; y otra con cinco cosas en las que son diferentes. Después, compartan sus listas con la clase. ¿Pueden llegar a alguna conclusión?

| Iguales | Diferentes |
|---|---|
| • Los hombres y las mujeres tienen preocupaciones similares. | • Las mujeres son más sensibles. |
| • A ambos les preocupa el medioambiente. | • Los hombres tienen menos paciencia. |

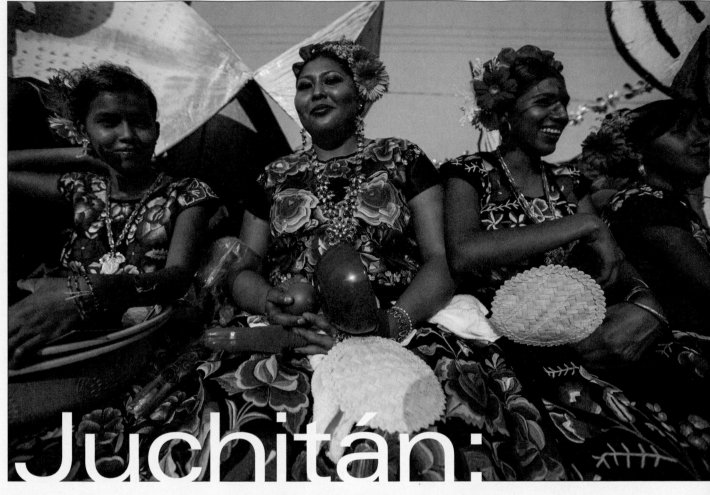

# Juchitán:
# La ciudad de las
# mujeres

▶ **Cultura en pantalla**

Visita **vhlcentral.com** y conoce a **Las mujeres triquis de Oaxaca** y su rol en la sociedad actual.

**CULTURA**

Audio: Reading

Famosa por sus mujeres, fuertes y decididas, Juchitán es una ciudad mexicana mayoritariamente° indígena cuyos mitos y costumbres se resisten a la influencia del exterior.

Está en una zona de México llamada istmo de Tehuantepec, en el sur del estado de Oaxaca, muy cerca de la frontera con Guatemala. Sus habitantes son en su mayoría de la etnia zapoteca y, hasta hoy, todavía hablan su lengua ancestral°, el zapoteco.

Muchos afirman que en Juchitán existe un matriarcado por la presencia tan trascendental que las mujeres tienen en la economía y la sociedad en general. Además, ellas son las que toman las decisiones importantes en la familia; por ejemplo, si un hombre quiere comprar algo o salir a divertirse, tiene que pedirle dinero a la mujer de la casa.

Las mujeres juchitecas° son extrovertidas y acostumbran llevar trajes° de colores brillantes; además, se desenvuelven° con dignidad y siempre son directas al hablar. Aun las mujeres de mayor edad se visten con garbo°, confianza° y sin la intención de esconder su edad, porque ser "viejo" no tiene una connotación negativa en su cultura.

La estructura social de esta comunidad está claramente dividida. Los hombres trabajan en el sector de la producción: son campesinos°, pescadores°, artesanos° y también son los que toman las decisiones políticas. Por su parte, las mujeres manejan° la organización doméstica, la economía familiar, el comercio y el sistema festivo.

Las fiestas son parte importante de la vida en Juchitán, ya que duran varios días y requieren de una compleja preparación. Las mujeres son las anfitrionas° y, a la hora del baile, hay más mujeres que hombres en la pista° bailando al ritmo de la música tradicional.

El mercado es un punto central en Juchitán, donde las mujeres venden los productos del campo o del mar que los hombres han traído a casa. Es también ahí donde se difunden las noticias entre todos y se arreglan asuntos° sociales y familiares.

Su capacidad económica le permite a la mujer juchiteca una gran autonomía en relación con el hombre. Ésta se refleja en una sólida autoestima°, en una presencia dominante dentro del sistema social de la comunidad y en una fuerte y aceptada autoridad en la familia.

Ningún hombre juchiteco se siente mal porque el sistema económico está dirigido por las mujeres. Aquí —al contrario del modelo occidental— las prioridades son la alimentación°, el cuidado de niños y ancianos°, y los banquetes colectivos. Nadie se queda con hambre en Juchitán. ¿Cuántas ciudades pueden decir esto en el llamado "mundo desarrollado°"? ∎

### Marginal glosses
mainly
ancient
habitantes de Juchitán
vestidos
carry themselves
poise
confidence
agricultural workers / fishermen / craftsmen
handle
hostesses
dance floor
issues are settled
self-esteem
comida
elderly people
developed

## Frida y Juchitán

La pintora mexicana Frida Kahlo admiraba mucho a las mujeres juchitecas. Tenía muchos vestidos bordados (*embroidered*) en Juchitán y los llevaba a diario; en varios de sus autorretratos (*self-portraits*) se pintó con estos vestidos.

## Las mujeres juchitecas son extrovertidas y acostumbran llevar trajes de colores brillantes.

# Análisis

**1**

**Comprensión** Contesta las preguntas con oraciones completas.

1. ¿Cómo son las mujeres juchitecas? Usa por lo menos tres adjetivos de la lectura.
2. ¿Cuáles son las principales ocupaciones de los hombres juchitecos?
3. ¿En qué trabajan las mujeres de esta ciudad?
4. ¿Cómo son las fiestas en Juchitán?
5. Si quieres saber lo que ha pasado últimamente (*lately*) en Juchitán, ¿adónde debes ir?
6. ¿Cuándo usaba Frida Kahlo sus vestidos bordados en Juchitán?
7. ¿Qué logra (*achieve*) la mujer juchiteca con su capacidad económica?
8. ¿A qué le da más importancia el sistema económico de Juchitán?

**2**

**Opiniones** En parejas, contesten las preguntas.

1. ¿Qué opinan del papel de las mujeres en Juchitán?
2. ¿Qué aspecto les pareció el más interesante de esta sociedad?
3. ¿Qué cosas son diferentes entre Juchitán y la sociedad en la que ustedes viven? Hagan una lista.

**3**

**Tu comunidad** Escribe cuatro características positivas y cuatro negativas de la comunidad en que vives. Compártelas con la clase.

Características

| Positivas | Negativas |
|-----------|-----------|
|           |           |
|           |           |
|           |           |

**4**

**Imaginar** En grupos de cinco, imaginen que forman parte de un nuevo modelo de sociedad. ¿Cómo es? Descríbanlo usando estas preguntas como referencia y añadan otros detalles. Después, compartan sus "sociedades" con la clase.

• ¿Cómo participan las mujeres? ¿Y los hombres?
• ¿Qué trabajo hace cada uno/a de ustedes?
• ¿Cuáles son las prioridades del gobierno?
• ¿Quién(es) están en el gobierno?

**5**

**Explicar** En parejas, lean las siguientes afirmaciones del artículo. ¿Qué filosofía tienen en común? ¿La cultura occidental valora también esa filosofía? Den al menos tres razones para explicar su opinión.

• "Nadie se queda con hambre en Juchitán".
• "... ser viejo no tiene una connotación negativa ...".
• "Ningún hombre juchiteco se siente mal porque el sistema económico está dirigido por las mujeres".

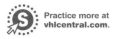
Practice more at vhlcentral.com.

# Preparación

## Sobre la autora

La escritora catalana **Mercè Sarrias** (1966– ) estudió periodismo en la Universidad Autónoma de Barcelona. Su trayectoria teatral se inicia en la Sala Beckett de esa ciudad, donde estudia dramaturgia (*playwriting*) y actuación. Inició su carrera como escritora haciendo reportajes periodísticos y publicidad. Escribió guiones de televisión y obras de teatro en varios idiomas, entre las que destacan *África 30* (1998) y *Hazme una perdida* (2014). "Escribo muy cerca de la realidad", dice Sarrias. "Me apasiona la gente y observar el mundo contemporáneo, lo que tengo a mi alrededor".

### Vocabulario de la lectura

el agujero *pothole*
aparcar *to park*
desplazado/a *out of place*
impasible *impassively*
manchado/a *stained*
el mostrador *counter*
la persiana *shutter*
el principio *principle*
rechazar *to turn down*
retroceder *to move backward*

### Vocabulario útil

impedir *to prevent*
indignarse *to be outraged*
la multa *fine*
la protesta *complaint*
la señal de tráfico *road sign*
sorprendido/a *surprised*
el trato *treatment*

**1 Vocabulario** Completa las oraciones con palabras del vocabulario.

1. El ayuntamiento tiene que reparar un profundo _____ que hay en la acera.
2. El letrero era enorme, tuve que _____ para verlo bien.
3. Había tanto tráfico que debí _____ el auto y seguir en transporte público.
4. La dependienta me miraba sonriente al otro lado del _____.
5. El compañero cerró _____ de la ventana y no pude ver lo que hacía.
6. El policía lo miró _____, sin cambiar el gesto.

**2 Urbanización** En parejas, contesten las preguntas y coméntenlas.

1. ¿Qué es lo que menos te gusta de las grandes ciudades?
2. ¿Cómo describirías las interacciones con desconocidos en las grandes ciudades?
3. ¿Prefieres el trato personal en los pueblos o en las ciudades? ¿Por qué?
4. ¿Dónde crees que es más fácil llevarse bien con la gente: en un pueblo o en una ciudad? ¿Por qué?
5. ¿Cómo crees que actúa la burocracia en la ciudad? ¿Y en los pueblos?

**3 Principios** En grupos de tres, reflexionen sobre esta frase: "Es cuestión de principios"; luego, contesten las preguntas y coméntenlas. Compartan sus ideas con la clase

1. ¿Se consideran personas de principios? ¿Por qué?
2. ¿Qué son capaces de sacrificar por sus principios?
3. ¿Creen que siempre se deben obedecer las normas? ¿Por qué?
4. ¿Qué hacen si una norma o una ley los obliga a ir en contra de sus principios?

# Una lucha muy personal

## Mercè Sarrias

Depósito de la grúa°. Es un garaje inmenso. Hay una valla° que impide la salida de los coches y un mostrador grande, con un cristal grueso donde hay algunos anuncios y un cartel donde se indica que no se puede fumar. Una persiana, que en estos momentos está arriba, permite abrir y cerrar
5   el servicio de mostrador. Es donde los "damnificados°" rellenan los papeles y pagan para recuperar su vehículo. Es domingo. Tras el mostrador, Sonia, una mujer rubia, teñida, alrededor de los cuarenta, mira impasible hacia delante. Está ausente. Entra Marta, también de cuarenta años, vestida elegantemente. Camina poco a poco con un zapato manchado de barro en la mano. Marta atraviesa todo
10   el espacio y se dirige al mostrador. Coloca el zapato ante Sonia. Está furiosa. Sonia no se inmuta°. Se miran.

tow truck / gate
victims
no se inmuta<br>does not flinch

**MARTA**    Vengo a buscar el coche.

**SONIA**    ¿Quiere hacer el favor de dejar el zapato en el suelo?

*Marta no lo hace.*

15    **MARTA**    Me he caído. En las obras. Hay un agujero de más de un metro. Hace dos meses que hay un agujero de más de un metro. He retrocedido para ver mejor el vacío° que había dejado el coche y he caído. *(Levanta el zapato lleno de barro.)* Ciento veinticinco euros.

empty space

**SONIA**    No debería comprar zapatos tan caros. *(Le da unos papeles.)* Son ciento
20    cincuenta euros.

*Marta firma los papeles y se queda mirando a Sonia.*

**MARTA**    No tengo el dinero.

*Sonia recoge los papeles.*

**MARTA**    No lo tendré hasta final de mes.

25    **SONIA**    Si deja el coche aquí hasta final de mes, le costará un ojo de la cara°. Tendrá que vender todos sus zapatos.

**MARTA**    ¿Por qué es tan idiota?

un ojo de la cara
*an arm and a leg*

*Suena un timbre. Sonia baja la persiana del mostrador.*

**MARTA**    ¿Pero qué hace?

30    **SONIA**    (*Tras la persiana.*) He acabado el turno°. Ahora vendrá mi compañero y discute con él.

**MARTA**    ¿Pero dónde está?

**SONIA**    No lo sé. Siempre llega tarde. (*Pausa.*) ¿Se puede saber por qué siempre aparca el coche en el mismo sitio si sabe que está prohibido?

*shift*

35    **MARTA**    Se equivoca. No está prohibido. Es la señal la que está mal puesta. Está desplazada hacia un lado porque hay un árbol que impide que esté en el sitio correcto, pero donde realmente no se puede aparcar es más a la derecha. ¿Lo entiende?

**SONIA**    Lo que no entiendo es cómo se ha dejado llevar el coche seis veces en un mes.

40

**MARTA**    Es cuestión de principios.

**SONIA**    Póngase el zapato, cogerá frío.

*Marta se emociona, casi llora. Sonia la oye.*

**SONIA**    ¿Pero qué hace?

45    **MARTA**    Nada. Nada. No hago nada.

*Marta coge el zapato del mostrador y se lo pone. Sonia sale de detrás del mostrador. Lleva el bolso, una bolsa y una mesa de camping con dos sillas plegables°. La abre, coloca las sillas y de dentro de la bolsa saca una botella de vino y dos copas. Marta la mira sorprendida. Sonia se sienta en una silla y*
50    *le hace una señal con la cabeza para que se siente en la otra. Marta lo hace. Sonia abre la botella sin prisas y sirve el vino. Saca un paquete de cigarrillos y le ofrece tabaco a Marta, que lo rechaza. Se enciende un cigarrillo, que fuma lentamente, mientras bebe. Es un momento de relax después del trabajo. Marta también bebe. Silencio.*

*folding*

55    **SONIA**    ¿Mejor?

*Marta mueve afirmativamente la cabeza.*

**MARTA**    ¿Dejará que me lleve el coche?

**SONIA**    No puedo. No está permitido. Las normas° son las normas.

**MARTA**    Pero…

*rules*

| 60 | **SONIA** | No hay nada que hacer. |

*Silencio.*

| | **SONIA** | Podemos tratar de conseguir el dinero. |
| | **MARTA** | ¿Nosotras? |
| | **SONIA** | Vamos a ver. ¿Tiene familia? |
| 65 | **MARTA** | (*Incómoda.*) Tengo una hija. Tiene quince años. |
| | **SONIA** | ¿Tendrá un padre? |
| | **MARTA** | No, en este sentido, no lo tiene. |
| | **SONIA** | ¿Y ella, unos ahorros? |
| | **MARTA** | ¿Pretende que le coja el dinero a mi hija? |
| 70 | **SONIA** | Oh, alguna solución tendremos que encontrar. |

*Entra el substituto de **Sonia.** Es un hombre largo y delgado que lleva un mono° de trabajo y el periódico bajo el brazo. Saluda con la cabeza.*

coveralls

| | **SONIA** | Tarde. |
| 75 | **HOMBRE** | Hoy prácticamente no hay servicio. |
| | **MARTA** | Entonces, ¿por qué han cogido mi coche? |
| | **HOMBRE** | Porque estaba provocando. |

*El hombre desaparece tras el mostrador, abre un poco la persiana y coge el periódico y se pone a leer.*

| 80 | **MARTA** | Cabrones. |
| | **SONIA** | Debería mostrar signos de arrepentimiento°. |
| | **MARTA** | Hablaré con mi hija. |
| | **SONIA** | Así me gusta. |
| | **MARTA** | Quiere que le compre una moto. |
| 85 | **SONIA** | Vamos mal. |
| | **MARTA** | ¿Lo ve? |
| | **SONIA** | Sí, lo veo. ¿Más vino? |
| | **MARTA** | Y su padre le ha dicho que le compraba. |
| | **SONIA** | Cabrón. |
| 90 | **MARTA** | ¿Lo ve? |

remorse

*Marta se bebe el vino de golpe. Las dos se quedan en silencio. Se hace oscuro lentamente. Sonia se duerme. Marta, quieta, despierta. Se va.*

*Sobre el oscuro total, se oye de golpe un coche que arranca a toda velocidad y una valla que se rompe. Y una risa.*

| 95 | **SONIA** | (*Chillando°.*) ¡Eh! ∎ |

shouting

# Análisis

**1** **Comprensión** Contesta las preguntas.

1. ¿Para qué va Marta al depósito de la grúa?

2. ¿Quién es Sonia?

3. ¿Por qué Marta lleva un zapato en la mano?

4. ¿Por qué se conocían antes Marta y Sonia?

5. ¿Por qué Marta no le paga a Sonia para llevarse su auto?

6. ¿Qué sucede al final de la obra de teatro?

**2** **Interpretar** En parejas, contesten las preguntas.

1. Sonia está tranquila y Marta está furiosa, ¿por qué?

2. ¿Por qué crees que Marta estaciona junto a la señal, sabiendo que se pueden llevar su auto?

3. ¿Qué opinión crees que tiene Sonia de Marta? ¿Y Marta de Sonia?

4. ¿Piensas que Sonia debía permitir a Marta irse en el coche sin pagar? ¿Por qué?

5. ¿A qué se refiere el hombre cuando le dice a Marta que "estaba provocando"?

**3** **"Es cuestión de principios"** En parejas, comenten la decisión de Marta de aparcar siempre donde la grúa se lleva el coche. Usen estas preguntas para guiar su conversación.

- ¿Qué relación tiene la decisión de Marta de aparcar siempre en ese lugar con la frase "es cuestión de principios"?

- ¿Qué crees que quería demostrar Marta?

- ¿Qué consejo le darías a Marta si fueras amiga suya?

**4** **La fuerza de la verdad** En parejas, respondan las preguntas.

1. ¿Te identificas más con Sonia o con Marta? ¿Por qué?

2. ¿Qué hubieras hecho tú en lugar de Marta?

3. ¿Por qué nos resistimos a aceptar situaciones injustas?

4. ¿Crees que la justicia debe ser lo más importante en cualquier situación?

**5** **Escribir** En parejas, escriban otra escena de la obra. Marta acaba de volver a casa después de pagar la multa por quinta vez. Se lo dice a su hija. Escriban la conversación entre ambas y represéntenla ante la clase.

**Plan de redacción**

## Escribir una obra de teatro

**1** **Diálogo** Decidan cuál va a ser la reacción de la hija. ¿Será comprensiva?

**2** **Acotaciones escénicas** Recuerden que las obras de teatro se escriben para ser representadas. Describan el escenario y las reacciones de los personajes.

**3** **Ensayo** Lean el diálogo en voz alta y hagan las correcciones oportunas. Luego, ensayen la obra y represéntenla ante la clase.

Practice more at
vhlcentral.com.

# En la ciudad

Vocabulary Tools

## Lugares

**las afueras** *suburbs*
**los alrededores** *the outskirts*
**el ayuntamiento** *city hall*
**el barrio** *neighborhood*
**el centro comercial** *mall*
**el cine** *movie theater*
**la ciudad** *city*
**la comisaría** *police station*
**la discoteca** *dance club*
**el edificio** *building*
**la estación (de trenes/de autobuses)** *(train/bus) station*
**la estación de bomberos** *fire station*
**la estación de policía** *police station*
**el estacionamiento** *parking lot*
**el estadio** *stadium*
**el metro** *subway*
**el museo** *museum*
**la parada (de metro, de autobús)** *(subway, bus) stop*
**la plaza** *square*
**el rascacielos** *skyscraper*
**el suburbio** *suburb*
**la vivienda** *housing; home*

## Indicaciones

**la acera** *sidewalk*
**la avenida** *avenue*
**la calle** *street*
**la cuadra** *city block*
**la dirección** *address*
**la esquina** *corner*
**el letrero** *sign, billboard*
**el puente** *bridge*
**el semáforo** *traffic light*
**el tráfico** *traffic*
**el transporte público** *public transportation*

**cruzar** *to cross*
**doblar** *to turn*
**estar perdido/a** *to be lost*
**indicar el camino** *to give directions*
**parar** *to stop*
**preguntar el camino** *to ask for directions*

## Gente

**el/la alcalde(sa)** *mayor*
**el/la ciudadano/a** *citizen*
**el/la conductor(a)** *driver*
**la gente** *people*
**el/la pasajero/a** *passenger*
**el/la peatón/peatona** *pedestrian*
**el policía/la mujer policía** *policeman/woman*

## Actividades

**la vida nocturna** *nightlife*

**bajar** *to go down; to get off (a bus)*
**construir** *to build*
**conversar** *to talk*
**convivir** *to live together; to coexist*
**dar un paseo** *to take a stroll*
**dar una vuelta** *to take a walk/ride*
**dar una vuelta en bicicleta/carro/motocicleta** *to take a bike/car/motorcycle ride*
**disfrutar (de)** *to enjoy*
**hacer diligencias** *to run errands*
**pasarlo bien/mal** *to have a good/bad time*
**poblar** *to settle; to populate*
**quedar** *to be located*
**quedarse** *to stay*
**recorrer** *to travel (around a city)*
**relajarse** *to relax*
**residir** *to reside*
**subir** *to go up; to get on (a bus)*

## Para describir

**atrasado/a** *late, behind schedule*
**cotidiano/a** *everyday*
**inesperado/a** *unexpected*
**lleno/a** *full*
**ruidoso/a** *noisy*
**vacío/a** *empty*

## Cortometraje

**el/la cajero/a** *cashier*
**el choque** *crash*
**el/la desconocido/a** *stranger*
**las facciones** *features*

**la fila** *line*

**afligirse** *to get upset*
**parecerse** *to look like*
**valorar** *to value*

**borracho/a** *drunk*
**ingenuo/a** *naïve*
**repentino/a** *sudden*

## Cultura

**el bienestar** *well-being*
**la característica** *characteristic*
**la costumbre** *custom; habit*
**el cuidado** *care*
**el/la habitante** *inhabitant*
**la influencia** *influence*
**el matriarcado** *matriarchy*
**el mito** *myth*

**acostumbrar** *to do as a custom/habit*
**conservar** *to preserve*
**cooperar** *to cooperate*
**difundir (noticias)** *to spread (news)*
**permitir** *to allow*
**significar** *to mean*

**decidido/a** *determined*
**justo/a** *just, fair*

## Literatura

**el agujero** *pothole*
**el mostrador** *counter*
**la multa** *fine*
**la persiana** *shutter*
**el principio** *principle*
**la protesta** *complaint*
**la señal de tráfico** *road sign*
**el trato** *treatment*

**aparcar** *to park*
**impedir** *to prevent*
**indignarse** *to be outraged*
**rechazar** *to turn down*
**retroceder** *to move backward*

**desplazado/a** *out of place*
**impasible** *impassively*
**manchado/a** *stained*
**sorprendido/a** *surprised*

# Un mundo conectado

Los medios de comunicación tradicionales compiten hoy con las redes sociales y los blogs. La Internet brinda información e influye en la opinión pública y en nuestra interpretación de la realidad. Pero, ¿quién garantiza nuestra privacidad en un mundo donde la información está a un clic de ratón?

87

91

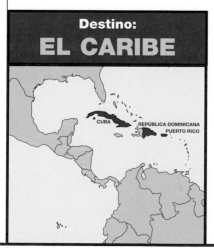

**Destino:**
**EL CARIBE**

CUBA   REPÚBLICA DOMINICANA   PUERTO RICO

# Los medios de comunicación  Vocabulary Tools

## Los medios

el acontecimiento *event*
la actualidad *current events*
el anuncio *advertisement, commercial*
la censura *censorship*
Internet *Internet*
los medios (de comunicación) *media*
la parcialidad *bias*
la publicidad *advertising*
la radio *radio*
el reportaje *news report*
el sitio web *website*

la temporada *season*

---

enterarse (de) *to become informed (about)*
navegar en la red *to surf the web*

opinar *to express an opinion, to think*
ser parcial *to be biased*
tener buena/mala fama *to have a good/bad reputation*

---

actualizado/a *up-to-date*
destacado/a *prominent*
en directo/vivo *live*
imparcial *impartial, unbiased*
influyente *influential*

## Profesionales de los medios

el/la actor/actriz *actor/actress*
el/la cantante *singer*
el/la crítico/a de cine *film critic*
el/la director(a) *director*
la estrella (de cine) *(movie) star (male or female)*
el/la fotógrafo/a *photographer*
el/la locutor(a) de radio *radio announcer*

el/la oyente *listener*
el/la periodista *journalist*
el público *audience, public*
el/la redactor(a) *editor*
el/la reportero/a *reporter*
el/la televidente *television viewer*

## El cine y la televisión

la banda sonora *soundtrack*
la cadena *network*
el cine *cinema, movies*
el doblaje *dubbing*
el documental *documentary*
los efectos especiales *special effects*
el estreno *premiere, new movie*
la pantalla *screen*
la película *movie*

## 

el programa de concursos *game show*
el programa de telerrealidad *reality show*
los subtítulos *subtitles*
la telenovela *soap opera*
la transmisión *broadcast*
el video musical *music video*

---

ensayar *to rehearse*
entretener *to entertain*
entrevistar *to interview*
grabar *to record*
rodar (o:ue) *to shoot (a movie)*
transmitir *to broadcast*

## La prensa

el horóscopo *horoscope*
la libertad de prensa *freedom of the press*
las noticias locales/internacionales/nacionales *local/international/national news*
el periódico/el diario *newspaper*
la portada *front page, cover*
la prensa (sensacionalista) *(sensationalist) press*
la revista *magazine*
la sección de sociedad *lifestyle section*
la sección deportiva *sports section*
la tira cómica *comic strip*
el titular *headline*

---

investigar *to research; to investigate*
publicar *to publish*
suscribirse (a) *to subscribe (to)*

# Práctica

**1**

**Analogías** Completa cada analogía con una palabra de la lista.

| | | | |
|---|---|---|---|
| actualidad | destacado | imparcial | radio |
| censura | entretener | periodista | sitio web |

1. reportero : reportaje = _____ : periódico
2. noticia internacional : informar = telenovela : _____
3. televidente : televisión = oyente : _____
4. mentiroso : sincero = parcial : _____
5. influyente : importante = _____ : prominente
6. escena : película = _____ : Internet

**2**

**Completar** Completa el texto con las palabras o expresiones de la lista.

| | | | |
|---|---|---|---|
| acontecimiento | crítico de cine | mala fama | sociedad |
| anuncios | entrevistó | pantalla | tira cómica |
| cadena | estrella | sensacionalista | transmitieron |

No quería perderme el (1) _____ del año y al final me lo perdí. La (2) _____ de cine asistió al estreno de su última película y una periodista la (3) _____. Fotógrafos de buena y (4) _____ sacaban fotos para venderlas a la prensa (5) _____. Algunos reporteros hablaban con un destacado (6) _____ para saber su opinión de la película. El público se entretenía mirando escenas en una (7) _____ gigante. Varios canales de televisión (8) _____ el evento en directo. Al final, no sé qué pasó. ¡Cambié de canal durante los (9) _____ y me dormí! Mañana voy a leer la sección de (10) _____ para enterarme de lo que me perdí.

**3**

**¿Qué opinas tú?** Indica si estás de acuerdo con cada afirmación. Después, comparte tus opiniones con un compañero/a.

| | Sí | No |
|---|---|---|
| 1. Hoy día es más fácil enterarse de lo que pasa en el mundo. | ☐ | ☐ |
| 2. Gracias a los medios de comunicación, la gente tiene menos prejuicios que antes. | ☐ | ☐ |
| 3. La libertad de prensa es un mito. | ☐ | ☐ |
| 4. La publicidad sólo quiere entretener al público. | ☐ | ☐ |
| 5. El objetivo de la prensa sensacionalista es informar. | ☐ | ☐ |
| 6. Gracias a Internet, ahora podemos encontrar más información imparcial. | ☐ | ☐ |
| 7. La imagen tiene mucho poder en el mundo de la comunicación. | ☐ | ☐ |
| 8. Actualmente los reporteros son vendedores de opiniones. | ☐ | ☐ |
| 9. Tenemos demasiada información. Es imposible asimilarla toda. | ☐ | ☐ |
| 10. El mundo es mejor gracias a los medios de comunicación. | ☐ | ☐ |

Practice more at
vhlcentral.com.

# Preparación

**Vocabulario del corto**

**abrigarse** *to wear warm clothes*

**calcular** *to estimate*

**charlar** *to chat*

**chato/a** *sweetie*

**la chompa** *sweater*

**desconsiderado/a** *inconsiderate*

**malcriado/a** *rude*

**los papeles** *documents*

**tibio/a** *warm*

**Vocabulario útil**

**colgar (el teléfono)** *to hang up (the phone)*

**(estar) disponible** *(to be) available*

**fijarse** *to pay attention*

**la guagua** *child* (Bol.)

**hacer caso** *to obey*

**no más** *only*

**parquear** *to park*

**salvar la vida** *to save someone's life*

**EXPRESIONES**

**ahorita** *right away*

**¡Apure! / ¡Avance!** *Move!*

**borrar los contactos** *to delete contacts*

**¡Caramba!** *Good grief!*

**El mundo es de los vivos.** *The world belongs to the savvy people.*

**1** **Emparejar** Elige la palabra de la columna B que corresponde a la definición de la columna A.

| A | B |
|---|---|
| _____ 1. estacionar un vehículo | a. abrigarse |
| _____ 2. estimar una cantidad de forma aproximada e inexacta | b. calcular |
| _____ 3. llevar puesta ropa cálida para protegerse del frío | c. charlar |
| _____ 4. mantener una conversación informal | d. chompa |
| _____ 5. obedecer o atender a lo que dice alguien | e. desconsiderado/a |
| _____ 6. poner atención en lo que se hace | f. malcriado/a |
| _____ 7. prenda de lana que se lleva sobre la camisa | g. tibia |
| _____ 8. que no tiene en cuenta a los demás | h. fijarse |
| _____ 9. que se comporta de manera egoísta y grosera | i. hacer caso |
| _____ 10. temperatura templada o intermedia | j. parquear |

**2** **Expresiones** Relaciona cada una de las situaciones con una de las **Expresiones** de la lista. Puede haber más de una expresión para casa situación.

1. Tienes mucha prisa porque tu mejor amigo ha tenido un accidente. Tomas un taxi para llegar rápido al hospital y le dices al conductor: ¡_____, por favor!

2. Estás con una amiga en el centro comercial. Ves que alguien encuentra una cartera en el suelo. La mira, la abre, saca varios billetes y se los mete en el bolsillo. Le dices a tu amiga: _____.

3. Estás organizando los números de teléfono de tu celular y de pronto cometes un gran error. Dices: ¡Oh, no! ¡No debí _____!

**3**

**Preparación** En grupos, comenten las preguntas.

1. ¿Qué harías si te encuentras en la calle algo que no te pertenece?

2. ¿Has perdido alguna vez algo valioso? ¿Conseguiste recuperarlo? ¿Cómo lo hiciste?

3. ¿Crees que debemos tratar a las personas que conocemos y a los desconocidos por igual? ¿Por qué?

**4**

**Fotogramas** Observa los fotogramas e imagina lo que va a ocurrir en el cortometraje.

1.

2.

3.

4.

**5**

**Hacer lo correcto** En parejas, comenten qué harían en cada una de estas situaciones.

1. Vas con prisa por la calle y un anciano te pide indicaciones para ir a la biblioteca.

2. Un señor te pide un dólar que, según él, le falta para comprar un billete de autobús.

3. La señora que está delante de ti en la cola del supermercado tiene que dejar la comida de su bebé porque le faltan ochenta centavos.

4. Ves a una chica distraída que va a cruzar una calle por la que viene un auto a toda velocidad.

5. Tu hermano debe lavar los platos y te pide que los laves tú porque tiene que estudiar para un examen.

**6**

**Cada segundo cuenta** En parejas, improvisen un diálogo sobre ciertas situaciones en las que sea necesario ir a contrarreloj (*race against time*) para solucionar una crisis.

1. Llegas al aeropuerto para viajar a Bolivia y te das cuenta de que no tienes el pasaporte.

2. Vas en transporte público a hacer un examen y tomas el autobús equivocado.

3. De camino a tu primera cita con tu novio/a, te das cuenta de que tu camisa está sucia.

Vídeo

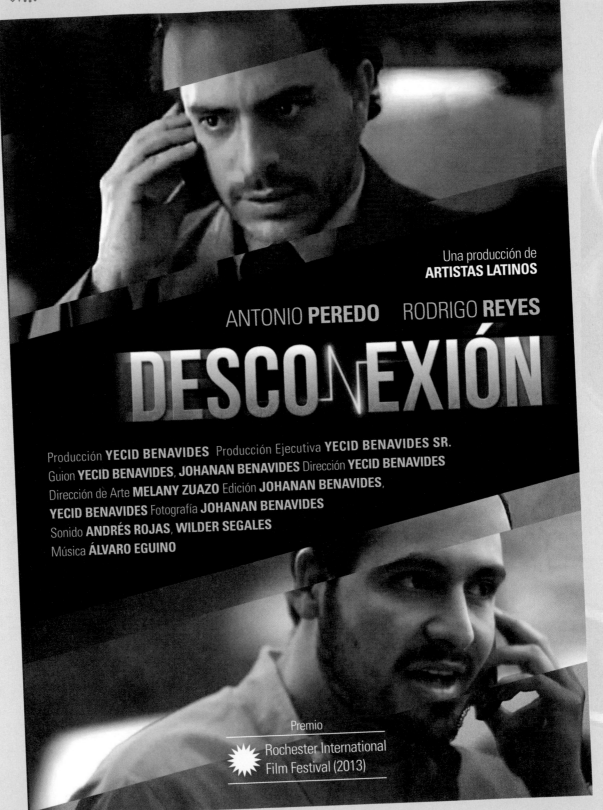

Una producción de
**ARTISTAS LATINOS**

ANTONIO **PEREDO**   RODRIGO **REYES**

# DESCONEXIÓN

Producción **YECID BENAVIDES**  Producción Ejecutiva **YECID BENAVIDES SR.**
Guion **YECID BENAVIDES, JOHANAN BENAVIDES** Dirección **YECID BENAVIDES**
Dirección de Arte **MELANY ZUAZO** Edición **JOHANAN BENAVIDES,**
**YECID BENAVIDES** Fotografía **JOHANAN BENAVIDES**
Sonido **ANDRÉS ROJAS, WILDER SEGALES**
Música **ÁLVARO EGUINO**

Premio
Rochester International
Film Festival (2013)

**ARGUMENTO** *Fóster López trata de evitar una tragedia. ¿Lo conseguirá?*

**ARIEL MALDONADO** Sin esa información no podemos hacer absolutamente nada. La situación es crítica.
**FÓSTER LÓPEZ** Lo llamo con la información necesaria.

**FÓSTER LÓPEZ** ¡Apure, por favor!

**ARIEL MALDONADO** ¿Dónde he puesto... ?
*(Fóster López se da cuenta de que perdió su celular.)*

**LUCAS** ¡Apure!
*(Lucas toma el taxi donde viajaba Fóster López.)*

**FÓSTER LÓPEZ** Quédate con el celular, pero, por favor, sólo dame un número, el de Ariel Maldonado.

*(Fóster López corre hacia el hospital.)*

## Nota
## CULTURAL

### Los bombines de las aimaras

Los aimaras son la población indígena predominante de Bolivia. Las mujeres aimaras llevan unos sombreros en forma de hongo°. ¿Cuál es su origen? Hay varias teorías. La más extendida es que los trabajadores británicos que construyeron el ferrocarril de Bolivia a principios del siglo XX recibieron un cargamento° de sombreros desde Londres. Como eran demasiado pequeños se los regalaron a las mujeres locales. Con el tiempo, este sombrero se convirtió en un símbolo de estatus social y de sabiduría° entre los aimaras.

**sombreros en forma de hongo** *bowler hats*
**cargamento** *shipment* **sabiduría** *wisdom*

# Análisis

**1** **Comprensión** Contesta las oraciones.

1. ¿Quién es Ariel Maldonado?
2. ¿Por qué tiene tanta prisa Fóster López al principio del cortometraje?
3. ¿Qué evento importante cambia el curso de esta historia cuando Fóster va en taxi?
4. ¿A qué número de teléfono llama Fóster al llegar a su casa?
5. ¿Qué le pide Fóster a Lucas la segunda vez que llama?
6. ¿Por qué corre Fóster hacia el hospital después de hablar con Lucas?
7. ¿Consigue Fóster llegar a tiempo al hospital? ¿Cuáles son las consecuencias?

**2** **Interpretar** En parejas, contesten las preguntas.

1. ¿En qué piensa Fóster cuando va en el taxi hacia su casa?
2. ¿Qué detalles sobre el comportamiento de Lucas te indican qué tipo de persona es?
3. ¿Por qué Lucas cuelga el teléfono cuando Fóster lo llama?
4. ¿Por qué Lucas borra todos los contactos del teléfono?
5. ¿Por qué dice Lucas que se ha comprado un celular a tres pesos?
6. ¿Por qué Fóster le dice a Lucas que se quede con el teléfono celular?
7. ¿Por qué creen que en *Desconexión* no aparece la madre del niño enfermo?
8. Mientras Fóster corre hacia el hospital, vemos que a un niño se le escapa un globo. ¿Qué significado podría tener esta escena?

**3** **Ayuden a Fóster** ¿Qué alternativas creen que tenía Fóster al descubrir que perdió el celular en el taxi? Usen el imperativo y pronombres de objeto directo para decirle a Fóster cómo enviarle la información a Ariel Maldonado.

   **Modelo** Fóster, llama al hospital y pregunta por el doctor Maldonado.

**4** **Una tragedia** En grupos, comenten qué pudo haberle pasado al hijo de Fóster.

**5** **El mundo es de los vivos** En parejas, vuelvan a ver el cortometraje e identifiquen situaciones en las que se muestran comportamientos poco éticos. Coméntenlas.

> **Modelo** Ellos aprovecharon que se le cayeron las naranjas a la mujer para robárselas.

**6** **Hacer lo correcto** Algunos personajes secundarios del cortometraje hablan sobre acciones cometidas por otras personas. En parejas, escriban un diálogo a partir de una de las conversaciones. Sigan los pasos. Cuando terminen, interpreten el diálogo ante la clase.

*"Cómo no pues... estás feliz, has hecho lo correcto".*

*"Mi vida, no hagas eso. Imagina que eso te pase a ti".*

*"Sí, he decidido devolvérselo, hermano".*

1. Determinen con quién habla el personaje elegido.
2. Expliquen de qué conflicto están hablando.
3. Elijan, cada uno, uno de los dos personajes de la conversación.
4. Traten de convencer al otro de que su punto de vista es el correcto.

**7** **Diálogo** En parejas, elijan una de las situaciones e improvisen un diálogo. Utilicen, por lo menos, cuatro palabras o expresiones de la lista. Después, represéntenlo delante de la clase.

| | | |
|---|---|---|
| ¡Avance! | charlar | hacer caso |
| ahorita | desconsiderado | guagua |
| borrar los contactos | El mundo es de los vivos. | malcriado |
| calcular | | papeles |
| caramba | fijarte | riesgo |

**A**

Pierdes tu celular y llamas a tu número para recuperarlo. La persona que lo encontró dice que no va a devolverlo. Días después, reconoces en un ascensor la voz de la persona que lo tiene.

**B**

El mejor amigo de tu hermano quiere venderte un celular que se encontró en un taxi. Cuando te lo muestra, te das cuenta de que se trata del celular que perdiste días atrás.

Reading

# SUEÑA

## ¡Ecos de piratas y bucaneros!

Septiembre de 1564. Unos pasos que provienen del acantilado[1] se dirigen al corazón de la ciudad amurallada[2]. Las sombras[3], apenas perceptibles en la oscuridad, se comunican sin necesidad de hablar: acaban de encontrar la casa que buscaban. Los habitantes de la gran mansión no van a entender lo que ocurre, sólo hasta darse cuenta de que alguien les está apuntando con sus armas. Los piratas han entrado de nuevo en **San Juan**.

Esta escena, que parece extraída de una novela de aventuras, era, sin embargo, la realidad para los habitantes de las islas caribeñas de la época. Desde principios del siglo XVI hasta la mitad del siglo XVIII, el **Caribe** español sufrió continuos ataques piratas. Los barcos, llenos del oro[4] y la plata[5] que se extraían de las tierras colonizadas, seguían esta ruta. Esto convirtió la zona en el principal blanco[6] de piratas, corsarios, bucaneros, filibusteros[7] y contrabandistas[8].

El **mar Caribe** era el escenario donde se desarrollaba la política internacional de la época. **España** controlaba la mayor parte de las aguas y de las tierras en el mar Caribe, conocidas como las **Indias Occidentales**, una hegemonía que países

Castillo de San Cristóbal en San Juan, Puerto Rico

como **Francia** e **Inglaterra** querían arrebatarle[9] a toda costa. Para ello, los gobiernos de estos países financiaban ataques piratas a las ciudades y barcos españoles.

Los colonizadores españoles, con el fin de proteger las enormes riquezas en oro, plata y piedras preciosas, construyeron fuertes en todo el Caribe: en **La Habana**, en **Santo Domingo** y en **San Juan**. Estas ciudades-fortaleza[10] fueron el corazón de las Indias Occidentales por casi cuatro siglos. Sus iglesias y ayuntamientos ya llevaban más de cien años de construidos antes de que llegaran los primeros colonos ingleses a tierras norteamericanas. Sus calles vieron pasar a muchos de los aventureros, conquistadores, forajidos[11] y comerciantes de esclavos[12] que vivían en esa época.

Estas tres capitales del Caribe se cuentan entre las ciudades más antiguas del continente americano fundadas por los europeos. Los centros históricos de **La Habana Vieja**, **Ciudad Colonial** y el **Viejo San Juan** han sido declarados Patrimonio Mundial[13] de la Humanidad por la **UNESCO** por su valor cultural y arquitectónico.

La Habana

San Juan

Santo Domingo

[1] *cliff* [2] *walled* [3] *shadows* [4] *gold* [5] *silver* [6] *target* [7] *plunderers* [8] *smugglers* [9] *snatch from it* [10] *fortified cities* [11] *outlaws* [12] *slave traders* [13] *World Heritage*

# EL CARIBE

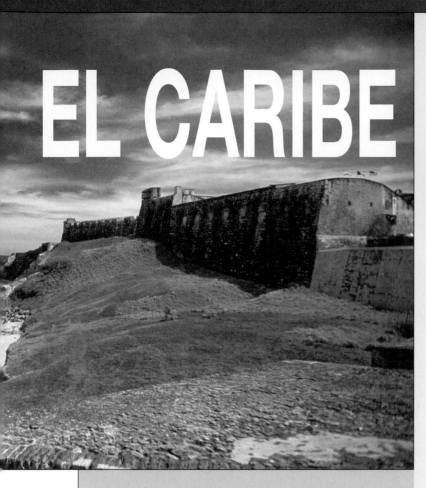

## El español del Caribe

| | |
|---|---|
| **ahorita** | dentro de poco; *soon* (Cu., P.R., R.D.) |
| **amarillo** | plátano maduro; *ripe banana* (R.D., P.R.) |
| **boricua** | puertorriqueño/a; *Puerto Rican* (P.R.) |
| **chavos** | dinero; *money* (P.R.) |
| **china** | naranja; *orange* (P.R.) |
| **embullar** | animar; *encourage* (Cu.) |
| **enfogonado/a** | enojado/a; *angry* (P.R.) |
| **espejuelos** | gafas; *glasses* (Cu.) |
| **guagua** | autobús; *bus* (Cu., P.R., R.D.) |
| **guapo/a** | valiente; *brave* (Cu., R.D.) |
| **guiar** | manejar; *to drive* (P.R.) |
| **halar** | tirar; *to pull* (Cu.) |
| **jaba** | bolsa; *bag* (Cu.) |
| **juaniquiqui** | dinero; *money* (Cu.) |
| **lechosa** | papaya; *papaya* (R.D.) |
| **mahones** | pantalón vaquero; *jeans* (P.R.) |
| **mata** | planta; *plant* (Cu., R.D.) |
| **¿Qué volá?** | ¿Qué pasa?; *What's up?* (Cu.) |
| **radio bemba** | chismoso/a; *gossipy* (Cu.) |
| **socio/a** | amigo/a; *friend, buddy* (Cu.) |
| **timón** | volante; *steering wheel* (Cu.) |

## ¡Visitemos las ciudades coloniales!

**La Bodeguita del Medio** Cerca de la **Catedral de La Habana**, en **La Habana Vieja**, está este famoso restaurante frecuentado por turistas de todo el mundo. Es célebre por su comida cubana típica y por sus mojitos, la popular bebida de la isla. Este lugar ha recibido a personalidades como **Pablo Neruda**, **Gabriela Mistral**, **Julio Cortázar**, **Nat King Cole** y **Gabriel García Márquez**, entre otros. También era el sitio favorito de **Ernest Hemingway**, quien pasaba horas allí bebiendo café y conversando con sus amigos.

**Mercado Modelo** En plena **Ciudad Colonial** en **Santo Domingo**, este tradicional mercado es conocido por la simpatía de sus vendedores, quienes ofrecen su mercancía[1] en voz muy alta. La variedad de productos convierten al **Mercado Modelo** en una muestra  viviente de la cultura dominicana. Aquí se pueden conseguir desde perfumes y flores hasta amuletos e imágenes de santos.

**Calle San Sebastián** El **Viejo San Juan** cobra vida[2] durante la noche como pocos lugares en **Puerto Rico**, y muestra sus encantos culturales en una combinación de música en vivo, excelentes restaurantes e innumerables sitios para bailar. La zona más famosa es la **calle San Sebastián**. Cientos de jóvenes y adultos acuden a sus tabernas y cantinas hasta altas horas de la madrugada.

**La Mallorquina** es el restaurante más antiguo y famoso del **Viejo San Juan**. Fue fundado en 1848 y desde 1936 funciona como negocio familiar. Desde entonces, su menú sigue contando con múltiples platos típicos de la cocina tradicional española,  como la paella y el gazpacho. Este restaurante ha servido sus deliciosos platos a personalidades del mundo de las artes y la cultura como **Brooke Shields**, **Nick Nolte**, **Orson Welles** y **Marc Anthony**.

[1] *merchandise* [2] *comes to life*

# GALERÍA DE CREADORES

### LITERATURA Rosario Ferré

Esta reconocida puertorriqueña escribió cuentos, novelas, poemas, ensayos, biografías y artículos periodísticos. Uno de los temas centrales de sus obras es la lucha de la mujer en un mundo dominado y definido por los hombres.

Su primer libro, la colección de cuentos *Papeles de Pandora* (1976), recibió premios nacionales e internacionales. Ferré publicó obras tanto en español como en inglés. Es autora de *Maldito amor*, *La casa de la laguna*, *Las dos Venecias* y *Eccentric Neighborhoods*, entre otras obras.

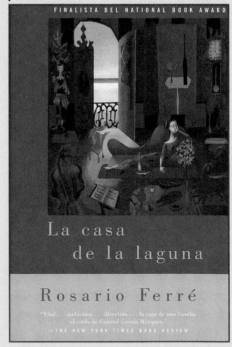

### PINTURA Wifredo Lam

El arte del pintor cubano Wifredo Lam es, como él, fruto de un sincretismo (*fusion*) de culturas. De padre chino y madre de descendencia europea, africana e india, Lam fue influyente en el arte del siglo XX. El arte africano y el arte primitivo fueron especialmente importantes en sus creaciones surrealistas. Trabajó varios años con Pablo Picasso en París y fue amigo de los mexicanos Frida Kahlo y Diego Rivera. Aquí vemos una pieza que se titula *Vegetación tropical*.

### LITERATURA Julia de Burgos

Aunque vivió sólo 39 años, Julia de Burgos se destacó (*stood out*) como poeta ilustre no sólo en Puerto Rico, sino también en el resto de Latinoamérica. Sus poemas incluyen elementos caribeños, apasionados temas amorosos y fuertes cuestionamientos feministas. Sus obras incluyen *Poema en veinte surcos*, *Canción de la verdad sencilla* y *El mar y tú*, entre otras.

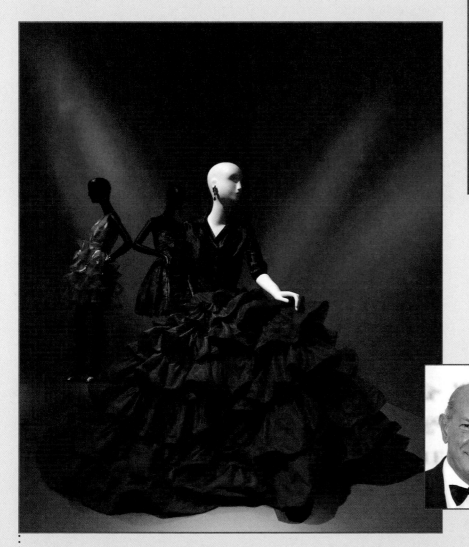

### DISEÑO Y MODA Óscar de la Renta

Cuando las primeras damas de los Estados Unidos, como Nancy Reagan, Hillary Clinton y Laura Bush, necesitaban un vestido para una ocasión especial, llamaban a Óscar de la Renta. En Hollywood, actrices como Penélope Cruz, Sandra Bullock y Tina Fey visten sus creaciones. Desde los años sesenta, este diseñador dominicano ha sido una verdadera institución en el mundo de la moda. Sin embargo, aunque trabajó principalmente en su elegante estudio en Nueva York, de la Renta nunca olvidó sus orígenes. En la República Dominicana creó fundaciones para la enseñanza, la alimentación y el cuidado de niños de escasos recursos, y también participó en progamas de promoción del turismo, especialmente para la localidad de Punta Cana, lugar donde construyó su casa y donde pasaba temporadas enteras.

# ¿Qué aprendiste?

**1**

**Cierto o falso** Indica si estas afirmaciones son ciertas o falsas. Corrige las falsas.

1. Los piratas atacaban las ciudades y los barcos en el Caribe para robar joyas traídas de España.
2. Los gobiernos locales financiaban los ataques piratas.
3. El Caribe contaba con ciudades establecidas muchos años antes de la llegada de los ingleses a Norteamérica.
4. Óscar de la Renta creó fundaciones para ofrecer alimentación y enseñanza a niños pobres en la República Dominicana.
5. Célebres personalidades han visitado el restaurante La Bodeguita del Medio en La Habana Vieja.
6. Wifredo Lam no quiso conocer a otros artistas de su época.

**2**

**Preguntas** Contesta las preguntas.

1. ¿Qué buscaban los piratas ingleses y franceses en el Caribe?
2. ¿Qué elementos y temas se encuentran en la poesía de Julia de Burgos?
3. ¿Cuáles son las dos características que convierten al Mercado Modelo en una muestra de la cultura dominicana?
4. ¿De qué país son los platos típicos que ofrece La Mallorquina? ¿Cuáles son dos de estos platos?
5. ¿Qué artista de la Galería te interesa más? ¿Por qué?

**3**

**Caracterizaciones** Haz una lista de los personajes de la **Galería de creadores** y al frente de cada uno escribe una palabra que lo defina. Después, en parejas, intercambien definiciones y respondan estas preguntas: ¿Conocían a los personajes antes de estudiarlos en la Galería? ¿Qué aspectos destacó tu compañero/a? ¿Estás de acuerdo con él/ella? ¿Les faltó alguna otra característica para definir a algún personaje? ¿Cuál?

**4**

**Ciudades del Caribe** En grupos de tres, cada uno escoja una de las ciudades de la sección **Sueña**, hablen con sus compañeros sobre el lugar elegido e intenten convencerlos de ir. Usen estas preguntas para conversar: ¿Por qué quieren ir ahí? ¿Cuáles son sus atractivos, comodidades, ventajas? ¿Cómo imaginan ese lugar? ¿Qué esperan encontrar ahí? Después, presenten los resultados a la clase.

Practice more at **vhlcentral.com**.

## PROYECTO

### Aventuras en el Caribe

Imagina que eres un(a) explorador(a) o pirata en el Caribe del siglo XVI. Investiga la información que necesites en Internet para escribir una entrada en tu diario explicando lo que sucedió durante el pasado mes.

- Inventa tu aventura y añade todos los detalles: ¿qué lugares visitaste?, ¿qué problemas tuviste?, ¿qué personas/peligros encontraste?, etc.
- Dibuja un mapa con las rutas de ese mes.
- Escribe la entrada en tu diario y preséntala a la clase.

Video

# El cine mexicano

Aunque hoy en día sólo sea una forma de entretenimiento, el cine es el primer gran medio de comunicación de masas de la historia. Este episodio de **Flash Cultura** trata sobre los orígenes del cine mexicano y sobre el gran desarrollo que ha experimentado durante los últimos años.

## Vocabulario

**el auge** *boom, peak*
**el ciclo** *series*
**difundir** *to spread*
**fomentar** *to promote*
**el guion** *script*
**la muestra** *festival*
**la sala** *movie theater*
**tener un papel** *to play a role*

**1** **Preparación** ¿Te gusta ir al cine? ¿Qué clase de películas prefieres ver? ¿Eres aficionado/a a algún género en especial?

**2** **Comprensión** Indica si estas afirmaciones son ciertas o falsas. Después, corrige las falsas.

1. A los mexicanos no les gustan las películas nacionales, sino solamente las norteamericanas.

2. La Cineteca es una cadena de cines con salas en todo el país.

3. Cuando van al cine, los mexicanos comen palomitas.

4. En los ciclos, se presentan películas de un solo tema o un solo director.

5. El Instituto Mexicano de Cinematografía tiene como objetivo hacer famosos a los actores mexicanos.

6. En el año 1989, el cine mexicano no tenía salas ni público en México.

**3** **Expansión** En parejas, contesten estas preguntas.

• ¿Te molesta tener que leer subtítulos en la pantalla cuando miras películas extranjeras?

• ¿Te sorprende que una película pueda ser un "hijo creativo", como dice la actriz Vanesa Bauche? Justifica tu respuesta.

• ¿Es importante para el cine de un país tener identidad propia? ¿Cómo se logra eso? Piensen en películas estadounidenses que cumplan con esas características y hagan una lista.

**Corresponsal:** Carlos López
**País:** México

En la Muestra Internacional de Cine que se lleva a cabo° en otoño se presentan películas de todo el mundo.

La Cineteca cuenta con° el Centro de Documentación e Investigación, donde puedes encontrar nueve mil libros, cinco mil guiones inéditos° y veinte años de notas de prensa.

Babel (2006)
dir. Alejandro Gonzáles Iñárritu

Las películas de este país se han vuelto realmente importantes gracias al trabajo de... actores y actrices como Salma Hayek, Gael García Bernal y Diego Luna, entre muchos otros.

**se lleva a cabo** *takes place* **cuenta con** *has*
**guiones inéditos** *unpublished scripts*

Practice more at vhlcentral.com.

Presentation

## 3.1 The subjunctive in noun clauses

### Forms of the present subjunctive

**TALLER DE CONSULTA**

These grammar topics are covered in the **Manual de gramática, Lección 3.**

**3.4 Possessive adjectives and pronouns, p. 246**
**3.5 Demonstrative adjectives and pronouns, p. 248**

- The subjunctive (**el subjuntivo**) is used mainly in the subordinate clause of multiple-clause sentences to express will, influence, emotion, doubt, or denial. The present subjunctive is formed by dropping the **–o** from the **yo** form of the present indicative and adding these endings:

| The present subjunctive | | |
|---|---|---|
| **hablar** | **comer** | **escribir** |
| hable | coma | escriba |
| hables | comas | escribas |
| hable | coma | escriba |
| hablemos | comamos | escribamos |
| habléis | comáis | escribáis |
| hablen | coman | escriban |

**¡ATENCIÓN!**

The *indicative* is used to express actions, states, or facts the speaker considers to be certain. The *subjunctive* expresses the speaker's attitude toward events, as well as actions or states that the speaker views as uncertain.

- Verbs with irregular **yo** forms show that same irregularity in all forms of the present subjunctive.

| conocer | conozca | seguir | siga |
|---|---|---|---|
| decir | diga | tener | tenga |
| hacer | haga | traer | traiga |
| oír | oiga | venir | venga |
| poner | ponga | ver | vea |

**¡ATENCIÓN!**

Verbs that end in **–car, –gar,** and **–zar** undergo spelling changes in the present subjunctive.

**sacar: saque**
**jugar: juegue**
**almorzar: almuerce**

- Verbs with stem changes in the present indicative show the same changes in the present subjunctive. Stem-changing **–ir** verbs also undergo a stem change in the **nosotros/as** and **vosotros/as** forms of the present subjunctive.

| pensar (e:ie) | piense, pienses, piense, pensemos, penséis, piensen |
|---|---|
| jugar (u:ue) | juegue, juegues, juegue, juguemos, juguéis, jueguen |
| mostrar (o:ue) | muestre, muestres, muestre, mostremos, mostréis, muestren |
| entender (e:ie) | entienda, entiendas, entienda, entendamos, entendáis, entiendan |
| resolver (o:ue) | resuelva, resuelvas, resuelva, resolvamos, resolváis, resuelvan |
| pedir (e:i/i) | pida, pidas, pida, pidamos, pidáis, pidan |
| sentir (e:ie/i) | sienta, sientas, sienta, sintamos, sintáis, sientan |
| dormir (o:ue/u) | duerma, duermas, duerma, durmamos, durmáis, duerman |

- The following five verbs are irregular in the present subjunctive.

| dar | dé, des, dé, demos, deis, den |
|---|---|
| estar | esté, estés, esté, estemos, estéis, estén |
| ir | vaya, vayas, vaya, vayamos, vayáis, vayan |
| saber | sepa, sepas, sepa, sepamos, sepáis, sepan |
| ser | sea, seas, sea, seamos, seáis, sean |

## Verbs of will and influence

- A clause is a sequence of words that contains both a conjugated verb and a subject (expressed or implied). In a subordinate (dependent) noun clause (**oración subordinada sustantiva**), the words in the sequence function together as a noun.

*El médico le pide a Fóster **que se apure**.*

- When the subject of a sentence's main (independent) clause exerts influence or will on the subject of the subordinate clause, the verb in the subordinate clause takes the subjunctive.

| MAIN CLAUSE | CONNECTOR | SUBORDINATE CLAUSE |
|---|---|---|
| **Yo quiero** | **que** | **tú vayas al cine conmigo.** |

### Verbs and expressions of will and influence

| | | |
|---|---|---|
| **aconsejar** *to advise* | **hacer** *to make* | **prohibir** *to prohibit* |
| **desear** *to desire, to wish* | **importar** *to be important* | **proponer** *to propose* |
| **es importante** *it's important* | **insistir (en)** *to insist (on)* | **querer (e:ie)** *to want; to wish* |
| **es necesario** *it's necessary* | **mandar** *to order* | **recomendar (e:ie)** *to recommend* |
| **es urgente** *it's urgent* | **necesitar** *to need* | **rogar (o:ue)** *to beg; to plead* |
| **exigir** *to demand* | **oponerse a** *to oppose; to object to* | **sugerir (e:ie/i)** *to suggest* |
| **gustar** *to like; to be pleasing* | **pedir (e:i/i)** *to ask for; to request* | |
| | **preferir (e:ie/i)** *to prefer* | |

Martín quiere que **grabemos** este anuncio para el viernes.
*Martín wants us to record this ad by Friday.*

Es necesario que **lleguen** al estreno antes de la una.
*It's necessary that they arrive at the premiere before one o'clock.*

El abogado recomienda que **lea** el contrato antes de firmar.
*The lawyer recommends that I read the contract before signing.*

Tus padres se oponen a que **salgas** tan tarde por la noche.
*Your parents object to your going out so late at night.*

- The infinitive, not the subjunctive, is used with verbs and expressions of will and influence if there is no change of subject in the sentence. The **que** is unnecessary in this case.

| **Infinitive** | **Subjunctive** |
|---|---|
| **Quiero ir al Caribe en enero.** | **Prefiero que vayas en marzo.** |
| *I want to go to the Caribbean in January.* | *I prefer that you go in March.* |

## Verbs of emotion

- When the main clause expresses an emotion like hope, fear, joy, pity, or surprise, the verb in the subordinate clause must be in the subjunctive if its subject is different from that of the main clause.

Espero que la película **tenga** subtítulos.
*I hope the movie will have subtitles.*

Es una lástima que no **puedas** ir a la fiesta.
*It's a shame you can't go to the party.*

### Verbs and expressions of emotion

| | | |
|---|---|---|
| **alegrarse (de)** *to be happy (about)* | **es terrible** *it's terrible* | **molestar** *to bother* |
| **es bueno** *it's good* | **es una lástima** *it's a shame* | **sentir (e:ie/i)** *to be sorry; to regret* |
| **es extraño** *it's strange* | **es una pena** *it's a pity* | **sorprender** *to surprise* |
| **es malo** *it's bad* | **esperar** *to hope; to wish* | **temer** *to fear* |
| **es mejor** *it's better* | **gustar** *to like; to be pleasing* | **tener (e:ie) miedo (de)** *to be afraid (of)* |
| **es ridículo** *it's ridiculous* | | |

- The infinitive, not the subjunctive, is used with verbs and expressions of emotion if there is no change of subject in the sentence. The **que** is unnecessary in this case.

| Infinitive | Subjunctive |
|---|---|
| **No me gusta llegar tarde.** | **Me molesta que la clase no termine a tiempo.** |
| *I don't like to arrive late.* | *It bothers me that the class doesn't end on time.* |

## Verbs of doubt or denial

- When the main clause implies doubt, uncertainty, or denial, the verb in the subordinate clause must be in the subjunctive if its subject is different from that of the main clause.

No creo que ella nos **quiera** engañar.
*I don't think that she wants to deceive us.*

Dudan que la novela **tenga** éxito.
*They doubt that the novel will be successful.*

### Verbs and expressions of doubt and denial

| | |
|---|---|
| **dudar** *to doubt* | **negar (e:ie)** *to deny* |
| **es imposible** *it's impossible* | **no creer** *not to believe* |
| **es improbable** *it's improbable* | **no es evidente** *it's not evident* |
| **es poco cierto/seguro** *it's uncertain* | **no es cierto/seguro** *it's not certain* |
| **(no) es posible** *it's (not) possible* | **no es verdad** *it's not true* |
| **(no) es probable** *it's (not) probable* | **no estar seguro (de)** *not to be sure (of)* |

- The infinitive, not the subjunctive, is used with verbs and expressions of doubt or denial if there is no change in the subject of the sentence. The **que** is unnecessary in this case.

Es imposible **rodar** sin los permisos.
*It's impossible to shoot the movie without the permits.*

Es improbable que **rueden** sin los permisos.
*It's unlikely that they'll shoot the movie without the permits.*

# Práctica

**1**

**Seleccionar** Escoge el infinitivo, el indicativo o el subjuntivo para completar las oraciones.

1. Me gusta (escuchar / escuche) merengue y salsa.
2. Quiero que me (compras / compres) un DVD de Juan Luis Guerra.
3. Es una pena que no (hay / haya) más conciertos de merengue en nuestra ciudad.
4. No dudo que en el futuro (van / vayan) a tocar merengue en las discotecas locales.
5. Espero que mis amigos y yo (viajamos / viajemos) a Santo Domingo este verano.

## Nota CULTURAL

Aunque el **merengue** se baila en la **República Dominicana** desde mediados del siglo XIX, su origen es, aún hoy día, un enigma. Según una de las muchas explicaciones que existen, el merengue deriva de la **upa**, ritmo cubano con una parte llamada precisamente "merengue". De lo que no hay duda es de sus raíces africanas y de su legendaria unión con la cultura dominicana. Actualmente, el merengue es muy popular en muchos países y **Juan Luis Guerra** es uno de sus máximos representantes.

**2**

**Terco** Usa el subjuntivo o el indicativo para completar el diálogo.

**DIRECTOR** Mira, yo sé que (1) _____ (estar) muy ocupado, pero es muy importante que mañana (2) _____ (ir) al estreno de la película.

**VICENTE** Ya te he dicho que no quiero que (3) _____ (insistir). Prefiero que me (4) _____ (desear) un buen viaje. Me voy este fin de semana a Santo Domingo.

**DIRECTOR** Pero Vicente, necesitamos que (5) _____ (hablar) con los periodistas y que (6) _____ (saludar) al público.

**VICENTE** No creo que los periodistas (7) _____ (querer) entrevistarme.

**DIRECTOR** Pues sí. Ellos desean que tú (8) _____ (ser) más cooperativo.

**VICENTE** Honestamente, me molesta que nosotros (9) _____ (seguir) hablando de esto. ¡Adiós!

**3**

**Opuestas** Escribe la oración que expresa lo opuesto en cada ocasión.

**Modelo**  Es poco seguro que este actor sepa actuar bien.
Es seguro que este actor sabe actuar bien.

1. El director cree que los periodistas van a hablar con el presidente.
2. Niegas que el director les dé buenas instrucciones a sus actores.
3. Estamos seguros de que la mayoría del público lee la noticia.
4. Es verdad que la banda sonora es de los años ochenta.
5. No es evidente que esa actriz escuche música en español.

Practice more at vhlcentral.com.

# Comunicación

**4**
**Juan Pablo enamorado** Juan Pablo está enamorado de Maricarmen y para impresionarla quiere convertirse en su hombre ideal. Usa las palabras y expresiones de la lista para darle consejos.

> **Modelo** Es importante que te peines bien.

| | | |
|---|---|---|
| aconsejar | es mejor | recomendar |
| es importante | es necesario | rogar |
| es malo | insistir en | sugerir |

Juan Pablo antes

Juan Pablo después

**5**
**¡Despedido!** En parejas, usen las frases para improvisar una conversación en la que un(a) actor/actriz de televisión es despedido/a (*fired*) por el/la director(a) del programa. Usen el indicativo y el subjuntivo.

> **Modelo** ¿No es extraño que los televidentes estén pidiendo otro actor para ese papel?

| | |
|---|---|
| creo que | los anuncios |
| es extraño | el canal |
| es necesario | los chismes |
| es verdad | el comportamiento (*behavior*) |
| espero que | los críticos |
| necesito que | la escena |
| te ruego que | los televidentes |

**6**
**¿Cómo son? ¿Qué hacen?** En parejas, usen el subjuntivo para inventar e intercambiar descripciones de estas personas.

> **Modelo** La estrella de cine es tacaña.
> Dudo que gaste mucho dinero. Prefiere que sus amigos le compren todo.

1. La actriz es antipática.
2. El periodista es muy generoso.
3. El cantante es extraño.
4. La crítica de cine es insegura.

**7** **Opiniones** En parejas, combinen las expresiones de las columnas para formar opiniones. Luego, improvisen tres conversaciones breves basadas en las oraciones.

**Modelo** —No creo que los futbolistas lean sólo la sección deportiva. Seguramente también leen las noticias locales.

—No estoy de acuerdo. Es imposible que tengan tiempo para leer las noticias porque pasan mucho tiempo jugando al fútbol.

| Creo | | los medios de comunicación publican la verdad. |
|------|--|-------------------------------------------------|
| No creo | | los futbolistas lean sólo la crónica deportiva. |
| Dudo | | ese actor vive en una casa elegante. |
| No dudo | | se graben muchas telenovelas en México. |
| No es cierto | que | se transmiten telenovelas españolas. |
| Es evidente | | la televisión sea entretenida (*entertaining*). |
| Es imposible | | hay censura en los medios de comunicación. |
| Me opongo a | | los videos musicales se rueden en el extranjero. |

**8** **Hermanas** Leticia es una cantante famosa y su hermana Mercedes quiere seguir sus pasos como artista. En parejas, lean el correo electrónico de Mercedes. Luego, escriban la respuesta de Leticia, usando el subjuntivo con los verbos y expresiones que acaban de aprender.

✉ Mensaje — Recibidos —Estreno    Jueves 10 de mayo de 2018, 9:02 AM

De   Mercedes <mercedes@micorreo.com>

Para   Leticia <leticia@micorreo.com>

Bandeja de entrada   Responder   Reenviar

¡Leticia!
¡Hola! ¿Cómo estás?

Terminé mis estudios y quiero ser artista como tú. Tengo un amigo que está trabajando en una película y una amiga que es actriz de telenovelas. ¿Crees que debo trabajar con alguno de ellos? ¡Creo que quiero ser actriz de cine! Ayer leí el guion de la película de mi amigo y me pareció estupendo. ¡Imagínate! Yo... en la pantalla grande...☺
Sé que vas a ir al estreno de la nueva película de Penélope Cruz. ¿Me invitas? Así puedo conocer a las estrellas de cine. ¿Qué opinas?

Un beso,
Mercedes

PD: ¿Qué te vas a poner para ir al estreno? Si puedo ir contigo, ¿crees que me puedes prestar uno de tus vestidos?

📁 Más recientes    🗑 5 de 1202    ◄ Anteriores

Presentation

3.2

# Object pronouns

- Pronouns are words that take the place of nouns. Direct object pronouns directly receive the action of the verb. Indirect object pronouns identify *to whom* or *for whom* an action is done.

*Juan **le** da el dinero.*

| Indirect object pronouns | | Direct object pronouns | |
|---|---|---|---|
| me | nos | me | nos |
| te | os | te | os |
| le | les | lo/la | los/las |

## Position of object pronouns

- Direct and indirect object pronouns (**los pronombres de complemento directo e indirecto**) precede the conjugated verb.

| Indirect object | Direct object |
|---|---|
| Carla siempre **me** da boletos para el cine. *Carla always gives me movie tickets.* | Ella **los** consigue gratis. *She gets them for free.* |
| No **le** guardé la sección deportiva. *I didn't save the sports section for him.* | Nunca **la** quiere leer. *He never wants to read it.* |

- When the verb is an infinitive construction, object pronouns may be either attached to the infinitive or placed before the conjugated verb.

| Indirect object | Direct object |
|---|---|
| Debes pedir**le** el dinero de la apuesta. **Le** debes pedir el dinero de la apuesta. | Voy a hacer**lo** enseguida. **Lo** voy a hacer enseguida. |
| Tienes que presentar**me** a los actores. **Me** tienes que presentar a los actores. | Vamos a rodar**la** en Kenia. **La** vamos a rodar en Kenia. |

- When the verb is in the progressive, object pronouns may be either attached to the present participle or placed before the conjugated verb.

| Indirect object | Direct object |
|---|---|
| Está mandándo**les** el guion. **Les** está mandando el guion. | Estuvimos buscándo**las** por todos lados. **Las** estuvimos buscando por todos lados. |

**¡ATENCIÓN!**

**Lo** is also used to refer to an abstract thing or idea that has no gender.

**Lo** pensé.
*I thought about it.*

**TALLER DE CONSULTA**

For a detailed review of the neuter **lo**, see **Manual de gramática, 5.5, p. 254.**

## Double object pronouns

- The indirect object pronoun precedes the direct object pronoun when they are used together in a sentence.

| | |
|---|---|
| Me mandaron los boletos por correo. | Me los mandaron por correo. |
| Te exijo una respuesta ahora mismo. | Te la exijo ahora mismo. |

- **Le** and **les** change to **se** when they are used with **lo, la, los,** or **las**.

| | |
|---|---|
| Le damos las revistas a Ricardo. | Se las damos. |
| Les enseña el periódico a las reporteras. | Se lo enseña. |

## Prepositional pronouns

### Prepositional pronouns

| | | | |
|---|---|---|---|
| **mí** *me, myself* | **él** *him, it* | **nosotros/as** *us, ourselves* | **ellos** *them* |
| **ti** *you, yourself* | **ella** *her, it* | | **ellas** *them* |
| **Ud.** *you, yourself* | **sí** *himself, herself, itself* | **vosotros/as** *you, yourselves* | **sí** *themselves* |
| | | **Uds.** *you, yourselves* | |

- Prepositional pronouns function as the objects of prepositions. Except for **mí, ti,** and **sí,** they are identical to their corresponding subject pronouns.

| | |
|---|---|
| ¿Qué opinas de **ella**? | ¿Lo compraron para **mí** o para Javier? |
| Ay, mi amor, sólo pienso en **ti**. | Lo compramos para **él**. |

- **A** + [*prepositional pronoun*] is often used for clarity or emphasis.

| | |
|---|---|
| ¿Te gusta aquel actor? | ¿Se lo dieron a Héctor o a Verónica? |
| ¡**A mí** me fascina! | Se lo dieron **a ella**. |

- The pronoun **sí** (*himself, herself, itself, themselves*) is the prepositional pronoun used to refer back to the same third person subject. In this case, the adjective **mismo/a(s)** is usually added for clarification.

| | |
|---|---|
| José se lo regaló a **él**. | José se lo regaló a **sí mismo**. |
| *José gave it to him (someone else).* | *José gave it to himself.* |

- When **mí, ti,** and **sí** are used with **con,** they become **conmigo, contigo,** and **consigo**.

¿Quieres ir **conmigo** al museo?
*Do you want to go to the museum with me?*

Laura y Salvador siempre traen sus computadoras portátiles **consigo**.
*Laura and Salvador always bring their laptops with them.*

- These prepositions are used with **tú** and **yo** instead of **mí** and **ti: entre, excepto, incluso, menos, salvo, según.**

Todos están de acuerdo **menos tú** y **yo**.

**¡ATENCIÓN!**

When object pronouns are attached to infinitives, participles, or commands, a written accent is often required to maintain proper word stress.

**Infinitive**
cantármela

**Present participle**
escribiéndole

**Command**
acompáñeme

For more information on using object pronouns with commands, see **3.3, p. 107**.

**TALLER DE CONSULTA**

See **Manual de gramática, 3.4, p. 246** and **3.5, p. 248** for information on possessive and demonstrative pronouns.

# Práctica

### 1

**Dos amigas** Berta y Susi están hablando del cantante Chayanne. Selecciona las personas de la lista que corresponden a los pronombres subrayados (*underlined*).

| | | |
|---|---|---|
| a Chayanne | a Claudia | a mí |
| a Chayanne y a la muchacha | a la muchacha | a nosotras |
| | | a ti |

**BERTA** Como (1) <u>te</u> digo. (2) <u>Lo</u> vi caminando por la calle junto a una muchacha.

**SUSI** ¿De verdad? ¿(3) <u>Los</u> viste tomados de la mano?

**BERTA** No. Creo que él sólo (4) <u>la</u> estaba ayudando a cargar algunas bolsas de la tienda.

**SUSI** ¿Será su esposa?

**BERTA** No creo. Iban juntos pero casi no hablaban. (5) <u>Me</u> parece que no son ni novios.

**SUSI** Y tú, ¿qué hiciste? ¿No (6) <u>le</u> dijiste que (7) <u>nos</u> parece el hombre más guapo del planeta y que (8) <u>lo</u> amamos?

**BERTA** No pude hacer nada, estaba paralizada por la emoción.

**SUSI** Voy a llamar a Claudia inmediatamente. ¡(9) <u>Le</u> tengo que contar todo!

1. _____
2. _____
3. _____
4. _____
5. _____
6. _____
7. _____
8. _____
9. _____

### 2

**Un concierto** Reescribe las oraciones cambiando las palabras subrayadas por pronombres de complemento directo e indirecto.

1. Tienes que tratar amablemente <u>a los policías</u>.
2. No pueden contratar <u>al grupo musical</u> sin permiso.
3. Hay que poner <u>la música</u> a volumen moderado.
4. Tienen que darme <u>la lista de periodistas y fotógrafos</u>.
5. Deben respetar <u>a los vecinos</u>.
6. Me dicen que van a transmitir <u>el concierto</u> por la radio.

### 3

**Entrevista** Completa la entrevista con el pronombre correcto.

**REPORTERO** (1) _____ digo que pareces muy contento con el éxito de tu sitio web.

**JOAQUÍN** Sí, (2) _____ estoy. Este sitio es muy importante para (3) _____.

**REPORTERO** ¿Con quién trabajas?

**JOAQUÍN** Con mi hermano. (4) _____ doy la mitad del trabajo. (5) _____ ayuda mucho en los momentos de estrés.

**REPORTERO** ¿Cuáles son tus proyectos ahora?

**JOAQUÍN** (6) _____ gustaría presentar cortometrajes y documentales en el sitio web. A mi hermano y a mí (7) _____ encantan las películas.

**REPORTERO** ¿(8) _____ preocupa mucho la censura? Por ejemplo, ¿editas los guiones?

**JOAQUÍN** A veces, sí. Porque si (9) _____ editamos, luego no tenemos problemas.

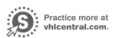

# Comunicación

**4** **¿En qué piensas?** Piensa en algunos de los objetos típicos que ves en la clase o en tu casa (un cuadro, una maleta, un mapa, etc.). Tu compañero/a debe adivinar el objeto que tienes en mente, haciéndote preguntas con pronombres.

> **Modelo** Tú piensas en: un libro
>
> —Estoy pensando en algo que uso para estudiar.
> —¿Lo usas mucho?
> —Sí, lo uso para aprender español.
> —¿Lo compraste?
> —Sí, lo compré en la librería.

**5** **A conversar** En parejas, túrnense para contestar las preguntas usando pronombres de complemento directo o indirecto, según sea necesario.

1. ¿Te gusta organizar fiestas? ¿Cuándo fue la última vez que organizaste una? ¿Por qué la organizaste?

2. ¿Invitaste a muchas personas? ¿A quiénes invitaste? ¿Cómo lo decidiste?

3. ¿Qué actividades les sugeriste a los invitados? ¿Las hicieron? Explica.

4. ¿Qué les ofreciste de comer a los invitados en tu fiesta? ¿Qué opinaron de la comida?

**6** **Fama** La actriz Pamela de la Torre debe encontrarse con sus fans pero no recuerda a qué hora. En grupos de cuatro, miren la ilustración e inventen una historia inspirándose en ella. Utilicen por lo menos cinco pronombres de complemento directo o indirecto.

**7** **Una persona famosa** En parejas, escriban una entrevista con una persona famosa. Utilicen estas preguntas y escriban cuatro más. Utilicen pronombres en las respuestas. Después, representen la entrevista delante de la clase.

> **Modelo** —¿Quién prepara la comida en su casa?
> —Mi cocinero la prepara.

1. ¿Visita frecuentemente a sus amigos/as?

2. ¿Mira mucho la televisión?

3. ¿Quién conduce su auto?

4. ¿Prepara usted mismo/a sus maletas cuando viaja?

5. ¿Qué hace en su tiempo libre?

6. ¿Le gusta viajar?

Presentation

# Commands

## Formal (*usted* and *ustedes*) commands

- Formal commands (**mandatos**) are used to give orders or advice to people you address as **usted** or **ustedes**. Their forms are identical to the present subjunctive forms for **usted** and **ustedes**.

### Formal commands

| Infinitive | Affirmative command | Negative command |
|---|---|---|
| tomar | **tome** (usted)<br>**tomen** (ustedes) | **no tome** (usted)<br>**no tomen** (ustedes) |
| volver | **vuelva** (usted)<br>**vuelvan** (ustedes) | **no vuelva** (usted)<br>**no vuelvan** (ustedes) |
| salir | **salga** (usted)<br>**salgan** (ustedes) | **no salga** (usted)<br>**no salgan** (ustedes) |

## Familiar (*tú*) commands

- Familar commands are used with people you address as **tú**. Affirmative **tú** commands have the same form as the **él, ella,** and **usted** form of the present indicative. Negative **tú** commands have the same form as the **tú** form of the present subjunctive.

### Familiar commands

| Infinitive | Affirmative command | Negative command |
|---|---|---|
| viajar | viaja | no viajes |
| empezar | empieza | no empieces |
| pedir | pide | no pidas |

*No está bien que seas así, **cambia**...*

- Eight verbs have irregular affirmative **tú** commands. Their negative forms are still the same as the **tú** form of the present subjunctive.

| decir | di | | salir | sal |
|---|---|---|---|---|
| hacer | haz | | ser | sé |
| ir | ve | | tener | ten |
| poner | pon | | venir | ven |

### ¡ATENCIÓN!

***Vosotros/as* commands**
In Latin America, **ustedes** commands serve as the plural of familiar (**tú**) commands. The familiar plural **vosotros/as** command is used in Spain. The affirmative command is formed by changing the **–r** of the infinitive to **–d**. The negative command is identical to the **vosotros/as** form of the present subjunctive.

**bailar: bailad/no bailéis**

For reflexive verbs, affirmative commands are formed by dropping the **–r** and adding the reflexive pronoun **–os**. In negative commands, the pronoun precedes the verb.

**levantarse: levantaos/no os levantéis**

**Irse** is irregular: **idos/no os vayáis**

## *Nosotros/as* commands

- **Nosotros/as** commands are used to give orders or suggestions that include yourself as well as others. They correspond to the English *let's* + [*verb*]. Affirmative *and* negative **nosotros/as** commands are generally identical to the **nosotros/as** forms of the present subjunctive.

| *Nosotros/as* commands | | |
|---|---|---|
| **Infinitive** | **Affirmative command** | **Negative command** |
| bailar | bailemos | no bailemos |
| beber | bebamos | no bebamos |
| abrir | abramos | no abramos |

- The verb **ir** has two possible affirmative **nosotros/as** commands: **vayamos**, the form identical to that of the present subjunctive, and the more common **vamos**. In the negative, however, use only **no vayamos**.

## Using pronouns with commands

- When object and reflexive pronouns are used with affirmative commands, they are always attached to the verb. When used with negative commands, the pronouns appear between **no** and the verb.

| | |
|---|---|
| Levántense temprano. | No **se** levanten temprano. |
| *Wake up early.* | *Don't wake up early.* |
| Dímelo todo. | No **me lo** digas. |
| *Tell me everything.* | *Don't tell it to me.* |

- When the pronouns **nos** or **se** are attached to an affirmative **nosotros/as** command, the final **s** of the command form is dropped.

| | |
|---|---|
| **Sentémonos** aquí. | No nos **sentemos** aquí. |
| *Let's sit here.* | *Let's not sit here.* |
| **Démoselo** mañana. | No se lo **demos** mañana. |
| *Let's give it to him tomorrow.* | *Let's not give it to him tomorrow.* |

## Indirect (*él, ella, ellos, ellas*) commands

- The construction **que** + [*subjunctive*] can be used with a third person form to express indirect commands that correspond to the English *let someone do something*. If the subject of the indirect command is expressed, it usually follows the verb.

| | |
|---|---|
| **Que pase** el siguiente. | **Que** lo **haga** ella. |
| *Let the next person pass.* | *Let her do it.* |

- Unlike with direct commands, pronouns are never attached to the conjugated verb.

| | |
|---|---|
| **Que se lo den** los otros. | **Que** no **se lo den.** |
| **Que lo vuelvan** a hacer. | **Que** no **lo vuelvan** a hacer. |

---

**¡ATENCIÓN!**

When one or more pronouns are attached to an affirmative command, an accent mark may be necessary to maintain the command form's original stress. This usually happens when the combined verb form has three or more syllables.

**decir:**

**di, dile, dímelo**

**diga, dígale, dígaselo**

**digamos, digámosle, digámoselo**

---

**TALLER DE CONSULTA**

See **3.2, p. 102** for object pronouns.

See **4.2, p. 140** for reflexive pronouns.

# Práctica

**1** **Cambiar** Cambia estas oraciones para que sean mandatos. Usa el imperativo.

1. Te conviene buscarlo en Internet.

2. ¿Por qué no leemos el horóscopo?

3. Te pido que mires la película con subtítulos.

4. ¿Quiere hacer la entrevista?

5. ¿Podrían ustedes grabar mi telenovela favorita hoy?

6. ¿Y si vamos al estreno?

7. Traten de darme el guion antes de las tres.

8. Debes escuchar esta banda sonora. Es muy buena.

**2** **Recién famoso** El actor Mateo Domínguez va al estreno de su primera película. Usa mandatos informales para darle consejos sobre lo que debe y no debe hacer.

| | |
|---|---|
| besar a la gente | firmar (*to sign*) autógrafos |
| contar el final de la película | gritarle al público |
| darle una entrevista a la prensa sensacionalista | hablar durante la película |
| | llegar tarde/temprano |
| explicar los efectos especiales | vestirse bien/mal |

**3** **Un director difícil**

**A.** Agustín Álvarez es un director de teatro muy exigente (*demanding*). Usa mandatos formales afirmativos y negativos para escribir los consejos que les dio a sus actores antes del estreno.

1. No olvidar llegar temprano.

2. Comer dos horas y media antes.

3. Venir con los diálogos memorizados.

4. Evitar los medios de comunicación 24 horas antes del estreno.

5. Hacer ejercicios de respiración y de voz.

6. No fumar ni tomar bebidas frías.

**B.** El estreno de la obra de teatro fue un éxito. Sin embargo, el señor Álvarez no estuvo contento con el actor principal. En parejas, usen mandatos informales afirmativos y negativos para escribir siete nuevos consejos que le dio a este actor. Usen pronombres y sean creativos.

**Modelo** No empieces a ensayar tu papel en el último minuto.
Ensáyalo con tiempo.

Practice more at
vhlcentral.com.

# Comunicación

**4**

**Internet** ¿Qué le dirían a un(a) amigo/a para que esté mejor informado/a sobre la actualidad? En parejas, escojan verbos de la lista y otros para hacerle ocho recomendaciones utilizando mandatos informales afirmativos y negativos. Sean creativos.

**Modelo** Navega en la red. Hay sitios web que ofrecen noticias de todo tipo.

| | | |
|---|---|---|
| enterarse | hacer | leer |
| escuchar | investigar | navegar |
| hablar | ir | ver |

**5**

**Escenas** En parejas, escojan por lo menos dos de estos personajes y escriban una escena para una película. Usen mandatos afirmativos y negativos de las formas **tú, usted(es)** y **nosotros/as.** Usen pronombres cuando sea posible.

**Modelo**   **OLGA**   ¡Sal de aquí! No quiero verte más.

**RODOLFO**   No quiero irme. ¡Quedémonos aquí! Hablemos del viaje a San Juan.

Rodolfo

Olga

Tomasito

doña Filomena

**6**

**Anuncio** En grupos de tres, elijan cuatro de estos productos y escriban un anuncio de televisión para promocionar cada uno de ellos. Utilicen mandatos formales y pronombres para convencer al público de que lo compre.

**Modelo** El nuevo perfume "Enamorar" de Carolina Ferrero le va a encantar. Cómprelo en cualquier perfumería de su ciudad. Pruébelo y...

> - Perfume "Enamorar" de Carolina Ferrero
> - Chocolate sin calorías "Deliz"
> - Raqueta de tenis "Rayo"
> - Pasta de dientes "Sonrisa Sana"
> - Computadora portátil "Digitex"
> - Crema hidratante "Suavidad"
> - Todo terreno "4 × 4"
> - Cámara fotográfica "Flimp"

# Síntesis

# Noticias: ¿Mucho, poco o nada?

Los noticieros de la televisión tienen la misión de informar al público. Sin embargo, hay distintas opiniones sobre estos programas de noticias. Algunas personas están satisfechas con mirar solamente un noticiero para informarse. Generalmente estas personas miran el mismo programa todos los días o todas las semanas. Otras personas creen que deben obtener información de diferentes fuentes°, por ejemplo de otros canales de televisión. Estas personas generalmente miran más de un programa de noticias, en diferentes cadenas de televisión. Y hay incluso otro tipo de televidente que simplemente no cree en los programas de noticias y, por lo tanto, no mira las noticias. Estas personas buscan información en medios de comunicación alternativos, como la radio o Internet, o simplemente no buscan ninguna información y sólo miran la televisión para entretenerse y evadirse de la realidad. ■

*sources*

**1**

**Consejos** ¿Qué consejos le darían a un(a) amigo/a que mira la televisión sólo como entretenimiento y nunca mira las noticias? En parejas, escríbanle un párrafo con recomendaciones. Deben utilizar el subjuntivo y el infinitivo. También deben utilizar por lo menos dos mandatos afirmativos y dos negativos.

> **Modelo** Compra el periódico y léelo. Te recomiendo también que consideres opciones en Internet.

**2**

**Anuncio** En grupos pequeños, imaginen que en la historia de la universidad nunca hubo tan pocos nuevos estudiantes inscritos como en este semestre. Escriban un anuncio para la radio para atraer un mayor número de estudiantes el año que viene. Usen tres mandatos informales afirmativos y tres negativos.

> **Modelo** ¿Todavía no sabes dónde vas a estudiar el semestre que viene? Considera la universidad de...

**3**

**Debate** En parejas, imaginen un diálogo entre una persona que nunca utiliza Internet y otra que está todo el día frente a la computadora. Representen el diálogo ante la clase, utilizando la mayor cantidad de pronombres posible.

# Preparación

| Vocabulario de la lectura | | |
|---|---|---|
| **controvertido/a** *controversial* | **golpear** *to beat (a drum)* | |
| **el crecimiento** *growth* | **la letra** *lyrics* | |
| **el estilo** *style* | **la pista de baile** *dance floor* | |
| **el éxito** *success* | **el ritmo** *rhythm* | |
| **la fama** *fame* | **salir a la venta** *to go on sale* | |
| **el género** *genre* | **el violonchelo** *cello* | |

| Vocabulario útil |
|---|
| **el bajo** *bass* |
| **la flauta** *flute* |
| **el tambor** *drum* |
| **tocar** *to play (an instrument)* |

**1**

**Vocabulario** Completa las oraciones con el vocabulario de la lista.

| | | |
|---|---|---|
| controvertido | fama | pista de baile |
| estilo | géneros | ritmo |
| éxito | golpear | salir a la venta |

1. La nueva novela de Rosario Ferré va a _____ en mayo.
2. La diseñadora de moda (*fashion designer*) Carolina Herrera tiene un _____ único.
3. Para tener _____ en la vida, hay que trabajar y estudiar mucho.
4. El origen de la vida es un tema muy _____.
5. La salsa, la rumba y el tango son diferentes _____ musicales.
6. Algunos actores que viven en Hollywood tienen dinero y mucha _____.
7. En una discoteca, se puede bailar en la _____.

**2**

**La música** En parejas, contesten las preguntas y expliquen sus respuestas.

1. ¿Les gusta la música latina? ¿Por qué?
2. ¿Qué cantantes latinos/as conocen?
3. ¿De qué países son esos/as cantantes?
4. ¿En qué situaciones escuchan música en español?
5. ¿Les gusta bailar música latina? ¿Por qué?
6. ¿Toman clases de baile? ¿De qué tipo?

**3**

**Completar** En grupos de cuatro, completen las oraciones de acuerdo con sus opiniones.

1. Me identifico con la música de... porque...
2. La música (no) es importante en mi vida porque...
3. Me gusta que mi cantante favorito/a... porque...
4. Pienso que las bandas y los cantantes que tienen éxito son aquéllos que... porque...
5. Saber bailar es importante/necesario... porque...
6. Las personas que saben bailar... porque...

# Ritmos del Caribe

► **Cultura en pantalla**

Visita **vhlcentral.com** y encuentra más información sobre los ritmos más representativos del Caribe.

**CULTURA**

Audio: Reading

*experiencing*

Durante los últimos años, en los Estados Unidos se está viviendo° una explosión en las ventas de discos en español. Las estaciones de radio especializadas en música latina son las de mayor crecimiento y los cantantes y grupos musicales hispanos programan conciertos por todo el territorio norteamericano. Este fenómeno resulta de los cambios socioculturales que se están viviendo en el país. En primer lugar, se debe al crecimiento de la población latina que mantiene sus tradiciones y con ello el consumo de su música. En segundo lugar, se debe al nuevo interés por la música en español por parte de un público que antes se limitaba a oírla sólo en inglés.

*distribution*

*Cuban musical style*

Los estilos musicales de origen caribeño, mezclas de ritmos africanos, españoles e indígenas, gozan de la mayor proyección° internacional. Algunos de los ritmos caribeños más populares son la salsa, el son° cubano y el reggaetón.

### La salsa

La salsa, que nació como una versión modernizada del son cubano, se extendió en el mercado latinoamericano en 1975. El ritmo salsero se hizo compañero indispensable en el día a día hispano. A partir de entonces, se empezó a oír en los comercios, en las oficinas, en los bares, en las fiestas, en el hogar° y en las calles. Sus letras hablan de los sufrimientos y las alegrías de la vida cotidiana°. El gran número de inmigrantes latinos que vivían en Nueva York hizo que esta ciudad se convirtiera en puerto de entrada° de los ritmos caribeños en los Estados Unidos. Entre sus representantes más famosos se cuentan El Gran Combo de Puerto Rico y Óscar de León.

*home*

*daily, everyday*

*entryway*

### El son cubano

*moved to the top*

*box office*

El son cubano se apoderó° de las listas de los discos más vendidos en 1997, cuando salió a la venta el álbum titulado *Buena Vista Social Club*, interpretado por un grupo de importantes músicos de Cuba. Una película que documenta la grabación del disco fue un éxito de taquilla°

## Instrumentos del Caribe

El bongó y las maracas son algunos de los instrumentos más utilizados en la música caribeña. El bongó tiene forma de barril y posee dos parches de cuero (*leather skin*) muy tensos que vibran al golpearlos. Las maracas son de origen indígena y están hechas de un recipiente que tiene forma redondeada. En su interior se ponen pequeños objetos como semillas o piedrecillas que al agitarse producen su sonido típico.

en todo el mundo. La fama del documental ayudó a que el son cubano llegara a un público que nunca antes había tenido interés en este género musical. De hecho, durante décadas, la fama de los artistas de *Buena Vista* se limitaba sólo a la isla. Personas de todas las edades ahora bailan al ritmo de la música de este fascinante grupo que se convirtió en un fenómeno mediático° internacional.

*created by the media*

### El reggaetón

*dance*

*depicts*

El reggaetón ha sido una de las últimas formas musicales en desarrollarse como estilo distintivo. Esta música bailable° nació en Puerto Rico en los años noventa. Se deriva del *reggae* jamaicano, del *hip-hop* norteamericano y de diferentes ritmos puertorriqueños. Recientemente se ha convertido en la música en español con más proyección internacional. El contenido de sus letras, en su mayoría controvertido, no es muy diferente al del *hip-hop* norteamericano y retrata° con frecuencia la violencia en las calles. Don Omar y Ivy Queen son dos de los creadores de reggaetón cuyas canciones dominan las pistas de baile.

Las melodías del Caribe están cada vez más presentes en el panorama musical del momento. Con la introducción en el mercado internacional de los ritmos caribeños, se está acostumbrando al público a escuchar con mayor atención lo que, en muchas ocasiones, es la bandera de esa cultura: su música. ■

# Análisis

**1**

**Comprensión** Decide si cada afirmación es cierta o falsa. Corrige las falsas.

1. La música latina es popular en los Estados Unidos, pero todavía no en el resto del mundo.

2. El consumo de la música latina entre hispanos es en parte debido a que esta población mantiene sus tradiciones.

3. Las letras de la salsa hablan de los sufrimientos y las alegrías de la vida cotidiana.

4. Los músicos del *Buena Vista Social Club* ya eran conocidos internacionalmente antes de que saliera este álbum.

5. El reggaetón tiene sus raíces en la música indígena del Caribe.

6. El contenido de las letras del reggaetón es tan controvertido como el de las letras del *hip-hop*.

**2**

**Ampliar** En parejas, contesten las preguntas y expliquen sus respuestas.

1. ¿Por qué crees que la música es tan importante para los latinos de los Estados Unidos?

2. ¿Has visto el fenómeno de la música latina donde tú vives? ¿Cómo se manifiesta?

3. ¿Cuál es el tipo de música sin el cual no puedes vivir?

4. ¿Escuchas música local cuando viajas? ¿La compras? ¿Por qué?

**3**

**Aviso** En grupos de cuatro, han decidido formar un grupo de música caribeña, pero todavía están buscando los músicos adecuados. Escriban un aviso para buscar candidatos con al menos tres características esenciales. Luego, presenten el aviso a la clase.

**Modelo** El grupo Los Salseros Boricuas busca persona entusiasta que sepa tocar el bongó. Si te encanta la música caribeña, hacer amigos y viajar, llama al 431-237-1003 y pregunta por Lucio.

**4**

**Su música** En grupos de cuatro, piensen en un estilo de música típico de los Estados Unidos y luego comparen sus características con las de un estilo de música latina. Usen este cuadro como guía. Luego, comparen sus respuestas con las de otros grupos.

|  | Música latina | Música norteamericana |
|---|---|---|
| Instrumentos típicos |  |  |
| Ocasiones en que se escucha o se baila |  |  |
| Origen e influencias |  |  |
| Público típico |  |  |
| Temas de las letras |  |  |
| Intérpretes más conocidos en el mundo |  |  |

**S** Practice more at vhlcentral.com.

# Preparación

## Sobre el autor

**Ginés S. Cutillas** nació en Valencia, España, en 1973. En su obra prevalece el microcuento, para el que tiene un ingenio especial. Su talento fue premiado (*rewarded*) al ganar en 2006 la V edición del concurso de microcuentos de la Feria del libro de Granada. Cutillas también ha sido ganador de otros concursos internacionales de relatos. Ha publicado un libro de cuentos llamado *La biblioteca de la vida* (2007) y una novela, *La sociedad del duelo* (2008), así como su primera colección de microcuentos, titulada *Un koala en el armario* (2009). Ha contribuido a varias antologías de nuevos autores y es además crítico literario para el periódico *La Opinión* de Granada. Cutillas también colabora en revistas literarias como *El oteador de los nuevos tiempos* y *Prometheus*.

| Vocabulario de la lectura | | Vocabulario útil |
|---|---|---|
| **el castigo** *punishment* | **el suelo** *ground* | **la desaparición** *disappearance* |
| **la desesperación** *desperation* | **tras** *after* | **el hallazgo** *discovery* |
| **la estantería** *bookcase* | **vigilar** *to watch, to keep an eye on* | **la sospecha** *suspicion* |
| **el rasgo** *trait, feature* | | |

**1**

**Vocabulario** Completa el párrafo con palabras de la lista.

| | | |
|---|---|---|
| castigo | estantería | sospechas |
| desaparición | hallazgo | tras |
| desesperación | rasgos | vigilar |

Los noticieros informaron hoy sobre un nuevo asesinato (*murder*) del "carnicero del campo de golf", y provocaron una reacción de (1) _____ en la ciudad. La (2) _____ de un hombre de negocios había sido denunciada (*reported*) días antes por sus compañeros de golf, (3) _____ perderlo de vista de manera extraña durante una práctica. El (4) _____ de la víctima confirmó las (5) _____ por la presencia de (6) _____ comunes a todos los asesinatos del "carnicero". La policía ha prometido (7) _____ los campos de golf de toda la ciudad para capturar al culpable y darle el (8) _____ que se merece.

**2**

**Responder** En grupos de tres, contesten estas preguntas.

1. Cuando no puedes salir de tu casa por algún motivo, ¿prefieres leer un libro o mirar televisión? ¿Por qué?

2. ¿Enciendes el televisor sólo para mirar programas que te interesan o miras cualquier cosa que estén transmitiendo? Explica.

3. ¿Cuántas horas por semana miras la televisión? ¿Crees que es tiempo bien utilizado o es una pérdida de tiempo? ¿Por qué?

4. ¿Qué opinas de esta afirmación: "La televisión duerme a la gente y los libros la despiertan"?

# La Desesperación de las Letras

# Ginés S. Cutillas

*crashing noise*

*surprised*

*to check*

*was in the throes of death*

Estaba viendo la tele cuando oí un fuerte estruendo° detrás de mí. Justo en la biblioteca. Me levanté extrañado° y fui a comprobar° qué era. Una masa inconsistente de papel agonizaba° a los pies de la estantería. La cogí entre mis
5  manos y desmembrando sus partes pude adivinar que aquello había sido un libro, *Crimen y castigo* para ser exactos. No supe encontrar una explicación lógica a tan extraño incidente. A la noche siguiente, otra vez delante de la televisión, oí de nuevo ese ruido. Esta vez, irónicamente, había sido *Anna Karenina* quien

*bunch / was lying*  10  se había convertido en un manojo° de papel deforme que yacía° a los pies de sus compañeros. Tras varias noches repitiéndose

*events*  los hechos°, me di cuenta de lo que estaba ocurriendo: los libros se estaban suicidando. Al principio fueron los clásicos, cuanto más clásico era, más probabilidad tenía de estamparse°contra

*of crashing*

15  el suelo. Más tarde comenzaron los de filosofía, un día moría Platón y al otro Sócrates. Luego les siguieron autores más contemporáneos como Hemingway, Dos Passos, Nabokov…

*by leaps and bounds*  Mi biblioteca estaba desapareciendo a pasos agigantados°. Había noches de suicidios colectivos y yo, por más que me

*por... no matter how hard I tried*  20  esforzaba°, no conseguía encontrar un rasgo común entre las obras kamikazes que me permitiera saber cuál iba a ser la siguiente. Una noche decidí no encender la televisión para vigilar atentamente los libros. Aquella noche no se suicidó ninguno. ∎

# Análisis

**1** **Comprensión** Contesta las preguntas con oraciones completas.

1. ¿A qué hora transcurren los acontecimientos del relato y dónde está el narrador?
2. ¿Cómo se da cuenta el narrador de que los libros se caen?
3. ¿Cómo quedan los libros tras caerse?
4. ¿Qué están haciendo los libros, según el narrador?
5. ¿Cuándo paran los suicidios colectivos?

**2** **Interpretar** Contesta estas preguntas.

1. ¿Cómo es la personalidad del narrador? ¿Qué opina de la televisión y por qué?
2. ¿Hay relación entre el título del primer libro que cae y lo que sucede? ¿Cuál?
3. ¿Qué significa que los libros clásicos tengan más probabilidad de caer?
4. ¿Por qué crees que los libros se suicidan? ¿Logran algún objetivo? Explica.

**3** **Juzgar** En grupos pequeños, organicen un juicio (*trial*) en el que los libros demandan a (*sue*) la televisión por provocar suicidios colectivos, y la televisión se defiende. Distribuyan los papeles de abogados, testigos (*witnesses*), jurado (*jury*) y juez. Debatan hasta llegar a un veredicto.

**4** **Opinar** En parejas, lean estas afirmaciones y digan si están de acuerdo y por qué. Después, compartan su opinión con la clase.

- La televisión ayuda a los padres a educar a sus hijos.
- Gracias a los programas infantiles, los padres tienen más tiempo libre.
- La televisión hace compañía a los enfermos y a los ancianos.
- La TV es buena para niños y ancianos; para los demás, es una pérdida de tiempo.

**5** **Escribir** Escribe un correo electrónico a un periódico local como si fueras el narrador del cuento y denuncia la muerte de los libros por culpa de la televisión.

**Plan de redacción**

## Escribir un correo electrónico

**1** **Título** Inventa un título para tu mensaje de correo electrónico.

**2** **Contenido** Organiza tus ideas para que no se te olvide nada.

1. Explica lo que sucede con los libros. Indica cómo te sientes utilizando expresiones como: **Es terrible que, Tengo miedo de que, Es una pena que**, etc.
2. Acusa a los programas de televisión. Cita algunos que te parecen de peor calidad y expresa tu opinión sobre ellos. Usa el subjuntivo.
3. Sugiere un castigo para la televisión por la muerte de los libros o indica cómo podría solucionarse el problema. Incluye mandatos.

**3** **Conclusión** Elige una de estas frases o escribe otra para concluir: **El tiempo corre, Es hora de actuar, La cultura está en peligro, Basta de telebasura.**

# Los medios de comunicación

Vocabulary Tools

## Los medios

el acontecimiento  *event*
la actualidad  *current events*
el anuncio  *advertisement, commercial*
la censura  *censorship*
Internet  *Internet*
los medios (de comunicación)  *media*
la parcialidad  *bias*
la publicidad  *advertising*
la radio  *radio*
el reportaje  *news report*
el sitio web  *website*
la temporada  *season*

enterarse (de)  *to become informed (about)*
navegar en la red  *to surf the web*
opinar  *to express an opinion, to think*
ser parcial  *to be biased*
tener buena/mala fama  *to have a good/bad reputation*

actualizado/a  *up-to-date*
destacado/a  *prominent*
en directo/vivo  *live*
imparcial  *impartial, unbiased*
influyente  *influential*

## Profesionales de los medios

el/la actor/actriz  *actor/actress*
el/la cantante  *singer*
el/la crítico/a de cine  *film critic*
el/la director(a)  *director*
la estrella (de cine)  *(movie) star*
el/la fotógrafo/a  *photographer*
el/la locutor(a) de radio  *radio announcer*
el/la oyente  *listener*
el/la periodista  *journalist*
el público  *audience, public*
el/la redactor(a)  *editor*
el/la reportero/a  *reporter*
el/la televidente  *television viewer*

## El cine y la televisión

la banda sonora  *soundtrack*
la cadena  *network*
el cine  *cinema, movies*
el doblaje  *dubbing*
el documental  *documentary*

los efectos especiales  *special effects*
el estreno  *premiere, new movie*
la pantalla  *screen*
la película  *movie*
el programa de concursos  *game show*
el programa de telerrealidad  *reality show*
los subtítulos  *subtitles*
la telenovela  *soap opera*
la transmisión  *broadcast*
el video musical  *music video*

ensayar  *to rehearse*
entretener  *to entertain*
entrevistar  *to interview*
grabar  *to record*
rodar (o:ue)  *to shoot (a movie)*
transmitir  *to broadcast*

## La prensa

el horóscopo  *horoscope*
la libertad de prensa  *freedom of the press*
las noticias locales/internacionales/ nacionales  *local/international/ national news*
el periódico/el diario  *newspaper*
la portada  *front page, cover*
la prensa (sensacionalista)  *(sensationalist) press*
la revista  *magazine*
la sección de sociedad  *lifestyle section*
la sección deportiva  *sports section*
la tira cómica  *comic strip*
el titular  *headline*

investigar  *to research; to investigate*
publicar  *to publish*
suscribirse (a)  *to subscribe (to)*

## Cortometraje

la chompa  *sweater*
la guagua  *child*
los papeles  *documents*

abrigarse  *to wear warm clothes*
calcular  *to estimate*
charlar  *to chat*
colgar (el teléfono)  *to hang up (the phone)*
(estar) disponible  *(to be) available*
fijarse  *to pay attention*

hacer caso  *to obey*
parquear  *to park*
salvar la vida  *to save someone's life*

chato/a  *sweetie*
desconsiderado/a  *inconsiderate*
malcriado/a  *rude*
tibio/a  *warm*

no más  *only*

## Cultura

el bajo  *bass*
el crecimiento  *growth*
el estilo  *style*
el éxito  *success*
la fama  *fame*
la flauta  *flute*
el género  *genre*
la letra  *lyrics*
la pista de baile  *dance floor*
el ritmo  *rhythm*
el tambor  *drum*
el violonchelo  *cello*

golpear  *to beat (a drum)*
salir a la venta  *to go on sale*
tocar  *to play (an instrument)*

controvertido/a  *controversial*

## Literatura

el castigo  *punishment*
la desaparición  *disappearance*
la desesperación  *desperation*
la estantería  *bookcase*
el hallazgo  *discovery*
el rasgo  *trait, feature*
el suelo  *ground*
la sospecha  *suspicion*

vigilar  *to watch, to keep an eye on*

tras  *after*

# Generaciones en movimiento

El paso del tiempo es una realidad inevitable que nos afecta a todos. La evolución de las culturas y la sucesión de nuevas generaciones dependen de ese constante proceso de renovación. Las nuevas ideas de los jóvenes dan fuerza a la tradición y a la cultura que nos transmiten nuestros padres.

**Destino: CENTROAMÉRICA**

HONDURAS
GUATEMALA
EL SALVADOR
NICARAGUA
COSTA RICA
PANAMÁ

# En familia

 Vocabulary Tools

## Los parientes

**el/la antepasado/a** *ancestor*
**el/la bisabuelo/a** *great-grandfather/
grandmother*

**el/la cuñado/a**
*brother/sister-in-law*
**el/la esposo/a**
*husband/wife*
**el/la (hermano/a)
gemelo/a**
*twin (brother/sister)*
**el/la hermanastro/a** *stepbrother/stepsister*
**el/la hijo/a único/a** *only child*
**la madrastra** *stepmother*
**el/la medio/a hermano/a**
*half brother/sister*
**el/la nieto/a** *grandson/granddaughter*
**la nuera** *daughter-in-law*
**el padrastro** *stepfather*
**el/la pariente** *relative*
**el/la primo/a** *cousin*
**el/la sobrino/a** *nephew/niece*
**el/la suegro/a** *father/mother-in-law*
**el/la tío/a (abuelo/a)** *(great) uncle/aunt*
**el yerno** *son-in-law*

## La vida familiar

**agradecer** *to thank*
**apoyar(se)** *to support (each other)*
**criar** *to raise (children)*
**independizarse** *to become independent*
**lamentar** *to regret, to be sorry about*
**malcriar** *to spoil*
**mimar** *to pamper*

**mudarse** *to move*
**pelear(se)** *to fight (with one another)*
**quejarse (de)** *to complain (about)*
**regañar** *to scold*

**respetar** *to respect*
**superar** *to overcome*

## La personalidad

**el apodo** *nickname*
**la autoestima** *self-esteem*
**el carácter** *character, personality*
**la comprensión** *understanding*
———
**(bien) educado/a** *well-mannered*
**egoísta** *selfish*
**estricto/a** *strict*
**exigente** *demanding*
**honrado/a** *honest*
**insoportable** *unbearable*
**maleducado/a** *ill-mannered*
**mandón/mandona** *bossy*

**rebelde** *rebellious*
**sumiso/a** *submissive*
**unido/a** *close-knit*

## Las etapas de la vida

**la adolescencia** *adolescence*
**el/la adolescente** *adolescent*
**el/la adulto/a** *adult*
**la edad adulta** *adulthood*
**la juventud** *youth*
**la muerte** *death*
**el nacimiento** *birth*
**la niñez** *childhood*
**el/la niño/a** *child*
**la vejez** *old age*

## Las generaciones

**la ascendencia** *heritage*
**la brecha generacional** *generation gap*
**la patria** *homeland*
**el prejuicio social** *social prejudice*
**la raíz** *root*
**el sexo** *gender*

———
**heredar** *to inherit*
**parecerse** *to look alike*
**realizarse** *to fulfill*
**sobrevivir** *to survive*

# Práctica

**1**

**Completar** Completa las oraciones con la opción correcta.

1. Los rostros (*faces*) de mi hermana y de mi madre _____ mucho. Ellas son casi idénticas.
   a. se pelean
   b. se quejan
   c. se parecen

2. Yo, en cambio, soy físicamente igual a mi padre y también tenemos el mismo _____.
   a. niñez
   b. carácter
   c. tío

3. Durante su _____, mis padres estaban muy enamorados.
   a. nacimiento
   b. apodo
   c. juventud

4. Ellos se divorciaron el año pasado y yo lo _____ mucho.
   a. mimo
   b. lamento
   c. mudo

5. Estoy disgustada, sí, pero no me _____, porque nos quieren igual.
   a. quejo
   b. apoyo
   c. realizo

6. A pesar de la distancia seguimos siendo una familia _____. ¡Siempre lo fuimos!
   a. sumisa
   b. unida
   c. exigente

**2**

**Crucigrama** Completa el crucigrama.

Horizontales
1. el hijo de mi hermano
4. dar las gracias
6. que no se puede tolerar
8. etapa de vida de una persona de 80 años
9. tratar a algo o a alguien con cortesía, atención y obediencia
10. opinión negativa sobre algo o alguien antes de conocerlo

Verticales
2. irse de la casa de los padres; emanciparse
3. valoración positiva de uno mismo
5. severo; riguroso
7. recibir bienes (*possessions*) que un familiar deja al morir

**3**

**La familia Rodríguez** En parejas, túrnense para elegir a un miembro de la familia de la foto y decir quién y cómo es. Inventen detalles y utilicen palabras del vocabulario.

**Modelo** El abuelo, don José Luis, se crio en un pueblo de Costa Rica y se mudó a San José cuando se casó. Ahora disfruta de su vejez con su esposa. Tiene un carácter muy agradable y se lleva muy bien con toda su familia.

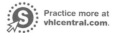

Practice more at vhlcentral.com.

# Preparación

**1** **Adjetivos útiles** El joven de la derecha está describiendo al hombre de la izquierda. Empareja cada descripción con el adjetivo correcto.

1. antipático _____
2. huraño _____
3. torpe _____
4. hiriente _____
5. tembloroso _____

a. "Hace daño con sus comentarios sarcásticos."
b. "Está siempre solo, no se relaciona."
c. "Con el ordenador es un absoluto inútil."
d. "Se mueven demasiado sus manos."
e. "¿Simpático? ¡Es lo contrario de simpático!"

**2** **Vocabulario** Completa las oraciones con palabras del vocabulario del cortometraje.

1. No te va a _____ cenar después de comer tanto dulce.
2. Él era un _____ en su juventud, pero ahora es fuerte y atlético.
3. Cuando no existían las computadoras los escritores debían _____.
4. Estuve jugando al fútbol con mi _____ de la oficina y luego fuimos al centro comercial.
5. Juan Carlos es un _____ inmaduro e irresponsable.
6. La ayudé todo el año y ahora ni me responde el teléfono, ¡qué _____!
7. ¡Me quiero _____ de esta ciudad! Hace un calor insoportable.
8. Cuando el cantante salió al escenario, todos nos pusimos a _____ de la emoción.

**3** **Generaciones y medios** Determina si estás de acuerdo o en desacuerdo con estas afirmaciones. Después, trabaja con un(a) compañero/a para comparar y discutir tus respuestas.

1. Las personas de mi generación leen libros y periódicos en papel.
2. A la generación de mis abuelos le gusta hacerse *selfies*.
3. Mi generación usa el teléfono para comunicarse a distancia.
4. Las personas de mi generación publican fotos, vídeos y textos sobre experiencias personales.
5. La generación de mis abuelos visita sus redes sociales obsesivamente.

**4** **Preguntas** En parejas, respondan las preguntas.

1. ¿Cómo te mantienes en contacto con tu familia y con tus amigos/as?
2. ¿Cómo te enteras de las noticias nacionales e internacionales?
3. ¿Has utilizado una máquina de escribir? ¿Qué ventajas crees que tiene esta herramienta?

**5** **Fotogramas** En parejas, imaginen quiénes son los personajes y cómo es su relación. Respondan a las preguntas.

- ¿Quiénes son estos dos personajes?
- ¿Dónde viven?
- ¿Cómo es su relación?
- ¿Qué clase de conflicto hay entre ellos?

**6** **Brecha generacional** En parejas, respondan las preguntas.

1. ¿Qué sorprende más a tus padres sobre tu generación?
2. ¿Cuáles son las cosas que más te sorprenden a ti de la generación de tus padres?
3. ¿Cómo crees que vivieron tus padres en su adolescencia?
4. ¿Es difícil para tus padres entender tu forma de divertirte y de relacionarte? ¿Por qué?
5. ¿Cómo crees que sería tu generación si no existieran ni Internet ni las redes sociales?

Video

● Mejor cortometraje
award young jury Côte Bleue, France (2011

● Mejor cortometraje internacional
Cusco, Perú (2011)

# sin
## palabras

Dirigido por Bel Armenteros

**MIGUEL RELLÁN** | **ADRIÁN LAMANA**

Producción **LUIS VIDAL**  Guion **ÁNGELA TRIGUEROS**  Jefe de producción
**MIGUEL ROCA**  Ayudante de dirección **PATRICIA GIL**  Montaje **ANTÍA OTERO**
Sonido **QUIQUE ESPEJO**  Dirección artística **VÍCTOR GUERRA**
Dirección de fotografía **JUDIT MARIJUAN MARÍN**  Música **IVAN CAPILLAS**

**ARGUMENTO** *David tiene que pasar dos semanas con un hombre realmente insoportable: su abuelo.*

**ABUELO** ¿Y tu madre?
**DAVID** Tenía prisa, perdía el avión.
**ABUELO** Tu habitación está al final del pasillo.

**DAVID** Hola, papá, soy yo. Te quería hacer una pregunta. Era por si me podía quedar un par de semanas en tu casa. Es que yo prefiero estar contigo.

*(Las manos temblorosas del abuelo sobre el teclado de una máquina de escribir.)*

**DAVID** Oye, ¿quieres que te ayude?
**ABUELO** No sabes escribir a máquina.
**DAVID** Sé escribir en ordenador, no creo que sea tan distinto.

**ABUELO** Este es el que te ha partido la cara, ¿no? Pero si es un enclenque.
**JOVEN** Cállate, viejo, anda, no molestes, ¿vale?
**ABUELO** ¿Que me calle? ¿Cómo que me calle?

**ABUELO** ¿Tantas ganas tienes de marcharte que ya estás haciendo la maleta?
**DAVID** Mamá viene mañana temprano.
**ABUELO** ¿Mañana ya?

# Análisis

**1**

**Comprensión** Contesta las preguntas con oraciones completas.

1. ¿Por qué va David a casa de su abuelo?
2. ¿A quién llama David desde su habitación?
3. ¿Por qué desayuna David café por las mañanas?
4. ¿Qué trabajo tiene el abuelo de David?
5. ¿Cómo ayuda David a su abuelo?
6. ¿Quién es el joven que David y su abuelo se encuentran en el parque?
7. ¿Cómo cambia la relación de David con su abuelo después del incidente en el parque? ¿Cómo lo sabes?
8. Al final de la película David y su abuelo se despiden. ¿Cuándo volverán a verse?

**2**

**Interpretar** En parejas, contesten las preguntas.

1. ¿Por qué crees que la madre de David no quiere dejarlo solo en su casa?
2. ¿Cómo crees que es la vida familiar de David? ¿Por qué?
3. ¿Qué hace David para hacerse respetar de su abuelo?
4. ¿Cuáles pueden ser las razones del comportamiento del abuelo?
5. ¿Qué siente David por su abuelo? ¿Cómo lo sabes?
6. ¿Qué crees que siente el abuelo por su nieto? ¿Cómo lo demuestra?
7. ¿Cómo describirías la relación de David con su padre?
8. ¿Qué conflicto crees que hay entre la madre de David y el abuelo?
9. ¿Cómo cambia la vida del abuelo después de vivir dos semanas con David?

**3**

**Redes sociales** En parejas, y con base en lo que saben de los personajes, asignen cada texto a David o a su abuelo. Luego, ordénenlos y formen una conversación.

a. Mira, abuelo, esto es Facebook. Es muy divertido. Puedes ver los posts de tus amigos, y puedes dar "Me gusta".  _____  _____

b. ¿Tienes 457 amigos?  _____  _____

c. ¿Cómo que "Me gusta"? ¿Y no hay una opción que diga "Me parece una estupidez"?  _____  _____

d. ¿En otro Facebook? ¿Qués es? ¿Un Facebook para viejos?  _____  _____

e. No seas irrespetuoso con tu abuelo.  _____  _____

f. Más social que tú, desde luego. ¿Cuántos amigos tienes?  _____  _____

g. Muchísimos, pero están en otro Facebook, o como se llame.  _____  _____

h. Pero abuelo, sería de mala educación. Recuerda que las personas que hay aquí son tus amigos.  _____  _____

i. Sí, pero no los conozco personalmente a todos. Sólo a tres.  _____  _____

j. ¡Ah, tres amigos en total! ¡Qué chico más social!  _____  _____

**4**

**Nuevas tecnologías** En parejas, comenten cómo reacciona el abuelo de David ante las nuevas tecnologías. Respondan las preguntas.

1. ¿Cómo se comporta el abuelo de David con la computadora al inicio y al final del cortometraje?

2. ¿Qué semejanzas y diferencias encuentras entre las máquinas de escribir y las computadoras? ¿Qué crees que pensaba el abuelo de David sobre esto?

3. ¿Crees que algún día la tecnología será demasiado avanzada para ti? ¿Por qué?

**5**

**Hombres solitarios** En parejas, hablen del abuelo de David. Respondan las preguntas.

1. ¿Creen que el abuelo de David es mala persona? ¿Por qué?

2. ¿Por qué creen que el abuelo de David tiene esa personalidad?

3. ¿Es consciente el abuelo de David de lo antipático que es? ¿Por qué creen?

4. ¿Qué hace el abuelo de David por ser más agradable?

**6**

**Crítica** Escriban una reseña de *Sin palabras* basada en las siguientes escenas. Usen las preguntas como guía de escritura.

1. ¿Cómo describirías la situación en que se encuentran David y su abuelo?

2. ¿Crees que la forma en que David le habla a su abuelo es correcta? ¿Por qué?

3. ¿Cómo expresan su afecto mutuo David y su abuelo?

**7**

**Con palabras** En parejas, elijan una de estas situaciones e improvisen un diálogo. Utilicen seis palabras o expresiones de la lista. Después, represéntenlo delante de la clase.

| | | |
|---|---|---|
| ajedrez | enclenque | niñato/a |
| antipático/a | escribir a máquina | pulsar |
| apetecer | hiriente | tembloroso/a |
| chillar | huraño/a | torpe |
| colega | largarse | de mala educación |
| desagradecido/a | movida | de tal palo, tal astilla |

**A**

Tu madre y tu abuelo no se llevan bien así que decides ayudarlos a mejorar su relación. Tu madre está sentada en un sofá leyendo un libro. Te acercas y le preguntas: "Mamá, ¿por qué no vas nunca a ver al abuelo?"

**B**

Tienes setenta años y usas tu ordenador con frecuencia para hablar con tu nieto por Skype. Estás muy emocionado y agradecido por todo lo que él te ha enseñado sobre computadoras e Internet y decides hablar con él para expresarle lo que sientes.

Reading

# SUEÑA
## La Panamericana

Imagina un viaje en automóvil por **Centroamérica**. Comenzarías en **Panamá** y terminarías en **Guatemala**, al sur de México. Al final de tu viaje habrás recorrido unos 2.500 kilómetros (1.553 millas), visitado seis países hispanohablantes y conocido sus capitales: **Ciudad de Panamá** (Panamá), **San José** (Costa Rica), **Managua** (Nicaragua), **Tegucigalpa** (Honduras), **San Salvador** (El Salvador) y **Ciudad de Guatemala** (Guatemala). También habrás admirado volcanes humeantes[1], como el **Volcán Poás** en Costa Rica, y las ruinas mayas de **Tikal** y **Copán** en Guatemala y Honduras, respectivamente.

La ruta ideal para realizar esta odisea es la **carretera**[2] **Panamericana**, o simplemente **la Panamericana**. En principio, esta carretera conectaría todo el continente americano, desde la Patagonia hasta Alaska. Sin embargo, fenómenos naturales como sismos, inundaciones, deslizamientos o erupciones volcánicas han destruido algunos tramos[3] y existe uno que aún no está construido. Entre Panamá y Colombia, en el **Tapón del Darién**, unos 90 kilómetros (56 millas) de densa selva montañosa interrumpen la continuidad de la ruta[4] intercontinental.

¡Arranquemos! Nuestra primera parada es el **canal de Panamá**, uno de los proyectos de transporte más

El canal de Panamá

ambiciosos del siglo XX. Fue propiedad de los Estados Unidos hasta 1999.

En la actualidad, alrededor de 14.000 buques[5] pasan cada año de un océano a otro a través del canal.

De Panamá nos dirigimos a Costa Rica, a visitar el **Parque Nacional Chirripó**. Subimos al cerro Chirripó, palabra indígena que significa "tierra de aguas eternas", de unos 3.800 metros (12.467 pies) de altura. En el camino[6] vemos una gran variedad de animales, como jaguares, tapires y quetzales.

Pasamos a Managua, capital de **Nicaragua**, donde hacemos una excursión al **lago de Nicaragua**. Es el único lago donde subsisten tiburones[7] que se adaptaron al agua dulce[8] hasta poder reproducirse en ella.

Continuamos hacia el segundo arrecife[9] de coral más grande del mundo: las **Islas de la Bahía**, en la costa norte de Honduras. El 95% de las especies de coral del **Caribe** se encuentran en esta región. Las tres islas de **Roatán**, **Guanaja** y **Utila** son algunas de las atracciones turísticas más populares.

Seguimos por **El Salvador**, donde probamos las famosas **pupusas**. Por todas partes encontrarás *pupuserías* que preparan estas delicias, similares a una tortilla gruesa[10] y blanda, rellenas de queso, pollo o cerdo.

Océano Pacífico

Tegucigalpa
Ciudad de Guatemala
San Salvador
Managua
San José
Ciudad de Panamá
Tapón de Darién

# CENTRO

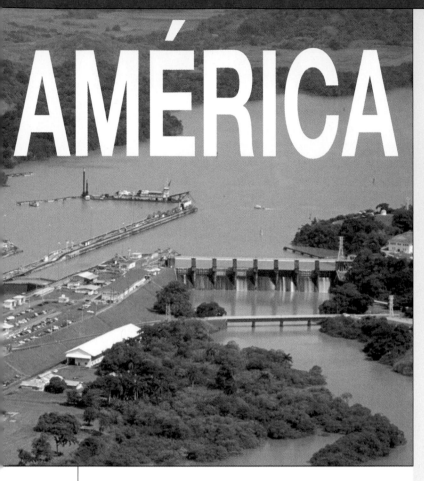

# AMÉRICA

Finalmente, en Guatemala visitamos las ruinas de **Tikal**, una de las ciudades más importantes de la civilización **maya**. Miles de turistas las visitan anualmente, pero también millones de personas las han visto porque este lugar sirvió de locación al filmar una base rebelde en la película *La guerra de las galaxias: Episodio IV, Una nueva esperanza*[11].

[1] *smoldering* [2] *highway* [3] *stretches* [4] *road* [5] *ships* [6] **En el...** *Along the way* [7] *sharks* [8] **agua...** *fresh water* [9] *reef* [10] *thick* [11] *Star Wars: Episode IV, A New Hope*

## El español de Centroamérica

| | |
|---|---|
| **los abarrotes** | provisiones; *groceries* (Guat., Pan.) |
| **el agua** | refresco; *soda, soft drink* (Guat.) |
| **el cartucho** | bolsa; *(plastic) bag* (Pan.) |
| **chivísimo** | fantástico; *great, cool* (E.S.) |
| **el fresco** | refresco; *soft drink* (C.R., Hond.) |
| **fulear** | poner gasolina; *to get gas* (Nic.) |
| **la pulpería** | bodega; *grocery store* (C.R., Hond., Nic.) |

### Expresiones

| | |
|---|---|
| **hacer gallo** | acompañar; *to accompany* (E.S.) |
| **¡Pura vida!** | ¡Muy bien!; *Great!* (C.R.) |
| **ser de alante** | ser valiente; *to be brave* (Pan.) |

# ¡Celebremos las tradiciones!

**Semana Santa** La celebración de **Semana Santa** en **Antigua, Guatemala,** es una tradición viva. Cientos de personas participan  en las procesiones y ayudan a cargar las tarimas[1], llamadas **andas**, que pesan 3,5 toneladas[2]. La gente decora las ventanas y las iglesias para la procesión, pero lo más extraordinario son las alfombras[3] que cada año se hacen a mano con aserrín[4] teñido[5] de colores vivos y con pétalos de flores sobre las calles por donde pasa la procesión.

**Día de la independencia Costa Rica** tiene una de las más antiguas democracias del continente americano. A diferencia de los países de Suramérica, su independencia de España se firmó de manera pacífica y se celebra cada 15 de septiembre, como en los demás países centroamericanos,  excepto Panamá. Se festeja con desfiles[6] patrióticos y música. Los niños llevan linternas hechas a mano a estas fiestas llenas de color. Uno de sus expresidentes, Óscar Arias Sánchez (1986–1990 y 2006–2010), recibió el **Premio Nobel de la Paz**[7] en 1987.

**Carnavales** La popularidad de los carnavales en **Panamá** es comparable con la de los famosos carnavales brasileños. Celebradas en **Panamá** desde principios del siglo XX, estas  grandiosas fiestas duran cuatro días y cinco noches. Los panameños disfrutan de desfiles magníficos, carrozas espectaculares, máscaras[8], disfraces[9] de todo tipo y comida variada. Las celebraciones más grandes tienen lugar en la **Ciudad de Panamá** y en **Las Tablas**.

**San Jerónimo** El pueblo de **Masaya** en **Nicaragua** es conocido por el festival que celebra al santo patrón, **San Jerónimo**. La fiesta, de unos 80 días, comienza el 20 de septiembre con **"el Día de la Bajada"**[10] de la imagen de San Jerónimo, y no termina hasta la primera semana de diciembre. Con bailes folklóricos, música, flores y rica comida, esta fiesta colorida integra tradiciones indígenas con el catolicismo.

[1] *wooden floats* [2] *tons* [3] *carpets* [4] *sawdust* [5] *dyed* [6] *parades* [7] **Premio...** *Nobel Peace Prize* [8] *masks* [9] *costumes* [10] **Día de...** *Day when the saint is brought down*

# GALERÍA DE CREADORES

## LITERATURA Gioconda Belli

El compromiso sociopolítico y la lucha por la liberación de la mujer son las líneas temáticas que marcan la obra de la poeta, novelista y bloguera nicaragüense Gioconda Belli. *Línea de fuego,* libro de poemas con el que obtuvo el prestigioso Premio Casa de las Américas en 1978 y *La mujer habitada* (1988) sobresalen (*stand out*) entre sus obras más leídas. En 2010, *El país de las mujeres* ganó el Premio Hispanoamericano de Novela *La Otra Orilla*. En 2013 publicó el poemario *En la avanzada juventud*, y en el año 2014, la novela *El intenso calor de la luna*. Además en ese año fue reconocida con el Premio al Mérito Literario Internacional Andrés Sabella, en el marco de (*as part of*) la Feria Internacional del Libro de Antofagasta (Chile). En su blog escribe sobre sus experiencias de vida, sus viajes y también ofrece pequeños fragmentos de sus obras a sus seguidores.

## PINTURA Armando Morales

El nicaragüense Armando Morales, nacido en 1927, es un pintor contemporáneo que disfruta de fama internacional. Sus creaciones artísticas incluyen desnudos femeninos, escenas cotidianas, naturalezas muertas (*still lifes*) y representaciones de hechos históricos que nacen de las imágenes de sus recuerdos. En 1959 recibió el Premio Ernest Wolf al Mejor Artista Latinoamericano, en la V Bienal de Arte Moderno de São Paulo (Brasil). *Desnudo sentado* (1971); *Bodegón, ciruela y peras* (1981); *Bañistas en la tarde y coche* (1984); *Adiós a Sandino* (1985) y *Selva* (1987) son cinco de sus obras más conocidas. Aquí vemos el cuadro titulado *Dos peras en un paisaje* (1973).

### ARTESANÍA La mola

En las islas panameñas del archipiélago de San Blas viven los kunas. Esta tribu indígena es conocida por la mola, su más creativa expresión artística que realizan casi exclusivamente las mujeres. La mola es un tipo de bordado (*embroidery*) intrincado que adorna las blusas de las mujeres kuna y que forma parte de su vestido tradicional. Además de blusas, las molas pueden adornar cualquier objeto que se desee. Aunque los motivos (*motifs*) más populares son los diseños geométricos y elementos del mundo natural, también son frecuentes los diseños modernos. Las molas no son sólo atractivas para los turistas; muchas son consideradas verdaderas piezas de arte muy preciadas (*valued*) entre los coleccionistas.

### PINTURA Mauricio Puente

Nació en El Salvador en 1918 y actualmente reside en los Estados Unidos, donde continúa dictando cursos de pintura al óleo. Pintor autodidacta, empezó a pintar a los siete años y siempre ha explorado su pasión por la pintura. A lo largo de los años ha cultivado un estilo muy personal que se puede admirar en sus cuadros en galerías de arte de todo el mundo. Su especialidad son las acuarelas (*watercolors*) y los óleos; domina a la perfección la técnica de la espátula (*palette knives*) y su talento para dibujar es admirable. La obra *Caserío* muestra un paisaje salvadoreño y es un ejemplo representativo de su estilo.

# ¿Qué aprendiste?

 **1** **Cierto o falso** Indica si estas afirmaciones son ciertas o falsas. Corrige las falsas.

1. La Panamericana pasa por tres países de Centroamérica.
2. En el lago de Nicaragua hay tiburones.
3. Armando Morales y Mauricio Puente son pintores nicaragüenses.
4. El 20 de septiembre Costa Rica celebra su día de la independencia de España.
5. El festival de San Jerónimo en Masaya, Nicaragua, dura aproximadamente ochenta días.
6. La mola es una expresión artística de los mayas.

**2** **Preguntas** Contesta las preguntas.

1. ¿En qué estilos se especializa el pintor salvadoreño Mauricio Puente?
2. ¿De qué se rellenan las pupusas?
3. ¿De qué están hechas las alfombras en la celebración de Semana Santa en Antigua, Guatemala?
4. ¿De cuáles ciudades son los carnavales más grandes de Panamá?
5. ¿Qué líneas temáticas caracterizan la obra de Gioconda Belli?
6. ¿Qué artista de la Galería te interesa más? ¿Por qué?

**3** **Centroamérica** En parejas, comenten lo que aprendieron de Centroamérica y la carretera Panamericana. Luego, complementen sus conocimientos haciéndose preguntas sobre los aspectos de la lista.

> Modelo —¿Cuál es el único país centroamericano que no celebra su independencia el 15 de septiembre?
>
> —Panamá es el único país que no la celebra el 15 de septiembre.

- La celebración de la independencia el 15 de septiembre
- Escenarios naturales en el recorrido de la Panamericana
- Los animales que se ven camino al cerro Chirripó en Costa Rica
- Las tradiciones de San Jerónimo en Masaya, Nicaragua
- Los ingredientes de las pupusas

Practice more at
vhlcentral.com.

## PROYECTO

### Odisea por Centroamérica

Organiza una travesía por las seis capitales centroamericanas que se mencionan en el artículo. Antes de empezar el viaje investiga información adicional en Internet.

- Explora una atracción importante por su valor histórico, cultural o natural en cada capital.
- Escribe una entrada para tu blog o para tu diario sobre la atracción que explores en cada capital.
- Explica tu aventura a tus compañeros/as de clase. Cuéntales lo que viste y aprendiste, léeles tus impresiones y muéstrales fotos de los lugares que visitaste.

Video

# De compras en Barcelona

Hacer las compras tal vez te parezca una actividad aburrida y poco glamorosa, pero ¡te equivocas! En este episodio de **Flash Cultura** podrás pasear por el antiguo y popular mercado de La Boquería en Barcelona y descubrir una manera distinta de elegir los mejores productos en tiendas especializadas.

## Vocabulario

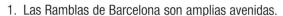

| | |
|---|---|
| **amplio/a** *broad, wide* | **la gamba** *(Esp.) shrimp* |
| **el buñuelo** *fritter* | **los mariscos** *seafood* |
| **el carrito** *shopping cart* | **las patas traseras** *hind legs* |
| **la charcutería** *delicatessen* | **el puesto** *market stand* |

**1** **Preparación** ¿Qué productos españoles típicos conoces? ¿Cuál te gustaría más probar?

**2** **Comprensión** Indica si estas afirmaciones son ciertas o falsas. Después, en parejas, corrijan las falsas.

1. Las Ramblas de Barcelona son amplias avenidas.

2. En La Boquería debes elegir un carrito a la entrada y pagar toda la compra al final.

3. Hay distintos tipos de jamón serrano según la curación y la región.

4. Barcelona ofrece una gran variedad de mariscos y pescados frescos porque es un puerto marítimo.

5. En España, la mayoría de las tiendas cierra al mediodía durante media hora.

6. Las panaderías abren todos los días menos los domingos.

**3** **Expansión** En parejas, contesten estas preguntas.

• ¿Prefieres hacer las compras en tiendas pequeñas y mercados tradicionales o en un supermercado normal? ¿Por qué?

• ¿Te levantas temprano para comprar el pan o algún otro producto los domingos? ¿Qué producto es tan esencial para la gente de tu país como el pan para los españoles?

• ¿Te parece bien que las tiendas cierren a la hora de la siesta? ¿Para qué usarías tú todo ese tiempo?

**Corresponsal:** Mari Carmen Ortiz
**País:** España

La Boquería es un paraíso para los sentidos: olores de comida, el bullicio° de la gente, colores vivos se abren a tu paso mientras haces tus compras.

Hay tiendas que nunca cierran a la hora de comer: las tiendas de moda y los grandes almacenes°. Pero aún éstas tienen que cerrar tres domingos al mes.

El jamón serrano es una comida típica española y es servido con frecuencia en los bares de tapas°.

**bullicio** *hubbub* **almacenes** *department stores* **tapas** *Spanish appetizers*

Practice more at
vhlcentral.com.

Presentation

4.1

# The subjunctive in adjective clauses

- When an adjective clause describes an antecedent that is known to exist, use the indicative. When the antecedent is unknown or uncertain, use the subjunctive.

**TALLER DE CONSULTA**

This additional grammar topic is covered in the **Manual de gramática, Lección 4.**

**4.4** *To become:* **hacerse, ponerse,** and **volverse, p. 250**

**¡ATENCIÓN!**

An adjective clause (**oración subordinada adjetiva**) is a subordinate clause that describes a noun or pronoun, called the antecedent, in the main clause.

| MAIN CLAUSE: ANTECEDENT UNCERTAIN | CONNECTOR | SUBORDINATE CLAUSE: SUBJUNCTIVE |
|---|---|---|
| **Busco un trabajo** | **que** | **pague bien.** |

| Antecedent certain → Indicative | Antecedent uncertain → Subjunctive |
|---|---|
| Necesito el libro que **tiene** información sobre los prejuicios sociales. *I need the book that has information about social prejudices.* | Necesito un libro que **tenga** información sobre los prejuicios sociales. *I need a book that has information about social prejudices.* |
| Buscamos los documentos que **describen** el patrimonio de nuestros antepasados. *We're looking for the documents that describe our ancestors' heritage.* | Buscamos documentos que **describan** el patrimonio de nuestros antepasados. *We're looking for (any) documents that (may) describe our ancestors' heritage.* |
| Tiene un esposo que la **trata** con respeto y comprensión. *She has a husband who treats her with respect and understanding.* | Quiere un esposo que la **trate** con respeto y comprensión. *She wants a husband who will treat her with respect and understanding.* |

*Muchos prefieren un café que no **tenga** azúcar.*

- When the antecedent of an adjective clause is a negative pronoun (**nadie, ninguno/a**), the subjunctive is used.

| Antecedent certain → Indicative | Antecedent uncertain → Subjunctive |
|---|---|
| Elena tiene tres parientes que **viven** en San José. *Elena has three relatives who live in San José.* | Elena no tiene **ningún** pariente que **viva** en Limón. *Elena doesn't have any relatives who live in Limón.* |
| De los cinco nietos, hay dos que **se parecen** a la abuela. *Of the five grandchildren, there are two who resemble their grandmother.* | De todos mis nietos, no hay **ninguno** que **se parezca** a mí. *Of all my grandchildren, there's not one who looks like me.* |
| En mi patria, hay muchos que **apoyan** al candidato conservador. *In my homeland, there are many who support the conservative candidate.* | En mi familia, no hay **nadie** que **apoye** al candidato conservador. *In my family, there is nobody who supports the conservative candidate.* |

- Do not use the personal **a** with direct objects that represent hypothetical persons.

| Antecedent uncertain → Subjunctive | Antecedent certain → Indicative |
|---|---|
| Busco un abogado que **sea** honrado. | Conozco **a** un abogado que **es** honrado, justo e inteligente. |
| *I'm looking for a lawyer who is honest.* | *I know a lawyer who is honest, fair, and smart.* |

- Use the personal **a** before **nadie** and **alguien**, even when their existence is uncertain.

| Antecedent uncertain → Subjunctive | Antecedent certain → Indicative |
|---|---|
| No conozco **a nadie** que **se queje** tanto como mi suegra. | Yo conozco **a alguien** que **se queja** aún más... ¡la mía! |
| *I don't know anyone who complains as much as my mother-in-law.* | *I know someone who complains even more... mine!* |

- The subjunctive is commonly used in questions with adjective clauses when the speaker is trying to find out information about which he or she is uncertain. If the person who responds knows the information, the indicative is used.

| Antecedent uncertain → Subjunctive | Antecedent certain → Indicative |
|---|---|
| ¿Me recomienda usted un buen restaurante que **esté** cerca de aquí? | Sí, el restaurante de mi yerno **está** muy cerca y **es** excelente. |
| *Can you recommend a good restaurant that is nearby?* | *Yes, my son-in-law's restaurant is nearby, and it's excellent.* |
| Oigan, ¿no me pueden poner algún apodo que me **quede** mejor? | Bueno, si tú insistes, pero Flaco es el apodo que te **queda** mejor. |
| *Hey guys, can't you give me a nickname that fits me better?* | *OK, if you insist, but Skinny is the nickname that suits you best.* |

Si leyó en **Gente** algo con lo que no está de acuerdo, discútalo con alguien que le preste atención. Con **Gente**.

Nos gusta saber lo que piensa. Envíe sus mensajes electrónicos al buzón de **Gente**.

**Revista Gente**
Correo-e:
suscriptores@revistagente.com
México, D.F.

# Práctica

**1** **Combinar** Combina las frases de las dos columnas para formar oraciones lógicas. Decide qué oraciones necesitan el subjuntivo y cuáles el indicativo.

____ 1. Mario tiene un hermano que     a. sea alta y artística.

____ 2. Tengo dos cuñados que     b. sean respetuosos y estudiosos.

____ 3. No conozco a nadie que     c. canta cuando se ducha.

____ 4. Pedro busca una novia que     d. hablan alemán.

____ 5. Quiero tener nietos que     e. entienda más de dos idiomas.

**2** **El agente de viajes** Gabriela va a ir de vacaciones a Montelimar, Nicaragua, y le escribe un correo electrónico a su agente de viajes explicándole sus planes. Completa el correo con el subjuntivo o el indicativo.

Mensaje — Recibidos —Viaje a Montelimar    21 de julio de 2018, 10:09 AM

De    Gabriela <gabriela@micorreo.com>

Para    Santiago <santiago@micorreo.com>

Bandeja de entrada    Responder    Reenviar

Querido Santiago:

Estoy muy contenta porque el mes que viene voy a viajar a Montelimar para tomar unas vacaciones. He estado pensando en el viaje y quiero decirte qué me gustaría hacer. Quiero ir a un hotel que (1) _____ (ser) de cinco estrellas y que (2) _____ (tener) vista al mar. Me gustaría hacer una excursión que (3) _____ (durar) varios días y que me (4) _____ (permitir) ver el famoso Lago de Nicaragua. ¿Qué te parece?

Mi hermano me dice que en la principal agencia de viajes de Montelimar hay un guía turístico llamado Luis Eduardo que (5) _____ (conocer) algunos lugares exóticos y que me (6) _____ (poder) llevar a verlos. Al parecer, Luis Eduardo es muy conocido en la zona porque (7) _____ (tener) mucha clientela. La gente dice que (8) _____ (ser) un guía muy simpático y divertido. ¡Tal como a mí me gusta! ¿Crees que lo puedes localizar?

Espero tu respuesta,

Gabriela

Más recientes    5 de 1202    Anteriores

**3** **Reunión familiar** Completa las oraciones con las opciones de la lista. Haz los cambios necesarios.

| gustarle a tío Alberto | ser festivo/a |
| hacer cortes de pelo modernos | venir a limpiar |
| dedicarse a organizar | tocar merengue |

1. Ana Paola piensa reservar la banda Son y Sabor, que _____.

2. Sebastián busca un peluquero que _____.

3. Ana Paola prepara para la fiesta el plato que _____.

4. Sebastián quiere comprar decoraciones que _____.

5. Al final, Ana Paola va a contratar una compañía que _____.

6. Ana Paola lo hará todo porque no conoce a ningún pariente que _____ eventos familiares.

Practice more at vhlcentral.com.

# Comunicación

**4**

**Sueños y realidad** En parejas, hablen sobre lo que estos personajes tienen y lo que desean tener. Utilicen el subjuntivo y el indicativo según corresponda, y las palabras de la lista.

> **Modelo** María Teresa tiene un novio que enseña Historia en la universidad y que es muy responsable, pero ella sueña con tener un novio que toque la guitarra eléctrica y que sea muy rebelde.

| | |
|---|---|
| buscar | apartamento |
| conocer | computadora |
| necesitar | hermano/a |
| querer | mascota (*pet*) |
| tener | vecino/a |

**5**

**Anuncios** En grupos de cuatro, describan detalladamente lo que buscan la familia Pérez y los hermanos Silva usando el indicativo o el subjuntivo. Después, escriban dos anuncios más para enseñárselos a la clase.

La familia Pérez busca a su perro Tomás, que se perdió en el parque. Aquí tienen una foto de él.

Miguel y Carlos Silva buscan un guía turístico para su viaje a los volcanes de Nicaragua.

**6**

**El ideal** En parejas, imaginen cómo es el/la compañero/a ideal en cada una de estas situaciones. Utilicen el subjuntivo o el indicativo de acuerdo a la situación.

> **Modelo** Lo ideal es vivir con alguien que no se queje demasiado.

Alguien con quien...

- vivir
- trabajar
- ver películas de amor o de aventuras
- dar un paseo

- comprar ropa
- estudiar
- viajar por el Sahara
- cocinar

Presentation

**4.2**

# Reflexive verbs

- In a reflexive construction, the subject of the verb both performs and receives the action. Reflexive verbs (**verbos reflexivos**) always use reflexive pronouns (**me, te, se, nos, os, se**).

**Reflexive verb**

Elena **se lava** la cara.

**Non-reflexive verb**

Elena **lava** los platos.

| Reflexive verbs | |
| --- | --- |
| lavarse *to wash (oneself)* | |
| yo | me lavo |
| tú | te lavas |
| Ud./él/ella | se lava |
| nosotros/as | nos lavamos |
| vosotros/as | os laváis |
| Uds./ellos/ellas | se lavan |

- Many of the verbs used to describe daily routines and personal care are reflexive.

| | | |
| --- | --- | --- |
| **acostarse** *to go to bed* | **dormirse** *to fall asleep* | **peinarse** *to comb (one's hair)* |
| **afeitarse** *to shave* | **ducharse** *to take a shower* | **ponerse** *to put on (clothing)* |
| **arreglarse** *to dress up* | **lavarse** *to wash (oneself)* | **secarse** *to dry off* |
| **bañarse** *to take a bath* | | **quitarse** *to take off (clothing)* |
| **cepillarse** *to brush (one's hair, teeth)* | **levantarse** *to get up* | |
| **despertarse** *to wake up* | **maquillarse** *to put on makeup* | **vestirse** *to get dressed* |

- In Spanish, most transitive verbs can also be used as reflexive verbs to indicate that the subject performs the action to or for himself or herself.

Félix **divirtió** a los invitados con sus chistes.
*Félix amused the guests with his jokes.*

Félix **se divirtió** en la fiesta.
*Félix had fun at the party.*

Ana **acostó** a los gemelos antes de las nueve.
*Ana put the twins to bed before nine.*

Ana **se acostó** muy tarde.
*Ana went to bed very late.*

**¡ATENCIÓN!**

A transitive verb takes an object. An intransitive verb does not take an object.

**Transitive:**

**Mariela compró dos boletos.**
*Mariela bought two tickets.*

**Intransitive:**

**Johnny nació en México.**
*Johnny was born in Mexico.*

- Many verbs change meaning when they are used reflexively.

| | |
|---|---|
| **aburrir** *to bore* | **aburrirse** *to become bored* |
| **acordar** *to agree* | **acordarse (de)** *to remember* |
| **comer** *to eat* | **comerse** *to eat up* |
| **dormir** *to sleep* | **dormirse** *to fall asleep* |
| **ir** *to go* | **irse (de)** *to leave* |
| **llevar** *to carry* | **llevarse** *to carry away* |
| **mudar** *to change* | **mudarse** *to move (change residence)* |
| **parecer** *to seem* | **parecerse (a)** *to resemble, to look like* |
| **poner** *to put* | **ponerse** *to put on (clothing)* |
| **quitar** *to take away* | **quitarse** *to take off (clothing)* |

- Some Spanish verbs and expressions are reflexive even though their English equivalents may not be. Many of these are followed by the prepositions **a, de,** and **en**.

| | |
|---|---|
| **acercarse (a)** *to approach, to get close* | **fijarse (en)** *to take notice (of)* |
| **arrepentirse (de)** *to regret* | **morirse (de)** *to die (of)* |
| **atreverse (a)** *to dare (to)* | **olvidarse (de)** *to forget (about)* |
| **convertirse (en)** *to become* | **preocuparse (por)** *to worry (about)* |
| **darse cuenta (de)** *to realize* | **quejarse (de)** *to complain (about)* |
| **enterarse (de)** *to find out (about)* | **sorprenderse (de)** *to be surprised (about)* |

- *To get* or *become* is frequently expressed in Spanish by the reflexive verb **ponerse** + [*adjective*].

  Mi hijo **se pone feliz** cuando nos visitan los abuelos.
  *My son gets happy when our grandparents visit us.*

  Si no duermo bien, **me pongo insoportable**.
  *If I don't sleep well, I become unbearable.*

- In the plural, reflexive verbs can express reciprocal actions done *to one another*.

  ¡Mi esposa y yo **nos peleamos** demasiado!
  *My wife and I fight too much!*

  ¿Será porque ustedes no **se respetan**?
  *Could it be because you don't respect each other?*

- The reflexive pronoun precedes the direct object pronoun when they are used together in a sentence.

  | | |
  |---|---|
  | ¿Te comiste el pastel? | Sí, **me lo** comí todo. |
  | *Did you eat the whole cake?* | *Yes, I ate it all up.* |

**TALLER DE CONSULTA**

**Hacerse** and **volverse** also mean *to become*. See **Manual de gramática, 4.4, p. 250.**

When used with infinitives and present participles, reflexive pronouns follow the same rules of placement as object pronouns. See **3.2, pp. 102–103.**

# Práctica

**1** 🔗

**Reflexivos** Completa las oraciones conjugando cada verbo de forma reflexiva, si es el caso. Agrega el pronombre cuando sea necesario.

1. Yo siempre _____ (dormir/dormirse) bien cuando estoy en mi casa de verano.

2. Pablo, ¿_____ (acordar/acordarse) de cuando fuimos de vacaciones a Cancún hace dos años?

3. Víctor es ese bebé de allí que _____ (parecer/parecerse) tanto a su padre.

4. No me gusta esta fiesta. Quiero _____ (ir/irse) cuanto antes.

5. Carolina y Miguel _____ (llevar/llevarse) a los niños a esa escuela.

6. Eduardo va a _____ (poner/ponerse) una camisa nueva.

**2** 👥

**Todos los sábados**

**A.** En parejas, describan la rutina que siguen Eduardo y sus amigos todos los sábados.

Eduardo

Marcos

Nicolás

Sandra

Carlos

Mónica

**B.** ¿Qué hacen los sábados por la mañana otros cuatro amigos de Eduardo? Describan sus rutinas. Utilicen verbos reflexivos y sean creativos.

# Comunicación

**3**

**¿Y tú?** En parejas, túrnense para hacerse estas preguntas. Contesten con oraciones completas y expliquen sus respuestas.

1. ¿A qué hora te despiertas regularmente los lunes por la mañana? ¿Por qué?
2. ¿Te duermes en las clases?
3. ¿A qué hora te acuestas normalmente los fines de semana?
4. ¿A qué hora te duchas durante la semana?
5. ¿Te levantas siempre a la misma hora que te despiertas? ¿Por qué?

6. ¿Qué te pones para salir los fines de semana? ¿Y tus amigos?
7. ¿Cuándo te vistes elegantemente?
8. ¿Te diviertes cuando vas a una discoteca? ¿Y cuando vas a una reunión familiar?
9. ¿Te fijas en la ropa que lleva la gente?
10. ¿Te preocupas por tu imagen?

11. ¿De qué se quejan tus amigos regularmente? ¿Y tus padres u otros miembros de la familia?
12. ¿Conoces a alguien que se preocupe constantemente por todo?
13. ¿Te arrepientes a menudo de las cosas que haces?
14. ¿Te peleas con tus amigos? ¿Y con tus familiares?
15. ¿Te sorprendes de una costumbre o un hábito de alguna persona mayor que conoces?

**4**

**En un café** Imagina que estás en un café y ves a tu exnovio/a besándose con alguien. ¿Qué haces? En grupos de tres, representen la escena. Utilicen por lo menos cinco verbos de la lista.

| | | | |
|---|---|---|---|
| acercarse | atreverse | enterarse | ponerse |
| acordarse | convertirse | fijarse | preocuparse |
| alegrarse | darse cuenta | irse | quejarse |
| arrepentirse | enojarse | olvidarse | sorprenderse |

Presentation

## 4.3 *Por* and *para*

- **Por** and **para** are both translated as *for*, but they are not interchangeable.

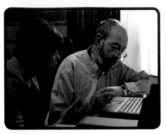

*Para **borrar** tienes que pulsar control y zeta.*

*Es sólo **por** un par de semanas.*

### Uses of *para*

| | |
|---|---|
| **Destination**<br>*(toward, in the direction of)* | David sale **para** España pronto.<br>*David is leaving for Spain soon.* |
| **Deadline or a specific time in the future**<br>*(by, for)* | El libro debe estar listo **para** las 12.<br>*The book should by ready by 12.* |
| **Goal (para** + [*infinitive*] )<br>*(in order to)* | **Para** terminar el libro a tiempo, David trabaja día y noche.<br>*In order to finish the book on time, David works day and night.* |
| **Purpose (para** + [*noun*] )<br>*(for, used for)* | David compró la comida **para** la semana.<br>*David bought food for the week.* |
| **Recipient**<br>*(for)* | Él ahorró dinero **para** David.<br>*He saved money for David.* |
| **Comparison with others or opinion**<br>*(for, considering)* | **Para** ser tan joven, él ha leído mucho.<br>*For being so young, he has read a lot.* |
| | **Para** el abuelo, su nieto es muy inteligente.<br>*For the grandfather, his grandson is very intelligent.* |
| **Employment**<br>*(for)* | David trabaja **para** su abuelo.<br>*David works for his grandfather.* |

### Expressions with *para*

| | |
|---|---|
| **no estar para bromas** *to be in no mood for jokes*<br>**no ser para tanto** *to not be so important* | **para colmo** *to top it all off*<br>**para que sepas** *just so you know*<br>**para siempre** *forever* |

- Note that the expression **para que** is followed by the subjunctive.

> David usa la máquina de escribir **para que** su abuelo **termine** el libro.
> *David uses the typewriter so that his grandfather will finish the book.*

---

**¡ATENCIÓN!**

Remember to use the infinitive, not the subjunctive, after **para** if there is no change of subject.

**Me despierto a las cinco para llegar temprano.**

*I wake up at five in order to arrive early.*

*Te he comprado leche **para** el desayuno.*

## Uses of *por*

| | |
|---|---|
| **Motion or a general location** *(along, through, around, by)* | David entró **por** la puerta y lo saludó. *David entered through the door and greeted him.* |
| **Duration of an action** *(for, during, in)* | El muchacho quiere quedarse **por** varios días. *The boy wants to stay for a few days.* |
| **Reason or motive for an action** *(because of, on account of, on behalf of)* | Él ayuda a su abuelo **por** razones personales. *He is helping his grandfather for personal reasons.* |
| **Object of a search** *(for, in search of)* | David fue a la cocina **por** el café. *David went to the kitchen for coffee.* |
| **Means by which** *(by, by way of, by means of)* | Su madre lo llamó **por** teléfono. *His mother called him on the phone.* |
| **Exchange or substitution** *(for, in exchange for)* | Cambió la máquina de escribir **por** una computadora. *He exchanged the typewriter for a computer.* |
| **Unit of measure** *(per, by)* | El metro puede ir a 50 km **por** hora. *The subway can go 50 km per hour.* |
| **Agent (passive voice)** *(by)* | El libro fue escrito **por** su abuelo. *The book was written by his grandfather.* |

## Expressions with *por*

| | |
|---|---|
| **por allí/aquí** *around there/here* | **por lo tanto** *therefore* |
| **por casualidad** *by chance/accident* | **por lo visto** *apparently* |
| **por ejemplo** *for example* | **por más/mucho que** *no matter how much* |
| **por eso** *therefore, for that reason* | **por otro lado/otra parte** *on the other hand* |
| **por fin** *finally* | **por primera vez** *for the first time* |
| **por lo general** *in general* | **por si acaso** *just in case* |
| **por lo menos** *at least* | **por supuesto** *of course* |

---

**¡ATENCIÓN!**

In many cases it is grammatically correct to use either **por** or **para** in a sentence. The meaning of each sentence, however, is different.

**Trabajó por Alberto.**
*He worked for (in place of) Alberto.*

**Trabajó para Alberto.**
*He worked for (in the employment of) Alberto.*

---

**TALLER DE CONSULTA**

The passive voice is discussed in detail in **Manual de gramática, p. 268.**

# Práctica

**1** Otra manera Lee la primera oración y completa la segunda versión usando **por** o **para**.

1. Cuando voy a Costa Rica, siempre visito Puntarenas.
   Paso _____ Puntarenas cuando voy a Costa Rica.

2. El hotel era muy barato. Pagué sólo cien dólares.
   Conseguí la habitación _____ sólo cien dólares.

3. Fui porque quería visitar a mis suegros.
   Yo quería ir _____ visitar a mis suegros.

4. Mi familia les envió muchos regalos a ellos.
   Mi familia envió muchos regalos _____ ellos.

5. Mis suegros se alegraron mucho de nuestra visita.
   Mis suegros se pusieron muy felices _____ nuestra visita.

Playa de Puntarenas, Costa Rica

### Nota CULTURAL

**Puntarenas** es una de las zonas turísticas más importantes de **Costa Rica**. Es la provincia más grande del país y le ofrece al visitante varios parques nacionales y reservas biológicas.

**2** Completar Completa la carta con **por** y **para**.

> Querida abuela:
>
> (1) _____ fin llegué a esta tierra. La Ciudad de Panamá es hermosa. Todavía no he pasado (2) _____ el canal de Panamá porque debo ir con un guía. Puedo contratar uno (3) _____ pocos dólares. En los tres meses del viaje por Centroamérica pensé en ti y en el abuelo (4) _____ lo mucho que esta tierra representa para ustedes.
>
> Sé que (5) _____ conocer mejor este país y su cultura tendré que quedarme (6) _____ lo menos un mes. (7) _____ eso, no volveré hasta finales de mayo. (8) _____ que sepas, voy a quedarme en el hotel "Panameño". (9) _____ mí es un hotel muy cómodo (10) _____ estar tan cerca del centro de la ciudad.
>
> ¡Muchos saludos al abuelo!
>
> José

**3** Oraciones En parejas, escriban oraciones lógicas utilizando una palabra de cada columna. Luego, inventen una historia incorporando las oraciones que escribieron.

**Modelo** Mi hermana preparó una cena especial para mi mamá.

| caminar | jugar | para | él | mi mamá |
|---------|-------|------|----|---------|
| comprar | preparar | por | la fiesta | su edad |
| hacer | trabajar | | el parque | su hermana |

Practice more at vhlcentral.com.

# Comunicación

**4**

**Soluciones** En parejas, comenten la mejor manera de lograr los objetivos de la lista.
Sigan el modelo y utilicen **por** y **para**.

**Modelo** Para ser saludable, lo mejor es comer cinco frutas o verduras
por día porque tienen muchas vitaminas.

| | |
|---|---|
| concentrarse al estudiar | relajarse |
| divertirse | ser famoso/a |
| hacer muchos amigos | ser organizado/a |
| mantener tradiciones familiares | ser saludable (*healthy*) |

**5**

**Una familia** Los miembros de una familia no siempre se llevan bien. En parejas, miren la
foto y escriban un párrafo sobre estas personas. ¿Por qué se pelean? Usen por lo menos
cinco de estas expresiones en su relato.

**Modelo** Para empezar, Sofía llegó a casa muy tarde y por eso...

| | | |
|---|---|---|
| no fue para tanto | por casualidad | por lo menos |
| para colmo | por eso | por lo tanto |
| para siempre | por fin | por supuesto |

**6**

**Conversación** En parejas, elijan una de las situaciones e improvisen una conversación.
Utilicen **por** y **para**, y algunas de las expresiones de la actividad 5.

**A**

Abelardo, tu vecino millonario, está
escribiendo su testamento (*will*). Él
no tiene herederos y quiere dejarle
toda su fortuna a una sola persona.
Está pensando en ti y en el alcalde del
pueblo. Convence a Abelardo de que
te deje toda su fortuna a ti.

**B**

Hace un año que trabajas en una
librería y nunca has tenido vacaciones.
Dile a tu jefe/a que quieres tomarte
unas vacaciones de dos semanas
en el Caribe. Tu jefe/a dice que no
y te da sus razones. Explícale las
tuyas y dile que si vas de vacaciones
vas a ser un(a) mejor empleado/a.

# Síntesis

## CLASIFICADOS

### Busco compañera de habitación

que sea responsable, limpia y ordenada para compartir apartamento céntrico de dos habitaciones. El apartamento es grande y luminoso, pero es muy caro para una sola persona. Llamar por la tarde a Ana Lucía al teléfono (555) 333-4455.

### Gatito perdido

Mi gato *Manchita* se perdió el sábado pasado por la tarde en la Plaza de la Independencia. Es un gato blanco con manchas (*spots*) negras en la cara. A la persona que lo encuentre le pagaré una recompensa de $50. Por favor, comunicarse con Adriana al (555) 123-4567 tan pronto como vean a mi gatito.

### Traductor de español

se ofrece para traducciones inglés-español. Estoy trabajando desde casa hasta que encuentre trabajo fijo. Soy profesional, honrado y muy serio en el trabajo. Escribir a Miguel Ángel a *traductor86@mail.org*.

### Intercambio español-francés

Busco hablante nativo/a de francés para hacer un intercambio. Puedo enseñar español en todos los niveles. Tengo cinco años de experiencia como maestra y mucha paciencia con mis estudiantes. Busco una persona que tenga experiencia en la enseñanza para que me ayude a perfeccionar el francés. Si te interesa, podemos hacer una hora semanal de español y otra de francés. Por favor, escribir a mónica_intercambio@mail.com.

**1** **Avisos** En parejas, inventen dos avisos como éstos para el periódico de la escuela. Usen el indicativo o el subjuntivo, según sea necesario. También deben usar **por** y **para**. Después, intercambien sus avisos con otra pareja y escriban un correo electrónico para contestarlos.

**2** **Escenas** En parejas, representen una de estas escenas. Usen la mayor cantidad posible de verbos reflexivos. También deben usar **por** y **para**.

**Situación A:** dos estudiantes se acaban de conocer; uno/a es nuevo/a en la ciudad y el/la otro/a hace mucho que vive en esta ciudad.

**Situación B:** dos miembros de la misma familia hablan por teléfono. Uno es estudiante y le cuenta al otro su rutina diaria.

**Situación C:** dos amigos/as se encuentran y uno/a le cuenta al/a la otro/a cómo fue el concierto de la noche anterior.

# Preparación

**Vocabulario de la lectura**

**el cargo** *position*
**la cima** *height*
**convertirse (e:ie) en**
    *to become*
**en contra** *against*
**propio/a** *own*

**rechazar** *to turn down*
**sabio/a** *wise*
**el sueño** *dream*
**superar** *to exceed*
**tomar en cuenta** *to take into
    consideration*

**Vocabulario útil**

**el/la abogado/a** *lawyer*
**el/la asistente** *assistant*
**controvertido/a** *controversial*
**la encarnación** *personification*
**el/la juez(a)** *judge*

**1**

**Oraciones incompletas** Completa este párrafo con las palabras del vocabulario.

El (1) _____ de muchas jóvenes es encontrar a su príncipe azul y

(2) _____ en heroínas de historias románticas. Otras mujeres buscan una

profesión y un (3) _____ que les permitan beneficiar a toda la sociedad. Lo

importante es no (4) _____ las opiniones y las circunstancias (5) _____

de ese proyecto. Tal vez, un día, ninguna mujer tendrá que sacrificar su vida

personal para llegar a la (6) _____ de su carrera.

**2**

**Sueños** Contesta las preguntas.

1. ¿Con qué soñabas cuando eras pequeño/a?
2. ¿Tienes todavía las mismas metas que tenías de niño/a o has cambiado?
3. ¿Crees que vas a alcanzar tus metas?
4. ¿Fue tu familia influyente en la elección de tus metas? ¿De qué forma? ¿Quién influyó más en tu elección?

**3**

**Contexto cultural** Lean el párrafo sobre Sonia Sotomayor. Después, en parejas, contesten las preguntas.

Esta frase pronunciada por Sonia Sotomayor en 2001 causó revuelo (*commotion*) y despertó posiciones en contra y a favor: "Quiero pensar que una sabia mujer latina, con su riqueza de experiencias, puede tomar mejores decisiones que un sabio hombre blanco que no ha vivido esa vida". Sotomayor después se excusó diciendo que se había expresado mal. Aunque estas palabras generaron incertidumbre en relación con su nominación a la Corte Suprema, paralelamente, la frase fue utilizada en grupos de Facebook, en camisetas y en carteles como una reafirmación de la identidad femenina latina.

1. ¿Influyen nuestro origen, género y experiencias en las decisiones que tomamos?
2. ¿Crees que es posible dejar de lado los sentimientos y el pasado para tomar en cuenta solamente la ley?
3. ¿Crees que la subjetividad puede tener lugar en la justicia?

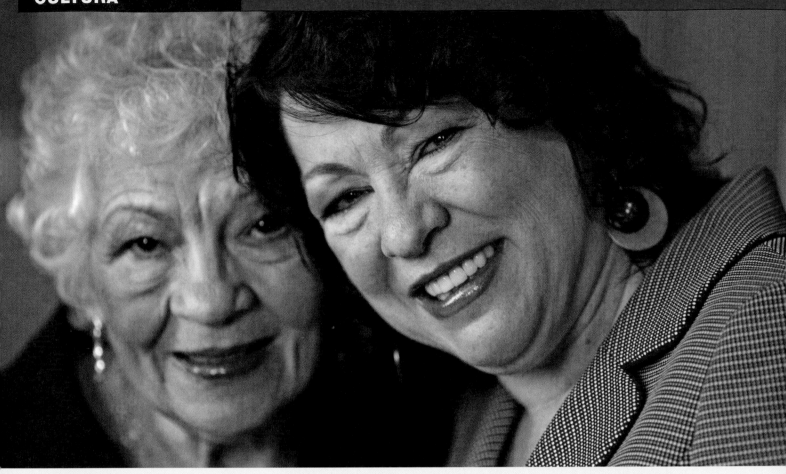

# Sonia Sotomayor:
## la niña que soñaba

**Sonia Sotomayor** era una niña que soñaba. Y, según cuenta, lo que soñaba era convertirse en detective, igual que su heroína favorita, Nancy Drew. Sin embargo, a los ocho años, tras un diagnóstico de diabetes, sus médicos le recomendaron que pensara en una carrera menos agitada. Entonces, sin recortar 5 sus aspiraciones ni resignarse a menos, encontró un nuevo modelo en otro héroe de ficción: Perry Mason, el abogado encarnado° en televisión   *played by* por Raymond Burr. "Iba a ir a la universidad e iba a convertirme en abogada: y supe esto cuando tenía diez años. Y no es una broma", declaró ella en 1998.

**Cultura en pantalla**

Visita **vhlcentral.com** y aprende más sobre **Sonia Sotomayor** y su condición latina.

**CULTURA**

 Audio: Reading

10     Robin Kar, secretario de Sonia Sotomayor entre 1988 y 1989, afirma que la jueza no sólo tiene una historia *amazing* asombrosa°, sino que además es una persona asombrosa. Y cuenta que, en la *peers* 15 corte, ella no solamente conocía a sus pares°, como los otros jueces y políticos, sino que también se preocupaba por conocer a todos los porteros, a los empleados de la cafetería y *janitors* a los conserjes°, y todos la apreciaban mucho.

20     En su discurso de aceptación de la nominación a la Corte Suprema, Sonia Sotomayor explicó su propia visión de sí misma: "Soy una persona nada extraordinaria que ha tenido la dicha 25 de tener oportunidades y experiencias extraordinarias". Pero ni siquiera sus sueños *wildest* más descabellados° podían prepararla para lo que ocurrió en mayo de 2009, cuando Barack Obama la nominó como candidata a 30 la Corte Suprema de Justicia de los Estados Unidos. En su discurso, el presidente destacó el "viaje extraordinario" de la jueza, desde sus modestos comienzos hasta la cima del sistema judicial. Para él, los sueños son 35 importantes y Sonia Sotomayor es la encarnación del sueño americano.

    Nació en el Bronx, en Nueva York, el 25 de junio de 1954 y creció en un barrio *housing project* de viviendas subsidiadas°. Sus padres, 40 puertorriqueños, habían llegado a los Estados Unidos durante la Segunda Guerra Mundial. Su padre, que había estudiado sólo hasta tercer grado y no hablaba inglés, murió cuando Sonia tenía nueve años, y 45 su madre, Celina, tuvo que trabajar seis días *raise them* a la semana como enfermera para criarlos° a ella y a su hermano menor. Como la señora Sotomayor consideraba que una buena educación era fundamental, les compró a 50 sus hijos la Enciclopedia Británica y los envió a una escuela católica para que recibieran la mejor instrucción posible. Seguramente los resultados superaron también sus expectativas: 55 Sonia estudió en las universidades de Princeton y Yale, y su hermano Juan estudió en la Universidad de Nueva York, y es médico y profesor en la Universidad de Siracusa.

    Sonia Sotomayor trabajó durante cinco 60 años como asistente del fiscal de Manhattan, Robert Morgenthau (quien inspiró el personaje del fiscal del distrito Adam Schiff en la serie de televisión *Law and Order*). Luego se dedicó al derecho corporativo y más tarde 65 fue jueza de primera instancia de la Corte Federal de Distrito antes de ser nombrada jueza de Distrito de la Corte Federal de Apelaciones. En 2009 se convirtió en la primera hispana —y la tercera mujer en toda 70 la historia— en llegar a la Corte Suprema de Justicia de los Estados Unidos, donde suelen tratarse cuestiones tan controvertidas como el aborto, la pena de muerte, el derecho a la posesión de armas, etc. 75

    Cuando el presidente Obama nominó a la jueza Sotomayor para su nuevo cargo, Celina Sotomayor escuchaba desde la *front row* primera fila° con los ojos llenos de lágrimas. En su discurso de aceptación, Sonia la 80 señaló como "la inspiración de toda mi vida". Tal vez, en el fondo, lo que soñaba realmente la niña del Bronx era ser, como su madre, una "sabia mujer latina". ■

### Cómo Sotomayor salvó al béisbol

En 1994, de manera unilateral, los propietarios de los equipos de las Grandes Ligas de béisbol implantaron un tope (*limit*) salarial; esto fue rechazado por los jugadores y su sindicato, que declararon una huelga (*strike*). El caso llegó a Sonia Sotomayor, en ese entonces la jueza más joven del Distrito Sur de Nueva York, en 1995. Ella escuchó los argumentos de las dos partes y anunció su dictamen (*ruling*) a favor de los jugadores. Logró acabar así con la huelga que llevaba 232 días y, además, ganarse el título de "salvadora del béisbol".

# Análisis

**1**

**Comprensión** Indica si las oraciones son ciertas o falsas. Luego, en parejas, corrijan las falsas.

1. Sonia Sotomayor se considera una persona extraordinaria.

2. Ella conocía a todos los empleados de la corte, desde los jueces hasta los conserjes.

3. De pequeña, Sonia quería ser detective como Nancy Drew.

4. Sus padres eran neoyorquinos.

5. Celina Sotomayor trabajaba como vendedora de enciclopedias para mantener a sus hijos.

6. Sotomayor fue la inspiración de un personaje de la serie de televisión *Law and Order.*

**2**

**Interpretación** En parejas, contesten las preguntas con oraciones completas y justifiquen sus respuestas.

1. ¿Les parece que la historia de Sonia Sotomayor es extraordinaria? ¿Por qué?

2. ¿En qué sentido piensan que su madre es "la inspiración de su vida"?

3. ¿Creen que su carrera es una prueba de que el sueño americano existe?

4. ¿Piensan que ella, como mujer y como hispana, y con la historia de su vida, puede asegurar un mejor debate en la Corte Suprema? ¿Por qué?

5. ¿Les parece que la experiencia de vida es más importante, menos importante o igualmente importante para las personas que los estudios que tengan? ¿Por qué?

**3**

**Retrato**

**A.** Algunos candidatos presidenciales en los Estados Unidos han señalado a sus madres como una inspiración fundamental de sus vidas. En parejas, lean y comenten las citas.

> "Sé que (mi madre) fue el espíritu más bondadoso y generoso que jamás he conocido y que lo mejor de mí se lo debo a ella". Barack Obama, *Los sueños de mi padre*

> "Roberta McCain nos inculcó su amor a la vida, su profundo interés en el mundo, su fortaleza y su creencia de que todos tenemos que usar nuestras oportunidades para hacernos útiles a nuestro país. No estaría esta noche aquí si no fuera por la fortaleza de su carácter". John McCain, Discurso de aceptación en la Convención Republicana

**B.** Escriban cuatro oraciones sobre cómo imaginan a Celina Sotomayor, la madre de Sonia Sotomayor. ¿Qué dirían de ella sus hijos? Luego, compartan sus oraciones con la clase y comparen sus descripciones.

**Modelo** Celina es una mujer trabajadora. Ella no está de acuerdo con perder el tiempo y quiere que sus hijos estudien y mejoren. Es paciente, pero está llena de energía…

**4**

**Modelos de vida** Escribe una entrada de blog en la que hablas sobre un miembro de tu familia al que admiras. Describe su personalidad y su historia y explica por qué es importante para ti.

 Practice more at vhlcentral.com.

# Preparación

## Sobre el autor

**A**ugusto Monterroso (1921–2003) nació en Honduras, pero pasó su niñez y juventud en Guatemala. En 1944 se radicó (*settled*) en México tras dejar Guatemala por motivos políticos. Sin importar su origen y el hecho de haber vivido su vida adulta en México, siempre se consideró guatemalteco. Monterroso tuvo acceso desde pequeño al mundo intelectual de los adultos. Fue prácticamente autodidacta (*self-taught*): abandonó la escuela a los 11 años y a los 15 fundó una asociación de artistas y escritores. Considerado padre y maestro del microcuento latinoamericano, Monterroso recurre (*resorts to*) en su prosa al humor inteligente, con el que presenta su visión de la realidad. Entre sus obras se destacan *La oveja negra y demás fábulas* (1969) y la novela *Lo demás es silencio* (1978). Recibió numerosos premios, entre ellos el Premio Príncipe de Asturias en 2000.

| Vocabulario de la lectura | | Vocabulario útil | |
|---|---|---|---|
| **aislado/a** *isolated* | **poderoso/a** *powerful* | **la civilización** *civilization* | **la opresión** *oppression* |
| **el conocimiento** *knowledge* | **rodear** *to surround* | **la conquista** *conquest* | |
| | **sacrificar** *to sacrifice* | **despreciar** *to look down on* | **la religión** *religion* |
| **el desdén** *disdain* | **salvar** *to save* | **el fraile (fray)** *friar, monk* | **sí mismo/a** *himself/ herself* |
| **digno/a** *worthy* | | (Brother) | |

**1**

**Vocabulario** Marca la palabra que no corresponde al grupo.

1. a. esperanza      b. conquista      c. opresión
2. a. sobrevivir     b. salvar         c. despreciar
3. a. conocimiento   b. civilización   c. desdén
4. a. niñez          b. fraile         c. religión
5. a. antepasado     b. castigar       c. sacrificar

**2**

**Astros** Contesta las preguntas y comenta tus respuestas con un(a) compañero/a.

1. ¿Has visto alguna vez un eclipse? Descríbelo. Si nunca has visto uno, ¿cómo lo imaginas?
2. ¿Qué porcentaje de tu personalidad crees que está marcado por el día en que naciste? ¿Por qué?
3. ¿Crees que la posición de los astros afecta nuestra vida personal? Explica.
4. ¿Tienes alguna superstición? ¿Cuál?

**3**

**América** En parejas, hagan un pequeño resumen con todo lo que sepan sobre la conquista de América por los europeos.

- ¿En qué año llegaron?
- ¿De qué país eran? ¿Quién financió la expedición?
- ¿Qué religión practicaban?
- ¿Qué culturas o etnias se perdieron o fueron afectadas por la conquista?

# EL ECLIPSE

**Augusto Monterroso**

Audio: Dramatic Reading

Cuando fray Bartolomé Arrazola se sintió perdido, aceptó que ya nada podría salvarlo. La selva poderosa de Guatemala lo había apresado°, implacable y definitiva. Ante su ignorancia topográfica se sentó con tranquilidad a esperar la muerte. Quiso morir allí, sin ninguna esperanza, aislado, con el pensamiento fijo en la España distante, particularmente en

*captured* 5

10

## Al despertar se encontró rodeado por un grupo de indígenas de rostro impasible que se disponían a sacrificarlo ante un altar…

el convento de Los Abrojos, donde Carlos Quinto condescendiera° una vez a bajar de su eminencia para decirle que confiaba en el celo° religioso de su labor redentora°.

*had deigned*

*zeal*

*redemptive* 15

Al despertar se encontró rodeado por un grupo de indígenas de rostro° impasible que se disponían° a sacrificarlo ante un altar, un altar que a Bartolomé le parecía como el lecho° en que descansaría,

*face*

*se… were preparing*

*bed* 20

al fin, de sus temores°, de su destino, de sí mismo.

*fears*

Tres años en el país le habían conferido un mediano dominio° de las lenguas nativas. Intentó algo. Dijo algunas palabras que fueron comprendidas.

*command (of a language)*

25

Entonces floreció° en él una idea que tuvo por digna de su talento y de su cultura universal y de su arduo conocimiento de Aristóteles. Recordó que para ese día se esperaba un eclipse total de sol. Y dispuso, en lo más íntimo°, valerse de° aquel conocimiento para engañar a sus opresores y salvar la vida.

*blossomed*

30

*deepest recesses / valerse… to take advantage of*

—Si me matáis —les dijo— puedo hacer que el sol se oscurezca en su altura.

35

Los indígenas lo miraron fijamente y Bartolomé sorprendió la incredulidad en sus ojos. Vio que se produjo un pequeño consejo°, y esperó confiado, no sin cierto desdén.

*counsel*

40

Dos horas después el corazón de fray Bartolomé Arrazola chorreaba° su sangre vehemente sobre la piedra de los sacrificios (brillante bajo la opaca luz de un sol eclipsado), mientras uno de los indígenas recitaba sin ninguna inflexión de voz, sin prisa, una por una, las infinitas fechas en que se producirían eclipses solares y lunares, que los astrónomos de la comunidad maya habían previsto y anotado en sus códices sin la valiosa ayuda de Aristóteles. ▪

*was gushing*

45

50

# Análisis

 **1** **Comprensión** Contesta las siguientes preguntas con oraciones completas.

1. ¿Dónde estaba fray Bartolomé?

2. ¿Qué pensaba fray Bartolomé que le iba a ocurrir a él?

3. ¿De dónde era fray Bartolomé?

4. ¿Por qué conocía el protagonista la lengua de los indígenas?

5. ¿Qué querían hacer los indígenas con fray Bartolomé?

6. ¿De qué se acordó el fraile?

7. ¿Qué les dijo fray Bartolomé a los indígenas?

8. ¿Qué hicieron los indígenas con fray Bartolomé?

9. ¿Qué recitaba un indígena al final del cuento?

**2** **Interpretar** Contesta las preguntas.

1. ¿Cuál había sido la misión de fray Bartolomé en Guatemala?

2. ¿Quién lo había enviado a esa misión?

3. A pesar de los conocimientos sobre la obra de Aristóteles, ¿por qué el protagonista no consiguió salvarse?

**3** **Culturas** En parejas, expliquen qué ideología representa fray Bartolomé y comenten si conocen algún acontecimiento histórico en el que se haya infravalorado (*undervalued*) la cultura indígena. Compartan sus conclusiones con la clase.

**4** **Escribir** Un periódico te ha pedido que escribas un artículo sobre alguna historia que le ocurrió a un(a) antepasado/a tuyo/a. Escribe el artículo y trata de incluir algunos verbos reflexivos y las preposiciones **por** y **para**.

**Plan de redacción**

## Narrar una historia familiar

**1** **Organización de los hechos** Piensa en un acontecimiento que haya ocurrido en tu familia que te interese especialmente. Sigue las preguntas para organizar tu artículo:

1. ¿Quién o quiénes fueron los protagonistas de la historia?

2. ¿Qué antecedentes puedes dar sobre lo que sucedió?

3. ¿Cómo y dónde ocurrieron los hechos?

4. ¿Cómo terminó?

5. ¿Cuál es la conclusión de la historia?

**2** **Título** Después de saber con exactitud sobre qué vas a escribir, es muy importante darle al artículo un título atractivo y conciso que atraiga al lector. Ponle un título y comienza a escribir.

**3** **Explicar y concluir** Una vez que hayas contado lo que ocurrió, explica por qué has escrito sobre esta historia y si ha tenido consecuencias en tu familia.

 Practice more at
vhlcentral.com.

# En familia

## Los parientes

**el/la antepasado/a** *ancestor*
**el/la bisabuelo/a** *great-grandfather/ grandmother*
**el/la cuñado/a** *brother/sister-in-law*
**el/la esposo/a** *husband/wife*
**el/la (hermano/a) gemelo/a** *twin (brother/sister)*
**el/la hermanastro/a** *stepbrother/stepsister*
**el/la hijo/a único/a** *only child*
**la madrastra** *stepmother*
**el/la medio/a hermano/a** *half brother/sister*
**el/la nieto/a** *grandson/granddaughter*
**la nuera** *daughter-in-law*
**el padrastro** *stepfather*
**el/la pariente** *relative*
**el/la primo/a** *cousin*
**el/la sobrino/a** *nephew/niece*
**el/la suegro/a** *father/mother-in-law*
**el/la tío/a (abuelo/a)** *(great) uncle/aunt*
**el yerno** *son-in-law*

## La vida familiar

**agradecer** *to thank*
**apoyar(se)** *to support (each other)*
**criar** *to raise (children)*
**independizarse** *to become independent*
**lamentar** *to regret, to be sorry about*
**malcriar** *to spoil*
**mimar** *to pamper*
**mudarse** *to move*
**pelear(se)** *to fight (with one another)*
**quejarse (de)** *to complain (about)*
**regañar** *to scold*
**respetar** *to respect*
**superar** *to overcome*

## La personalidad

**el apodo** *nickname*
**la autoestima** *self-esteem*
**el carácter** *character, personality*
**la comprensión** *understanding*

**(bien) educado/a** *well-mannered*

**egoísta** *selfish*
**estricto/a** *strict*
**exigente** *demanding*
**honrado/a** *honest*
**insoportable** *unbearable*
**maleducado/a** *ill-mannered*
**mandón/mandona** *bossy*
**rebelde** *rebellious*
**sumiso/a** *submissive*
**unido/a** *close-knit*

## Las etapas de la vida

**la adolescencia** *adolescence*
**el/la adolescente** *adolescent*
**el/la adulto/a** *adult*
**la edad adulta** *adulthood*
**la juventud** *youth*
**la muerte** *death*
**el nacimiento** *birth*
**la niñez** *childhood*
**el/la niño/a** *child*
**la vejez** *old age*

## Las generaciones

**la ascendencia** *heritage*
**la brecha generacional** *generation gap*
**la patria** *homeland*
**el prejuicio social** *social prejudice*
**la raíz** *root*
**el sexo** *gender*

**heredar** *to inherit*
**parecerse** *to look alike*
**realizarse** *to fulfill*
**sobrevivir** *to survive*

## Cortometraje

**el ajedrez** *chess*
**el/la colega** *buddy*
**el/la enclenque** *weakling*
**el/la niñato/a** *spoiled brat* (Esp.)
**el recogedor** *dustpan*

**antipático/a** *unfriendly*
**desagradecido/a** *ungrateful*

**hiriente** *hurtful*
**huraño/a** *unsociable*
**tembloroso/a** *trembling*
**torpe** *clumsy*

**apetecer** *to feel like*
**chillar** *to scream*
**escribir a máquina** *to type*
**pulsar** *to press*

## Cultura

**el/la abogado/a** *lawyer*
**el/la asistente** *assistant*
**el cargo** *position*
**la cima** *height*
**la encarnación** *personification*
**el/la juez(a)** *judge*
**el sueño** *dream*

**convertirse (e:ie) en** *to become*
**rechazar** *to turn down*
**superar** *to exceed*
**tomar en cuenta** *to take into consideration*

**controvertido/a** *controversial*
**propio/a** *own*
**sabio/a** *wise*

**en contra** *against*

## Literatura

**la civilización** *civilization*
**el conocimiento** *knowledge*
**la conquista** *conquest*
**el desdén** *disdain*
**el fraile (fray)** *friar, monk (Brother)*
**la opresión** *oppression*
**la religión** *religion*

**despreciar** *to look down on*
**rodear** *to surround*
**sacrificar** *to sacrifice*
**salvar** *to save*

**aislado/a** *isolated*
**digno/a** *worthy*
**poderoso/a** *powerful*
**sí mismo/a** *himself/herself*

# Las riquezas naturales

La vida humana depende de que la naturaleza esté en equilibrio. La destrucción de los recursos naturales nos afecta a todos, independientemente de nuestra situación geográfica, económica, política o social. ¿Por qué hay quienes viven al margen de esta realidad e ignoran las consecuencias? ¿Cómo debe enfrentar la especie humana el peligro de su propia extinción?

164

170

**Destino:**
**COLOMBIA, ECUADOR Y VENEZUELA**

# Nuestro mundo

 Vocabulary Tools

## La naturaleza

**el árbol** *tree*
**el bosque** *forest*
**la cordillera** *mountain range*
**la costa** *coast*
**el desierto** *desert*
**la luna** *moon*
**el mar** *sea*
**el paisaje** *landscape, scenery*
**el río** *river*
**la selva (tropical)** *(tropical) rainforest*
**el sol** *sun*
**la tierra** *land, earth*

―――――――

**al aire libre** *outdoors*
**escaso/a** *scant, scarce*
**potable** *drinkable*
**protegido/a** *protected*
**puro/a** *pure, clean*
**seco/a** *dry*

## Los animales

**el águila (f.)** *eagle*
**el ave, el pájaro** *bird*
**la ballena** *whale*
**la especie en peligro (de extinción)** *endangered species*
**la foca** *seal*
**el lagarto** *lizard*
**el león** *lion*
**el lobo** *wolf*
**el mono** *monkey*
**el oso** *bear*
**el pez** *fish*
**la serpiente** *snake*
**el tigre** *tiger*

**la tortuga (marina)** *(sea) turtle*

## Los fenómenos naturales

**el calentamiento** *warming*
**la erosión** *erosion*
**el huracán** *hurricane*
**el incendio** *fire*
**la inundación** *flood*
**la lluvia** *rain*
**la sequía** *drought*
**el terremoto** *earthquake*

## La ecología

**la basura** *trash*
**la capa de ozono** *ozone layer*
**el combustible** *fuel*
**el consumo de energía** *energy consumption*
**la contaminación** *pollution*
**la deforestación** *deforestation*
**el desarrollo** *development*
**la energía (eólica, nuclear, renovable, solar)** *(wind, nuclear, renewable, solar) energy*
**la fuente** *source*
**el medio ambiente** *environment*
**el peligro** *danger*
**el petróleo** *oil*
**el porvenir** *future*
**los recursos** *resources*
**el smog** *smog*

―――――――

**agotar** *to use up*
**aguantar** *to put up with, to tolerate*
**amenazar** *to threaten*
**cazar** *to hunt*
**conservar** *to preserve*
**contagiar** *to infect, to be contagious*
**contaminar** *to pollute*
**desaparecer** *to disappear*
**destruir** *to destroy*

**echar** *to throw away*
**empeorar** *to get worse*
**extinguirse** *to become extinct*
**malgastar** *to waste*
**mejorar** *to improve*
**prevenir (e:ie)** *to prevent*
**proteger** *to protect*

**resolver (o:ue)** *to solve, to resolve*
**respirar** *to breathe*
**urbanizar** *to urbanize*

―――――――

**dañino/a** *harmful*
**desechable** *disposable*
**híbrido/a** *hybrid*
**renovable** *renewable*
**tóxico/a** *toxic*

# Práctica

**1** **Cierto o falso** Indica si las afirmaciones son ciertas. Corrige las falsas.

1. La energía eólica da mejores resultados donde hace mucho sol.

2. Un recurso es escaso cuando es insuficiente y puede agotarse.

3. El porvenir es el tiempo pasado.

4. Una planta, animal o persona desaparece cuando deja de existir.

5. La sequía es un largo período con lluvias.

6. Una situación empeora cuando pasa a un estado mejor.

7. El agua potable no debe beberse porque es dañina para la salud.

8. Dicen que el oso es el rey de la selva.

**2** **Saludos desde Venezuela** Completa el correo electrónico que Álvaro le envió a su amigo Carlos.

| aire libre | desarrollo | medio ambiente | resolver |
|---|---|---|---|
| conservar | desechable | pájaros | río |
| contaminación | extinguirse | peligro | urbanizar |

✉ Mensaje — + ✕

De | Álvaro <alvaro@misitio.com>
Para | Carlos <carlos@misitio.com>

Bandeja de entrada | Responder | Reenviar

Hola, Carlos:

¡Aquí estoy! Por fin realicé mi gran sueño de navegar por el (1) _____ Orinoco. No hay nada como disfrutar del (2) _____. Aquí las vistas son espectaculares, pero también hay muchos problemas medioambientales. Nuestro guía es excelente y nos explicó muchas cosas. Por ejemplo, que más de trescientas especies de la fauna venezolana están en peligro de (3) _____; el ser humano es la especie que mejor se adapta a la (4) _____ del (5) _____; el sector privado no puede (6) _____ aquí para construir hoteles de lujo. Y es que el (7) _____ no siempre implica progreso, ¿verdad? En fin, en todos los rincones (*corners*) del planeta hay problemas por (8) _____. Yo espero que este país pueda (9) _____ este bello lugar y que los (10) _____ no dejen de cantar.

Un fuerte abrazo,

Álvaro

📁 Más recientes | 🗑 5 de 1202 | ⏮ Anteriores

**3** **Asociaciones** En parejas, contesten estas preguntas: ¿con cuáles de estos animales, elementos y fuerzas naturales te identificas? ¿Con cuáles crees que se identifica tu compañero/a? Expliquen y comparen sus respuestas.

| árbol | energía eólica | mar | sol |
|---|---|---|---|
| bosque | huracán | pájaro | terremoto |
| cordillera | león | río | tierra |
| desierto | luna | serpiente | tortuga |

Practice more at
vhlcentral.com.

# Preparación

**el aparcamiento** *parking space* (Esp.)
**aparcar** *to park* (Esp.)
**el coche** *car*
**el desinterés** *lack of interest*
**hacer falta** *to be necessary*
**plantar** *to plant*

**podar** *to prune*
**quitar** *to remove*
**serrar** *to saw*
**soportar** *to put up with*
**el tronco** *trunk*

**cortar** *to cut*
**la decepción** *disappointment*
**desatender (e:ie)** *to neglect*
**descontrolado/a** *out of control*
**la expansión (urbana)** *(urban) sprawl*

---

**EXPRESIONES**

**No me extraña.** *It doesn't surprise me.*
**No te pongas así.** *Don't get like that.*
**Siempre tan (liado)** *Always so (busy)* (Esp.)
**Vale, vale.** *Okay, okay.* (Esp.)
**¡Vaya faena!** *What a drag/pain!* (Esp.)

---

**1**

**Vocabulario** Completa cada oración con palabras y expresiones que aprendiste en esta página.

1. Hoy voy a _____ mi _____ en el aparcamiento de la calle Buen Camino.

2. —No quiero ir solo a la fiesta. Nunca encuentro con quien hablar.
   —¡_____ tímido!

3. Este fin de semana trabajaré en mi jardín. Voy a _____ unas flores que compré ayer.

4. ¿Cómo que no puedes venir? ¡Qué _____! Tenía tantas ganas de verte.

5. No debes _____ a tu tía. Visítala de vez en cuando.

6. Voy a _____ estos árboles. Sus ramas (*branches*) han crecido demasiado.

7. ¡Qué _____ tan grande tiene este árbol! ¿Cuántos años tendrá?

8. Durante años han cazado al leopardo. _____ que la especie se extinga.

**2**

**Fotograma** Observa el fotograma y escribe las respuestas a las preguntas.

- ¿Por qué crees que este hombre está cortando el árbol?
- ¿Piensas que a veces tiene sentido cortar un árbol? ¿En qué circunstancias?

**3**

**Preparación** En parejas, miren esta lista de las posibles funciones de un árbol. Elijan cuatro de estas funciones y den un ejemplo específico de cómo los seres humanos usan los árboles. Luego, añadan dos funciones más y den un ejemplo de cada una.

- alimento (*food*)
- belleza
- materiales para la construcción
- medicina
- refugio
- sombra (*shade*)

**4**

**Cambios** En parejas, hablen sobre los cambios que se han producido en los últimos cincuenta años. ¿Cómo era la vida antes y cómo es ahora? Completen la tabla y compartan sus opiniones con la clase.

| | Hace 50 años | Hoy día |
|---|---|---|
| 1. trabajos | | |
| 2. ciudades | | |
| 3. contaminación del aire | | |
| 4. contaminación del agua | | |
| 5. relaciones familiares | | |
| 6. extinción de especies | | |
| 7. consumo de energía | | |
| 8. medios de comunicación | | |
| 9. expansión descontrolada | | |

**5**

**Familias** En parejas, háganse las preguntas y amplíen sus respuestas con anécdotas.

1. ¿Cómo es la forma de ser de cada uno de tus padres? ¿Y la de otros parientes?
2. ¿Qué rasgos de personalidad tienes en común con algunos de ellos?
3. ¿Qué importancia tiene tu familia en tu vida? ¿Cómo se la demuestras?

**6**

**Tus padres** Contesta las preguntas. Después, en parejas, expliquen sus respuestas.

1. ¿Tienes los mismos problemas que tenían tus padres a tu edad? ¿Cuáles sí y cuáles no?
2. ¿Cómo ha mejorado o empeorado el mundo desde que tus padres tenían tu edad?
3. ¿Cómo se divertían tus padres? ¿Cómo te diviertes tú?
4. ¿Qué planes tenían tus padres para el futuro? ¿Qué planes tienes tú?
5. Si un día tienes hijos, ¿cómo crees que será el mundo en el que vivirán? ¿Cómo prefieres que sea?

**7**

**Plantar un árbol** En grupos de tres, contesten las preguntas. Después, compartan sus opiniones con la clase.

1. ¿Por qué creen que se dice que, antes de morir, hay que tener un hijo, escribir un libro y plantar un árbol?
2. ¿Creen que estas tres acciones siguen siendo válidas en el siglo XXI? ¿Por qué?
3. ¿Qué otras tres acciones "más contemporáneas" podrían sustituir a las clásicas? ¿En alguna de ellas se debe considerar a la naturaleza?

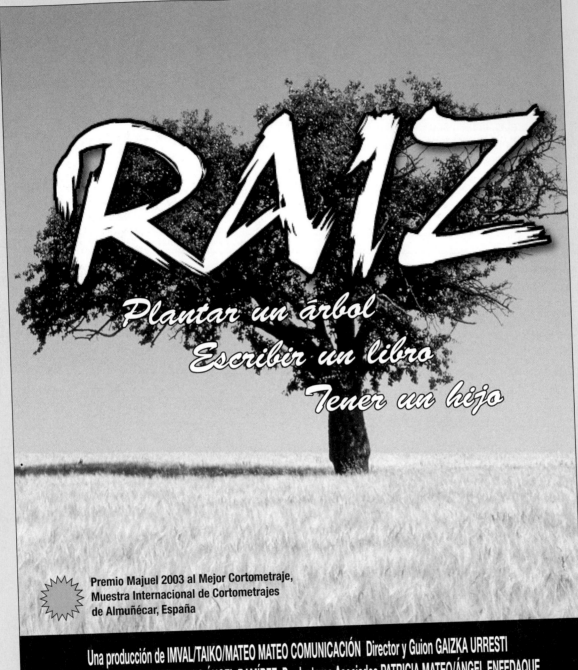

Premio Majuel 2003 al Mejor Cortometraje,
Muestra Internacional de Cortometrajes
de Almuñécar, España

Una producción de IMVAL/TAIKO/MATEO MATEO COMUNICACIÓN  Director y Guion GAIZKA URRESTI
Productores GAIZKA URRESTI/LUIS ÁNGEL RAMÍREZ  Productores Asociados PATRICIA MATEO/ÁNGEL ENFEDAQUE
Fotografía ESTEBAN RAMOS  Música ÁNGEL ENFEDAQUE  Montaje GAIZKA URRESTI  Sonido SONORA ESTUDIOS
Directora Producción ALEJANDRA BALSA  Dirección Artística YON GIJÓN  Peluquería NEREA FRAILE  Vestuario EVA URQUIZA
Maquillaje NURIA TEJEDOR Actores MANUEL DE BLAS/PETRA MARTÍNEZ/MIKEL ALBISU/JAVIER MAÑÓN/ROSA MARÍA
FERNÁNDEZ DE VALDERRAMA/VÍCTOR CLAVIJO

**ARGUMENTO** *Una pareja mayor espera con ilusión la visita de su hijo. Arcadio piensa en cortar un árbol para que su hijo pueda aparcar su coche.*

**HIJO** Este verano sí voy a poder ir a pasar unos días a casa.
**CLARA** Y, ¿cuándo te irás?
**HIJO** ¡Mamá, por favor, si todavía ni siquiera he ido! No sé, yo creo que me podré quedar toda la semana.

**ARCADIO** Tu hijo siempre se ha movido por el interés. No le importa su familia, ni su pueblo, ni nada de nada.
**CLARA** Ya estamos como siempre. Él tiene que vivir su vida.
**ARCADIO** Su vida, su vida.

**ARCADIO** Si tu hijo va a venir con el coche le va a resultar un poco difícil aparcarlo. Estaba pensado que si le hago un poco de sitio lo puede dejar aquí junto al mío.
**CLARA** ¿Quitar el árbol? ¿Tú eres tonto?

**VECINO** Pues como le iba diciendo, el tronco tiene que estar seco[1] para que salga con más fuerza.
**ARCADIO** ¡Que no lo estoy podando, que lo estoy quitando! ¿No ve que le he dado un tajo[2] por la mitad?

**ARCADIO** El viernes viene mi hijo a pasar unos cuantos días con su madre y conmigo y le estaba haciendo un hueco[3] para que pueda aparcar su coche sin problema.

**ARCADIO** ¿Qué coche tiene ahora Pedro?
**CLARA** No lo sé.
**ARCADIO** Supongo que tendrá un coche alemán. Ésos sí que son buenos, para toda la vida.

[1] **seco** *dry* [2] **tajo** *cut* [3] **hueco** *room*

**Nota CULTURAL**

### La vida en el campo y en la ciudad

En la segunda mitad del siglo XX, España vivió un rápido proceso de desarrollo°. Se convirtió en un país industrializado y la mayor parte de la población, que antes vivía y trabajaba en el campo, se trasladó a las ciudades y cambió de ocupación. En algunos casos llegaron a desaparecer pueblos enteros. Hoy en día, sin embargo, algunos valores de la vida rural se están recuperando en España. Las personas que se van de las ciudades huyen° de problemas como la contaminación, el ruido, la inseguridad° o los altos precios. A cambio, la vida del campo ofrece tranquilidad, aire puro, contacto con la naturaleza y una mayor comunicación entre sus habitantes.

**desarrollo** *development* **huyen** *flee* **inseguridad** *lack of safety*

# Análisis

**1**

**Comprensión** Contesta las preguntas con oraciones completas.

1. ¿Quién llama por teléfono?
2. ¿Qué le dice a Clara?
3. ¿Qué piensa Clara de la idea de su esposo de cortar el árbol?
4. ¿Cuánto tiempo se va a quedar Pedro con sus padres?
5. ¿Para qué quiere quitar el árbol Arcadio?
6. Según el vecino de Arcadio, ¿cómo debe estar el tronco del árbol para poder usar la madera?
7. ¿Qué le dice el capataz de la obra (*foreman*) a Arcadio sobre los aparcamientos de los edificios que están construyendo?
8. ¿Qué coches le gustaban a Arcadio cuando era joven?
9. ¿Qué dice Pedro sobre su visita la segunda vez que llama por teléfono?

**2**

**Interpretar** Contesta las preguntas.

1. ¿Crees que Pedro visita regularmente a sus padres? ¿Cómo lo sabes?
2. ¿Qué opinión tiene Arcadio de su hijo?
3. ¿Cómo piensas que es la vida diaria de Clara y Arcadio?
4. ¿Qué opciones da Clara para que su hijo pueda aparcar su coche?
5. ¿Por qué Arcadio planta un nuevo árbol?

**3**

**La visita** En parejas, imaginen que Pedro regresa a vivir al pueblo porque se cansó de la ciudad. Escriban un párrafo contestando las preguntas de la lista. Añadan todos los detalles que crean necesarios.

- ¿Qué aspectos de la vida urbana le disgustan?
- ¿Qué aspectos de la vida del campo le atraen?
- ¿Cómo reaccionan sus padres ante la noticia?
- ¿Cómo mejora la vida de Pedro tras mudarse al pueblo? ¿Cómo empeora?

**4**

**El pueblo** En grupos de tres, imaginen cómo era el pueblo de Arcadio y Clara cuando Pedro era niño. ¿Cómo ha cambiado desde entonces? Hagan dos listas y compartan sus ideas con la clase.

**Modelo** En el pasado había          Hoy en día, queda una
         muchas plazas.          plaza solamente.

**5**

**Temas** En parejas, escriban un párrafo para explicar el tema principal del cortometraje. Después, sugieran al menos dos temas secundarios y analicen el título *Raíz*. Compartan sus temas y opiniones con la clase. ¿Escogieron temas parecidos? Expliquen si están de acuerdo con sus compañeros/as.

**6**

**Árbol, familia y sociedad** En parejas, comenten estas citas. ¿Están de acuerdo con ellas? Después, compartan sus opiniones con la clase.

> "Por muy alto que sea un árbol, sus hojas siempre caen hacia la raíz". *Anónimo*

> "El que es bueno en la familia es también un buen ciudadano". *Sófocles*

> "El progreso consiste en el cambio". *Miguel de Unamuno*

> "Lo mejor que se les puede dar a los hijos, además de buenos hábitos, son buenos recuerdos". *Sydney Harris*

> "Que nuestro ejército sean los árboles, las rocas y los pájaros del cielo". *Alejandro Magno*

**7**

**Situaciones** En parejas, elijan una de las situaciones y escriban una conversación basada en ella. Cuando la terminen, represéntenla delante de la clase.

**A**

Uno/a de ustedes tiene la oportunidad de trabajar para *Greenpeace* en otro país por un año. Lo malo es que no podrá ver a su familia durante todo ese tiempo. Debe explicarle la situación a su madre o padre.

**B**

A uno/a de ustedes le gusta cazar e invita a un(a) compañero/a de clase a cazar el fin de semana próximo. El/La compañero/a no está de acuerdo con esta actividad y le explica por qué no puede aceptar la invitación.

Practice more at vhlcentral.com.

Reading

# SUEÑA

## La cordillera de los Andes

Imagina una cadena de montañas[1] de más de 7.500 kilómetros (4.660 millas) con picos nevados[2] que se elevan a más de 6.900 metros (22.638 pies), numerosos volcanes activos, enormes glaciares y lagunas escondidas en la niebla[3]. Ésta es la **cordillera de los Andes**, que atraviesa el oeste de Suramérica desde su extremo sur hasta su extremo norte. Esta geografía contribuye al carácter distintivo de países como **Ecuador**, **Colombia** y **Venezuela**. Los Andes son la cadena montañosa más extensa del planeta y la segunda de mayor altura[4] después del Himalaya. Hagamos un recorrido por la región para conocer algunas de sus maravillas naturales.

Comencemos en Ecuador. ¿Sabías que este país, con una superficie un poco menor que la del estado de Nevada, tiene la densidad de volcanes más alta del mundo? Existen más de treinta volcanes en Ecuador. El **Sangay**, el más activo del país, y el **Guagua Pichincha**, situado en las afueras de la capital, **Quito**, expulsan gases y cenizas de forma constante.

Muy cerca de Quito, encontramos el **Parque Nacional Cotopaxi**, cuyo atractivo principal es el **volcán Cotopaxi**, el segundo más alto del país y tal vez el más popular entre los turistas. El Cotopaxi asciende a 5.897 metros (19.347 pies) y su pico nevado puede verse a cientos de kilómetros de distancia. Su última erupción mayor fue en 1904, pero desde

Volcán Cotopaxi, Ecuador

entonces ha producido erupciones menores, emisiones de vapor y cenizas, y pequeños temblores[5], lo que indica que puede haber más erupciones en el futuro.

Ahora pasemos a Colombia. Su **cordillera Oriental** es una de las subcordilleras[6] de los Andes. Aquí encontramos el **Parque Nacional Natural El Cocuy**, una de las reservas naturales más extensas del país. El Cocuy se encuentra a unos 200 kilómetros (124 millas) al noreste de la capital, **Bogotá**, y contiene un ecosistema con más de veinte picos nevados, entre ellos el **Pan de Azúcar** y el **Púlpito del Diablo**. También hay lagunas de origen glaciar y páramos[7] con flora y fauna característicos de los bosques andinos.

Terminemos nuestro recorrido en Venezuela. Aquí, en las montañas al sureste de **Caracas**, está el **Parque Nacional Canaima**. Su principal atractivo es el **Salto Ángel**, la catarata[8] más alta del mundo. Compara sus 980 metros (3.215 pies) de altura con los 50 metros (164 pies) de las del Niágara. Se pueden hacer excursiones entre **Caracas** y el salto. Ya sea en avión o en lancha[9] por el **río Churún**, se puede disfrutar de la belleza de esta catarata.

Después de unos días en esta región, regresamos a casa con recuerdos de nuestras aventuras en los Andes del norte. ¡Y sólo visitamos una pequeña parte de estos tres países!

[1] **cadena...** *mountain range* [2] **picos**… *snow-capped peaks* [3] *fog* [4] *height* [5] *tremors*
[6] *subranges* [7] *high-altitude grasslands* [8] *waterfall* [9] *motorboat*

Bogotá, Colombia

# LOS ANDES

## COLOMBIA | ECUADOR | VENEZUELA

# Animales de los Andes

**El cóndor** Es el ave más grande de **Suramérica**. Con las alas[1] extendidas mide hasta tres metros (unos diez pies) de ancho y pesa hasta 14 kg (30 libras). Los **cóndores** pueden vivir hasta

cincuenta años y por lo general forman parejas que duran toda la vida. Tanto las hembras[2] como los machos[3] comparten las responsabilidades en la crianza[4] de los polluelos[5]. El cóndor puede recorrer unos 325 km (202 millas) por día y volar a una altura de 5.500 metros (18.045 pies) en busca de comida. En vez de matar a otros animales, el cóndor prefiere comer los restos[6] de animales muertos. De este animal sólo existen dos especies en el mundo: el cóndor de los Andes y el cóndor de California.

## El español de los Andes del norte

### Colombia

| | |
|---|---|
| **bacano/a** | que gusta, fabuloso; *great!* |
| **culebra** | deuda; *debt* |
| **mecato** | golosina; *snacks* |
| **pelado/a** | adolescente; *teenager, kid* |
| **tinto** | café; *coffee* |
| **trancón** | embotellamiento; *traffic jam* |

### Ecuador

| | |
|---|---|
| **caleta** | casa; *house* |
| **chiva** | bicicleta; *bicycle* |
| **guagua** | niño/a, hijo/a; *kid; son/daughter* |
| **guambra** | joven, muchacho/a; *youngster* |
| **leche** | suerte; *luck* |

### Venezuela

| | |
|---|---|
| **bonche** | fiesta; *party* |
| **burda** | mucho/a; *a lot of* |
| **cambur** | plátano; *banana* |
| **chamo/a** | chico/a; *boy/girl; dude* |
| **pana** | amigo/a, compañero/a; *partner* |

**La alpaca** Pertenece a la misma familia que los camellos y está relacionada también con la **llama** y la **vicuña,** que también habitan en la cordillera andina. Pesa entre 60 y 70 kg (132 y 154 libras) y mide aproximadamente un metro (3 pies). **La alpaca** es muy valorada por su lana[7], que puede tener más de veinte matices[8]. Hoy día, se utiliza la lana de alpaca para hacer distintos productos, como

suéteres, gorros[9], chaquetas y alfombras[10]. Esta lana es considerada una de las más finas y suaves del mundo.

**El puma** Es natural de **América** y es uno de los felinos más representativos de la región andina. Puede vivir en ecosistemas

muy diversos, desde el nivel del mar hasta los 4.500 metros (14.764 pies) de altura. El **puma** es el segundo felino más grande de América. Los machos, que son de mayor tamaño que las hembras, miden de 1 a 2,75 metros (9 pies) de longitud. El puma puede trepar[11], saltar[12] y nadar con gran agilidad, aunque no se ve en el agua con frecuencia. Se alimenta de mamíferos[13] de todos los tamaños, desde roedores[14] hasta venados[15] grandes. También ataca animales domésticos como caballos y ovejas, razón por la cual ha sido cazado[16] hasta el punto de estar en peligro de extinción.

[1] *wings* [2] *females* [3] *males* [4] *rearing* [5] *chicks* [6] *carcasses* [7] *wool* [8] *shades* [9] *caps, hats* [10] *rugs* [11] *climb* [12] *jump* [13] *mammals* [14] *rodents* [15] *deer* [16] *hunted*

# GALERÍA DE CREADORES

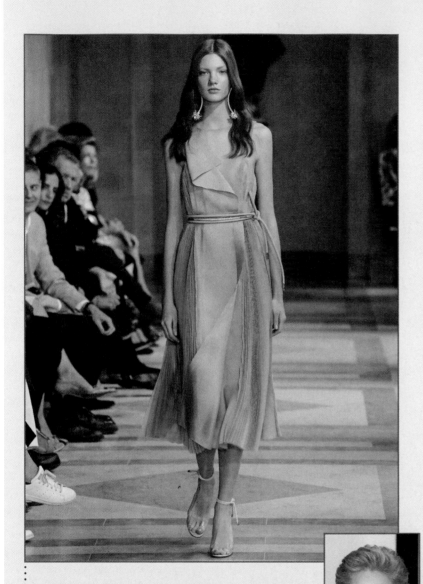

## LITERATURA
### Gabriel García Márquez

*Cien años de soledad* y *El amor en los tiempos del cólera* no son sólo títulos. Forman parte del imaginario colectivo de cualquier hispanohablante. Las obras del colombiano han marcado el mundo literario del siglo XX y le merecieron el Premio Nobel de Literatura en 1982. En sus cuentos y novelas, García Márquez configura el mundo del realismo mágico, un género en que lo fantástico es verosímil (*credible*) y lo común parece fantástico.

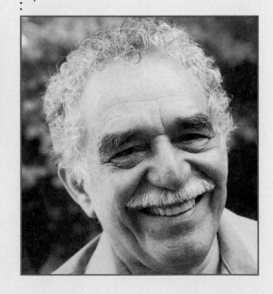

### DISEÑO Y MODA Carolina Herrera

En la década de 1980 presentó su primera colección de moda, sus primeros trajes de novia y su primer perfume. Desde entonces, su influencia en el mundo de la moda fue inmediata y continúa hasta el día de hoy. Llegó a ser amiga cercana y modelo de Andy Warhol. Reconocidas artistas como Taylor Swift, Lucy Liu, Amy Adams y Sofía Vergara han lucido sus trajes en galas y presentaciones. Sus diseños son reconocidos por sus líneas limpias y elegantes, por el uso de telas de la mejor calidad y por la búsqueda de la comodidad. Esta diseñadora venezolana, nacida en 1939, ha recibido importantes reconocimientos, como el Couture Council Award for Artistry of Fashion en el año 2014 y el Portrait of a Nation Prize en 2015.

### ESCULTURA Marisol Escobar

De adolescente en Venezuela, Marisol Escobar pasó por una etapa en la que imitaba a santos, vírgenes y mártires. Hacía penitencias como caminar de rodillas hasta sangrar y permanecer en silencio por largos períodos. Estas experiencias, y la influencia del catolicismo en general, le han dado a su arte un fuerte componente espiritual, lleno de elementos naturales y sobrenaturales. Lo natural es evidente en su uso frecuente de la madera y la terracota, y lo sobrenatural se expresa en sus creaciones abstractas, hechas con diferentes combinaciones de pinturas, grabados, dibujos y esculturas. Aquí vemos su obra *Presidente Charles de Gaulle* (1967).

### PINTURA/MURALISMO

## Oswaldo Guayasamín

Cuando un turista llega al aeropuerto de Barajas en Madrid o visita la UNESCO en París, puede admirar uno de los murales de Oswaldo Guayasamín. El pintor y muralista ecuatoriano de fama mundial colaboró con dos de los gigantes del muralismo mexicano: José Clemente Orozco y David Alfaro Siqueiros. Mantuvo también fuertes lazos de amistad con Gabriel García Márquez y Pablo Neruda. Al morir, Guayasamín dejó toda su colección artística al pueblo de Ecuador, ya que en vida éste fue una de sus principales fuentes de inspiración. Aquí observamos al artista dando unas últimas pinceladas (*brushstrokes*) a su obra *El grito*.

# ¿Qué aprendiste?

**1**

**Cierto o falso** Indica si estas afirmaciones son ciertas o falsas. Corrige las falsas.

1. La cordillera de los Andes tiene picos nevados y glaciares.
2. El Parque Nacional Natural El Cocuy es la principal zona volcánica de Colombia.
3. Ecuador es el país con mayor densidad de volcanes.
4. Hace más de un siglo que los volcanes Sangay y Guagua Pichincha no hacen erupción.
5. El Salto Ángel es la catarata más alta del mundo.
6. Los cóndores forman parejas temporales para reproducirse.
7. Al morir, Oswaldo Guayasamín dejó su colección artística al presidente de Ecuador.
8. Carolina Herrera empezó a trabajar como diseñadora cuando superaba los cuarenta años.

**2**

**Preguntas** Contesta las preguntas.

1. ¿Cómo se llama el género literario que caracteriza las obras de Gabriel García Márquez?
2. ¿Cuál es el atractivo principal del Parque Nacional Cotopaxi?
3. ¿En qué país está el Parque Nacional Canaima?
4. ¿Qué animales pertenecen a la familia de la alpaca?
5. ¿Qué hacía Marisol Escobar para imitar a los mártires?
6. ¿Cuáles especies de cóndores se conocen en la actualidad?
7. ¿Por qué razón el puma se encuentra en peligro de extinción?
8. ¿Qué artista de la Galería te interesa más? ¿Por qué?

**3**

**Los Andes** En parejas, pregúntense uno a otro si les gustaría viajar a los lugares de la lista. Mencionen las razones por las que se animarían a ir a estos lugares o si encuentran algún motivo para no visitarlos.

**Lugares**

1. Lagunas glaciares cerca del pico nevado Púlpito del Diablo, en Colombia
2. El Parque Nacional Cotopaxi cerca de Quito, en Ecuador
3. El Salto Ángel al sureste de Caracas, en Venezuela
4. El Parque Nacional Natural el Cocuy, en Colombia
5. El volcán Sangay en las afueras de Quito, en Ecuador

Practice more at
**vhlcentral.com.**

## PROYECTO

### Fotografías descriptivas

Imagina que eres fotógrafo/a y quieres solicitar empleo en una revista turística. Te han pedido que saques fotos para un reportaje sobre la cordillera de los **Andes** en **Colombia**, **Ecuador** y **Venezuela**.

Busca la información que necesites en Internet.

- Investiga sobre tres maravillas naturales o animales de los Andes.
- Escoge fotografías que reflejen su magnitud y belleza.
- Describe cada foto a la clase y explica por qué la escogiste.

# Un bosque tropical

 Video

Ahora que ya has leído sobre las maravillas que esconde la cordillera de los Andes, mira este episodio de **Flash Cultura** para conocer la riqueza del bosque tropical lluvioso de Puerto Rico, con su sorprendente variedad de árboles milenarios.

## Vocabulario

| | |
|---|---|
| **la brújula** *compass* | **estar en forma** *to be fit* |
| **la caminata** *hike* | **la lupa** *magnifying glass* |
| **la cascada** *waterfall* | **el/la nene/a** *kid* |
| **el chapuzón** *dip* | **subir** *to climb* |
| **la cima** *peak* | **la torre** *tower* |

**1** **Preparación** ¿Te gusta estar en contacto con la naturaleza? ¿De qué manera? ¿Has visitado alguno de los bosques nacionales de tu país? ¿Cuál(es)?

**2** **Comprensión** Indica si estas afirmaciones son ciertas o falsas. Después, en parejas, corrijan las falsas.

1. El nombre *Yunque* proviene del español y significa "dios de la montaña".

2. El Yunque es la reserva forestal más antigua del hemisferio occidental.

3. El símbolo de Puerto Rico es el arroz con gandules.

4. Para llegar a la cima es necesario estar en forma y llevar brújula, agua, mapa, etc.

5. Una caminata hasta la cima puede llevar hasta dos días.

6. Como la cima está rodeada de nubes, los árboles no pueden crecer mucho.

**3** **Expansión** En parejas, contesten estas preguntas.

• Imagina que sólo puedes llevar tres de los objetos del equipo para llegar a la cima del Yunque. ¿Cuáles llevarías? ¿Por qué?

• ¿Alguno de los atractivos del Yunque te anima (*encourages you*) a visitar este bosque en tus próximas vacaciones? ¿Cuál? ¿Por qué?

• ¿Qué tipo de comida llevas cuando vas de excursión? ¿Qué otras cosas llevas en la mochila?

**Corresponsal:** Diego Palacios
**País:** Puerto Rico

En el Yunque hay más especies de árboles que en ningún otro de los bosques nacionales, muchos de los cuales son cientos de veces más grandes, como el Parque Yellowstone o el Yosemite.

Nadar en los ríos del Yunque es uno de los pasatiempos favoritos de los puertorriqueños, como lo es meterse debajo de las cascadas.

El Yunque es el único Bosque Tropical Lluvioso del Sistema Nacional de Bosques de los Estados Unidos.

Practice more at
vhlcentral.com.

Presentation

**5.1**

# The future

## Forms of the future tense

*Y, ¿cuándo te **irás**?*

- The future tense (**el futuro**) takes the same endings for all **–ar, –er,** and **–ir** verbs. For regular verbs, the endings are added to the infinitive.

| The future tense | | |
|---|---|---|
| **hablar** | **deber** | **abrir** |
| hablaré | deberé | abriré |
| hablarás | deberás | abrirás |
| hablará | deberá | abrirá |
| hablaremos | deberemos | abriremos |
| hablaréis | deberéis | abriréis |
| hablarán | deberán | abrirán |

- For verbs with irregular future stems, the same endings are added to the irregular stem.

| infinitive | stem | future |
|---|---|---|
| caber | cabr– | cabré, cabrás, cabrá, cabremos, cabréis, cabrán |
| haber | habr– | habré, habrás, habrá, habremos, habréis, habrán |
| poder | podr– | podré, podrás, podrá, podremos, podréis, podrán |
| querer | querr– | querré, querrás, querrá, querremos, querréis, querrán |
| saber | sabr– | sabré, sabrás, sabrá, sabremos, sabréis, sabrán |
| poner | pondr– | pondré, pondrás, pondrá, pondremos, pondréis, pondrán |
| salir | saldr– | saldré, saldrás, saldrá, saldremos, saldréis, saldrán |
| tener | tendr– | tendré, tendrás, tendrá, tendremos, tendréis, tendrán |
| valer | valdr– | valdré, valdrás, valdrá, valdremos, valdréis, valdrán |
| venir | vendr– | vendré, vendrás, vendrá, vendremos, vendréis, vendrán |
| decir | dir– | diré, dirás, dirá, diremos, diréis, dirán |
| hacer | har– | haré, harás, hará, haremos, haréis, harán |

## Uses of the future tense

- In Spanish, as in English, the future tense is one of many ways to express actions or conditions that will happen in the future.

**¡ATENCIÓN!**

The future tense is used less frequently in Spanish than in English.

**Te llamo mañana.**
*I'll call you tomorrow.*

**Espero que vengan.**
*I hope they will come.*

| Present indicative | Present subjunctive |
|---|---|
| **Llegan a Caracas mañana.** | **Prefiero que lleguen a Caracas mañana.** |
| *They arrive in Caracas tomorrow.* | *I prefer that they arrive in Caracas tomorrow.* |
| **(conveys a sense of certainty that the action will occur)** | **(refers to an action that has yet to occur)** |

| ir a + [*infinitive*] | Future tense |
|---|---|
| **Van a llegar a Caracas mañana.** | **Llegarán a Caracas mañana.** |
| *They are going to arrive in Caracas tomorrow.* | *They will arrive in Caracas tomorrow.* |
| **(expresses the near future; is commonly used in everyday speech)** | **(expresses an action that will occur; often implies more certainty than ir a + [*infinitive*])** |

- The English word *will* can refer either to future time or to someone's willingness to do something. To express willingness, Spanish uses the verb **querer** + [*infinitive*], not the future tense.

¿**Quieres contribuir** a la protección del medio ambiente?
*Will you contribute to the protection of the environment?*

**Quiero ayudar**, pero no sé por dónde empezar.
*I'll help, but I don't know where to begin.*

- In Spanish, the future tense may be used to express conjecture or probability, even about present events. English expresses this in various ways, using words and expressions such as *wonder, bet, must be, may, might,* and *probably.*

¿Qué hora **será**?
*I wonder what time it is.*

Ya **serán** las dos de la mañana.
*It must be 2 a.m. by now.*

¿**Estará** lloviendo en Medellín?
*Do you think it's raining in Medellín?*

**Hará** un poco de sol y un poco de viento.
*It's probably a bit sunny and windy.*

- When the present subjunctive follows a conjunction of time like **cuando, después (de) que, en cuanto, hasta que,** and **tan pronto como**, the future tense is often used in the main clause of the sentence.

Nos **quedaremos** lejos de la costa **hasta que pase** el huracán.
*We'll stay far from the coast until the hurricane passes.*

**En cuanto termine** de llover, **regresaremos** a casa.
*As soon as it stops raining, we'll go back home.*

**Tan pronto como salga** el sol, **iré** a la playa a tomar fotos.
*As soon as the sun comes up, I'll go to the beach to take photos.*

**TALLER DE CONSULTA**

For a detailed explanation of the subjunctive with conjunctions of time, see **6.1, pp. 212–213.**

# Práctica

**1**

**Horóscopo chino** En el horóscopo chino cada signo está representado por un animal. Completa las predicciones para la serpiente, conjugando los verbos entre paréntesis en el futuro.

**TRABAJO** Esta semana tú (1) _____ (tener) que trabajar duro. (2) _____ (salir) poco y no (3) _____ (poder) divertirte. Pero (4) _____ (valer) la pena. Muy pronto (5) _____ (conseguir) el puesto que esperas.

**DINERO** (6) _____ (venir) dificultades económicas. No malgastes tus ahorros.

**SALUD** El médico (7) _____ (resolver) tus problemas respiratorios, pero tú (8) _____ (deber) cuidarte la garganta.

**AMOR** (9) _____ (recibir) una noticia muy buena. Una persona especial te (10) _____ (decir) que te ama. (11) _____ (venir) días felices.

**2**

**Predicciones** En parejas, escriban el horóscopo de su compañero/a. Utilicen verbos en futuro y las frases de la lista. Luego, compartan sus predicciones con la clase.

| | | |
|---|---|---|
| decir secretos | haber una sorpresa | recibir una visita |
| empezar una relación | hacer daño | tener suerte |
| festejar | hacer un viaje | venir amigos |
| ganar/perder dinero | poder solucionar problemas | viajar al extranjero |

**Dragón:**
1940-1952-1964-
1976-1988-2000

**Serpiente:**
1941-1953-1965-
1977-1989-2001

**Caballo:**
1942-1954-1966-
1978-1990-2002

**Cabra:**
1943-1955-1967-
1979-1991-2003

**Mono:**
1944-1956-1968-
1980-1992-2004

**Gallo:**
1945-1957-1969-
1981-1993-2005

**Perro:**
1946-1958-1970-
1982-1994-2006

**Cerdo:**
1947-1959-1971-
1983-1995-2007

**Rata:**
1948-1960-1972-
1984-1996-2008

**Búfalo:**
1949-1961-1973-
1985-1997-2009

**Tigre:**
1950-1962-1974-
1986-1998-2010

**Gato:**
1951-1963-1975-
1987-1999-2011

**3**

**Tus planes** En parejas, pregúntense qué planes tienen para el próximo verano. Pueden hacerse preguntas que no estén en la lista. Después, compartan la información con la clase.

1. ¿Trabajarás? ¿En qué?
2. ¿Tomarás clases? ¿De qué?
3. ¿Te irás de viaje? ¿Adónde?
4. ¿Saldrás por las noches? ¿Con quién?
5. ¿Harás algo extraordinario? ¿Qué?
6. ¿Protegerás el medio ambiente? ¿Cómo?
7. ¿Harás ejercicio al aire libre? ¿Dónde?
8. ¿Mejorarás tu vida? ¿Cómo?

Practice more at
vhlcentral.com.

# Comunicación

**4** **Viaje de aventura** Tú y tu compañero/a están planeando un viaje de dos semanas. Decidan cuándo y a cuál de estos países irán y qué harán allí, usando el anuncio como guía. Conjuguen los verbos en el futuro.

## ECOTURISMO

| Colombia | Ecuador | Venezuela |
|---|---|---|
| • acampar en la costa | • montar a caballo en las montañas | • explorar un tramo de los Andes |
| • hacer *rafting* por el río Tobia | • bucear en el mar | • ascender un tepuy (*flat-topped mountain*) |
| • visitar la región amazónica colombiana | • ir en bicicleta de montaña | • hacer una expedición por un río |
| • disfrutar de la naturaleza y las playas en el Parque Nacional Tayrona | • viajar en kayak por las islas Galápagos con las tortugas marinas, las focas y los delfines | • explorar las islas del Parque Nacional Mochima en kayak |

**5** **¿Qué será de...?** Todo cambia con el tiempo. En parejas, conversen sobre el futuro de cada lugar, producto o animal.

- las ballenas
- Venecia
- el libro impreso (*printed*)
- la televisión
- Internet

- las hamburguesas
- el hielo (*ice*) en los polos norte y sur
- la selva amazónica
- Los Ángeles
- el petróleo

**6** **¿Dónde estarán en veinte años?** En grupos de tres, hagan una lista de cinco personas famosas y anticipen lo que será de ellas dentro de veinte años.

**7** **Situaciones** En parejas, seleccionen uno de estos temas e inventen un diálogo usando el tiempo futuro.

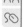

1. Dos jóvenes han terminado sus estudios y hablan sobre lo que harán para convertirse en millonarios.

2. Dos ladrones/as acaban de robar todo el dinero de un banco internacional y lo han escondido en el congelador (*freezer*) de un(a) amigo/a. Ahora se preguntan cómo escaparán de la policía.

3. Dos hermanas han decidido convertir su granja (*farm*) en un centro de ecoturismo. Deben desarrollar atracciones para los turistas.

4. Dos inventores/as se reúnen para participar en un intercambio (*exchange*) de ideas. El objetivo es controlar, reducir y eliminar la contaminación del aire en las ciudades. Cada uno/a dice lo que inventará para conseguirlo.

Presentation

5.2

# The conditional

*¿Te dijo en qué coche **vendría**?*

- The conditional tense (**el condicional**) takes the same endings for all **–ar, –er,** and **–ir** verbs. For regular verbs, the endings are added to the infinitive.

| The conditional | | |
|---|---|---|
| **dar** | **ser** | **vivir** |
| daría | sería | viviría |
| darías | serías | vivirías |
| daría | sería | viviría |
| daríamos | seríamos | viviríamos |
| daríais | seríais | viviríais |
| darían | serían | vivirían |

- Verbs with irregular future stems have the same irregular stem in the conditional.

| infinitive | stem | conditional |
|---|---|---|
| **caber** | cabr– | cabría, cabrías, cabría, cabríamos, cabríais, cabrían |
| **haber** | habr– | habría, habrías, habría, habríamos, habríais, habrían |
| **poder** | podr– | podría, podrías, podría, podríamos, podríais, podrían |
| **querer** | querr– | querría, querrías, querría, querríamos, querríais, querrían |
| **saber** | sabr– | sabría, sabrías, sabría, sabríamos, sabríais, sabrían |
| | | |
| **poner** | pondr– | pondría, pondrías, pondría, pondríamos, pondríais, pondrían |
| **salir** | saldr– | saldría, saldrías, saldría, saldríamos, saldríais, saldrían |
| **tener** | tendr– | tendría, tendrías, tendría, tendríamos, tendríais, tendrían |
| **valer** | valdr– | valdría, valdrías, valdría, valdríamos, valdríais, valdrían |
| **venir** | vendr– | vendría, vendrías, vendría, vendríamos, vendríais, vendrían |
| | | |
| **decir** | dir– | diría, dirías, diría, diríamos, diríais, dirían |
| **hacer** | har– | haría, harías, haría, haríamos, haríais, harían |

## Uses of the conditional

- The conditional is used to express what *would* occur under certain circumstances.

  ¿Qué ciudad de Ecuador **visitarías** primero?
  *Which city in Ecuador would you visit first?*

  **Iría** primero a Quito y después a Guayaquil.
  *First I would go to Quito and then to Guayaquil.*

- The conditional is also used to make polite requests.

  ¿**Podrías** pasarme ese mapa, por favor?
  *Could you pass me that map, please?*

  ¿Le **importaría** (a usted) cuidar mis plantas?
  *Would you mind taking care of my plants?*

- Just as the future tense is one of several ways of expressing a future action, the conditional is one of several ways of expressing a future action as perceived in the past. In this case, the conditional expresses what someone said or thought *would* happen.

  **Dicen** que mañana **hará** viento.
  *They say it will be windy tomorrow.*

  **Creía** que hoy **haría** viento.
  *I thought it would be windy today.*

  **Dicen** que mañana **va a hacer** viento.
  *They say it's going to be windy tomorrow.*

  **Creía** que hoy **iba a hacer** viento.
  *I thought it was going to be windy today.*

- In Spanish, the conditional may be used to express conjecture or probability about a past event. English expresses this in various ways using words and expressions such as *wondered, must have been,* and *was probably.*

  ¿A qué hora **regresaría**?
  *I wonder what time he returned.*

  **Serían** las ocho.
  *It must have been eight o'clock.*

¿No sería ahora el momento justo para ir de vacaciones a San Andrés?

**¡ATENCIÓN!**

The English *would* is used to express the conditional, but it can also express what *used to* happen. To express habitual past actions, Spanish uses the imperfect, not the conditional.

**Cuando era pequeña, iba a la playa todos los veranos.**
*When I was young, I would (used to) go to the beach every summer.*

**TALLER DE CONSULTA**

The conditional is also used in contrary-to-fact sentences.
See **Manual de gramática, pp. 274-275.**

# Práctica

**1** **Ambición** Completa el diálogo con el condicional de los verbos entre paréntesis.

**DARÍO** Si yo pudiera formar parte de esta organización, (1) _____ (estar) dispuesto (*ready*) a ayudar en todo lo posible.

**CONSUELO** Sí, lo sé, pero tú no (2) _____ (poder) hacer mucho. No tienes la preparación necesaria. Tú (3) _____ (necesitar) estudios de biología.

**DARÍO** Bueno, yo (4) _____ (ayudar) con las cosas menos difíciles. Por ejemplo, (5) _____ (hacer) el café para las reuniones.

**CONSUELO** Estoy segura de que todos (6) _____ (agradecer) tu colaboración. Les preguntaré si necesitan ayuda.

**DARÍO** Eres muy amable, Consuelo. (7) _____ (dar) cualquier cosa por trabajar con ustedes. Y (8) _____ (considerar) la posibilidad de volver a la universidad para estudiar biología. (9) _____ (tener) que trabajar duro, pero lo (10) _____ (hacer) porque no (11) _____ (saber) qué hacer sin un buen trabajo. Por eso sé que el esfuerzo (12) _____ (valer) la pena.

**2** **Cortesía** Cambia estos mandatos por mandatos indirectos que usen el condicional.

| Mandatos directos | Mandatos indirectos |
|---|---|
| 1. Dale de comer al perro. | ¿Podrías darle de comer al perro, por favor? |
| 2. No malgastes el agua. | |
| 3. Compra un carro híbrido. | |
| 4. Planta un árbol. | |
| 5. Deja de molestar al gato. | |
| 6. Usa sólo papel reciclado. | |
| 7. No tires basura en la calle. | |

**3** **Lo que hizo Irma** Utilizamos el condicional para expresar el futuro en el contexto de una acción pasada. Explica lo que quiso hacer Irma e inventa lo que al final pudo hacer.

**Modelo** **pensar / desayunar**
Irma pensó que desayunaría con su amiga Gabi,
pero Gabi no tenía hambre.

1. pensar / comer
2. decir / poner
3. imaginar / tener
4. escribir / venir
5. contarme / querer
6. suponer / hacer
7. explicar / salir
8. calcular / valer

**S** Practice more at
vhlcentral.com.

# Comunicación

**4**

**De vacaciones** Tu tío Ignacio y su familia van a Ciudad Bolívar en Venezuela. Ellos te han llamado para pedirte consejos sobre lo que deben hacer. En grupos de cuatro, háganles sugerencias de acuerdo a sus gustos y a la información de la Nota cultural. Usen el condicional.

**Modelo** Tía Rosa y Eduardito podrían visitar el Ecomuseo.

Tía Rosa: No le gusta estar al aire libre. Odia los mosquitos.

Tío Ignacio: Le encanta acampar.

María Fernanda: Le encantan los animales salvajes.

Eduardito: Le gusta jugar con la computadora y leer.

**5**

**¿Qué harías?** Piensa en lo que harías en estas situaciones. Luego, en parejas, compartan sus reacciones usando el condicional.

1.

2.

3.

4.

5.

### Nota CULTURAL

El estado de **Bolívar**, en el sur de **Venezuela**, limita al norte con el **río Orinoco** y al sur con el estado de **Amazonas** en **Brasil**. La capital del estado se llama **Ciudad Bolívar** y se distingue por sus casas de estilo colonial. También cuenta con dos importantes museos que presentan el lado moderno de la ciudad: el **Museo de Arte Moderno Jesús Soto** y el **Ecomuseo**. En la región también encontramos dos parques nacionales que ofrecen una abundante flora y fauna.

Presentation

### 5.3

# Relative pronouns

## The relative pronoun *que*

*Echa unas monedas en esas maquinitas **que** ha puesto el ayuntamiento y lo deja aquí al lado.*

- **Que** (*that, which, who*) is the most frequently used relative pronoun (**pronombre relativo**). It can refer to people or things, subjects or objects, and can be used in restrictive clauses (without commas) or nonrestrictive clauses (with commas). Note that while some relative pronouns may be omitted in English, they must always be used in Spanish.

  El incendio **que** vimos ayer destruyó la tercera parte del bosque.
  *The fire (that) we saw yesterday destroyed a third of the forest.*

  Los ciudadanos **que** van a la manifestación exigen respuestas del gobierno.
  *The citizens who are going to the protest demand answers from the government.*

  La inundación fue causada por la lluvia, **que** ha durado más de dos semanas.
  *The flood was caused by the rain, which has lasted over two weeks.*

- In a restrictive (without commas) clause where no preposition or personal **a** precedes the relative pronoun, always use **que**.

  Las ballenas **que** encontraron en la playa estaban vivas.
  *The whales they found on the beach were alive.*

## *El que/La que*

- After prepositions, **que** follows the definite article: **el que, la que, los que**, or **las que**. The article must agree in gender and number with the antecedent (the noun or pronoun to which it refers). When referring to *things* (but not *people*), the article may be omitted after short prepositions, such as **en, de,** and **con**.

  La mujer **para la que** trabajo llegará a las seis.
  *The woman (whom) I work for will arrive at six.*

  El edificio **en (el) que** viven es viejo.
  *The building (that) they live in is old.*

- **El que, la que, los que,** and **las que** are also used for clarification to refer to a previously mentioned person or thing.

  Hablé con los vecinos que tienen perros pero no con **los que** tienen gatos.
  *I talked to the neighbors who have dogs but not to the ones who have cats.*

  Si puedes optar entre dos compañías, elige **la que** paga más.
  *If you can choose between two companies, pick the one that pays more.*

### *El cual/La cual*

- **El cual, la cual, los cuales,** and **las cuales** are generally interchangeable with **el que, la que, los que,** and **las que** after prepositions. They are often used in more formal speech or writing. Note that when **el cual** and its forms are used, the definite article is never omitted.

  El edificio **en el cual** viven es viejo.
  *The building in which they live is old.*

### *Quien/Quienes*

- **Quien** (sing.) and **quienes** (pl.) only refer to people. **Quien(es)** can therefore generally be replaced by forms of **el que** and **el cual**, although the reverse is not always true.

  Los investigadores, **quienes (los que/los cuales)** estudian la erosión, son de Ecuador.
  *The researchers, who are studying erosion, are from Ecuador.*

  El investigador **de quien (del que/del cual)** hablaron era mi profesor.
  *The researcher (whom) they spoke about was my professor.*

- Although **que** and **quien(es)** may both refer to people, their use depends on the structure of the sentence. In restrictive clauses (without commas), only **que** is used if no preposition or personal **a** is necessary. If a preposition or personal **a** is necessary, **quien** (or a form of **el que/el cual**) is used instead.

  La gente **que** vive en la capital está harta del smog.
  *The people who live in the capital are tired of the smog.*

  Esperamos una respuesta de los biólogos **a quienes (a los que/a los cuales)** llamamos.
  *We're waiting for a response from the biologists (whom) we called.*

- In nonrestrictive clauses (with commas) that refer to people, **que** is more common in spoken Spanish, but **quien(es)** (or a form of **el que/el cual**) is preferred in written speech.

  Juan y María, **que** viven conmigo, me regañan si dejo las luces prendidas.
  *Juan and María, who live with me, scold me if I leave the lights on.*

  Las expertas, **quienes** por fin concedieron la entrevista, no mencionaron la sequía.
  *The experts, who finally granted the interview, didn't mention the drought.*

### The relative adjective *cuyo*

- The relative adjective **cuyo (cuya, cuyos, cuyas)** means *whose* and agrees in number and gender with the noun it precedes. When asking to whom something belongs, use **¿de quién(es)?**, not a form of **cuyo**.

  El equipo, **cuyo** proyecto aprobaron, viajará a las islas Galápagos en febrero.
  *The team, whose project they approved, will travel to the Galapagos Islands in February.*

  La colega, **cuyas** ideas mejoraron el plan, no tiene tiempo para realizar el proyecto.
  *The colleague, whose ideas improved the plan, doesn't have time to do the project.*

  **¿De quién** es este mapa de Venezuela?
  *Whose map of Venezuela is this?*

  Es mío, pero no es un mapa. Es un atlas **cuyos** autores son venezolanos.
  *It's mine, but it's not a map. It's an atlas whose authors are Venezuelan.*

---

**TALLER DE CONSULTA**

The neuter forms **lo que** and **lo cual** are used when referring to situations or abstract concepts that have no gender. See **Manual de gramática 5.5, p. 254.**

**¿Qué es lo que te molesta?**
*What is it that's bothering you?*

**Ella habla sin parar, lo cual me enoja mucho.**
*She won't stop talking, which is making me really angry.*

---

**¡ATENCIÓN!**

When used with **a** or **de**, the contractions **al que/al cual** and **del que/del cual** are formed.

---

# Práctica

**1**

**Relativos** Selecciona la palabra o frase adecuada para completar cada oración.

1. El señor Gómez, _____ empresa se dedica al ecoturismo, está en una reunión.
   a. cuya          b. cuyo          c. cuyos

2. Hay muchos tóxicos _____ se contamina el agua.
   a. con la que     b. con los que     c. con quienes

3. El científico, _____ busca una solución para el consumo de energía, hace estudios en Chicaque.
   a. del cual       b. quien          c. quienes

4. Los amigos _____ me viste quieren visitar el Parque Natural Chicaque.
   a. en quien       b. de quien       c. con quienes

**Nota**
**CULTURAL**

El **Parque Natural Chicaque** en **Colombia** es una reserva natural de 300 hectáreas de selva montañosa que permanece cubierta de niebla la mayor parte del tiempo.

**2**

**El ozono** Completa el siguiente artículo de una revista científica con los pronombres relativos de la lista. Algunos pronombres pueden repetirse.

## LA CAPA DE OZONO

| con quien |
| cuyas |
| cuyo |
| de las cuales |
| de que |
| del que |
| el cual |
| en que |
| las cuales |
| que |
| quien |

La capa de ozono está formada por un gas, (1) _____ se encuentra en la estratosfera. Este gas (2) _____ nos protege de la radiación ultravioleta ha empezado a desaparecer en algunas regiones del planeta, (3) _____ la Antártida es la zona (4) _____ está en mayor peligro.

Los seres humanos y la naturaleza causan este daño a la capa de ozono. La gente lo hace con los gases (5) _____ se usan en aerosoles y refrigeradores. La naturaleza lo hace con las erupciones volcánicas, (6) _____ emiten un gas llamado cloro, (7) _____ propiedades dañan el ozono. Este problema del ozono, sobre (8) _____ muchos científicos hablan, puede tener consecuencias negativas para la salud de las personas.

**3**

**Seamos concisos** Combina estas oraciones usando un pronombre o adjetivo relativo apropiado.

> **Modelo**  El consumo de energía es un problema. El gobierno habla del consumo de energía.
> El consumo de energía es un problema del cual el gobierno habla.

1. Los jóvenes son estudiantes universitarios. Los jóvenes luchan contra la deforestación.

2. La manifestación será mañana en la plaza. Te hablé de la manifestación.

3. El gobierno aprobó una ley. El contenido de la ley apoya el reciclaje.

4. La gente no puede bañarse en el río. Las aguas del río están contaminadas.

5. La empresa tiene proyectos de urbanización. La empresa está en crisis.

Practice more at
vhlcentral.com.

# Comunicación

**4** **Tus prioridades**

**A.** Completa el recuadro de acuerdo con tus hábitos y opiniones.

|  | Sí | No | Depende |
|---|---|---|---|
| 1. No uso mi carro. Siempre viajo en autobús o en bicicleta. | ☐ | ☐ | ☐ |
| 2. Como frutas y verduras orgánicas. | ☐ | ☐ | ☐ |
| 3. Reciclo latas, productos de plástico y de papel. | ☐ | ☐ | ☐ |
| 4. Apago las luces de los cuartos donde no hay nadie. | ☐ | ☐ | ☐ |
| 5. En invierno me pongo un abrigo en casa en vez de subir la calefacción. | ☐ | ☐ | ☐ |
| 6. En verano no uso el aire acondicionado, sólo abro las ventanas. | ☐ | ☐ | ☐ |
| 7. Quiero tener una casa con paneles solares o una turbina de viento. | ☐ | ☐ | ☐ |
| 8. Participo en organizaciones que protegen el medio ambiente. | ☐ | ☐ | ☐ |
| 9. Sólo el gobierno debe preocuparse por el medio ambiente. | ☐ | ☐ | ☐ |
| 10. Conducir mi carro no perjudica al medio ambiente. | ☐ | ☐ | ☐ |
| 11. Sólo las grandes empresas son responsables de la contaminación. | ☐ | ☐ | ☐ |
| 12. Es imposible proteger todas las especies en peligro de extinción. | ☐ | ☐ | ☐ |

**B.** En parejas, compartan la información del recuadro. Después, usando pronombres relativos, informen a la clase de lo que hayan aprendido sobre su compañero/a.

**Modelo**    Rafael come verduras y frutas orgánicas que compra en el mercado al aire libre. Es una persona a quien no le gusta la contaminación causada por pesticidas y herbicidas.

**5** **¿Quién es quién?** La clase se divide en dos equipos. Un(a) integrante del equipo A piensa en un(a) compañero/a y da tres pistas. El equipo B tiene que adivinar de quién se trata. Si adivina con la primera pista, obtiene 3 puntos; con la segunda, obtiene 2 puntos; con la tercera, obtiene 1 punto.

**Modelo**    Estoy pensando en alguien con quien almorzamos.
Estoy pensando en alguien cuyos ojos son marrones.
Estoy pensando en alguien que lleva pantalones azules.

**6** **Evolución de ideas** En parejas, hagan una lista de cinco creencias (*beliefs*) erróneas que los humanos hemos tenido en los últimos cien años acerca de estos temas. Escriban oraciones y usen por lo menos tres pronombres relativos distintos.

**Modelo**    Los árboles que crecen en la selva amazónica aportan menos oxígeno a la atmósfera de lo que pensábamos.

- la salud
- el medio ambiente
- la familia
- la guerra
- el universo

# Síntesis

# Pronóstico del tiempo

| | Hoy | Mañana | Pasado mañana |
|---|---|---|---|
| **Buenos Aires** | Máx. / Mín.<br>15º C / 9 ºC | Máx. / Mín.<br>19 ºC / 9 ºC | Máx. / Mín.<br>12 ºC / 8 ºC |
| **Caracas** | Máx. / Mín.<br>34 ºC / 26 ºC | Máx. / Mín.<br>34 ºC / 26 ºC | Máx. / Mín.<br>36 ºC / 25 ºC |
| **Ciudad de México** | Máx. / Mín.<br>24 ºC / 14 ºC | Máx. / Mín.<br>22 ºC / 13 ºC | Máx. / Mín.<br>22 ºC / 12 ºC |
| **Quito** | Máx. / Mín.<br>18 ºC / 10 ºC | Máx. / Mín.<br>22 ºC / 9 ºC | Máx. / Mín.<br>23 ºC / 10 ºC |
| **Santo Domingo** | Máx. / Mín.<br>32 ºC / 24 ºC | Máx. / Mín.<br>32 ºC / 23 ºC | Máx. / Mín.<br>32 ºC / 23 ºC |

 **1** **El pronóstico** En parejas, seleccionen dos de las ciudades incluidas en el informe del tiempo y describan el pronóstico de esos lugares para los tres días. Utilicen los usos del futuro presentados en la lección.

 **2** **La isla** Imagina que tú y tu compañero/a han naufragado (*shipwrecked*) en una isla desierta. Piensa en los problemas a los que se podrían enfrentar (*be faced with*). Coméntalos con tu compañero/a para ver qué haría él/ella en cada situación.

 **Modelo** —No hay agua potable.
—Bebería agua de coco.

 **3** **El parque** En grupos pequeños, elijan un parque nacional de su país e imaginen que van a visitarlo. Escriban una breve descripción del parque y su medio ambiente usando el vocabulario de esta lección y algunos de los pronombres relativos que han aprendido.

# Preparación

**Vocabulario de la lectura**

**el chamán** *shaman (religious figure believed to have magical or supernatural powers)*

**el/la curandero/a** *folk healer*

**el/la encargado/a** *person in charge*

**el hecho** *fact*

**la madera** *wood*

**el medicamento** *medication*

**el pulmón** *lung*

**la semilla** *seed*

**la Tierra** *Earth*

**la utilidad** *usefulness*

**Vocabulario útil**

**la dolencia** *ailment*

**el efecto invernadero** *greenhouse effect*

**el reciclaje** *recycling*

**reciclar** *to recycle*

**el reto** *challenge*

**1**

**Emparejar** Une cada palabra con su definición.

1. curandero _____
2. medicamento _____
3. pulmón _____
4. madera _____
5. semilla _____
6. Tierra _____

a. órgano donde ocurre la respiración
b. el planeta donde vivimos
c. persona que cura con remedios naturales
d. parte dura de una fruta o vegetal de la cual crecen nuevas frutas y vegetales
e. material sólido de un árbol que tiene múltiples usos
f. sustancia que se consume para curar una enfermedad

**2**

**La madre naturaleza** En parejas, túrnense para contestar las preguntas y expliquen sus respuestas.

1. ¿Cómo te gusta disfrutar de la naturaleza? ¿Qué experiencia al aire libre recuerdas?
2. ¿Has estado en una selva o en un bosque muy grande? ¿Cómo te sentiste?
3. ¿Tomas medicamentos naturales cuando te sientes enfermo/a? ¿Por qué?
4. ¿Te preocupa el destino de las culturas indígenas de América? ¿Por qué? ¿Cómo se deben proteger?
5. ¿Crees que la tecnología resolverá todos los problemas medioambientales? ¿Qué papel juega la tecnología? ¿Cuáles son sus límites?
6. ¿Alguna vez has tomado un curso de educación ambiental? Si contestaste que sí, ¿qué aprendiste? Si contestaste que no, ¿te gustaría tomar uno? ¿Qué aprenderías?

**3**

**Recursos y destino** Trabajen en grupos de tres y sigan estos pasos.

**A.** Escriban una lista de todos los productos que ustedes han utilizado en las últimas 24 horas. Al lado de cada uno, enumeren los recursos naturales que se utilizaron para producirlo.

**B.** Expliquen el papel de la biodiversidad en la producción de las comodidades (*comforts*) de la vida moderna. ¿Cómo nos beneficiamos de las plantas y los animales?

**C.** ¿Por qué es paradójica la explotación humana de la biodiversidad? Expliquen y luego compartan sus impresiones con la clase.

# La selva amazónica: biodiversidad curativa

▶ **Cultura en pantalla**

Explora **vhlcentral.com** y y mira el videoclip sobre las **Plantas medicinales** y su uso en Paraguay.

**CULTURA**

 Audio: Reading

Sólo se conoce una fracción de los millones de especies de plantas y animales que viven en las selvas tropicales de la Tierra. Con una superficie de 5.500.000 km$^2$, la selva amazónica es el hábitat de millones de estos organismos. Esta selva es el ecosistema más diverso del planeta, hecho que se refleja especialmente en los árboles, de los que se reconocen más de 60.000 especies diferentes.

La gran riqueza de su vegetación ha sido durante siglos de gran utilidad para los habitantes de la cuenca° amazónica. Frutas poco conocidas en nuestra cultura occidental, como el túpiro, el copoazú o el temare, les sirven de alimento. Los árboles, algunos de los cuales llegan a medir cien metros, les proveen de maderas de gran calidad. Y sus bosques, aparte de ser la morada° natural de los espíritus de sus religiones, también les proporcionan un enorme surtido° de plantas medicinales.

Este uso de las plantas como medicinas se remonta° a épocas precolombinas en que las culturas indígenas descubrieron las propiedades curativas de la vegetación que las rodeaba. Los chamanes y curanderos eran, y todavía son, los encargados de recoger las plantas y las muestras° de los árboles. La tradición indica que tenían que entrar a las zonas más apartadas° e impenetrables de la selva para buscarlas, pues se creía que cuanto más difícil era el acceso a los remedios, más poderosos eran sus efectos curativos.

Hoy, las plantas son el origen de más del 25% de los medicamentos que se encuentran en las farmacias del mundo. Muchas de ellas provienen de° la selva en la cuenca del río Amazonas. La mayor presencia en el mercado de este tipo de medicinas se debe al creciente interés de la industria farmacéutica por métodos de

*basin*
*dwelling*
*assortment*
*dates back*
*samples*
*isolated*
*originate from*

## Desaparecen las culturas amazónicas

Se estima que hace más de quinientos años vivían cerca de diez millones de indígenas en la región amazónica. Hoy día hay menos de 200.000. Tan sólo en Brasil unas noventa tribus indígenas han desaparecido desde comienzos del siglo XX. Y en países como Perú, Colombia, Ecuador y Venezuela cada año se reduce aún más la población indígena de la región amazónica.

curación que han sido usados con éxito durante miles de años.

En el noroeste de la selva amazónica, por ejemplo, los indígenas usan más de 1.300 plantas medicinales. Una de ellas es el curare, una sustancia que los indígenas suramericanos ponían en la punta° de sus flechas° para paralizar a los animales que cazaban para comer. Actualmente, la tubocurarina, derivada del curare, se utiliza en todo el mundo como anestesia. Otro remedio que se está haciendo muy popular es la semilla de guaraná, que favorece al corazón y a la memoria, y es más poderosa que el ginseng.

Desafortunadamente, la deforestación de esta zona está reduciendo su área aceleradamente. Esto afecta a todos los seres que habitan allí, y pone en peligro de extinción a cientos de especies animales y vegetales. Es por esto que tanto gobiernos locales como organizaciones de todo el mundo están luchando° para proteger sus extraordinarios recursos naturales y preservar las culturas de sus habitantes. ∎

*tip*
*arrows*
*fighting*

# Análisis

**1**

**Comprensión** Contesta las preguntas con oraciones completas.

1. ¿Por qué crees que se dice que la selva amazónica es "el pulmón de la Tierra"?

2. ¿Por qué es considerada como el ecosistema más variado del planeta?

3. ¿Qué tareas realizan los chamanes y los curanderos?

4. ¿Por qué entran a zonas muy apartadas para conseguir medicinas?

5. ¿Qué porcentaje de los medicamentos que se venden en las farmacias del mundo proviene de las plantas?

6. ¿A qué se debe el uso de tantas medicinas de origen vegetal?

7. ¿Cuáles son las consecuencias de la deforestación de la selva amazónica?

8. ¿Cuántos indígenas vivían en la región amazónica hace más de quinientos años? ¿Y ahora?

**2**

**Informe** Tú y tu compañero/a participan en un concurso (*contest*) para desarrollar un nuevo medicamento hecho con ingredientes vegetales provenientes de la selva amazónica. Escriban un informe para su página web sobre la importancia de cuidar de la biodiversidad y de las culturas indígenas de la selva amazónica. Expliquen los problemas que existen y las soluciones.

## PROTEGER LA SELVA AMAZÓNICA

La selva amazónica es la más extensa del mundo. Su biodiversidad guarda un número infinito de secretos que pueden ayudar a curar muchas enfermedades. Por lo tanto, es esencial que...

**3**

**En peligro de extinción: ¿Sí o no?** En grupos de cuatro, hablen de las causas, los efectos, las posibles soluciones y el futuro de estos problemas medioambientales. Después, dividan la clase en optimistas y pesimistas, y discutan sobre el porvenir del planeta. ¿Está en peligro de extinción?

- La destrucción de selvas tropicales
- El efecto invernadero
- La contaminación del aire
- La extinción de culturas indígenas
- La contaminación de océanos, ríos y mares
- El calentamiento global

Practice more at **vhlcentral.com**.

# Preparación

## Sobre el autor

**J**aime Sabines (1926–1999) fue uno de los más grandes poetas mexicanos. Licenciado en Lengua y Literatura Española por la Universidad Nacional Autónoma de México (UNAM), estuvo muy involucrado en la política de su país. Su poesía se distingue por su lenguaje coloquial que nos habla de la realidad de todos los días. En 1972, obtuvo el Premio Villaurrutia y, en 1983, le concedieron el Premio Nacional de Literatura.

| Vocabulario de la lectura | | Vocabulario útil | |
|---|---|---|---|
| **a cucharadas** *in spoonfuls* | **intoxicar** *to poison* | **el antídoto** *antidote* | |
| **ahogarse** *to suffocate, to drown* | **la pata de conejo** *rabbit's foot* | **la felicidad** *happiness* | |
| **aliviar** *to relieve, to soothe* | **el pedazo** *piece* | **la rutina diaria** *daily routine* | |
| **el frasquito** *little bottle* | **el/la preso/a** *prisoner* | **el símbolo** *symbol* | |
| **la hoja** *leaf* | | | |

**1**

**Vocabulario** Escoge la mejor opción para completar las oraciones.

1. Armando fue al médico porque por las noches sentía que se _____.
   a. ahogaba          b. aliviaba

2. El médico le dio _____ con medicina.
   a. un pedazo          b. un frasquito

3. Él le preguntó al médico cómo debía tomarse la medicina. El médico le respondió que dos _____ al día.
   a. cucharadas          b. hojas

4. También quería saber cuándo se iba a _____ de sus síntomas.
   a. aliviar          b. intoxicar

5. El médico le dijo que necesitaba descansar más y simplificar su _____.
   a. pata de conejo          b. rutina diaria

**2**

**La felicidad** En el poema que van a leer, Jaime Sabines habla de la esperanza e ilusión que hay que tener en la vida. En parejas, contesten las preguntas.

1. ¿Son felices a pesar de los problemas cotidianos? ¿Cómo lo logran?

2. Cuando tienen problemas que no pueden solucionar, ¿qué hacen para sentirse mejor?

3. ¿Es posible ser feliz siempre? Expliquen.

4. Hagan una lista de cinco cosas bellas que piensan que tiene la vida. Compártanla después con la clase.

**3**

**La luna** En parejas, hagan una lista de ideas, situaciones y/o personas relacionadas con la luna. Sean creativos. Después, compartan su lista con la clase.

# LA LUNA

**Jaime Sabines**

La luna se puede tomar a cucharadas
o como una cápsula cada dos horas.
Es buena como hipnótico y sedante
y también alivia
5  a los que se han intoxicado de filosofía.
Un pedazo de luna en el bolsillo°,          *pocket*
es mejor amuleto° que la pata de conejo:    *charm, amulet*
sirve para encontrar a quien se ama,
para ser rico sin que lo sepa nadie
10  y para alejar° a los médicos y a las clínicas.   *keep away*
Se puede dar de postre a los niños
cuando no se han dormido,
y unas gotas° de luna en los ojos de los ancianos°   *drops / elderly*
ayudan a bien morir.

15  Pon una hoja tierna° de la luna               *tender*
debajo de tu almohada°                        *pillow*
y mirarás lo que quieras ver.
Lleva siempre un frasquito del aire de la luna
para cuando te ahogues,
20  y dales la llave de la luna
a los presos y a los desencantados°.          *disenchanted*
Para los condenados° a muerte                 *condemned*
y para los condenados a vida
no hay mejor estimulante que la luna
25  en dosis precisas y controladas.

# Análisis

**1** **Comprensión** Elige el párrafo que mejor resume lo que expresa el poema.

1. Las responsabilidades de la vida moderna traen estrés y dificultan las relaciones personales. La luna, con su influencia negativa, intoxica a las personas y es causa de conflictos.

2. El poema les recomienda la luna a niños y adultos contra una variedad de problemas y para tener mejor suerte. Un postre de luna ayuda a los niños a dormirse. Una dosis de luna alivia cuando uno se ahoga.

**2** **Interpretar** Contesta las preguntas. Luego, explícale tus respuestas a la clase.

1. ¿Cuál es el tema principal del poema? ¿Cuáles son los temas secundarios?

2. Lee estos versos. ¿Qué crees que quiere expresar el poeta?

> Un pedazo de luna en el bolsillo
> es mejor amuleto que la pata de conejo:
> sirve para encontrar a quien se ama,
> para ser rico sin que lo sepa nadie
> y para alejar a los médicos y a las clínicas.

3. ¿Qué relación hay entre llaves y presos? ¿Qué quiere decir el poeta con esa imagen?

4. En tu opinión, ¿qué simboliza la luna? Sustituye la luna con otro símbolo que represente las mismas ideas. ¿Funciona? ¿Por qué?

5. ¿Qué efecto causa el poeta cuando recomienda la luna en "dosis precisas y controladas"?

**3** **Símbolos** Los símbolos están en nuestro día a día. En parejas, mencionen cinco símbolos conocidos por todos y expliquen lo que simbolizan.

> **Modelo** Un corazón simboliza el amor.

**4** **¿Y tú?** El poeta hace recomendaciones para que seamos más felices. ¿Qué les dirías a estas personas si te preguntaran qué hacer para solucionar sus problemas?

- un(a) enamorado/a que no es correspondido/a
- alguien que acaba de perder su empleo/a
- un(a) preso/a que es inocente
- una pareja que está muy enamorada pero que se pelea constantemente

**5** **Escribir** Escribe diez consejos para que todos seamos felices. Sigue el **Plan de redacción**.

### Plan de redacción

**Consejos para ser feliz**

**1 Esquema** Prepara un esquema con las diez actitudes hacia la vida que crees necesarias para ser feliz. Organiza tus ideas para no repetir ni olvidar nada.

**2 Título** Elige un título simbólico para tu decálogo.

**3 Contenido** Escribe los diez consejos. Utiliza el subjuntivo, el condicional, mandatos y pronombres relativos.

Practice more at vhlcentral.com.

# Nuestro mundo

 Vocabulary Tools

## La naturaleza

**el árbol** *tree*
**el bosque** *forest*
**la cordillera** *mountain range*
**la costa** *coast*
**el desierto** *desert*
**la luna** *moon*
**el mar** *sea*
**el paisaje** *landscape, scenery*
**el río** *river*
**la selva (tropical)** *(tropical) rainforest*
**el sol** *sun*
**la tierra** *land, earth*

**al aire libre** *outdoors*
**escaso/a** *scant, scarce*
**potable** *drinkable*
**protegido/a** *protected*
**puro/a** *pure, clean*
**seco/a** *dry*

## Los animales

**el águila (f.)** *eagle*
**el ave, el pájaro** *bird*
**la ballena** *whale*
**la especie en peligro (de extinción)** *endangered species*
**la foca** *seal*
**el lagarto** *lizard*
**el león** *lion*
**el lobo** *wolf*
**el mono** *monkey*
**el oso** *bear*
**el pez** *fish*
**la serpiente** *snake*
**el tigre** *tiger*
**la tortuga (marina)** *(sea) turtle*

## Los fenómenos naturales

**el calentamiento** *warming*
**la erosión** *erosion*
**el huracán** *hurricane*
**el incendio** *fire*
**la inundación** *flood*
**la lluvia** *rain*
**la sequía** *drought*
**el terremoto** *earthquake*

## La ecología

**la basura** *trash*
**la capa de ozono** *ozone layer*
**el combustible** *fuel*
**el consumo de energía** *energy consumption*
**la contaminación** *pollution*
**la deforestación** *deforestation*
**el desarrollo** *development*
**la energía (eólica, nuclear, renovable, solar)** *(wind, nuclear, renewable, solar) energy*
**la fuente** *source*
**el medio ambiente** *environment*
**el peligro** *danger*
**el petróleo** *oil*
**el porvenir** *future*
**los recursos** *resources*
**el smog** *smog*

**agotar** *to use up*
**aguantar** *to put up with, to tolerate*
**amenazar** *to threaten*
**cazar** *to hunt*
**conservar** *to preserve*
**contagiar** *to infect; to be contagious*
**contaminar** *to pollute*
**desaparecer** *to disappear*
**destruir** *to destroy*
**echar** *to throw away*
**empeorar** *to get worse*
**extinguirse** *to become extinct*
**malgastar** *to waste*
**mejorar** *to improve*
**prevenir (e:ie)** *to prevent*
**proteger** *to protect*
**resolver (o:ue)** *to solve, to resolve*
**respirar** *to breathe*
**urbanizar** *to urbanize*

**dañino/a** *harmful*
**desechable** *disposable*
**híbrido/a** *hybrid*
**renovable** *renewable*
**tóxico/a** *toxic*

## Cortometraje

**el aparcamiento** *parking space*
**el coche** *car*
**la decepción** *disappointment*

**el desinterés** *lack of interest*
**la expansión (urbana)** *(urban) sprawl*
**el tronco** *trunk*

**aparcar** *to park*
**cortar** *to cut*
**desatender (e:ie)** *to neglect*
**hacer falta** *to be necessary*
**plantar** *to plant*
**podar** *to prune*
**quitar** *to remove*
**serrar** *to saw*
**soportar** *to put up with*

**descontrolado/a** *out of control*

## Cultura

**el chamán** *shaman*
**el/la curandero/a** *folk healer*
**la dolencia** *ailment*
**el efecto invernadero** *greenhouse effect*
**el/la encargado/a** *person in charge*
**el hecho** *fact*
**la madera** *wood*
**el medicamento** *medication*
**el pulmón** *lung*
**el reciclaje** *recycling*
**el reto** *challenge*
**la semilla** *seed*
**la Tierra** *Earth*
**la utilidad** *usefulness*

**reciclar** *to recycle*

## Literatura

**el antídoto** *antidote*
**la felicidad** *happiness*
**el frasquito** *little bottle*
**la hoja** *leaf*
**la pata de conejo** *rabbit's foot*
**el pedazo** *piece*
**el/la preso/a** *prisoner*
**la rutina diaria** *daily routine*
**el símbolo** *symbol*

**ahogarse** *to suffocate, to drown*
**aliviar** *to relieve, to soothe*
**intoxicar** *to poison*

**a cucharadas** *in spoonfuls*

# El valor de las ideas

L as épocas más difíciles de la historia, como las de guerra y
dictadura, muestran a la vez lo peor y lo mejor de la humanidad.
La solidaridad y la protección de los derechos humanos, así como
la denuncia de la opresión, de la intolerancia y de la falta de libertad, han
caracterizado la literatura y el cine de habla hispana contemporáneos.
Sin embargo, ¿qué estamos consiguiendo con nuestras reivindicaciones?
¿Cómo asegurarnos de que los gobiernos respeten la libertad y los
derechos humanos? ¿Qué más debemos hacer?

203

208

**Destino:**
# CHILE

# Creencias e ideologías

 Vocabulary Tools

## Las leyes y los derechos

los derechos humanos *human rights*
la desobediencia civil *civil disobedience*
la (des)igualdad *(in)equality*
el/la juez(a) *judge*
la (in)justicia *(in)justice*
la libertad *freedom*
la lucha *struggle, fight*
el tribunal *court*

abusar *to abuse*
aprobar (o:ue) una ley
  *to pass a law*
convocar *to summon*
defender (e:ie) *to defend*
derogar *to abolish, to repeal*
encarcelar *to imprison*
juzgar *to judge*

analfabeto/a *illiterate*
(des)igual *(un)equal*
(in)justo/a *(un)fair*
oprimido/a *oppressed*

## La política

el abuso *abuse*
la armada *navy*
la bandera *flag*

la creencia *belief*
la crueldad *cruelty*
la democracia *democracy*

la dictadura *dictatorship*
el ejército *army*

el gobierno *government*
la guerra (civil) *(civil) war*
el partido político *political party*
la paz *peace*

el poder *power*
la política *politics*
las relaciones exteriores *foreign relations*
la victoria *victory*

dedicarse a *to devote oneself to*
elegir (e:i) *to elect*
ganar/perder (e:ie) las elecciones *to win/to lose an election*
gobernar (e:ie) *to govern*
influir *to influence*
votar *to vote*

conservador(a) *conservative*
liberal *liberal*
pacífico/a *peaceful*
pacifista *pacifist*

## La gente

el/la abogado/a *lawyer*
el/la activista *activist*
el ladrón/la ladrona *thief*

el/la manifestante *demonstrator*
el/la político/a *politician*

el/la presidente/a *president*
el/la terrorista *terrorist*
la víctima *victim*

## La seguridad y la amenaza

la amenaza *threat*
el arma (f.) *weapon*
el escándalo *scandal*
la (in)seguridad *(in)security; (lack of) safety*
el temor *fear*
el terrorismo *terrorism*
la violencia *violence*

chantajear *to blackmail*
destrozar *to destroy, to ruin*
espiar *to spy*
huir *to flee*
pelear *to fight, to quarrel*
secuestrar *to kidnap, to hijack*

# Práctica

**1**

**Antónimos** Selecciona de la lista el antónimo de cada palabra.

| | | |
|---|---|---|
| bandera | escándalo | perder |
| derogar | liberal | temor |
| dictadura | paz | víctima |

1. aprobar _____

2. democracia _____

3. ganar _____

4. terrorista _____

5. guerra _____

6. conservador _____

**2**

**¿Cuál es?** Indica a qué palabra de la lista se refiere cada descripción.

| | | |
|---|---|---|
| abogada | ladrona | político |
| armada | manifestante | secuestrar |
| crueldad | oprimido | tribunal |
| desobediencia | poder | votar |

_____ 1. Mujer que defiende a un(a) acusado/a

_____ 2. Retener a una persona contra su voluntad para pedir dinero a cambio de su libertad

_____ 3. Estado de la persona que es víctima de una tiranía

_____ 4. Hombre cuyo empleo es un cargo público en el gobierno

_____ 5. Fuerzas navales de un país

_____ 6. Conducta que ignora intencionalmente las reglas o leyes establecidas por una autoridad

_____ 7. Persona que toma parte en una protesta a favor de un cambio social

_____ 8. Trato despiadado (*merciless*) e inhumano hacia otra persona o ser vivo

_____ 9. Mujer que roba

_____ 10. Ejercer (*exercise*) el derecho de elegir un(a) candidato/a en las urnas (*ballot box*)

**3**

**Titulares** En parejas, hablen de noticias recientes sobre la política o la sociedad. Expliquen cada una, usando como mínimo dos palabras de la lista u otras del vocabulario nuevo.

**Modelo** El partido liberal declaró ayer que pelearía por los derechos de los indígenas.

| | | |
|---|---|---|
| chantajear | huir | pacifista |
| destrozar | igualdad | pelear |
| escándalo | ladrón | político |
| espiar | liberal | seguridad |

Practice more at
vhlcentral.com.

# Preparación

## CULTURAL

### El hiyab
Muchas mujeres
musulmanas utilizan un
hiyab (*hijab*). Se trata de
una especie de pañuelo
para cubrirse la cabeza
y el cuello, dejando
descubierto el rostro.

**Vocabulario del corto**

el/la **alumno/a** *pupil,
student*

el/la **chaval(a)** *kid,
youngster*

**confiar** *to trust*

el **instituto** *high school*

**laico/a** *secular, lay*

**musulmán/musulmana**
*Muslim*

el **pañuelo** *headscarf*

**pegar** *to hit*

**raro/a** *weird*

el **rato** *a while*

la **regla** *rule*

**Vocabulario útil**

la **autoridad** *authority*

**ceder** *to give up*

la **confianza** *trust*

**disentir** *to dissent, to disagree*

la **doble moral** *double standard*

la **hipocresía** *hypocrisy*

**EXPRESIONES**

**¿A que no?** *I bet not.*

**cómo van las otras** *how the others dress*

**Nos da igual.** *It makes no difference to us.*

**¿Eso qué tiene que ver?** *What does that have to do with it?*

**Venga.** *Come on.*

**1** **Vocabulario** Empareja cada palabra de la columna B con la definición correspondiente de la columna A. Después, escribe tres oraciones usando cuatro de las palabras.

<table>
<tr><td colspan="2" align="center">**A**</td><td align="center">**B**</td></tr>
<tr><td>____ 1. Que no pertenece a una orden religiosa</td><td></td><td>a. ceder</td></tr>
<tr><td>____ 2. Tener fe en la discreción e intenciones de alguien</td><td></td><td>b. chaval</td></tr>
<tr><td>____ 3. Darle golpes a una persona para lastimarla</td><td></td><td>c. confiar</td></tr>
<tr><td>____ 4. Extraño</td><td></td><td>d. disentir</td></tr>
<tr><td>____ 5. Tener una opinión distinta</td><td></td><td>e. hiyab</td></tr>
<tr><td>____ 6. Muchas musulmanas lo llevan en la cabeza</td><td></td><td>f. laico</td></tr>
<tr><td>____ 7. Abandonar, renunciar</td><td></td><td>g. pegar</td></tr>
<tr><td>____ 8. Niño o joven</td><td></td><td>h. raro</td></tr>
</table>

**2** **Preparación** En parejas, contesten estas preguntas.

1. ¿Piensan que debemos vestirnos de acuerdo con cada situación? Den ejemplos.

2. Consideren este dicho: "La primera impresión es la que cuenta". ¿Les parece que es verdad? ¿Por qué?

3. ¿Alguna vez se formaron una impresión equivocada de una persona a partir de su aspecto físico? Expliquen.

4. ¿Cómo deciden cada día qué ropa se van a poner? ¿Qué factores influyen en la selección?

5. ¿Qué aspectos de la apariencia física de ustedes le parecerían curiosos a una persona de otra cultura?

Lección 6

**3**

**Fotogramas** En parejas, observen los fotogramas y contesten las preguntas.

1. ¿De dónde es la joven? ¿En qué país vive?
2. ¿Cuál es su estado de ánimo (*state of mind*)? ¿Qué está pensando?
3. ¿Quién es la mujer? ¿Qué relación tiene con la joven?
4. ¿En qué lugar se encuentran? ¿De qué hablan?

**4**

## Comunidades

**A.** En grupos de tres, miren las fotos y consideren cada uno de estos puntos. Intercambien sus reacciones y compartan sus opiniones con la clase.

- quién es la persona / quiénes son las personas
- sus marcas de identidad
- por qué se viste(n) así
- qué impresión quiere(n) dar
- la reacción de ustedes si la(s) vieran en la calle

1.

2.

3.

4.

**B.** ¿Pertenecen ustedes o alguien que conocen a alguna comunidad o grupo con el que se identifican? ¿A cuál?

**5**

**Encuesta** En parejas, lean cada oración y elijan una opción. Justifiquen su elección. Si consideran que las dos son posibles, expliquen por qué y bajo qué circunstancias. Comparen sus opiniones con otra pareja.

1. Si uso símbolos religiosos y culturales, ...
   a. me destaco (*stand out*) en la multitud.     b. soy "uno/a más".
2. Las marcas de identidad sirven para...
   a. aislar.                                        b. incluir.
3. "Comunidad" equivale a...
   a. separación.                                    b. unión.
4. "Libertad" quiere decir que...
   a. todos somos iguales.                           b. las diferencias no importan.

Video

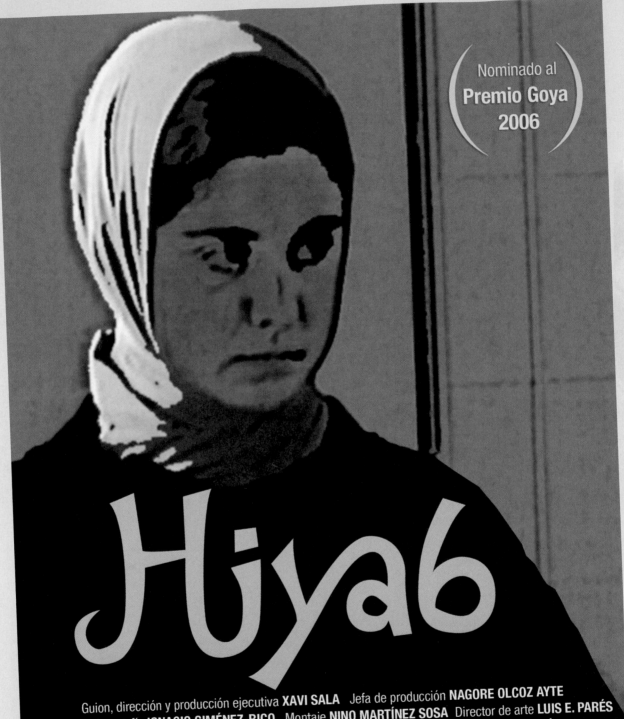

**ARGUMENTO** *La directora de un instituto intenta convencer a una nueva alumna de que se quite el hiyab. La joven se resiste.*

**BELÉN** Fátima, lo que intento explicarte es que ésta es una escuela laica y todos somos iguales. No queremos diferencias entre los alumnos, ¿entiendes?

**BELÉN** El pañuelo está bien para la calle, para tu casa, pero para aquí no.
**FÁTIMA** Pero en casa me lo quito...
**BELÉN** Y aquí también tienes que hacerlo.

**BELÉN** ¿Qué pasa, que tus padres te pegan si no lo llevas?
**FÁTIMA** Ellos también quieren que me lo quite.

**BELÉN** Estarías muy guapa si te lo quitas.
**FÁTIMA** Pero a mí me gusta llevarlo.
**BELÉN** Y me parece muy bien, cariño[1], pero para cuando salgas del instituto.

**BELÉN** ¿Tú has visto a alguien aquí que lo lleve? Pues por eso. Venga, Fátima, confía en mí.

**PROFESOR** Ésta es Fátima, es nueva y quiero que la tratéis como a una más de la clase. ¿Está claro?

[1] *sweetheart*

---

### Nota CULTURAL

#### Símbolos religiosos

La costumbre de cubrir la cabeza de las mujeres no es exclusiva del Islam. También se practica en la religión cristiana y en la judía, y está relacionada con la modestia y la pureza. Algunos países europeos han limitado el uso de "símbolos ostensibles°" como el hiyab, la kipá° y los crucifijos en las escuelas públicas. Sin embargo, se permiten "símbolos discretos" como medallas, cruces pequeñas, estrellas de David y manos de Fátima. Aunque la razón de estas restricciones ("vivir en común en una sociedad diversa") tiene que ver con el orden público y no se trata de una limitación de la libertad de conciencia, las restricciones han sido objeto de controversia.

**ostensibles** *conspicuous* **kipá** *yarmulke (skullcap worn by many male Jews)*

---

El valor de las ideas

# Análisis

**1** **Comprensión** Contesta las preguntas con oraciones completas.

1. ¿Quiénes son Fátima y Belén?

2. ¿De qué hablan la joven y la directora?

3. ¿Qué quiere la directora que haga Fátima?

4. ¿Qué piensan los padres de Fátima del hiyab?

5. ¿Por qué lleva Fátima hiyab?

6. ¿Qué argumentos utiliza Belén para convencer a Fátima? Menciona dos.

7. ¿Qué les dice el profesor a sus alumnos cuando les presenta a Fátima?

8. ¿Cómo se visten los compañeros de clase?

**2** **Interpretación** En parejas, contesten las preguntas y expliquen sus respuestas.

1. Belén le pregunta a Fátima si quiere ser "la rara de la clase". ¿Qué significa esa expresión? ¿Qué consecuencias puede tener?

2. ¿Cómo creen que se siente Fátima mientras se quita el hiyab? ¿Y la directora?

3. ¿Cuál de los argumentos de Belén convence a Fátima? ¿Los convencería a ustedes?

4. ¿Qué creen que piensa Fátima al entrar en la clase y ver a sus compañeros?

5. ¿Por qué creen que a Fátima no se le permite llevar el hiyab en clase, pero se les permiten otros accesorios a sus compañeros?

6. Cuando Belén dice: "No queremos diferencias entre los alumnos", ¿a qué diferencias se refiere?

**3** **Contextos** En parejas, hablen de estas citas extraídas del cortometraje. Expliquen la importancia que tiene cada una dentro de la historia.

> **"Pues que la libertad de culto, pensamiento y todo eso se nos iría a la basura".** DIRECTORA

> **"Las reglas son las reglas, no las he inventado yo".** DIRECTORA

> **"Ellos también quieren que me lo quite".** FÁTIMA

> **"Pero a mí me gusta llevarlo".** FÁTIMA

> **"... ésta es Fátima, es nueva y quiero que la tratéis como a una más de la clase".** PROFESOR

**4** **Puntos de vista** En grupos de tres, lean estas oraciones y decidan quién las puede haber dicho. ¿Con cuál(es) están de acuerdo? ¿Por qué? Después, compartan sus opiniones con la clase.

1. "Todo individuo tiene el derecho de vestir lo que ya lleva el alma (*soul*)".

2. "Los símbolos religiosos, llevados por alumnos de nuestras escuelas públicas, se deben prohibir. Fomentan la desigualdad, la sospecha y la discriminación".

3. "A partir del próximo semestre, el director mandará a casa a cualquier alumno o alumna que lleve camiseta (*T-shirt*) con mensaje ofensivo o provocador".

4. "Si hoy nos limitan la ropa que podemos llevar, ¿qué nos limitarán mañana?"

**5** **Vestimenta** En parejas, escriban dos listas. Un(a) compañero/a escribe cuatro ventajas de imponer reglas de vestimenta (*dress codes*) en las escuelas y en los lugares de trabajo. El/La otro/a escribe cuatro desventajas. Consideren las preguntas a continuación y después intercambien sus listas para comentarlas.

- ¿Deben o debieron ustedes llevar uniforme a la escuela? ¿Conocen a alguien que debe o debió hacerlo?

- ¿Trabajan o trabajaron ustedes en una empresa con reglas de vestimenta? ¿Conocen a alguien que trabaja o trabajó en una empresa así?

- ¿Existe una diferencia entre llevar uniforme y observar una serie de reglas de vestimenta?

- ¿Se pueden fiar (*trust*) las escuelas y las empresas del criterio personal de sus alumnos y empleados en cuanto a la vestimenta?

**6** **La obediencia y la autoridad** En grupos de cuatro, lean estas preguntas y razonen las respuestas.

1. "Las reglas son las reglas". ¿Piensan que una figura de autoridad tiene poder de decisión frente a las reglas?

2. ¿Alguna vez tuvieron problemas en la escuela, una iglesia u otro lugar público por algo que llevaban o que hicieron? ¿Cómo reaccionaron? ¿Les parece que hicieron lo correcto? ¿Por qué?

3. ¿Qué es más importante: obedecer o mantenerse fiel a sus propios principios? ¿Dónde está el límite? ¿Hasta qué punto es necesario confiar en la autoridad de los superiores?

4. ¿Qué tipo de desobediencia les parece aceptable?

**7** **Obediencia** En parejas, elijan un personaje que haya desobedecido un mandato del orden establecido, como Gandhi, Nelson Mandela o Rosa Parks. Improvisen un diálogo entre ese personaje y otro que represente la autoridad. Expongan ambos puntos de vista, incluyendo las razones y el precio de la desobediencia. Representen su diálogo ante la clase.

**8** **Final** Elige una de estas opciones y escribe una composición sobre el tema.

1. Decides escribir una carta al periódico de la ciudad donde está la escuela de Fátima. En ella expresas tu opinión, a favor o en contra, sobre lo ocurrido. Justifica tu reacción.

2. Eres presidente de un grupo que protege celosamente su exclusividad y busca diferenciarse del resto. Escribe las reglas y los requisitos para pertenecer a él.

Practice more at
vhlcentral.com.

Reading

# SUEÑA
## Rompecabezas de maravillas

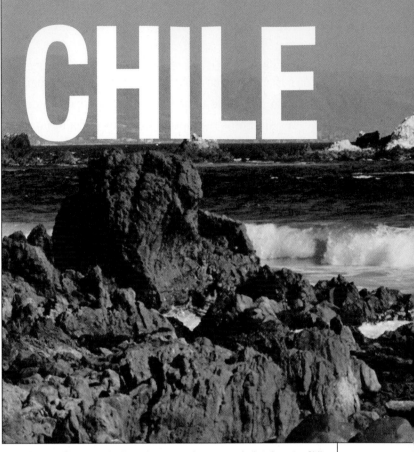

Formación rocosa *La Portada* en una playa cerca de Antofagasta, Chile

Cuenta la leyenda que cuando Dios terminó de crear el mundo le sobraron multitud de montañas, bosques, desiertos, valles, ríos y glaciares. Decidió entonces juntar todos esos trozos sueltos[1], como un gran rompecabezas[2], y llevarlos hasta un lugar remoto en los confines de la Tierra: ese lugar es Chile.

Su geografía está enmarcada por el **océano Pacífico** al oeste y la **cordillera de los Andes** al este. Su territorio se distribuye entre el continente americano y un gran número de islas que hacen que Chile ponga pie en un segundo continente: **Oceanía**. El país tiene dimensiones excepcionales: 4.300 kilómetros (2.672 millas) de longitud y una anchura[3] promedio de 200 kilómetros (124 millas).

Entre la gran cantidad de islas del territorio chileno existen algunas que inspiraron relatos fantásticos y novelas de aventuras. El **archipiélago de Juan Fernández**, de origen volcánico, incluye la **isla de Robinson Crusoe**. En ella, el marino escocés **Alexander Selkirk**, a quien se considera una de las posibles fuentes[4] de la famosa novela de **Daniel Defoe**, vivió cuatro años como náufrago[5] solitario.

La misteriosa **isla de Pascua**[6] está ubicada[7] en la **Polinesia**, en Oceanía. Además de contar con una belleza

Los moáis

natural extraordinaria, conserva las ruinas de los **Rapa Nui**, una cultura prehistórica. Por toda la isla, se encuentran más de 600 enormes esculturas de piedra. Estas esculturas, llamadas **moáis**, son únicas en el mundo. Se cree que con estas estatuas, que pueden medir[8] hasta 12 metros (40 pies) y pesar más de 100 toneladas[9], los nativos representaban a sus antepasados para que proyectaran sobre ellos su poder sobrenatural.

En el extremo sur del continente se halla la **isla de Tierra del Fuego**, que Chile comparte con Argentina. Un poco más al norte, podemos ver los glaciares y los impresionantes picos montañosos del **Parque Nacional Torres del Paine**; y en el norte del país reina el **desierto de Atacama**, que cubre los 360 mil km[2] (90 millones de acres) más áridos de todo el planeta. En la ciudad de Atacama, por ejemplo, caen sólo tres milímetros de lluvia por año. Esta zona reúne maravillas tan variadas como aguas termales, géiseres, un oasis donde habitan flamencos rosados, valles esculpidos por el viento y vestigios arqueológicos de pueblos precolombinos que atraen incesantemente a los turistas.

### Signos vitales

Los **mapuches**, también conocidos como **araucanos**, forman uno de los pueblos originarios del territorio de **Chile** y **Argentina.** Han conservado hasta hoy su lengua, el **mapudungun**, sus creencias y sus ritos. Lucharon primero contra la dominación del imperio inca y después contra la conquista española. En la actualidad buscan la reivindicación[10] de la propiedad de la tierra, el respeto por su forma de vida tradicional y vencer[11] la discriminación.

[1] **trozos sueltos** *loose bits* [2] *puzzle* [3] *width* [4] *sources* [5] *castaway* [6] *Easter Island* [7] *located* [8] *measure* [9] *tons* [10] *claim* [11] *overcome*

# ¡Visitemos Chile!

**Centros de esquí** Gracias a los picos de los **Andes**, en **Chile** se encuentran excelentes centros de esquí. Preparados para acoger[1] a los que practican cualquier deporte de invierno, están situados en todo el centro y sur de Chile. Varios de estos centros de esquí están a poca distancia de la ciudad de **Santiago**, como **El Colorado** a 37 kilómetros (23 millas) o **Valle Nevado** a 60 kilómetros (37 millas). Esto permite una escapada hacia allí durante el fin de semana.

**Volcanes** **Chile** es también un país de volcanes: en toda su extensión existen más de 2.000. De éstos, 500 están aún en actividad, como el **Villarrica**, llamado *Rucapillán* ("casa de los espíritus") por los mapuches. No lejos de ahí, se puede visitar

**Temuco**, ciudad industrial y capital regional, donde el poeta **Pablo Neruda** pasó su infancia y adolescencia.

**Mariscos** Chile, que posee una costa privilegiada, es uno de los países con mayor variedad de fauna marina en todo el mundo. Se puede encontrar allí mariscos[2] únicos, como **locos**, **picorocos** y **piures**[3], muy apreciados en la gastronomía. Para disfrutarlos, basta visitar los pueblos pesqueros[4] de la costa o los restaurantes del Mercado Central de Santiago.

**Valparaíso** Esta ciudad portuaria[5] cuenta con un centro histórico de fama mundial. Su diseño urbano entrelaza[6] exitosamente el estilo colonial español con otros estilos europeos como el **victoriano**, llevado hasta allí por inmigrantes ingleses y desarrollado en el

siglo XIX. Fue declarada **Patrimonio de la Humanidad** por la **UNESCO** en 2003.

---

[1] *to receive* [2] *seafood; shellfish* [3] **locos...** *abalone, barnacles, and red sea squirts*
[4] **pueblos...** *fishing villages* [5] *port* [6] *intertwines*

## El español de Chile

| | |
|---|---|
| **billullo** | dinero; *money* |
| **cacho** | problema, situación difícil; *problem* |
| **capear** | no ir a clase; *to play hookie* |
| **caperuzo/a** | inteligente, astuto/a; *smart, clever* |
| **carrete** | fiesta |
| **fome** | aburrido/a; *boring, dull* |
| **harto/a** | muy, mucho/a; *very, a lot (of)* |
| **funar** | echar a perder; *to ruin* |
| **polera** | camiseta; *T-shirt* |
| **pololo/a** | novio/a; *boyfriend/girlfriend* |

### Expresiones

| | |
|---|---|
| **al tiro** | ahora mismo, inmediatamente; *right now, immediately* |
| **andar pato** | no tener nada de dinero; *not to have two nickels to rub together* |
| **¿Cachai?** | ¿Entendiste?; *Do you understand?* |
| **caldo de cabeza** | estar demasiado preocupado/a por algo; *to be too worried about something* |
| **Estoy piola.** | Estoy muy bien.; *I'm great.* |

# GALERÍA DE CREADORES

**BESTSELLER INTERNACIONAL**

"Una extravagante historia, escrita por una cuentista de talento que revive, como por arte de magia, el mundo del siglo XIX."
—LOS ANGELES TIMES BOOK REVIEW

hija de la fortuna
isabel allende
autora de RETRATO EN SEPIA y EVA LUNA

**LITERATURA** Isabel Allende

En 1973 el presidente chileno Salvador Allende fue asesinado. Dos años después, su sobrina Isabel Allende escapó del país para exiliarse en Venezuela, donde publicó en 1982 su primera novela, *La casa de los espíritus*, que fue muy bien recibida por el público. Esta novela también se popularizó en los Estados Unidos, donde vive hoy la escritora, al ser publicada en inglés y, sobre todo, al aparecer la versión cinematográfica. La familia, el amor y el poder son temas recurrentes en la obra de Isabel Allende. Sus libros incluyen títulos como *Eva Luna*, *El plan infinito*, *Paula*, *Retrato en sepia* y *La suma de los días*.

**MÚSICA Y ARTE** Violeta Parra

Considerada la iniciadora de la Nueva Canción Chilena, Violeta Parra fue una artista de extraordinaria riqueza creativa, quien logró revitalizar la cultura popular de Chile. Es conocida por sus grabaciones y recitales de canciones tradicionales y propias, como *Gracias a la vida*, que fue popularizada en los Estados Unidos por Joan Baez. También se dedicó a la pintura, la escultura, la cerámica y el arte de bordado de arpilleras (*burlap embroidery*). Hoy día la Fundación Violeta Parra preserva el patrimonio de esta artista universal que murió en 1967.

### CINE Miguel Littín

El director de cine Miguel Littín nació en Chile en 1942. El gobierno del nuevo presidente Salvador Allende lo designó a la cabeza de la productora estatal Chile Films en 1971. Durante el período subsiguiente dirigió películas de gran calidad, como *El chacal de Nahueltoro*. Los hechos reales que narra esta película causaron gran conmoción; sin embargo, fue un éxito con los críticos y el público. Muchas de las películas de Littín tienen carácter político. Entre ellas, *Actas de Marusia* y *Alsino y el cóndor* fueron nominadas al Óscar a la mejor película extranjera en 1975 y 1982 respectivamente. Estos logros le merecieron a Littín el reconocimiento internacional.

### PINTURA Y ESCULTURA MATTA

El pintor y escultor MATTA es considerado como el artista chileno más importante del siglo XX. En 1937 conoció en París a André Breton y se unió al movimiento surrealista. Marcel Duchamp, Salvador Dalí e Yves Tanguy son algunos de los artistas que influyeron en su obra. Sobre sus lienzos (*canvases*) creó mundos imaginarios en los que trató de representar las fuerzas del universo que influyen en el hombre contemporáneo. Aquí vemos el óleo *L'Etang de No* (1958) del artista chileno, fallecido (*deceased*) en 2002.

# ¿Qué aprendiste?

**1**

**Cierto o falso** Indica si estas afirmaciones son ciertas o falsas. Corrige las falsas.

1. La isla de Pascua se encuentra en la Polinesia.
2. Los mapuches y los araucanos tienen lenguas y costumbres distintas.
3. Violeta Parra es la autora de la canción *Gracias a la vida*, que la cantante Joan Baez popularizó en los Estados Unidos.
4. Considerando su larga costa, la variedad de mariscos que se encuentra en Chile es pequeña.
5. La película *El chacal de Nahueltoro* provocó una gran conmoción social por los hechos reales que narra.
6. Inmigrantes de otros países latinoamericanos llevaron el estilo victoriano a Valparaíso.

**2**

**Preguntas** Contesta las preguntas.

1. ¿En qué ciudad creció el poeta chileno Pablo Neruda?
2. ¿A qué movimiento se unió el escultor MATTA en París?
3. ¿Por qué representaban los Rapa Nui a sus antepasados?
4. ¿Cuáles son los temas más recurrentes de las novelas de Isabel Allende?
5. ¿Qué centros de esquí están a poca distancia de Santiago?
6. ¿Qué artista de la Galería te interesa más? ¿Por qué?

**3**

**Personajes** Escoge uno de los personajes de la sección **Galería de creadores**. Explica por qué escogiste ese personaje y qué caracterísiticas de su biografía te impresionaron. Después, comparte tus pensamientos con la clase.

**4**

**Opiniones** En parejas, imaginen que van a viajar a Chile próximamente. Hagan una lista de los lugares que quieren visitar y respondan:

- ¿Por qué les gustaría conocer un lugar como Chile?
- ¿Qué esperan aprender de ese viaje?
- ¿Qué los atrae de cada lugar que quieren visitar?

Practice more at vhlcentral.com.

## PROYECTO

### De norte a sur

Crea un itinerario de quince días de vacaciones en Chile. Investiga la información que necesites en Internet.

- Empieza en el norte del país y termina en el sur.
- Selecciona los lugares que quieres visitar, combinando las montañas, el mar y las ciudades.
- Menciona la ropa más adecuada para cada tramo (*stage*).
- Presenta tu itinerario a la clase con fotografías y un mapa.

# Puerto Rico: ¿nación o estado?

En las páginas anteriores has empezado a explorar la identidad cultural y nacional, y los conflictos que hay entre ellas. En este episodio de **Flash Cultura**, conocerás la situación actual de Puerto Rico y las distintas opiniones que tienen sobre el tema sus habitantes.

## Vocabulario

**la aduana** *customs*
**el buzón** *mailbox*
**el comercio** *trade*
**los impuestos** *taxes*

**permanecer** *to remain*
**los recursos** *resources*
**las relaciones exteriores** *foreign relations*
**la tarjeta postal** *postcard*

**1**

**Preparación** ¿Hablas de política con tus amigos? ¿Lees el periódico o escuchas las noticias? ¿Te interesa conocer la situación política de tu país? ¿Y la de otros países? ¿Qué sabes de la política de Puerto Rico?

**2**

**Comprensión** Indica si estas afirmaciones son ciertas o falsas. Después, corrige las falsas.

1. Los ciudadanos de Puerto Rico son estadounidenses.
2. La moneda de Puerto Rico es el peso.
3. En Puerto Rico se pagan impuestos federales y locales.
4. El gobierno de Estados Unidos se ocupa de las relaciones exteriores, el comercio y la aduana de Puerto Rico.
5. A los puertorriqueños también se les dice *boricuas*.
6. Los puertorriqueños quieren que su país sea independiente.

**3**

**Expansión** En parejas, contesten estas preguntas.

- ¿Te gusta enviar tarjetas postales cuando viajas? ¿Por qué? ¿A quién le enviarías una desde Puerto Rico?

- ¿Piensas que el debate sobre política puede convertirse realmente en un deporte nacional? ¿Podría pasar algo parecido en tu país con algún tema? ¿Con cuál?

- De las tres opciones planteadas en el video (que Puerto Rico permanezca como estado asociado, que se convierta en un estado o que sea un país independiente), ¿cuál te parece a ti la más acertada? ¿Por qué?

**Corresponsal:** Diego Palacios
**País:** Puerto Rico

Cuando estás aquí, no sabes si estás en un país latinoamericano o si estás en los Estados Unidos.

En Puerto Rico, puedes tomar el sol en la playa, beber agua de coco y enviarle tarjetas postales a tus amigos.

El debate se ha convertido en el deporte nacional de Puerto Rico.

Practice more at
vhlcentral.com.

Presentation

## 6.1 The subjunctive in adverbial clauses

- In Spanish, adverbial clauses are commonly introduced by conjunctions. Certain conjunctions require the subjunctive, while others can be followed by the subjunctive or the indicative, depending on the context.

—*Y me parece muy bien, cariño, pero para cuando* **salgas** *del instituto.*

### Conjunctions that require the subjunctive

- Certain conjunctions are always followed by the subjunctive because they introduce actions or states that are uncertain or have not yet happened. These conjunctions commonly express purpose, condition, or intent.

| MAIN CLAUSE | CONNECTOR | SUBORDINATE CLAUSE |
|---|---|---|
| No habrá justicia para las víctimas | sin que | encarcelen a los criminales. |

#### Conjunctions that require the subjunctive

| | |
|---|---|
| **a menos que** *unless* | **en caso (de) que** *in case* |
| **antes (de) que** *before* | **para que** *so that, in order* |
| **con tal (de) que** *provided that, as long as* | **sin que** *without, unless* |

El Ejército siempre debe estar preparado **en caso de que haya** un ataque.
*The army must always be prepared, in case there is an attack.*

El candidato hablará con su familia **antes de que conceda** la derrota.
*The candidate will talk to his family before he concedes defeat.*

- If there is no change of subject in the sentence, always use the infinitive after the prepositions **para** and **sin**, and drop the **que**.

La abogada investigará todos los detalles del caso **para defender** a su cliente.
*The lawyer will investigate every detail of the case in order to defend her client.*

- The use of the infinitive without **que** when there is no change of subject is optional after the prepositions **antes de**, **con tal de**, and **en caso de**. After **a menos que**, however, always use the subjunctive.

Debo leer sobre el candidato **antes de votar** por él.
*I must read about the candidate before voting for him.*

La senadora va a perder **a menos que mejore** su imagen.
*The senator is going to lose unless she improves her image.*

## Conjunctions followed by the subjunctive or the indicative

- If the action in the main clause has not yet occurred, then the subjunctive is used after conjunctions of time or concession.

*—En cuanto te lo quites un rato, ni te acuerdas.*

### Conjunctions followed by the subjunctive or the indicative

| | |
|---|---|
| **a pesar de que** *despite* | **hasta que** *until* |
| **aunque** *although; even if* | **luego (de) que** *after* |
| **cuando** *when* | **mientras que** *while* |
| **después (de) que** *after* | **siempre que** *as long as* |
| **en cuanto** *as soon as* | **tan pronto como** *as soon as* |

Trabajaremos duro **hasta que** no **haya** más abusos de poder.
*We will work hard until there are no more abuses of power.*

**Aunque mejore** la seguridad, siempre tendrán miedo de viajar en avión.
*Even if security improves, they will always be afraid to travel by plane.*

**Cuando hablen** con la prensa, van a exigir la libertad para los prisioneros.
*When they speak with the press, they are going to demand freedom for the prisoners.*

- If the action in the main clause has already happened, or happens habitually, then the indicative is used in the adverbial clause.

**Tan pronto como se supieron** los resultados, el partido anunció su victoria.
*As soon as the results were known, the party announced its victory.*

Mi padre y yo siempre nos peleamos **cuando hablamos** de política.
*My father and I always fight when we talk about politics.*

- **A pesar de**, **después de**, and **hasta** can also be followed by an infinitive, instead of **que** + [*subjunctive*], when there is no change of subject.

Algunos ladrones se reforman **después de salir** de la cárcel.
*Some thieves reform after leaving jail.*

Algunos ladrones se reforman **después de que salgan** de la cárcel.
*Some thieves reform after they leave jail.*

# Práctica

**1** **Declaraciones** Elige la conjunción adecuada para completar la conversación entre un periodista y la gobernadora Ibáñez.

**PERIODISTA** Gobernadora Ibáñez, ¿qué le parecieron las declaraciones del presidente?

**GOBERNADORA** (1) (Aunque / Cuando) yo generalmente no pienso igual que él, en este caso creo que todos debemos trabajar juntos (2) (a pesar de que / para que) la situación económica mejore. (3) (Hasta que / Tan pronto como) el presidente vuelva de su viaje por Asia, insistiré en hablar con él sobre mis ideas.

**PERIODISTA** ¿Cuándo me dijo que va hablar con él?

**GOBERNADORA** (4) (En cuanto / Aunque) regrese la semana que viene. Quiero hablar con él (5) (sin que / para que) sepa que todos los miembros del partido estamos dispuestos (*willing*) a trabajar muy duro (6) (con tal de que / luego que) la situación de este país mejore.

**2** **Completar** Completa las oraciones usando el indicativo, el subjuntivo o el infinitivo.

1. El candidato no va a viajar a menos que su esposa lo _____ (acompañar).

2. El abogado va a hablar con el presidente antes de que _____ (llegar) los manifestantes.

3. Los liberales y los conservadores hacen todo lo necesario con tal de _____ (ganar) las elecciones.

4. Los miembros del partido se fueron tan pronto como _____ (saber) que habían perdido las elecciones.

5. Los políticos viajan por el país para _____ (hablar) con la gente.

6. El pueblo votará por la candidata con tal de no _____ (ver) al otro candidato ganar.

7. La gente recuerda las promesas de los políticos cuando _____ (votar).

8. El alcalde olvidó sus promesas después de _____ (ganar) las elecciones.

9. El tribunal no podrá continuar sin _____ (juzgar) al acusado.

10. Los periodistas van a estar con los candidatos hasta que _____ (terminar) las elecciones.

**3** **Tendencias políticas** Forma oraciones completas usando los elementos. Usa el presente del indicativo para el primer verbo y haz otros cambios que sean necesarios.

**Modelo** (nosotros) / escuchar / debates / con tal de que / candidato / inspirarnos
Escuchamos los debates con tal de que el candidato nos inspire.

1. (yo) / llamarte / mañana / en cuanto / (ellas) / llegar / manifestación

2. cada año / partido / anunciar / victoria / después de que / contarse / último voto

3. gobiernos / chantajear / víctimas / para que / nadie / descubrir / injusticias

4. (tú) / siempre / pelear / por / nuestros derechos / sin que / (nosotros) / pedírtelo

5. guerra civil / ir / empezar / antes de que / políticos / poder / explicar / escándalos

6. presidentes / aprobar / leyes / inútil / mientras que / (nosotros) / destrozar / medio ambiente

Practice more at
vhlcentral.com.

# Comunicación

**4**

**Instrucciones** La primera dama le dejó una lista de tareas a su secretario. Luego se dio cuenta de que había olvidado ciertos detalles y dejó otra lista. En parejas, túrnense para unir los detalles de las dos listas. Después, inventen dos oraciones adicionales. Usen estas conjunciones.

**Modelo** Pídele los archivos de todas sus decisiones. / ¡Puede pasar el juez!
Le pido los archivos de todas sus decisiones en caso de que pase el juez.

| a menos que | cuando | para que |
|---|---|---|
| a pesar de que | en caso de que | siempre que |
| con tal de que | en cuanto | tan pronto como |

**Lista de tareas**

1. Contesta llamadas y correos electrónicos.
2. Escríbeles cartas a los senadores.
3. No hagas declaraciones.
4. Dile al ministro de educación que lo llamaré.

**Lista de tareas**

1. ¡Deben ser urgentes!
2. ¡Tienen que saber que no estaré estaré en mi oficina!
3. ¡Pueden llamar los periodistas!
4. ¡Debe acabarse primero el almuerzo de gala!

**5**

**Posibilidades** En parejas, túrnense para completar estas oraciones y expresar sus puntos de vista.

1. Terminaré mis estudios a tiempo a menos que…

2. Me iré a vivir a otro país en caso de que…

3. Ahorraré mucho dinero para que…

4. Yo cambiaré de carrera en cuanto…

5. Me jubilaré cuando…

**6**

**Programa** En grupos de cuatro, imaginen que son los asesores (*advisors*) de un político. Expliquen qué hará el candidato en distintas situaciones usando conjunciones con el subjuntivo.

**Modelo** Para que los ecologistas estén contentos, el alcalde dará más dinero para limpiar el río. Volverá a ser una parte importante en la vida de los ciudadanos con tal de que toda la comunidad ayude a mantenerlo.

Presentation

6.2

# The past subjunctive

## Forms of the past subjunctive

**TALLER DE CONSULTA**

See **2.1**, **pp. 58–59** for the preterite forms of regular, irregular, and stem-changing verbs.

- The past subjunctive (**el pretérito imperfecto del subjuntivo**) of all verbs is formed by dropping the **–ron** ending from the **ustedes/ellos/ellas** form of the preterite and adding the past subjunctive endings.

### The past subjunctive

| caminar (caminaron) | perder (perdieron) | vivir (vivieron) |
|---|---|---|
| caminara | perdiera | viviera |
| caminaras | perdieras | vivieras |
| caminara | perdiera | viviera |
| camináramos | perdiéramos | viviéramos |
| caminarais | perdierais | vivierais |
| caminaran | perdieran | vivieran |

**¡ATENCIÓN!**

The past subjunctive is also referred to as the imperfect subjunctive (**el imperfecto del subjuntivo**).

The **nosotros/as** form of the past subjunctive always takes a written accent.

Queríamos que el gobierno **respetara** los derechos humanos.
*We wanted the government to respect human rights.*

Me pareció increíble que los liberales **perdieran** las elecciones.
*It seemed unbelievable to me that the liberals lost the election.*

Nos sorprendió que el abogado no **supiera** cómo reaccionar ante la amenaza.
*It surprised us that the lawyer did not know how to react to the threat.*

- Verbs that have stem changes or irregularities in the **ustedes/ellos/ellas** form of the preterite have those same irregularities in all forms of the past subjunctive.

| infinitive | preterite form | past subjunctive forms |
|---|---|---|
| pedir | pidieron | pidiera, pidieras, pidiera, pidiéramos, pidierais, pidieran |
| sentir | sintieron | sintiera, sintieras, sintiera, sintiéramos, sintierais, sintieran |
| dormir | durmieron | durmiera, durmieras, durmiera, durmiéramos, durmierais, durmieran |
| influir | influyeron | influyera, influyeras, influyera, influyéramos, influyerais, influyeran |
| saber | supieron | supiera, supieras, supiera, supiéramos, supierais, supieran |
| ir/ser | fueron | fuera, fueras, fuera, fuéramos, fuerais, fueran |

- In Spain and other parts of the Spanish-speaking world, the past subjunctive is also used with an alternate set of endings: **–se, –ses, –se, –semos, –seis, –sen**. You will also see these forms in literary texts.

Marcos me pidió que **fuera/fuese** con él al tribunal.
*Marcos asked me to go with him to court.*

Nadie creyó que **estuviéramos/estuviésemos** entre los manifestantes.
*No one believed that we were among the demonstrators.*

## Uses of the past subjunctive

- The past subjunctive is required in the same contexts as the present subjunctive, except that the point of reference is in the past. When the verb in the main clause is in the past, the verb in the subordinate clause is in the past subjunctive.

*Mis padres también me pidieron que me lo **quitara**.*

| **Present time** | **Past time** |
| --- | --- |
| Ellos sugieren que **vayamos** a la reunión. *They suggest that we go to the meeting.* | Ellos sugirieron que **fuéramos** a la reunión. *They suggested that we go to the meeting.* |
| Espero que no **tengan** problemas con los políticos. *I hope they won't have any problems with the politicians.* | Esperaba que no **tuvieran** problemas con los políticos. *I was hoping they wouldn't have any problems with the politicians.* |
| Necesitamos un presidente que **apoye** nuestra causa. *We need a president who will support our cause.* | Necesitábamos un presidente que **apoyara** nuestra causa. *We needed a president who would support our cause.* |
| Tú la defiendes aunque **sea** culpable. *You defend her even though she's guilty.* | Tú la defendiste aunque **fuera** culpable. *You defended her even though she was guilty.* |

- The expression **como si** (*as if*) is always followed by the past subjunctive.

  Habla de la guerra **como si** no le **importara**.
  *He talks about the war as if he didn't care.*

  ¿Por qué siempre me andas espiando **como si fuera** un ladrón?
  *Why do you always go around spying on me as if I were a thief?*

  Reaccionarán **como si trajéramos** malas noticias.
  *They will react as if we brought bad news.*

  Me saludó **como si** no me **conociera**.
  *She greeted me as if she didn't know me.*

- The past subjunctive is commonly used with **querer** to make polite requests, to express wishes, or to soften statements.

  **Quisiera** verlos hoy, por favor.          **Quisiéramos** paz y justicia para nuestro pueblo.
  *I'd like to see you today, please.*          *We wish for peace and justice for our people.*

**TALLER DE CONSULTA**

The past subjunctive is also frequently used in **si** clauses. See **Manual de gramática, pp. 274-275.**

**¿Tú te imaginas qué pasaría si a cada uno se le ocurriera venir vestido de acuerdo con su religión?**
*Can you imagine what would happen if everyone decided to come dressed according to his or her religion?*

**¡ATENCIÓN!**

When using the past subjunctive of **querer** or the conditional of any verb in a main clause, use the past subjunctive in the subordinate clause.

**Quisiéramos que volvieran mañana.**
*We'd like you to return tomorrow.*

**Sería mejor que me dijeras la verdad.**
*It would be better for you to tell me the truth.*

# Práctica

**1**

**Viñas de Chile** Completa este párrafo con el pretérito imperfecto del subjuntivo.

Miren, me dijo que era importante que nosotros
(1) _____ (poner) el vino en un lugar oscuro y sin
corrientes de aire. Me sugirió que lo (2) _____ (guardar)
en el sótano (*basement*) de la casa, donde hay una temperatura
baja y constante. También me recomendó que (3) _____
(mantener) el sótano con un nivel de humedad de un 70%
como si (4) _____ (ser) absolutamente esencial. Y claro,
me dijo que sólo (5) _____ (comprar) vinos de calidad,
como los chilenos o argentinos. A mí me pareció curioso que

Bodega de la viña Errazuriz

me (6) _____ (aconsejar) comprar vinos argentinos, porque otros chilenos
con los que hablé me pidieron que nunca los (7) _____ (comprar). ¿Qué les
parecen estos consejos? Papá, me dijo que no (8) _____ (dudar) en llamarlo
si tienes alguna pregunta.

**2**

**¿Qué le pidieron?** Lucía Bermúdez es rectora (*chancellor*) de una universidad. En parejas, usen la tabla para preparar un diálogo en el que ella cuenta lo que le pidieron el primer día de clases.

**Modelo**   —¿Qué le pidió su secretaria?
—Mi secretaria me pidió que le diera menos trabajo.

| Personajes | Verbo | Actividad |
|---|---|---|
| los profesores<br>los estudiantes<br>el club ecologista<br>los vecinos de la universidad<br>el entrenador del equipo de fútbol | me pidió que<br>me pidieron que | construir un estadio nuevo<br>hacer menos ruido<br>plantar más árboles<br>dar más días de vacaciones<br>comprar más computadoras |

**3**

**Dueño estricto** En parejas, imaginen que ustedes compartían un apartamento. Túrnense para comentar las reglas del edificio y usen el pretérito imperfecto del subjuntivo.

**Modelo**   **No cocinar comidas aromáticas**
El dueño del apartamento me dijo/pidió/ordenó que no cocinara comidas aromáticas.

1. No usar la calefacción en abril.
2. Limpiar los pisos dos veces al día.
3. No recibir visitas en el apartamento después de las 10 de la noche.
4. No traer mascotas
5. Sacar la basura todos los días.
6. No encender las luces antes de las 8 de la noche.

# Comunicación

4

**De niño** En parejas, háganse estas preguntas sobre su niñez. Después, añadan información adicional usando un verbo distinto en el pretérito imperfecto del subjuntivo.

**Modelo**   —**¿Esperabas que tus padres te compraran videojuegos?**

—Sí, y también esperaba que me dieran más independencia./
No, pero esperaba que me llevaran al cine todos los sábados.

La imaginación

¿Esperabas que tus padres te compraran videojuegos?

¿Dudabas que los súper héroes existieran?

¿Esperabas que Santa Claus te trajera los regalos que le pedías?

**Las relaciones**

¿Querías que tu primer amor durara toda la vida?

¿Querías que tus padres te compraran todo lo que pedías?

¿Querías que tus familiares pasaran menos o más tiempo contigo?

**El colegio**

¿Soñabas con que el/la maestro/a cancelara la clase todos los días?

¿Esperabas que tus amigos de la infancia siguieran siendo tus amigos toda la vida?

¿Deseabas que las vacaciones de verano se alargaran (*were longer*)?

5

**¿Qué sucedió?** En parejas, preparen una conversación inspirada en esta situación utilizando el pretérito imperfecto del subjuntivo. Después, represéntenla ante la clase.

Rosaura y Orlando fueron de viaje a Chile el año pasado. Rosaura se enojó con Orlando porque él se quedó en el hotel y no quiso acompañarla a esquiar. A ella le encanta el esquí, pero a él no. Ahora están planeando otras vacaciones y discuten sobre lo que pasó durante las últimas.

**Modelo**   **ROSAURA**  Quería que tú me acompañaras.

**ORLANDO**  Era importante que tú entendieras mis gustos.

Presentation

**6.3**

# Comparatives and superlatives

## Comparisons of inequality

- With adjectives, adverbs, nouns, and verbs, use these constructions to make comparisons of inequality (*more than/less than*).

más/menos + [ adjective / adverb / noun ] + que

[ *verb* ] + más/menos que

### Adjective

Sus creencias son **menos liberales que** las mías.
*His beliefs are less liberal than mine.*

### Noun

El presidente tenía **menos poder que** el ejército.
*The president had less power than the army.*

### Adverb

¡Llegaste **más tarde que** yo!
*You arrived later than I did!*

### Verb

¡**Nos peleamos más que** los niños!
*We fight more than the kids do!*

- Before a number (or equivalent expression), *more/less than* is expressed with **más/menos de**.

Necesito un vuelo a Santiago, pero no puedo pagar **más de** quinientos dólares.
*I need a flight to Santiago, but I can't pay more than five hundred dollars.*

Será difícil, señor. Déjeme buscar y le aviso en **menos de** una hora.
*That will be difficult, sir. Let me look, and I'll let you know in less than an hour.*

## Comparisons of equality

- The following constructions are used to make comparisons of equality (*as...as*).

tan + [ adjective / adverb ] + como

tanto/a(s) + [ singular noun / plural noun ] + como

[ *verb* ] + tanto como

### Adjective

El debate de anoche fue **tan aburrido como** el de la semana pasada.
*Last night's debate was as boring as last week's.*

### Noun

La señora Pacheco habló con **tanta convicción como** el señor Quesada.
*Mrs. Pacheco spoke with as much conviction as Mr. Quesada.*

### Adverb

Nosotros discutimos **tan intensamente como** los candidatos.
*We argued as intensely as the candidates.*

### Verb

Ambos candidatos son insoportables. Ella **miente tanto como** él.
*Both candidates are unbearable. She lies as much as he does.*

**TALLER DE CONSULTA**

The use of diminutives and augmentatives is common in comparative and superlative statements. See **Manual de gramática, 6.5, p. 258.**

**¡ATENCIÓN!**

**Tan** and **tanto** can also be used for emphasis, rather than to compare.

**tan** *so*

**tanto** *so much*

**tantos/as** *so many*

**¡Tus ideas son tan anticuadas!**
*Your ideas are so outdated!*

**¿Por qué te enojas tanto?**
*Why do you get so angry?*

**Lo hemos hablado tantas veces y nunca logro convencerte.**
*We've talked about it so many times, and I never manage to convince you.*

## Superlatives

- Use this construction to form superlatives (**superlativos**). The noun is preceded by a definite article, and **de** is the equivalent of *in*, *on*, or *of*.

el/la/los/las + ⌈*noun*⌉ + más/menos + ⌈*adjective*⌉ + de

Ésta es **la playa más bonita de** la costa chilena.
*This is the prettiest beach on the coast of Chile.*

Es **el hotel menos caro del** pueblo.
*It is the least expensive hotel in town.*

- The noun may also be omitted from a superlative construction.

Me gustaría comer en **el** restaurante **más elegante del** barrio.
*I would like to eat at the most elegant restaurant in the neighborhood.*

Las Dos Palmas es **el más elegante de** la ciudad.
*Las Dos Palmas is the most elegant one in the city.*

## Irregular comparatives and superlatives

| Adjective | Comparative form | Superlative form |
|---|---|---|
| **bueno/a** *good* | **mejor** *better* | **el/la mejor** *best* |
| **malo/a** *bad* | **peor** *worse* | **el/la peor** *worst* |
| **grande** *big* | **mayor** *bigger* | **el/la mayor** *biggest* |
| **pequeño/a** *small* | **menor** *smaller* | **el/la menor** *smallest* |
| **viejo/a** *old* | **mayor** *older* | **el/la mayor** *oldest* |
| **joven** *young* | **menor** *younger* | **el/la menor** *youngest* |

- When **grande** and **pequeño** refer to size and not age or quality, the regular comparative and superlative forms are used.

Ernesto es **más pequeño** que yo.   Ese edificio es **el más grande** de todos.
*Ernesto is smaller than I am.*   *That building is the biggest one of all.*

- When **mayor** and **menor** refer to age, they follow the noun they modify. When they refer to quality, they precede the noun.

Lucía es mi hermana **menor**.   La corrupción es el **menor** problema del candidato.
*Lucía is my younger sister.*   *Corruption is the least of the candidate's problems.*

- The adverbs **bien** and **mal** also have irregular comparatives.

| **bien** *well* | **mejor** *better* |
|---|---|
| **mal** *badly* | **peor** *worse* |

Ayúdame, que **tú** lo haces **mejor que yo**.
*Give me a hand; you do it better than I do.*

### ¡ATENCIÓN!

**Absolute superlatives**
The suffix **–ísimo/a** is added to adjectives and adverbs to form the *absolute superlative*.

This form is the equivalent of *extremely* or *very* before an adjective or adverb in English.

**malo → malísimo**

**mucha → muchísima**

**rápidos → rapidísimos**

**fáciles → facilísimas**

Adjectives and adverbs with stems ending in **c**, **g**, or **z** change spelling to **qu**, **gu**, and **c** in the absolute superlative.

**rico → riquísimo**

**larga → larguísima**

**feliz → felicísimo**

Adjectives that end in **–n** or **–r** form the absolute by adding **–císimo/a**.

**joven → jovencísimo**

**trabajador → trabajadorcísimo**

# Práctica

**1** **El mejor** Marta y Roberto son de diferentes partidos políticos. Completa su diálogo utilizando las palabras de la lista.

| como | más | mejor | peor |
|------|-----|-------|------|
| malísimo | mayor | muchísimos | que |

**ROBERTO** Mi candidato está tan preparado para ser presidente de este país (1) _____ el tuyo. Estudió en la (2) _____ universidad del país y ha sido uno de los abogados (3) _____ reconocidos de los últimos cinco años. Además, habla (4) _____ idiomas.

**MARTA** ¡Sólo habla español! Mi hermana (5) _____ trabaja en la oficina de tu candidato y dice que es el (6) _____ abogado de la ciudad.

**ROBERTO** No te creo. Es verdad que no ha tenido mucha suerte últimamente, pero ha perdido menos casos (7) _____ tu candidato, que es un abogado (8) _____.

**2** **Oraciones**

**A.** Escribe oraciones con superlativos usando la información del cuadro.

**Modelo** *Harry Potter* es el libro más popular del siglo.

| | | |
|------|------|------|
| *Harry Potter* | libro | popular |
| Sofía Vergara | banda | famosa |
| La Antártida | jugador | joven |
| Taylor Swift | continente | frío |
| El Nilo | cantante | rico |
| Disneylandia | actriz | largo |
| Chris Paul | montaña | importante |
| Los hermanos Jonas | río | alta |
| El monte Everest | país | feliz |
| China | lugar | poblado |

**B.** Ahora, vuelve a escribir oraciones, pero esta vez usa comparativos.

**Modelo** *Harry Potter* es más popular que *El señor de los anillos*.

Practice more at
vhlcentral.com.

# Comunicación

**3**

**Cita** Anoche tuviste una cita a ciegas (*blind date*). En parejas, hablen sobre la cita usando comparativos y superlativos. Utilicen las palabras de la lista.

**Modelo**   La cita de anoche fue la peor de mi vida porque fue aburrida.

| carne | conversación | pelo |
|-------|--------------|------|
| carro | ensalada | restaurante |
| chistes | película | ropa |

**4**

**¿Punta Arenas o Miami?** Néstor y Ofelia están planeando unas vacaciones. Néstor quiere ir a Miami, pero Ofelia prefiere visitar Punta Arenas.

**A.** En parejas, decidan qué frases de la lista corresponden a cada lugar y completen la tabla.

> 1. Hacer un crucero por la Antártida
> 2. Hacer un crucero por el Caribe
> 3. Hace mucho calor
> 4. Hace mucho frío
> 5. Ir a la playa con pantalones cortos y camiseta
> 6. Ir a la playa con abrigo y guantes
> 7. Visitar la Plaza de Armas
> 8. Visitar la Pequeña Habana

| Punta Arenas | Miami |
|--------------|-------|
|  |  |
| Frases: | Frases: |

**B.** Ahora, dramaticen un diálogo entre Néstor y Ofelia. Cada uno tiene que explicar las razones por las cuales prefiere ir a cada lugar. Utilicen comparativos y superlativos.

**5**

**Debate presidencial** En grupos de tres, imaginen un debate en el que dos de ustedes son candidatos/as presidenciales. La tercera persona es un(a) periodista que hace preguntas. Usen oraciones con comparativos y superlativos.

# Síntesis

## ¡Luchemos unidos contra la corrupción!

Porque Temuco lo merece. . .
Vote por Marcelo Rojas para gobernador
Partido Conservador

**Para que haya más trabajo en Temuco**
**Vote por Patricia Salazar para gobernar con decisión**
**Partido Liberal**

Para una sociedad más justa
Antonio Morales es la solución.
Por un Temuco mejor. . .
Vote Partido Ecologista

Por un Temuco que progresa
**Celeste Ortega** es tu mejor opción.
Para encaminarnos a un futuro mejor
vota por el **Partido Avance Democrático**

**1 Entrevista** En la ciudad chilena de Temuco hay elecciones para elegir alcalde. Aquí tienen algunos carteles publicitarios de cuatro partidos políticos imaginarios. En parejas, seleccionen uno de ellos y escriban una entrevista al/a la candidato/a realizada por un(a) periodista local. Deben usar oraciones adverbiales con subjuntivo y las conjunciones que aprendieron en esta lección.

**2 Pedidos** Los políticos reciben muchos pedidos durante sus campañas electorales. En grupos pequeños, imaginen que tuvieron una audiencia con uno de los candidatos para alcalde. Describan cinco cosas que le pidieron. Deben usar el pretérito imperfecto del subjuntivo.

> **Modelo** Le pedimos que bajara los impuestos.

**3 Sistema electoral** Usando oraciones con comparativos y superlativos, escriban su opinión sobre el sistema electoral. ¿Les gusta? ¿Creen que es justo? ¿Cambiarían algo? ¿Por qué? Después compartan con la clase sus opiniones en un debate abierto.

# Preparación

| Vocabulario de la lectura | |
|---|---|
| **derrocar** *to overthrow* | **el golpe de estado** *coup d'état* |
| **derrotar** *to defeat* | **la huelga** *strike* |
| **la ejecución** *execution* | **el informe** *report* |
| **ejercer (el poder)** *to exercise/ exert (power)* | **el orgullo** *pride* |
| **fortalecer** *to strengthen* | **el secuestro** *kidnapping* |
| **el fracaso** *failure* | **la trampa** *trap* |
| **la fuerza** *force* | |

| Vocabulario útil |
|---|
| **encabezar** *to lead* |
| **el juicio** *trial* |
| **la ley** *law* |
| **promulgar** *to enact (a law)* |
| **rescatado/a** *rescued* |
| **tener derecho a** *to have the right to* |

**1**

**Palabras** Elige la palabra de la lista que corresponde a cada descripción.

| | |
|---|---|
| derrotar | informe |
| fortalecer | ley |
| fracaso | orgullo |
| fuerza | secuestro |
| huelga | trampa |

_____ 1. regla o norma

_____ 2. poder, fortaleza, vigor

_____ 3. acción de retener a una persona y no dejarla libre

_____ 4. opuesto de éxito

_____ 5. vencer, ganar

_____ 6. exposición oral o texto que describe la situación de algo

_____ 7. forma de protesta en la que se decide no trabajar

_____ 8. hacer que algo o alguien sea más fuerte

**2**

**Contextos** Escribe cinco oraciones con palabras del vocabulario de la lectura, diferentes de las utilizadas en la actividad 1.

**3**

**Los gobiernos** En parejas, contesten las preguntas y expliquen sus respuestas.

1. ¿Cuáles formas de gobierno conocen?

2. ¿En qué se diferencian las formas de gobierno que conocen?

3. ¿Qué tipo de gobierno tiene su país?

4. ¿De qué beneficios disfrutan gracias al tipo de gobierno de su país? ¿Qué desventajas tiene?

5. ¿Cómo participan en la vida política de su país?

# Chile: dictadura y democracia

▶ **Cultura en pantalla**

Explora **vhlcentral.com** y mira el videoclip sobre **Chile y la Operación Cóndor**.

**CULTURA**

Audio: Reading

El 11 de septiembre de 1973, Chile, considerado por décadas como uno de los países de mayor tradición democrática de Hispanoamérica, sufrió un golpe militar liderado por Augusto Pinochet. El golpe derrocó al presidente socialista Salvador Allende. El gobierno, que caía por la fuerza, había durado tan sólo tres años. Este breve período se había visto marcado por grandes dificultades económicas, huelgas y violencia en las calles. La oposición, con la ayuda de los servicios secretos estadounidenses, había impuesto grandes obstáculos a la economía chilena para desequilibrarla.

Esta crisis social e institucional culminó con el golpe de estado. Desde ese día, el general Augusto Pinochet ejerció el poder de forma dictatorial. La prioridad de su gobierno fue eliminar a la oposición tomando como primera medida° la eliminación de todos los partidos políticos. Este objetivo no sólo se persiguió° con las leyes, sino también de manera arbitraria, ya que se violaron sistemáticamente los derechos humanos. Miembros de partidos políticos y sindicatos fueron detenidos y llevados a centros preparados para la tortura. De muchos de ellos no se supo nunca nada; de otros, se tiene la certeza° de que fueron ejecutados°.

El gobierno militar estableció una política económica neoliberal que mejoró la economía chilena, redujo con éxito la inflación y aumentó la producción. Este éxito económico ha sido en muchas ocasiones la tarjeta de presentación° de la dictadura de Pinochet. Sus críticos, sin embargo, afirman que estas medidas económicas aumentaron las desigualdades sociales porque privilegiaban a los más ricos.

Confiado° en su victoria, el general se presentó como candidato presidencial en un plebiscito° que él mismo propuso. Éste se celebró en 1988 y, para sorpresa de muchos, fue derrotado. Pinochet había caído en su propia trampa y su fracaso abrió las puertas a elecciones libres al año siguiente, las primeras en casi veinte años. Augusto Pinochet salió del poder en 1990. A partir de esa fecha, Chile empezó el proceso de transición democrática.

Hoy, la sociedad chilena sigue dividida a la hora de juzgar los años de dictadura. Una parte de la población ve a Pinochet, quien murió el 10 de diciembre de 2006, como un cruel dictador que impuso un estado dictatorial manchado por la sangre° de sus enemigos políticos. Otros ven en él a un héroe que intervino en la historia del país para salvarlo del comunismo. Hasta hace poco, todavía algunos negaban la existencia de los secuestros y las ejecuciones denunciados° por los familiares de los desaparecidos. La búsqueda de pruebas° y la publicación de informes han confirmado la ocurrencia de estos crímenes.

Uno de ellos, el informe Valech (conocido oficialmente como Informe de la Comisión Nacional sobre Prisión Política y Tortura), fue publicado el 29 de noviembre de 2004. Su misión era ofrecer un reconocimiento público y oficial de los abusos a los derechos humanos cometidos por el gobierno militar de Augusto Pinochet en Chile entre 1973 y 1990. El presidente chileno Ricardo Lagos, electo en el año 2000, formó una comisión para ello. Con el testimonio de más de treinta y cinco mil personas, se constataron° los crímenes y se ofreció compensación económica y cobertura sanitaria° a las víctimas de la represión militar.

En un día histórico de enero de 2005, el ejército chileno aceptó su responsabilidad institucional en los abusos del pasado. En palabras del expresidente Lagos, la mirada a la historia reciente ha servido para fortalecer la convivencia° y la unidad de todos los chilenos, que ya pueden mirar con orgullo hacia un futuro mejor. ■

*measure*

*was pursued*

*certainty*

*executed*

*calling card*

*Confident*

*referendum*

*stained by the blood*

*reported*

*proof*

*verified*

*health coverage*

*coexistence*

*Fotos p. 192: izq. Salvador Allende; der. Augusto Pinochet*

# Análisis

**1**

**Comprensión** Contesta las preguntas con oraciones completas.

1. ¿Qué sucedió con el gobierno de Salvador Allende?
2. ¿Qué ocurrió con la economía chilena durante el gobierno de Allende?
3. ¿Qué tipo de gobierno estableció Pinochet?
4. ¿Qué prioridad tuvo el gobierno de Pinochet? ¿Cómo consiguió este objetivo?
5. ¿Qué ocurrió en el plebiscito de 1988? ¿Cuáles fueron las consecuencias?
6. ¿Qué piensan hoy los chilenos sobre el gobierno de Pinochet?
7. ¿Cuál fue el propósito del informe Valech?
8. ¿Qué ocurrió en enero de 2005?

**2**

**Responsables** En parejas, lean este fragmento con pasajes extraídos del artículo y contesten las preguntas.

> Hoy, la sociedad chilena sigue dividida. Una parte de la población ve a Pinochet como un cruel dictador. Otros ven en él a un héroe. Hasta hace poco, todavía algunos negaban la existencia de secuestros y ejecuciones.

- ¿Recuerdan alguna situación de opinión dividida del público en su país? ¿Cuál?
- ¿Quiénes son/fueron los protagonistas?
- ¿Cuáles son/fueron las circunstancias?
- ¿En qué se parece/parecía la situación a lo descrito en el pasaje?
- ¿En qué se diferencia/diferenciaba?

**3**

**Completar** En parejas, completen las oraciones con sus opiniones.

1. Un buen líder es una persona que...
2. El gobierno de cada país debe garantizar...
3. El abuso de poder en el gobierno ocurre cuando...
4. El abuso de poder también ocurre en la vida cuando...
5. Las leyes y los derechos nos ayudan a...

**4**

**El juicio** En grupos de tres, elijan uno de los casos y preparen un pequeño juicio. Uno/a de ustedes hará el papel de juez(a) y los demás representarán las posturas opuestas para cada tema. El/La juez(a) hará preguntas y al final dará su veredicto.

- Licencias de conducir a los 15 años de edad
- No fumar en lugares públicos
- Conscripción (*draft*) en tiempos de guerra

**S** Practice more at vhlcentral.com.

# Preparación

## Sobre el autor

**E**duardo Galeano (1940–2015) fue un escritor uruguayo apasionado por la idea de la libertad. Su vida estuvo marcada por la persecución política e ideológica, que le obligó a abandonar su país. Su obra más conocida, *Las venas abiertas de América Latina* (1971), fue prohibida por todas las dictaduras militares de América Latina. El relato "Pájaros prohibidos" está integrado en la colección *Memoria del fuego* (1982–1986), una trilogía que narra la historia de Hispanoamérica desde sus primeros pobladores hasta la actualidad, y corresponde al tercer tomo (*El siglo del viento*), dedicado al siglo XX.

| Vocabulario de la lectura | Vocabulario útil |
|---|---|
| **a escondidas** *secretly* | **la huida** *escape* |
| **el/la bobo/a** *fool* | **a hurtadillas** *sneak in* |
| **la cárcel** *prison* | **la manera** *way* |
| **el/la censor(a)** *censor* | **la rebeldía** *rebelliousness* |
| **las copas de los árboles** *treetops* | **la reja** *iron bar* |
| **elogiar** *to praise* | |
| **embarazada** *pregnant* | |
| **la entrada** *entrance* | |
| **hacer callar (a alguien)** *to silence (someone)* | |
| **pasar** *to get through* | |
| **silbar** *to whistle* | |

**1**

**Vocabulario** Completa las oraciones con palabras del vocabulario.

1. Ana y yo nos encontramos en _____ del teatro anoche.
2. En esta foto aparece mi madre cuando estaba _____ de cinco meses.
3. En la aduana no me dejaron _____ unas frutas que traía de Chile.
4. Envidio a la gente que sabe _____, yo sólo consigo soplar aire.
5. ¡No seas _____ y ven con nosotros! ¡Te vas a divertir mucho!
6. El _____ eliminó las escenas más violentas de la película.
7. Un buen supervisor siempre sabe _____ el trabajo bien hecho.
8. Los gobiernos tiránicos _____ a la prensa con amenazas.

**2**

**Responder** En parejas, discutan sobre los temas planteados en las preguntas.

1. ¿Qué significa para ustedes ser libre?
2. ¿Qué rol tiene la imaginación en su vida diaria?
3. ¿Crees que todo acto de libertad está ligado a la rebeldía? ¿Por qué?
4. ¿Qué personaje, real o ficticio, representa mejor para ustedes la idea de la libertad?

**3**

**Preparación** En grupos de tres, discutan sobre el título del cuento: *Pájaros prohibidos*. ¿De qué creen que va a tratar la historia?

Practice more at vhlcentral.com.

# PÁJAROS PROHIBIDOS

## Eduardo Galeano

Los presos políticos uruguayos no pueden
hablar sin permiso, silbar, sonreír, cantar,
caminar rápido ni saludar a otro preso.
Tampoco pueden dibujar ni recibir dibujos
5 de mujeres embarazadas, parejas, mariposas°,     *butterflies*
estrellas ni pájaros.

Didaskó Pérez, maestro de escuela, torturado
y preso por tener ideas ideológicas, recibe un
domingo la visita de su hija Milay, de cinco años.
10 La hija le trae un dibujo de pájaros. Los censores
se lo rompen a la entrada de la cárcel.

## «¿No ves que son ojos?»

Al domingo siguiente, Milay le trae un dibujo
de árboles. Los árboles no están prohibidos, y el
dibujo pasa. Didaskó le elogia la obra y le pregunta
15 por los circulitos de colores que aparecen en las
copas de los árboles, muchos pequeños círculos
entre las ramas°:     *branches*

— ¿Son naranjas? ¿Qué frutas son?

La niña lo hace callar:

20 —Ssshhh.

Y en secreto le explica:

—Bobo. ¿No ves que son ojos? Los ojos de los
pájaros que te traje a escondidas.

.

# Análisis

**1 Comprensión** Indica si estas oraciones son ciertas o falsas. Corrige las falsas.

1. En Uruguay varias personas están en la cárcel debido a causas políticas.
2. Didaskó Pérez es un censor del gobierno.
3. Los censores permiten los dibujos de pájaros, pero prohíben los dibujos de árboles.
4. El padre de la niña es un preso político.
5. Cuando los censores consideran que un dibujo no es apropiado, lo rompen.
6. Milay le dice a su padre que, si se fija bien en el dibujo, verá alas de pájaros.

**2 Interpretar** En parejas, contesten las preguntas.

1. Los censores prohibían dibujos de mujeres embarazadas, parejas, mariposas, estrellas y pájaros. ¿Qué creen que tienen estos dibujos en común?
2. ¿A qué se refiere el autor con "ideas ideológicas"? ¿Qué otra expresión podría haber utilizado?
3. ¿Por qué creen que los pájaros representan una amenaza para los censores, pero los árboles no?
4. ¿Por qué insiste Milay en llevarle a su padre un dibujo de pájaros?

**3 La opresión** En parejas, lean estas citas sobre la libertad y escriban por qué están o no de acuerdo. Luego, comenten qué relación hay entre las oraciones y el cuento.

> "La libertad es una sensación. A veces puede alcanzarse encerrado en una jaula, como un pájaro". Camilo José Cela

> "Es mejor morir de pie que vivir de rodillas". Emiliano Zapata

> "Las cadenas se rompen con ideas, no con martillos". Anónimo

**4 Escribir** Imagina que eres director de *El Heraldo*, un periódico local, y recibes un mensaje de un lector que denuncia que una fábrica de tu comunidad ha vertido (*poured*) agua contaminada en un río. Sin embargo, la fábrica es de un cliente importante del periódico y sería problemático denunciarla. Escribe una carta al lector explicándole tu decisión de publicar o no publicar su denuncia.

### Plan de redacción

## Escribir una carta a un lector de tu periódico

1 **Tu posición** Establece cuál será tu posición: ¿publicarás la denuncia a pesar de las posibles consecuencias o renunciarás a hacerlo?

2 **Argumentación** Escribe una lista de los argumentos que justifiquen tu decisión como director de *El Heraldo*.

3 **Conclusión** Termina tu carta con un enunciado que resuma tu posición.

Practice more at vhlcentral.com.

# Creencias e ideologías

Vocabulary Tools

### Las leyes y los derechos

**los derechos humanos** *human rights*
**la desobediencia civil** *civil disobedience*
**la (des)igualdad** *(in)equality*
**el/la juez(a)** *judge*
**la (in)justicia** *(in)justice*
**la libertad** *freedom*
**la lucha** *struggle, fight*
**el tribunal** *court*

**abusar** *to abuse*
**aprobar (o:ue) una ley** *to pass a law*
**convocar** *to summon*
**defender (e:ie)** *to defend*
**derogar** *to abolish, to repeal*
**encarcelar** *to imprison*
**juzgar** *to judge*

**analfabeto/a** *illiterate*
**(des)igual** *(un)equal*
**(in)justo/a** *(un)fair*
**oprimido/a** *oppressed*

### La política

**el abuso** *abuse*
**la armada** *navy*
**la bandera** *flag*
**la creencia** *belief*
**la crueldad** *cruelty*
**la democracia** *democracy*
**la dictadura** *dictatorship*
**el ejército** *army*
**el gobierno** *government*
**la guerra (civil)** *(civil) war*
**el partido político** *political party*
**la paz** *peace*
**el poder** *power*
**la política** *politics*
**las relaciones exteriores** *foreign relations*
**la victoria** *victory*

**dedicarse a** *to devote oneself to*
**elegir (e:i)** *to elect*
**ganar/perder (e:ie) las elecciones**
   *to win/lose an election*
**gobernar (e:ie)** *to govern*
**influir** *to influence*
**votar** *to vote*

**conservador(a)** *conservative*
**liberal** *liberal*
**pacífico/a** *peaceful*
**pacifista** *pacifist*

### Gente

**el/la abogado/a** *lawyer*
**el/la activista** *activist*
**el/la ladrón/ladrona** *thief*
**el/la manifestante** *demonstrator*
**el/la político/a** *politician*
**el/la presidente/a** *president*
**el/la terrorista** *terrorist*
**la víctima** *victim*

### La seguridad y la amenaza

**la amenaza** *threat*
**el arma (f.)** *weapon*
**el escándalo** *scandal*
**la (in)seguridad** *(in)security; (lack of) safety*
**el temor** *fear*
**el terrorismo** *terrorism*
**la violencia** *violence*

**chantajear** *to blackmail*
**destrozar** *to destroy, to ruin*
**espiar** *to spy*
**huir** *to flee*
**pelear** *to fight, to quarrel*
**secuestrar** *to kidnap, to hijack*

### Cortometraje

**el/la alumno/a** *pupil, student*
**la autoridad** *authority*
**el/la chaval(a)** *kid, youngster*
**la confianza** *trust*
**la doble moral** *double standard*
**la hipocresía** *hypocrisy*
**el instituto** *high school*
**el pañuelo** *headscarf*
**el rato** *a while*
**la regla** *rule*

**ceder** *to give up*
**confiar** *to trust*
**disentir** *to dissent, to disagree*
**pegar** *to hit*

**laico/a** *secular, lay*
**musulmán/musulmana** *Muslim*
**raro/a** *weird*

### Cultura

**la ejecución** *execution*
**el fracaso** *failure*
**la fuerza** *force*
**el golpe de estado** *coup d'état*
**la huelga** *strike*
**el informe** *report*
**el juicio** *trial*
**la ley** *law*
**el orgullo** *pride*
**el secuestro** *kidnapping*
**la trampa** *trap*

**derrocar** *to overthrow*
**derrotar** *to defeat*
**ejercer (el poder)** *to exercise/
   exert (power)*
**encabezar** *to lead*
**fortalecer** *to strengthen*
**promulgar** *to enact (a law)*
**tener derecho a** *to have the right to*

**rescatado/a** *rescued*

### Literatura

**a escondidas** *secretly*
**a hurtadillas** *sneak in*
**el/la bobo/a** *fool*
**la cárcel** *prison*
**el/la censor(a)** *censor*
**las copas de los árboles** *treetops*
**la entrada** *entrance*
**la huida** *escape*
**la manera** *way*
**la rebeldía** *rebelliousness*
**la reja** *iron bar*

**elogiar** *to praise*
**hacer callar (a alguien)** *to silence
   (someone)*
**pasar** *to get through*
**silbar** *to whistle*

**embarazada** *pregnant*

# MANUAL
# de
# GRAMÁTICA

**Supplementary Grammar Coverage
for SUEÑA**

The **Manual de gramática** is an invaluable tool for both instructors and students of intermediate Spanish. It contains additional grammar concepts not covered within the core lessons of **SUEÑA**, as well as practice activities. For each lesson in **SUEÑA**, up to two additional grammar topics are offered with corresponding practice. Additional topics and more advanced grammar are also provided.

These concepts are correlated to the grammar points in **Estructuras** by means of the **Taller de consulta** sidebars, which provide the exact page numbers where additional concepts are taught or reviewed in the **Manual**.

This special supplement allows for great flexibility in planning and tailoring your course to suit the needs of whole classes and/or individual students. It also serves as a useful and convenient reference tool for students who wish to review previously-learned material.

## Contenido

**Presentation**

**1.4** # Nouns and articles

## Nouns

- In Spanish, nouns (**sustantivos**) ending in **–o, –or, –l, –s,** and **–ma** are usually masculine, and nouns ending in **–a, –ora, –ión, –d,** and **–z** are usually feminine.

| Masculine nouns | Feminine nouns |
|---|---|
| el amigo, el cuaderno | la amiga, la palabra |
| el escritor, el color | la escritora, la computadora |
| el control, el papel | la relación, la ilusión |
| el autobús, el paraguas | la amistad, la fidelidad |
| el problema, el tema | la luz, la paz |

- Most nouns form the plural by adding **–s** to nouns ending in a vowel, and **–es** to nouns ending in a consonant. Nouns that end in **–z** change to **–c** before adding **–es**.

  el hombre → los hombres     la mujer → las mujeres

  la novia → las novias       el lápiz → los lápices

- If a singular noun ends in a stressed vowel, the plural form ends in **–es**. If the last syllable of a singular noun ending in **–s** is unstressed, the plural form does not change.

  el tabú → los tabúes        el lunes → los lunes

  el israelí → los israelíes   la crisis → las crisis

## Articles

- Spanish definite and indefinite articles (**artículos definidos e indefinidos**) agree in gender and number with the nouns they modify.

| | Definite articles | | Indefinite articles | |
|---|---|---|---|---|
| | singular | plural | singular | plural |
| MASCULINE | el compañero | los compañeros | un compañero | unos compañeros |
| FEMININE | la compañera | las compañeras | una compañera | unas compañeras |

- In Spanish, when an abstract noun is the subject of a sentence, a definite article is always used.

  **El** amor es eterno.   but   Para ser modelo, necesitas belleza y altura.
  *Love is eternal.*            *In order to be a model, you need beauty and height.*

- An indefinite article is not used before nouns that indicate profession or place of origin unless the noun is followed by an adjective.

  Juan García es profesor.         Juan García es **un** profesor excelente.
  *Juan García is a professor.*     *Juan García is an excellent professor.*

  Ana María es neoyorquina.         Ana María es **una** neoyorquina orgullosa.
  *Ana María is a New Yorker.*      *Ana María is a proud New Yorker.*

---

**¡ATENCIÓN!**

Some nouns may be either masculine or feminine, depending on whether they refer to a male or a female.

**el/la artista** *artist*
**el/la estudiante** *student*

Occasionally, the masculine and feminine forms have different meanings.

**el capital** *capital (money)*
**la capital** *capital (city)*

---

**¡ATENCIÓN!**

Accent marks are sometimes dropped or added to maintain the stress in the singular and plural forms.

canción → canciones
autobús → autobuses

margen → márgenes
imagen → imágenes

---

**¡ATENCIÓN!**

The prepositions **de** and **a** contract with the article **el**.

**de + el = del**

**a + el = al**

---

**¡ATENCIÓN!**

Singular feminine nouns that begin with a stressed **a** take **el**; adjectives remain in the feminine.

**el alma gemela →
las almas gemelas**

**el área vigilada →
las áreas vigiladas**

---

# Práctica

**1** **Cambiar** Escribe en plural las palabras que están en singular y viceversa.

1. la compañera _____
2. unos amigos _____
3. el novio _____
4. una crisis _____
5. unas parejas _____
6. un corazón _____
7. las amistades _____
8. el tabú _____

**2** **Un chiste** Completa el chiste con los artículos apropiados. Recuerda que en algunos casos no debes usar ningún artículo.

(1) _____ pareja se va a casar. Él tiene 90 años. Ella tiene 85. Entran en (2) _____ farmacia y (3) _____ novio le pregunta al farmacéutico (*pharmacist*):

—¿Tiene (4) _____ remedios para (5) _____ corazón?

—Sí —contesta (6) _____ farmacéutico.

—¿Tiene (7) _____ remedios para (8) _____ presión y (9) _____ colesterol?

—Sí, también —contesta nuevamente (10) _____ farmacéutico.

—¿Y (11) _____ remedios para (12) _____ artritis y (13) _____ reumatismo?

—Sí. Ésta es (14) _____ farmacia muy completa. Tenemos de todo.

Entonces (15) _____ novio mira a (16) _____ novia y le dice:

—Querida, ¿qué te parece si hacemos (17) _____ lista de regalos de bodas aquí?

**3** **La cita** Completa el párrafo con la forma correcta de los artículos definidos e indefinidos.

Ayer tuve (1) _____ cita con Leonardo. Fuimos a (2) _____ restaurante muy romántico que está junto a (3) _____ bonito lago. Desde nuestra mesa, podíamos ver (4) _____ lago y (5) _____ barcos que navegaban por allí. Comimos (6) _____ platos muy originales. (7) _____ pescado que yo pedí estaba delicioso. Nos divertimos mucho, pero al salir tuvimos (8) _____ problema. Una de (9) _____ ruedas (*tires*) del coche estaba pinchada (*flat*). (10) _____ próxima semana tendremos nuestra segunda cita.

**4** **Escribir** Escribe oraciones completas con las siguientes palabras; utiliza los artículos definidos e indefinidos que correspondan y haz los cambios necesarios.

> **Modelo** Elisa – ser – buena periodista
> Elisa es una buena periodista.

1. mi madre – decir – amor – ser – eterno
2. ayer – astrólogo – predecir – desgracia
3. lunes pasado – comprar – flores – tía Juanita
4. capital – Venezuela – ser – Caracas
5. personas optimistas – soñar – mundo mejor
6. Rodrigo – ser – alma – fiesta

Presentation

**1.5**

# Adjectives

- Spanish adjectives (**adjetivos**) agree in gender and number with the nouns they modify. Most adjectives ending in **–e** or a consonant have the same masculine and feminine forms.

**Adjectives**

|  | singular | plural | singular | plural | singular | plural |
|---|---|---|---|---|---|---|
| MASCULINE | rojo | rojos | inteligente | inteligentes | difícil | difíciles |
| FEMININE | roja | rojas | inteligente | inteligentes | difícil | difíciles |

- Descriptive adjectives generally follow the noun they modify. If a single adjective modifies more than one noun, the plural form is used. If at least one of the nouns is masculine, then the adjective is masculine.

un libro **apasionante**
*an enthralling book*

un suegro y una suegra **maravillosos**
*a wonderful father-in-law and mother-in-law*

las parejas **contentas**
*the happy couples*

la literatura y la cultura **ecuatorianas**
*Ecuadorean literature and culture*

- A few adjectives have shortened forms when they precede a masculine singular noun.

bueno → buen       alguno → algún       primero → primer

malo → mal         ninguno → ningún     tercero → tercer

- Some adjectives change their meaning depending on their position. When the adjective follows the noun, the meaning is more literal. When it precedes the noun, the meaning is more figurative.

|  | after the noun | before the noun |
|---|---|---|
| **antiguo/a** | el edificio **antiguo** *the ancient building* | mi **antiguo** novio *my old/former boyfriend* |
| **cierto/a** | una respuesta **cierta** *a correct answer* | una **cierta** actitud *a certain attitude* |
| **grande** | una ciudad **grande** *a big city* | un **gran** país *a great country* |
| **mismo/a** | el artículo **mismo** *the article itself* | el **mismo** problema *the same problem* |
| **nuevo/a** | un coche **nuevo** *a (brand) new car* | un **nuevo** profesor *a new/different professor* |
| **pobre** | los estudiantes **pobres** *the students who are poor* | los **pobres** estudiantes *the unfortunate students* |
| **viejo/a** | un libro **viejo** *an old book* | una **vieja** amiga *a long-time friend* |

# Práctica

**1** **Descripciones** Completa cada oración con la forma correcta de los adjetivos.

1. Mi mejor amiga es _____ (guapo) y muy _____ (gracioso).

2. Los novios de mis hermanas son _____ (alto) y _____ (moreno).

3. Javier es _____ (bueno) compañero, pero es bastante _____ (malhumorado).

4. Mi prima Susana es _____ (tranquilo), pero mi primo Luis es _____ (celoso).

5. No sé por qué Marcos y Rosario son tan _____ (inseguro) y _____ (tímido).

6. Sandra, mi vecina, es una _____ (grande) amiga, pero ayer tuvimos una _____ (terrible) discusión.

**2** **La vida de Marina** Completa cada oración con los cuatro adjetivos.

1. Marina busca una compañera de cuarto
   _____
   (tranquilo, ordenado, honesto, puntual)

2. Se lleva bien con las personas _____
   (sincero, serio, alegre, trabajador)

3. Marina tiene unos padres _____
   (maduro, simpático, inteligente, conservador)

4. Quiere ver programas de televisión más
   _____
   (emocionante, divertido, dramático, didáctico)

5. Marina tiene un novio _____
   (irlandés, talentoso, nervioso, creativo)

Marina

**3** **Correo sentimental** La revista *Ellas y ellos* tiene una sección de anuncios personales. Este anuncio recibió unas cien respuestas. Inserta la forma correcta de los adjetivos de la lista. Puedes utilizar el mismo adjetivo más de una vez.

| buen | gran | mal | ningún | tercer |
|------|------|-----|--------|--------|
| bueno/a | grande | malo/a | ninguno/a | tercero/a |

## Mi perrito y yo buscamos amor

Tengo cuarenta y tres años y estoy viudo desde hace tres años. Soy un (1) _____ hombre: tranquilo y trabajador. Me gustan las plantas y no tengo (2) _____ problema con mis vecinos. Cocino y plancho. Me gusta ir al cine y no me gusta el fútbol. Siempre estoy de (3) _____ humor. Vivo en un apartamento (4) _____, en el (5) _____ piso de un edificio en Montevideo. Sólo tengo un pequeño problema: mi perro. Algunos dicen que tiene (6) _____ carácter. Otros dicen que es un (7) _____ animal. Yo creo que él es (8) _____, pero se siente solo, como su dueño. Busco una señora viuda o soltera que también se sienta sola. ¡Si tiene una perrita, mejor!

Presentation

## 2.4 Progressive forms

- The present progressive (**el presente progresivo**) narrates an action in progress. It is formed with the present tense of **estar** and the present participle (**el gerundio**) of the main verb.

| | | |
|---|---|---|
| **Estoy sacando** una foto. | ¿Qué **estás comiendo**? | **Están recorriendo** la ciudad. |
| *I am taking a photo.* | *What are you eating?* | *They are traveling around the city.* |

- The present participle of regular **–ar, –er,** and **–ir** verbs is formed as follows:

| INFINITIVE | STEM | ENDING | PRESENT PARTICIPLE |
|---|---|---|---|
| bailar | bail– | –ando | bailando |
| comer | com– | –iendo | comiendo |
| aplaudir | aplaud– | –iendo | aplaudiendo |

- **–Ir** verbs that change **o** to **u**, or **e** to **i** in the **Ud./él/ella** and **Uds./ellos/ellas** forms of the preterite have the same change in the present participle.

  pedir → pidiendo        mentir → mintiendo        dormir → durmiendo

- When the stem of an **–er** or **–ir** verb ends in a vowel, the **–i–** of the present participle ending changes to **–y–**. The present participle of **ir** is **yendo**.

  leer → leyendo        construir → construyendo        oír → oyendo

- Other tenses have progressive forms as well, though they are used less frequently than the present progressive. These tenses emphasize that an action was/will be in progress at a particular moment in time.

  **Estaba contestando** la última pregunta cuando el profesor nos pidió los exámenes.
  *I was in the middle of answering the last question when the professor asked for our exams.*

  No vengas a las cuatro, todavía **estaremos trabajando**.
  *Don't come at four; we will still be working.*

  Luis cerró la puerta, pero su mamá le **siguió gritando**.
  *Luis shut the door, but his mother kept right on shouting at him.*

- Progressive tenses often use other verbs, especially ones that convey motion or continuity like **andar, continuar, ir, llevar, seguir,** and **venir,** in place of **estar**.

  **anda diciendo**  *he goes around saying*

  **continuarás trabajando**  *you'll continue working*

  **van acostumbrándose**  *they're getting more and more used to*

  **llevo un mes trabajando**  *I have been working for a month*

  **siguieron hablando**  *they kept talking*

  **venimos insistiendo**  *we've been insisting*

# Práctica

**1**

**Una conversación telefónica** Daniel es nuevo en la ciudad y no sabe cómo llegar al estadio de fútbol. Decide llamar a su exnovia Alicia para que le explique cómo encontrarlo. Completa el diálogo con la forma correcta del gerundio.

**ALICIA** Hola, ¿quién habla?

**DANIEL** Hola, Alicia, soy Daniel; estoy buscando el estadio de fútbol y necesito que me ayudes... Llevo (1) _____ (caminar) más de media hora por el centro y sigo perdido.

**ALICIA** ¿Dónde estás?

**DANIEL** No estoy muy seguro, no encuentro el nombre de la calle. Pero estoy (2) _____ (ver) un centro comercial a mi izquierda y más allá parece que están (3) _____ (construir) un estadio de fútbol. (4) _____ (hablar) de fútbol, ¿dónde tengo mis boletos? ¡He perdido mis entradas!

**ALICIA** Madre mía, ¡sigues (5) _____ (ser) un desastre...! Algún día te va a pasar algo serio.

**DANIEL** Siempre andas (6) _____ (pensar) lo peor.

**ALICIA** Y tú siempre estás (7) _____ (olvidarse) de todo.

**DANIEL** Ya estamos (8) _____ (discutir) otra vez.

**2**

**Continuamos escribiendo** Vuelve a escribir las oraciones usando los verbos **andar**, **ir**, **llevar**, **continuar**, **seguir** o **venir**.

1. Mariela se burla de su hermano y siempre piensa que no le hace daño.

2. José estudia medicina desde hace diez años, y en los últimos meses sus padres le insisten en que se dedique a otra cosa.

3. Se acerca la hora de poner manos a la obra al proyecto, aunque aparezcan problemas todo el tiempo.

4. Mi prima siempre habla mal de todo el mundo y hace años que le digo que deje de hacerlo. De todas formas, ella cree que no tiene importancia.

5. Hace seis años que ese hombre visita el museo todas las tardes, siempre para mirar el mismo cuadro.

6. Conversamos todo el tiempo mientras ellos se marchaban.

**3**

**En diferentes tiempos** Completa cada oración con el tiempo correcto del verbo entre paréntesis.

1. Anoche, Carlos y Raúl _____ (estar) mirando una película.

2. Mientras tú estudiabas, nosotros _____ (andar) paseando por el parque.

3. Mañana a las diez, ¿tú _____ (estar) durmiendo?

4. Con un poco de tiempo, yo _____ (ir) acostumbrándome a la idea.

5. Ayer, Catalina _____ (estar) dando indicaciones a los turistas.

6. Eduardo _____ (venir) corriendo desde el parque cuando vio a Ana.

**Presentation**

# Telling time

- The verb **ser** is used to tell time in Spanish. The construction **es + la** is used with **una,** and **son + las** is used with all other hours.

**¿Qué hora es?**
*What time is it?*

**Es la una.**
*It is one o'clock.*

**Son las tres.**
*It is three o'clock.*

- The phrase **y + [minutes]** is used to tell time from the hour to the half-hour. The phrase **menos + [minutes]** is used to tell time from the half-hour to the hour, and is expressed by subtracting minutes from the *next* hour.

Son las once **y veinte**.    Es la una **menos cuarto**.    Son las doce **menos diez**.

- To ask at what time an event takes place, the phrase **¿A qué hora (...)?** is used. To state at what time something takes place, use the construction **a la(s) + [time]**.

**¿A qué hora** es la fiesta?
*(At) what time is the party?*

La fiesta es **a las ocho**.
*The party is at eight.*

- The following expressions are used frequently for telling time.

Son las siete **en punto**.
*It's seven o'clock on the dot/sharp.*

Son las nueve **de la mañana**.
*It's 9 A.M./in the morning.*

Son las doce del mediodía./Es **(el) mediodía**.
*It's 12 P.M./It's noon.*

Son las cuatro y cuarto **de la tarde**.
*It's 4:15 P.M./in the afternoon.*

Son las doce de la noche./Es **(la) medianoche**.
*It's 12 A.M./It's midnight.*

Son las once y media **de la noche**.
*It's 11:30 P.M./at night.*

- The imperfect is generally used to tell time in the past. However, the preterite may be used to describe an action that occurred at a particular time.

¿Qué hora **era** cuando llegaste?
*What time was it when you arrived?*

**Eran** las cuatro de la mañana.
*It was four o'clock in the morning.*

¿A qué hora **fueron** al cine?
*At what time did you go to the movies?*

**Fuimos** a las nueve.
*We went at nine o'clock.*

# Práctica

**La hora** Usando oraciones completas, escribe la hora que aparece en cada reloj.

1. _____   2. _____   3. _____

4. _____   5. _____   6. _____

**En el cineclub** Gabriela quiere ver una película en el cineclub de la universidad, pero necesita saber los horarios. Contesta las preguntas con oraciones completas usando las pistas (*clues*).

1. ¿A qué hora empieza *Relatos salvajes*? (12:05 P.M.)

_____

2. ¿A qué hora empieza *El secreto de sus ojos*? (1:15 P.M.)

_____

3. ¿A qué hora empieza *Ella*? (3:30 P.M.)

_____

4. ¿A qué hora empieza *Julieta*? (4:45 P.M.)

_____

5. ¿A qué hora empieza *El renacido*? (8:20 P.M.)

_____

**3**

**Coartada** Quedaste involucrado en la investigación de un crimen y la policía te pide que expliques lo que hiciste durante todo el día de ayer. Explica qué tenías planeado hacer y a qué hora lo hiciste realmente. Sigue el modelo.

**Modelo**  Cita con el médico – 11:30 A.M. (15 minutos de atraso)
Tenía cita con el médico a las once y media de la mañana, pero no pude llegar hasta las doce menos cuarto por culpa del tráfico.

1. Dejar el auto en el mecánico – 7 A.M. (30 minutos de atraso)

2. Desayunar con mi madre – 8:30 A.M. (1 hora de atraso)

3. Entregar los planos en la oficina – 11 A.M. (15 minutos de atraso)

4. Visita al museo de ciencias – 2 P.M. (1 hora y media de atraso)

5. Ir al cine con unos amigos – 5:30 P.M. (2 horas de atraso)

6. Recoger la ropa de la lavandería – 8:30 P.M. (¡Ya había cerrado!)

**Presentation**

## 3.4 Possessive adjectives and pronouns

- Possessive adjectives (**adjetivos posesivos**) are used to express ownership or possession. Unlike English, Spanish has two types of possessive adjectives: the short, or unstressed, forms and the long, or stressed, forms. Both forms agree in gender, when applicable, and number with the object owned, and not with the owner.

**Possessive adjectives**

| short forms (unstressed) | | long forms (stressed) | |
|---|---|---|---|
| mi(s) | my | mío/a(s) | my/(of) mine |
| tu(s) | your | tuyo/a(s) | your/(of) yours |
| su(s) | your; his; her; its | suyo/a(s) | your/(of yours); his/(of) his; her/(of) hers; its/(of) its |
| nuestro(s)/a(s) | our | nuestro/a(s) | our/(of) ours |
| vuestro(s)/a(s) | your | vuestro/a(s) | your/(of) yours |
| su(s) | your; their | suyo/a(s) | your/(of) yours; their/(of) theirs |

- Short possessive adjectives precede the nouns they modify.

  En **mi** opinión, esa telenovela es pésima.
  *In my opinion, that soap opera is awful.*

  **Nuestras** revistas favoritas son *Vanidades* y *Latina*.
  *Our favorite magazines are* Vanidades *and* Latina.

- Stressed possessive adjectives follow the nouns they modify. They are used for emphasis or to express the phrases *of mine, of yours,* etc. The nouns are usually preceded by a definite or indefinite article.

  mi amigo → **un** amigo **mío**
  *my friend → a friend of mine*

  tus amigas → **las** amigas **tuyas**
  *your friends → friends of yours*

**¡ATENCIÓN!**

After the verb **ser**, stressed possessives are usually used without articles.

**¿Es tuya la calculadora?**
*Is the calculator yours?*

**No, no es mía.**
*No, it is not mine.*

- Because **su(s)** and **suyo(s)/a(s)** have multiple meanings (*your, his, her, its, their*), the construction [*article*] + [*noun*] + **de** + [*subject pronoun*] can be used to clarify meaning.

  su casa
  la casa suya

  > la casa de él/ella — *his/her house*
  > la casa de usted/ustedes — *your house*
  > la casa de ellos/ellas — *their house*

**¡ATENCIÓN!**

The neuter form **lo** + [*singular stressed possessive*] is used to refer to abstract ideas or concepts such as *what is mine* and *what belongs to you.*

**Quiero lo mío.**
*I want what is mine.*

- Possessive pronouns (**pronombres posesivos**) have the same forms as stressed possessive adjectives and are preceded by a definite article. Possessive pronouns agree in gender and number with the nouns they replace.

  No encuentro mi **libro**.
  ¿Me prestas **el tuyo**?
  *I can't find my book. Can I borrow yours?*

  Si la **fotógrafa** suya no llega, **la nuestra** está disponible.
  *If your photographer doesn't arrive, ours is available.*

# Práctica

**1**

**¿De quién hablan?** Completa los espacios con adjetivos posesivos.

1. La actriz Fernanda Luro habla sobre su esposo: "_____ esposo siempre me acompaña a los estrenos, aunque _____ agenda esté llena de compromisos".

2. Los integrantes del dúo Maite y Antonio comentan sobre su hijo: "_____ hijo empezó a cantar a los dos años".

3. El actor Saúl Mar habla de su ex esposa, la modelo Serafina: "_____ ex ya no es tan guapa como antes, aunque _____ seguidores piensen lo contrario".

4. La famosa cantante Celia Rodríguez habla de la relación con sus padres: "_____ padres me apoyan muchísimo cuando estoy de gira".

**2**

**¿Es tuyo...?** Escribe preguntas con **ser** y contéstalas usando el pronombre posesivo que corresponda a la(s) persona(s) indicada(s). Sigue el modelo.

Modelo    tú / libro / yo
          —¿Es tuyo este libro?
          —Sí, es mío.

1. ustedes / revistas / nosotros

   _____

   _____

2. nosotros / periódicos / yo

   _____

   _____

3. ella / computadora / ella

   _____

   _____

4. tú / control remoto / ellos

   _____

   _____

**3**

**Almuerzo** Completa el diálogo con los posesivos adecuados. Cuando sea necesario, añade también el artículo definido correspondiente.

AGUSTÍN  (1) _____ esposa es locutora de radio y tiene un programa para niños.

MANUEL  (2) _____ es redactora en el periódico *El Financiero*.

JUAN  Yo soy soltero y vivo con (3) _____ padres y (4) _____ hermano.

MANUEL  (5) _____ películas favoritas son las de acción. ¿Y (6) _____?

JUAN  A mí no me gusta el cine.

AGUSTÍN  A mí tampoco, pero a (7) _____ esposa le gustan las películas clásicas. Afortunadamente, las ve con (8) _____ hermana.

JUAN  (9) _____ pasatiempo favorito es la música.

MANUEL  ¡Ahh! ¿Es (10) _____ la guitarra que vi en la oficina?

JUAN  Sí, es (11) _____. Después del trabajo, nos reunimos en la casa de un amigo (12) _____ y tocamos un poco. A (13) _____ amigos y a mí nos gusta el rock. (14) _____ músicos preferidos son...

AGUSTÍN  ¡No te molestes en nombrarlos! No sé nada de música.

MANUEL  Parece que (15) _____ gustos son muy distintos.

Presentation

## 3.5 Demonstrative adjectives and pronouns

- Demonstrative adjectives (**adjetivos demostrativos**) specify to which noun a speaker is referring. They precede the nouns they modify and agree in gender and number.

**este** anuncio
*this advertisement*

**esa** tira cómica
*that comic strip*

**aquellos** periódicos
*those newspapers
(over there)*

### Demonstrative adjectives

| singular | | plural | | |
|---|---|---|---|---|
| masculine | feminine | masculine | feminine | |
| este | esta | estos | estas | *this; these* |
| ese | esa | esos | esas | *that; those* |
| aquel | aquella | aquellos | aquellas | *that; those (over there)* |

- Spanish has three sets of demonstrative adjectives. Forms of **este** are used to point out nouns that are close to the speaker and the listener. Forms of **ese** modify nouns that are not close to the speaker, though they may be close to the listener. Forms of **aquel** refer to nouns that are far away from both the speaker and the listener.

No me gustan **estos** zapatos.  Prefiero **esos** zapatos.  **Aquel** coche es de Ana.

- Demonstrative pronouns (**pronombres demostrativos**) are identical to demonstrative adjectives, except that they carry an accent mark on the stressed vowel. They agree in gender and number with the nouns they replace.

¿Quieres comprar esta **radio**?
*Do you want to buy this radio?*

No, no quiero **ésta**. Quiero **ésa**.
*No, I don't want this one. I want that one.*

¿Leíste estos **libros**?
*Did you read these books?*

No leí **éstos**, pero sí leí **aquéllos**.
*I didn't read these, but I did read those (over there).*

- There are three neuter demonstrative pronouns: **esto, eso,** and **aquello**. These forms refer to unidentified or unspecified things, situations, or ideas. They do not vary in gender or number and they never carry an accent mark.

¿Qué es **esto**?
*What is this?*

**Eso** es interesante.
*That's interesting.*

**Aquello** es bonito.
*That's pretty.*

# Práctica

**1**

**La diva** Responde negativamente las preguntas sobre la actriz. Usa las pistas entre paréntesis y las formas correctas de los adjetivos demostrativos.

> **Modelo**   ¿Llevó esta camisa? (vestido)
> No, llevó este vestido.

1. ¿Se va a sentar en esa silla? (sofá)

_____

2. ¿Quiere probar estos sándwiches? (langosta)

_____

3. ¿Decidió hablar con ese reportero? (locutora)

_____

4. ¿Llevará aquel suéter? (chaqueta negra)

_____

**2**

**En el centro comercial** Completa las oraciones con los adjetivos y pronombres demostrativos que correspondan en cada caso.

1. Quiero comprar _____ teléfono celular que está a tu derecha.
2. No queremos _____ computadora que nos muestras, sino _____ de más atrás.
3. Hay rebajas en _____ libros y revistas que yo estoy mirando, pero no en _____ que tienes ahí.
4. Compra alguna de _____ películas en DVD que tienes a tu izquierda.
5. Yo voy a escoger _____ película de aquí, que está a mitad de precio.
6. Antes de irnos, vamos a comer algo en _____ restaurante de la otra esquina.
7. ¡Me he quedado sin dinero! _____ no puede seguir así: debo ser más cuidadoso.
8. No vayas a _____ tienda de enfrente, que es muy cara; mejor pregunta en _____ de aquí al lado.

**3**

**No y no** Escribe un breve diálogo con las siguientes palabras, utilizando los adjetivos y pronombres que se indican.

> **Modelo**   Ustedes / querer comprar / libros (este/aquel)
> —¿Ustedes quieren comprar estos libros o aquellos libros?
> —No queremos comprar ni éstos ni aquéllos.

1. tú / querer probarse / zapatos (este/ese)
2. ella / preferir / asiento (este/aquel)
3. Daniel y Agustina / buscar / película (ese/este)
4. niños / leer / novela (este/aquel)
5. Carlos / vivir / departamento (este/ese)
6. nosotros / poder / ir / fiesta (este/ese)

Presentation

**4.4**

# To become: *hacerse, ponerse, volverse,* and *llegar a ser*

- Spanish has several verbs and phrases that mean *to become*. Many of these constructions make use of reflexive verbs.

- The construction **ponerse** + [*adjective*] expresses a change in mental, emotional or physical state that is generally not long-lasting.

    ¡No **te pongas histérico**!
    *Don't get so worked up!*

    La señora Urbina **se pone muy feliz** cuando su familia la visita.
    *Mrs. Urbina gets so happy when her family comes to visit.*

- **Volverse** + [*adjective*] expresses a radical mental or psychological change. It often conveys a gradual or irreversible change in character. In English this is often expressed as *to have become* + [*adjective*].

    **¿Te has vuelto loca?**
    *Have you gone mad?*

    Durante los últimos años, mi primo **se ha vuelto insoportable**.
    *In recent years, my cousin has become unbearable.*

- **Hacerse** can be followed by a noun or an adjective. It often implies a change that results from the subject's own efforts, such as changes in profession or social and political status.

    El yerno de doña Lidia **se ha hecho bailarín** de tango.
    *Doña Lidia's son-in-law has become a tango dancer.*

    Mi bisabuelo **se hizo rico** a pesar de haber salido de
    su patria sin un solo centavo.
    *My great-grandfather became wealthy despite having
    left his homeland without a penny in his pocket.*

- **Llegar a ser** may also be followed by a noun or an adjective. It indicates a change over time and does not imply the subject's voluntary effort.

    Aquella novela **llegó a ser** un *best seller.*
    *That novel became a best-seller.*

- There are often reflexive verb equivalents for **ponerse** + [*adjective*]. Note that when used with object pronouns instead of reflexive pronouns, such verbs convey that another person or thing is imposing a mental, emotional, or physical state on someone else.

    ponerse alegre → alegrarse          ponerse deprimido/a → deprimirse
    ponerse furioso/a → enfurecerse      ponerse triste → entristecerse

    La llegada de la primavera **me pone alegre** / **me alegra**.
    *The arrival of spring makes me happy.*

    Cuando pienso en la muerte, **me pongo triste** / **me entristezco**.
    *When I think about death, I get sad.*

# Práctica

**1**

**Seleccionar** Selecciona la opción correcta para cada frase.

1. Siempre (se pone – se vuelve) nervioso cuando está frente a sus suegros.

2. Antes mi hijo era sumiso, pero con el tiempo (se puso – se volvió) muy rebelde.

3. Nunca (se pone – se vuelve) triste cuando está con su familia.

4. Después de quedarse viudo, (se puso – se volvió) un hombre solitario.

**2**

**Completar** Completa las oraciones utilizando la forma correcta de **volverse, llegar a ser, hacerse** y **ponerse.**

1. Con los años, mi sobrino _____.

2. Tras la muerte de mi abuelo, sus pinturas _____.

3. Ángela antes era contadora, pero ahora _____.

4. Como no llegamos a tiempo con la entrega del proyecto, mi profesor _____.

5. A causa de problemas de salud, Eduardo _____.

6. Después de perder nuestro trabajo, nosotros _____.

7. Ana y Eva no se conocían antes del viaje. Desde entonces _____.

8. Cuando se casó su hija, Alberto _____.

**3**

**Historias de familia** Completa las oraciones con la forma correcta de las expresiones de la lista.

> deprimirse | hacerse | llegar a ser | ponerse | volverse

1. Mi prima y su vecina _____ muy amigas.

2. Mi cuñado _____ el hombre más famoso de la ciudad.

3. Mi primo _____ loco después de ese viaje en el ascensor.

4. Mis sobrinas _____ muy tristes al despedirse.

Presentation

## 5.4 *Qué* vs. *cuál*

- The interrogative words **¿qué?** and **¿cuál(es)?** can both mean *what/which*, but they are not interchangeable.

- **Qué** is used to ask for general information, explanations, or definitions.

  ¿**Qué** es la lluvia ácida?
  *What is acid rain?*

  ¿**Qué** dijo?
  *What did she say?*

- **Cuál(es)** is used to ask for specific information or to choose from a limited set of possibilities. When referring to more than one item, the plural form **cuáles** is used.

  ¿**Cuál** es el problema?
  *What is the problem?*

  ¿**Cuáles** son tus animales favoritos?
  *What are your favorite animals?*

  ¿**Cuál** de los dos prefieres, el desierto o el bosque?
  *Which of these (two) do you prefer, the desert or the forest?*

  ¿**Cuáles** escogieron, los rojos o los azules?
  *Which ones did they choose, the red or the blue?*

- Often, either **qué** or **cuál(es)** may be used in the same sentence, but the meaning is different.

  ¿**Qué** quieres comer de postre?
  *What do you want to eat for dessert?*

  Tengo una manzana y una naranja.
  ¿**Cuál** quieres comer de postre?
  *I have an apple and an orange. Which one do you want to eat for dessert?*

- **Cuál(es)** is not used before nouns. **Qué** is used instead, regardless of the type of information requested.

  ¿**Qué** ideas tienen ustedes?
  *What ideas do you have?*

  ¿Peligro? ¿**Qué** peligro?
  *Danger? What danger?*

  ¿**Qué** regalo te gusta más?
  *Which gift do you like better?*

  ¿**Qué** libros leyeron este verano?
  *Which books did you read this summer?*

- **Qué** and **cuál(es)** are sometimes used in declarative sentences that imply a question or unknown information.

  No sé **qué** hacer.
  *I don't know what to do.*

  No sé **cuál** de los dos escoger.
  *I don't know which of the two to choose.*

  Elena quiere saber **qué** pasó ayer por la mañana.
  *Elena wants to know what happened yesterday morning.*

  Él me preguntó **cuál** de las dos películas prefería.
  *He asked me which of the two movies I preferred.*

- **Qué** is also used frequently in exclamations. In this case it means *What...!* or *How...!*

  Señor Acosta, ¡**qué** gusto verlo de nuevo!
  *Mr. Acosta, what a pleasure to see you again!*

  Mira esa luna llena, ¡**qué** bella!
  *Look at that full moon. How beautiful!*

  ¡**Qué** niño más irresponsable!
  *What an irresponsible child!*

  ¡**Qué** triste te ves!
  *How sad you look!*

# Práctica

**1** **Elige** Lee las preguntas y elige la opción correcta para cada una.

|  | ¿Qué | ¿Cuál | ¿Cuáles |  |
|----|----|----|----|----|
| 1. | ☐ | ☐ | ☐ | ... de los dos es tu conejo? |
| 2. | ☐ | ☐ | ☐ | ... tipo de ave te gusta más? |
| 3. | ☐ | ☐ | ☐ | ... es la deforestación? |
| 4. | ☐ | ☐ | ☐ | ... son los problemas que te preocupan más? |
| 5. | ☐ | ☐ | ☐ | ... es tu lugar favorito? |
| 6. | ☐ | ☐ | ☐ | ... parques están contaminados? |
| 7. | ☐ | ☐ | ☐ | ... usaron, las limpias o las contaminadas? |

**2** **Completar** Completa las preguntas con **¿qué?** o **¿cuál(es)?**, según el contexto.

1. ¿———— de los dos paisajes es tu favorito?

2. ¿———— piensas del calentamiento global?

3. ¿———— son tus animales favoritos?

4. ¿———— haces para proteger el medio ambiente?

5. ¿———— problema ecológico es el más importante?

6. ¿———— son tus ovejas, las blancas o las negras?

7. ¿———— es tu opinión sobre la deforestación de nuestros bosques?

8. ¿———— fuentes alternativas de energía usas?

9. ¿———— son las especies que están en peligro de extinción?

**3** **Preguntas** Usa **¿qué?** o **¿cuál(es)?** para escribir la pregunta correspondiente a cada respuesta.

1. _____

   El animal que más me gusta es el león.

2. _____

   Este fin de semana quiero disfrutar del mar y el sol.

3. _____

   Mis pasatiempos favoritos son nadar y salir con mis amigos.

4. _____

   Opino que la contaminación de los mares debe detenerse.

5. _____

   Éstas son las botellas que vamos a reciclar.

6. _____

   El plato favorito de Rosa es el pollo con papas.

Presentation

## 5.5 The neuter *lo*

- The definite articles **el, la, los,** and **las** modify masculine or feminine nouns. The neuter article **lo** is used to refer to concepts that have no gender.

*Me están volviendo loco.*
*¡Eso es **lo** que pasa!*

- In Spanish, the construction **lo** + [*masculine singular adjective*] is used to express general characteristics and abstract ideas. The English equivalent of this construction is *the* + [*adjective*] + *thing*.

    **Lo difícil** es promover el desarrollo económico sin contaminar.
    *The difficult thing is to promote economic development without polluting.*

    Este río está muy contaminado; **lo bueno** es que los vecinos
    se han organizado para limpiarlo bien y salvar los peces.
    *This river is very polluted; the good thing is that the neighbors
    have organized themselves to clean it well and save the fish.*

- To express the idea of *the most* or *the least,* **más** and **menos** can be added after **lo.** **Lo mejor** and **lo peor** mean *the best/worst* (*thing*).

    Para proteger el medio ambiente, **lo más importante** es conservar los recursos.
    *To protect the environment, the most important thing is to conserve resources.*

    ¡Aún no te he contado **lo peor** del viaje!
    *I still haven't told you about the worst part of the trip!*

- The construction **lo** + [*adjective* or *adverb*] + **que** is used to express the English *how* + [*adjective*]. In these cases, the adjective agrees in number and gender with the noun it modifies.

| **lo** + [*adjective*] + **que** | **lo** + [*adverb*] + **que** |
|---|---|

    ¿No te das cuenta de **lo bella que** eres?  Recuerda **lo bien que** te fue en su clase.
    *Don't you realize how beautiful you are?*  *Remember how well you did in his class.*

- **Lo que** is equivalent to the English *what, that, which.* It is used to refer to an abstract idea, or to a previously mentioned situation or concept.

    ¿Qué fue **lo que** más te gustó de tu viaje a Ecuador?
    *What was the thing that you enjoyed most about your trip to Ecuador?*

    **Lo que** más me gustó fue el paisaje.
    *The thing I liked best was the scenery.*

**¡ATENCIÓN!**

The phrase **lo** + [*adjective* or adverb*] + **que** may be replaced by **qué** + [*adjective* or *adverb*].

**No sabes *qué difícil* es hablar con él.**
*You don't know how difficult it is to talk to him.*

**Fíjense en *qué pronto* agotaremos los recursos.**
*Just think about how soon we'll use up our resources.*

# Práctica

**1**

**Completar** Completa las oraciones con **lo** o **lo que**.

1. Las grandes empresas no quieren aceptar _____ les piden los ecologistas.

2. _____ más peligroso es la destrucción de la capa de ozono.

3. ¿Me cuentas _____ se decidió en la reunión del grupo de conservación de parques?

4. _____ malo es que no se puede ver el paisaje desde aquí.

5. _____ piden sus hijos es que deje de cazar animales.

6. _____ positivo del proyecto es que vamos a tener muchos más árboles en la ciudad.

7. _____ me gusta de este lugar es que se respira aire puro.

**2**

**Opiniones** Combina las frases para formar oraciones que contengan la estructura **lo** + [*adjetivo/adverbio*] + **que**.

> **Modelo**    parecer mentira / qué poco te preocupas por el medio ambiente
>               Parece mentira lo poco que te preocupas por el medio ambiente.

1. asombrarme / qué lejos está el centro de reciclaje

    _____

2. sorprenderme / qué obediente es tu gato

    _____

3. no poder creer / qué contaminado está el lago

    _____

4. ser increíble / qué bien se vive en este pueblo

    _____

5. ser una sorpresa / qué limpio conservan este bosque

    _____

**3**

**La mascota** Julián se va de vacaciones y le ha pedido a su amigo Sergio que cuide de su mascota (*pet*). Usa frases de la lista para completar las recomendaciones que le da Julián a Sergio.

| lo contaminado que | lo mejor | lo potable |
|---|---|---|
| lo interesante que | lo peor | lo que más |
| lo más | | lo rápido que |

1. _____ le gusta es tomar el sol.

2. _____ difícil es darle su ducha diaria.

3. Es increíble _____ es vivir con él.

4. _____ es cuando te trae el periódico por la mañana.

5. Ya verás _____ se hacen amigos.

6. _____ es que lo voy a extrañar mucho.

Presentation

## 6.4 Adverbs

- Adverbs (**adverbios**) describe *how, when,* and *where* actions take place. They usually follow the verbs they modify and precede adjectives or other adverbs.

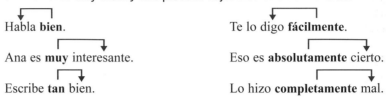

Habla **bien**.

Ana es **muy** interesante.

Escribe **tan** bien.

Te lo digo **fácilmente**.

Eso es **absolutamente** cierto.

Lo hizo **completamente** mal.

- Many Spanish adverbs are formed by adding the suffix **–mente** to the feminine singular form of an adjective. The **–mente** ending is equivalent to the English *–ly*.

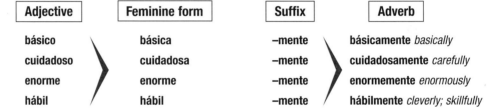

| Adjective | Feminine form | Suffix | Adverb |
|---|---|---|---|
| **básico** | **básica** | **–mente** | **básicamente** *basically* |
| **cuidadoso** | **cuidadosa** | **–mente** | **cuidadosamente** *carefully* |
| **enorme** | **enorme** | **–mente** | **enormemente** *enormously* |
| **hábil** | **hábil** | **–mente** | **hábilmente** *cleverly; skillfully* |

**¡ATENCIÓN!**

If an adjective has a written accent, it is kept when the suffix **–mente** is added. If an adjective does not have a written accent, no accent is added to the adverb ending in **–mente**.

- If two or more adverbs modify the same verb, only the final adverb uses the suffix **–mente**.

Se marchó **lenta** y **silenciosamente**.
*He left slowly and silently.*

Lo explicó **clara** y **cuidadosamente**.
*She explained it clearly and carefully.*

- The construction **con** + [*noun*] is often used instead of long adverbs that end in **–mente**.

cuidadosamente = con cuidado           frecuentemente = con frecuencia

- Here are some common adverbs and adverbial phrases:

| | | |
|---|---|---|
| **a menudo** *frequently; often* | **así** *like this; so* | **mañana** *tomorrow* |
| **a tiempo** *on time* | **ayer** *yesterday* | **más** *more* |
| **a veces** *sometimes* | **casi** *almost* | **menos** *less* |
| **adentro** *inside* | **de costumbre** *usually* | **muy** *very* |
| **afuera** *outside* | **de repente** *suddenly* | **por fin** *finally* |
| **apenas** *hardly; scarcely* | **de vez en cuando** *now and then* | **pronto** *soon* |
| **aquí** *here* | | **tan** *so* |

**A veces** salimos a tomar un café.
*Sometimes we go out for coffee.*

**Casi** terminé el libro.
*I almost finished the book.*

- The adverbs **poco** and **bien** frequently modify adjectives. In these cases, **poco** is often the equivalent of the English prefix *un–*, while **bien** means *well, very, rather* or *quite*.

La situación está **poco** clara.
*The situation is unclear.*

El plan estuvo **bien** pensado.
*The plan was well thought out.*

**¡ATENCIÓN!**

Some adverbs and adjectives have the same forms.

ADJ: **bastante dinero**
*enough money*
ADV: **bastante difícil**
*rather difficult*

ADJ: **poco tiempo**
*little time*
ADV: **habla poco**
*speaks very little*

# Práctica

**1**

**Adverbios** Escribe el adverbio que se deriva de cada adjetivo.

1. básico _____
2. feliz _____
3. fácil _____
4. inteligente _____
5. alegre _____

6. común _____
7. injusto _____
8. asombroso _____
9. insistente _____
10. silencioso _____

**2**

**Instrucciones para ser feliz** Completa cada oración de forma lógica con un adverbio derivado de un adjetivo de la lista.

| cuidadoso | frecuente | malo | triste |
|-----------|-----------|------|--------|
| enorme | inmediato | tranquilo | último |

1. Tienes que amar a tu pareja _____.
2. Haz ejercicio _____.
3. Debes gastar el dinero _____.
4. Si eres injusto/a con alguien, debes pedir perdón _____.
5. Desayuna todas las mañanas _____.

**3**

**Recomendaciones** Los padres de Mario y Paola salieron de viaje por dos semanas. Lee las recomendaciones que les dejaron a los chicos pegadas en el refrigerador. Completa los espacios con un adverbio o expresión adverbial de la lista.

| a menudo | adentro | así | mañana |
|----------|---------|-----|--------|
| a tiempo | afuera | de vez en cuando | tan |

## Lunes, 19 de octubre

1. Pasar la aspiradora _____.(¡Todos los días!)

2. Si llueve, poner los muebles del jardín _____.

3. Llegar a la escuela _____.

4. _____, llevar a Botitas al veterinario para su cita.

5. Dejar que el gato juegue _____ si no llueve.

6. Sólo ir _____ al centro comercial.

Presentation

6.5

# Diminutives and augmentatives

- Diminutives and augmentatives (**diminutivos y aumentativos**) are frequently used in conversational Spanish. They emphasize size or express shades of meaning like affection or ridicule. Diminutives and augmentatives are formed by adding a suffix to the root of nouns or adjectives (which agree in gender and number), and occasionally adverbs.

- The most common diminutive suffixes are forms of **–ito/a** and **–illo/a**.

> **Huguillo**, ¿me traes un **cafecito** con unos **panecillos**?
> *Little Hugo, would you bring me a little cup of coffee with a few rolls?*

> **Ahorita, abuelita**, se los preparo **rapidito**.
> *Right away, Granny, I'll have them ready in a jiffy.*

- Most words form the diminutive by adding **–ito/a** or **–illo/a**. For words ending in vowels (except **–e**), the last vowel is dropped before the suffix.

| | |
|---|---|
| bajo → **bajito** *very short; very quietly* | ventana → **ventanilla** *little window* |
| Miguel → **Miguelito** *Mikey* | campana → **campanilla** *handbell* |

- Most words that end in **–e, –n,** or **–r** use the forms **–cito/a** or **–cillo/a**. However, one-syllable words often use **–ecito/a** or **–ecillo/a**.

| | |
|---|---|
| Carmen → **Carmencita** *little Carmen* | pan → **panecillo** *roll* |
| amor → **amorcito** *sweetheart* | pez → **pececito** *little fish* |

- The most common augmentative suffixes are forms of **–ón/–ona, –ote/–ota,** and **–azo/–aza**.

> Hijo, ¿por qué tienes ese **chichonazo** en la cabeza?
> *Son, how'd you get that huge bump on your head?*

> Le dije *panzón* al **gordote** de la otra cuadra, ¡y me dio un **golpetazo**!
> *I said Fatty to the big fat guy from the next block, and he really socked me one!*

- Most words form the augmentative by simply adding the suffix to the word. For words ending in vowels, the final vowel is usually dropped.

| | |
|---|---|
| hombre → **hombrón** *big man; tough guy* | casa → **casona** *big house; mansion* |
| perro → **perrazo** *big, scary dog* | palabra → **palabrota** *swear word* |

- Note that many feminine nouns become masculine in the augmentative when the suffix **–ón** is used, unless they refer specifically to someone's gender.

| | |
|---|---|
| la silla → **el sillón** *armchair* | la mujer → **la mujerona** *big woman* |
| la mancha → **el manchón** *large stain* | la soltera → **la solterona** *old maid* |

- In regions where diminutives and augmentatives are used heavily in conversational Spanish, double endings are frequently used for additional emphasis.

| | |
|---|---|
| chico/a → **chiquito/a** → **chiquitito/a** | grande → **grandote/a** → **grandotote/a** |

- Some words change meaning completely when a suffix is added.

| | |
|---|---|
| manzana → **manzanilla** | pera → **perilla** |
| *apple*    *camomile* | *pear*    *goatee* |

---

# Práctica

**1**

**La carta** Completa el párrafo con la forma indicada de cada palabra. Haz los cambios que creas necesarios.

> Querido (1) _____ (nieto, –ito):
>
> Cuando yo era (2) _____ (pequeño, –ito) como tú, jugaba siempre en la calle. Mi (3) _____ (abuela, –ita) me decía que no fuera con los (4) _____ (amigos, –ote) de mi hermano porque ellos eran mayores que yo y eran (5) _____ (hombres, –ón). Yo, entonces, era muy (6) _____ (cabeza, –ón) y nunca hacía lo que ella decía. Una tarde, estaba jugando al fútbol, y uno de ellos me dio un (7) _____ (rodilla, –azo) que me rompió la (8) _____ (nariz, –ota). Nunca más jugué con ellos y, desde entonces, sólo salí con mis (9) _____ (amigos, –ito). Espero que me vengas a visitar (10) _____ (pronto, –ito).
>
> Tu abuelo César

**2**

**Completar** Completa las oraciones con el aumentativo o el diminutivo que corresponda a la definición entre paréntesis.

1. ¿Por qué no les gusta a los profesores que los estudiantes digan _____ (palabras feas y desagradables)?

2. El _____ (perro pequeño) de mi novia es muy lindo y amistoso.

3. Ese abogado tiene una buena _____ (nariz grande) para adivinar los problemas de sus clientes.

4. Mis abuelos viven en una _____ (casa grande) muy vieja.

5. La cantante Samantha siempre lleva una _____ (flor pequeña) en el cabello.

6. El presidente del partido tiene una excelente _____ (cabeza grande) para memorizar sus discursos.

7. A mi _____ (hermana menor) le fascina ir a la playa y hacer excursiones en el campo.

**3**

**¿Qué palabra es?** Combina las palabras para formar diminutivos y aumentativos.

1. muy grande _____
2. lago pequeño _____
3. cuarto grande y amplio _____
4. sillas para niños _____
5. libro grande y grueso _____
6. gato bebé _____
7. hombre alto y fuerte _____
8. muy cerca _____
9. abuelo querido _____
10. soldados de juguete _____

Presentation

# The present perfect

*Siempre **hemos tenido** un carro rojo.*

- In Spanish, as in English, the present perfect tense (**el pretérito perfecto**) expresses what *has happened*. It generally refers to recently completed actions or to a past that still bears relevance in the present.

  La gerente **ha cambiado** mi horario de trabajo dos veces este mes.
  *The manager has changed my work schedule twice this month.*

  Josefina se jubiló el año pasado, pero aún no **ha decidido** qué va a hacer.
  *Josefina retired last year, but she still hasn't decided what she is going to do.*

- Form the present perfect with the present tense of the verb **haber** and a past participle. Regular past participles are formed by adding **–ado** to the stem of **–ar** verbs, and **–ido** to the stem of **–er** and **–ir** verbs.

## The present perfect

| comprar | beber | recibir |
|---|---|---|
| he comprado | he bebido | he recibido |
| has comprado | has bebido | has recibido |
| ha comprado | ha bebido | ha recibido |
| hemos comprado | hemos bebido | hemos recibido |
| habéis comprado | habéis bebido | habéis recibido |
| han comprado | han bebido | han recibido |

### TALLER DE CONSULTA

When used as adjectives (**la puerta** *abierta*, **los documentos** *escritos*), past participles must agree in number and gender with the noun or pronoun they modify. See this **Manual de gramática, p. 284.**

While English speakers often use the present perfect to express actions that *continue* into the present time, Spanish uses the phrase **hace** + [*period of time*] + **que** + [*present tense*]. See this **Manual de gramática, p. 278.**

- Note that past participles do not change form in the present perfect tense.

  No **he recibido** la tarjeta de débito. Mis hijos no **han recibido** las suyas tampoco.
  *I haven't received the debit card. My children haven't received theirs, either.*

  No se la **hemos mandado** porque el contador no **ha mandado** el correo todavía.
  *We haven't sent it to you because the accountant hasn't sent the mail yet.*

- To express that something *has just happened*, use **acabar de** + [*infinitive*], not the present perfect.

  Le **acabamos de ofrecer** el puesto.
  *We have just offered him/her the position.*

- When the stem of an **–er** or **–ir** verb ends in **a, e,** or **o**, the past participle requires a written accent (**–ído**) to maintain the correct stress. No accent mark is needed for stems ending in **u**.

  | | |
  |---|---|
  | ca-er → caído | le-er → leído |
  | o-ír → oído | constru-ir → construido |

  *Hemos leído toda la tarde en el parque.*

- Several verbs have irregular past participles.

  | | | | |
  |---|---|---|---|
  | abrir | abierto | morir | muerto |
  | cubrir | cubierto | poner | puesto |
  | decir | dicho | resolver | resuelto |
  | descubrir | descubierto | romper | roto |
  | escribir | escrito | ver | visto |
  | hacer | hecho | volver | vuelto |

  **He escrito** varias veces al gerente. ¿Por qué no me **ha abierto** la cuenta?
  *I have written the manager several times. Why hasn't he opened the account for me?*

  Hablé con el gerente y ya **hemos resuelto** el problema.
  *I spoke with the manager, and we have already resolved the problem.*

- In the present perfect, pronouns and the word **no** precede the verb **haber**.

  ¿Por qué **no has depositado** más dinero en tu cuenta de ahorros?
  *Why haven't you deposited more money in your savings account?*

  Porque ya **lo he invertido** en la bolsa de valores.
  *Because I have already invested it in the stock market.*

  *Desde ese día **no nos hemos vuelto** a ver.*

# Práctica

**1**

**Mentiras** Completa el diálogo con las formas del pretérito perfecto de los verbos entre paréntesis.

**DIRECTORA** ¿Dónde (1) _____ (estar) tú toda la mañana y qué (2) _____ (hacer) con mi computadora portátil?

**SECRETARIO** Ay, (yo) (3) _____ (tener) la peor mañana de mi vida... Resulta que ayer fui a cinco bancos con su computadora portátil y creo que la olvidé en alguna parte.

**DIRECTORA** Me estás mintiendo, en realidad la (4) _____ (romper), ¿no?

**SECRETARIO** No, no la (5) _____ (romper); la (6) _____ (perder). Por eso esta mañana (7) _____ (volver) a todos los bancos y le (8) _____ (preguntar) a todo el mundo si la (9) _____ (ver).

**DIRECTORA** ¿Y?

**SECRETARIO** Todos los gerentes me (10) _____ (decir) que vuelva mañana.

**2**

**Completar** Escribe oraciones completas usando los elementos dados. Cambia los verbos a pretérito perfecto.

1. Carlos / decirle / la verdad a su novia

_____

2. ustedes / encontrar / la solución al problema

_____

3. nosotros / escribirles / postales a nuestros amigos

_____

4. mis padres / oír / las noticias

_____

5. tú / abrir / la puerta de la casa

_____

6. yo / poner / la mesa

_____

**3**

**¿Qué has hecho?** Escribe una oración indicando si has hecho o no cada actividad. Si no la has hecho, añade más información.

**Modelo** ir a Bolivia
No he ido a Bolivia, pero he viajado a Paraguay.

1. viajar a un país hispanohablante
2. ganar la lotería
3. estar bajo presión
4. estar en bancarrota
5. comer caracoles (*snails*)
6. ahorrar diez mil dólares
7. conocer al presidente del país
8. estar despierto/a por más de dos días
9. tener una entrevista de trabajo
10. enfermarse durante unas vacaciones

**4** 🔊 **Empleo** Juan Carlos le cuenta a su amigo Marcos todo lo que ha hecho hasta ahora para buscar un empleo como programador. Pon en orden cronológico lo que ha hecho y luego escribe lo que Juan Carlos le cuenta a Marcos utilizando el pretérito perfecto.

**Modelo** Primero he...

| | |
|---|---|
| _____ a. leer los anuncios del diario | _____ d. enviar el currículum vitae |
| _____ b. entrevistarme con el gerente | _____ e. planear una entrevista con el gerente |
| _____ c. escribir un currículum vitae (*résumé*) | _____ f. estudiar programas de computación en la universidad |

**5** 🔊 **Lo que han hecho** Escribe oraciones con información real sobre las experiencias de los sujetos de la izquierda en cada una de las categorías de la derecha. Sigue el modelo.

**Modelo** **yo / los parques nacionales**
He visitado el Parque Nacional Madidi./
No he visitado el Parque Nacional Madidi.

- mis padres
- mi mejor amigo/a
- las personas famosas
- el gobierno
- mis hermanos/as y yo
- el rector de mi universidad
- yo

- otros países
- los deportes
- los idiomas extranjeros
- las compras
- la comida
- los empleos
- el cine

**6** 🔊 **Carta** Imagina que estás de vacaciones en Bolivia. Escribe una carta contándole a un(a) amigo/a qué actividades has realizado hasta ahora de acuerdo a los dibujos. Usa el pretérito perfecto y ¡sé creativo/a!

Presentation

# The present perfect subjunctive

*¡Espero que **hayas recordado** lavar la ropa!*

### TALLER DE CONSULTA

To review the present and past subjunctive, see **3.1, pp. 96–98; 4.1, pp. 136–137; 6.1, pp. 212–213;** and **6.2, pp. 216–217.**

- The present perfect subjunctive (**el pretérito perfecto del subjuntivo**) is formed with the present subjunctive of **haber** and a past participle.

### The present perfect subjunctive

| cerrar | perder | asistir |
|---|---|---|
| haya cerrado | haya perdido | haya asistido |
| hayas cerrado | hayas perdido | hayas asistido |
| haya cerrado | haya perdido | haya asistido |
| hayamos cerrado | hayamos perdido | hayamos asistido |
| hayáis cerrado | hayáis perdido | hayáis asistido |
| hayan cerrado | hayan perdido | hayan asistido |

- The present perfect subjunctive is used to refer to recently completed actions or past actions that still bear relevance in the present. It is used mainly in the subordinate clause of a sentence whose main clause expresses will, emotion, doubt, or uncertainty.

| Present perfect indicative | Present perfect subjunctive |
|---|---|
| Luis **ha dejado** de usar su tarjeta de crédito. | No creo que Luis **haya dejado** de usar su tarjeta de crédito. |
| *Luis has stopped using his credit card.* | *I don't think Luis has stopped using his credit card.* |

- Note the different contexts in which you must use the subjunctive tenses you have learned so far.

### ¡ATENCIÓN!

In a multiple-clause sentence, the choice of tense for the verb in the subjunctive depends on *when* the action takes place in each clause. The present perfect subjunctive is used primarily when the action of the main clause is in the present tense, but the action in the subordinate clause is in the past.

| Present subjunctive | Present perfect subjunctive | Past subjunctive |
|---|---|---|
| Las empresas multinacionales **buscan** empleados que **hablen** varios idiomas. | **Prefieren** contratar a los que **hayan viajado** al extranjero. | Antes, casi todas **insistían** en que los solicitantes **tuvieran** cinco años de experiencia. |
| *Multinational companies are looking for employees who speak several languages.* | *They prefer to hire those who have traveled abroad.* | *In the past, almost all of them insisted that applicants have five years of experience.* |

# Práctica

**1**

**Preferencias** Anita es una chica muy particular. Lee sus preferencias y complétalas usando el verbo correcto de la lista en pretérito perfecto del subjuntivo.

| estudiar | preocuparse | resolver | ser |
|----------|-------------|----------|------|
| luchar | publicar | respetar | vivir |

1. Busco una compañera de cuarto que _____ en el extranjero.

2. Prefiero salir con chicos que _____ arquitectura o filosofía.

3. Necesito un abogado que _____ activista en sus años de juventud.

4. Quiero viajar a países cuyos gobiernos siempre _____ los derechos humanos de los ciudadanos.

5. Me interesa conocer a una persona que _____ varios libros.

6. Deseo compartir mis ideas con personas que _____ por la paz internacional.

7. Quiero vivir en una ciudad que _____ los problemas de contaminación.

8. Quiero un gobierno que _____ por proteger el medio ambiente.

**2**

**Seleccionar** Elige la opción correcta.

1. Es imposible que el nivel de desempleo (ha/haya) subido.

2. Prefieren contratar a un empleado que (ha/haya) trabajado en una empresa multinacional.

3. Estoy casi seguro de que el nuevo gerente se (ha/haya) aprendido todos nuestros nombres.

4. Busco al joven que (ha/haya) solicitado empleo en el Museo del Barro.

5. No creo que declarar la bancarrota (ha/haya) sido la mejor opción.

**3**

**Mentirosa** Tu amiga Isabel te ha llamado para contarte todos sus éxitos en España. Contesta diciéndole que no crees nada de lo que te dice. Usa el pretérito perfecto del subjuntivo y los verbos y expresiones de la lista.

| No creo | Es imposible | No es cierto |
|---------|--------------|--------------|
| Dudo | Es improbable | No es probable |

| Isabel | Tú |
|--------|------|
| 1. He ido de compras con Leticia Ortiz, la futura reina de España. | 1. _____ |
| 2. Mi jefe me ha aumentado el sueldo un cien por ciento. | 2. _____ |
| 3. Mi compañía me ha declarado la mejor empleada del año. | 3. _____ |
| 4. El rey Juan Carlos ha visitado la oficina donde trabajo. | 4. _____ |
| 5. El gerente me ha pedido que me quede en España para siempre. | 5. _____ |

### Nota CULTURAL

El **Centro de Artes Visuales**, en **Asunción, Paraguay**, es el resultado de la unión de tres museos: el **Museo del Barro**, que presenta colecciones de arte popular; el **Museo de Arte Indígena**, que muestra colecciones de arte de las diferentes etnias y el **Museo Paraguayo de Arte Contemporáneo**, que exhibe obras de arte urbano iberoamericano.

Presentation

# The past perfect

- The past perfect tense (**el pluscuamperfecto**) is formed with the imperfect of **haber** and a past participle. As with other perfect tenses, the past participle does not change form.

| The past perfect | | |
|---|---|---|
| **viajar** | **perder** | **incluir** |
| había viajado | había perdido | había incluido |
| habías viajado | habías perdido | habías incluido |
| había viajado | había perdido | había incluido |
| habíamos viajado | habíamos perdido | habíamos incluido |
| habíais viajado | habíais perdido | habíais incluido |
| habían viajado | habían perdido | habían incluido |

- In Spanish, as in English, the past perfect expresses what someone *had done* or what *had occurred* before another action or condition in the past.

Decidí comprar una cámara digital nueva porque la vieja se me **había roto** varias veces.

*I decided to buy a new digital camera because the old one had broken several times.*

Cuando por fin les dieron la patente, otros ingenieros ya **habían inventado** una tecnología mejor.

*When they were finally given the patent, other engineers had already invented a better technology.*

- **Antes, aún, nunca, todavía,** and **ya** are often used with the past perfect to indicate that one past action occurred before another. Note that these adverbs, as well as pronouns and the word **no,** may not come between **haber** and the past participle.

*Cuando Alina llegó a la estación, el tren **ya** se **había ido.***

Cuando apagué la computadora, **aún no había guardado** el documento. ¡Lo perdí!

*When I shut off the computer, I hadn't yet saved the document. I lost it!*

**Ya** me **había explicado** la teoría, pero no la entendí hasta que vi el experimento.

*He had already explained the theory to me, but I didn't understand it until I saw the experiment.*

**Nunca había visto** una estrella fugaz tan luminosa **antes.**

*I had never seen such a bright shooting star before.*

Los ovnis **todavía no habían aterrizado,** pero los terrícolas ya estaban corriendo.

*The UFOs hadn't yet landed, but the Earthlings were already running.*

Estructuras adicionales

# Práctica

**1**

**Completar** Jorge Báez, un médico dedicado a la genética, ha recibido un premio por su trabajo. Completa su discurso de agradecimiento con el pluscuamperfecto.

Muchas gracias por este premio. Recuerdo que antes de cumplir doce años ya (1) _____ (decidir) ser médico. A esa edad, mi madre ya me (2) _____ (llevar) al hospital donde ella trabajaba y recuerdo que la primera vez me (3) _____ (fascinar) los médicos vestidos de blanco. Luego, cuando cumplí veintiséis años, ya me (4) _____ (pasar) tres años estudiando las propiedades de los genes humanos, en especial desde que (5) _____ (ver) un programa en la televisión sobre la clonación. Cuando terminé mis estudios de postgrado, ya se (6) _____ (hacer) grandes adelantos científicos…

**2**

**Explicación** Reescribe las oraciones usando el pluscuamperfecto.

> **Modelo** Me duché a las 7:00. Antes de ducharme hablé con mi hermano.
> Ya había hablado con mi hermano antes de ducharme.

1. Salí de casa a las 8:00. Antes de salir de casa miré mi correo electrónico.
2. Llegué a la oficina a las 8:30. Antes de llegar a la oficina tomé un café.
3. Se apagó la computadora a las 10:00. Guardé los documentos a las 9:55.
4. Fui a tomar un café. Antes, comprobé que todo estaba bien.

**3**

**Informe** Eres policía y debes preparar un informe sobre este accidente. Inventa una historia sobre lo que había ocurrido en las vidas de los personajes dos horas antes, dos minutos antes y dos segundos antes del accidente. Usa el pluscuamperfecto y las expresiones de la lista.

| | | |
|---|---|---|
| atravesarse | doblar en la esquina | revisar el auto |
| acabar de conseguir la licencia | escuchar radio | tener prisa |
| discutir | poner gasolina | no ver |

> **Modelo** He concluido las investigaciones del accidente. Linda ya había doblado en la esquina cuando...

Presentation

# The passive voice

*Este viernes, los ganadores del concurso **serán escogidos** por un jurado muy calificado.*

**TALLER DE CONSULTA**

Passive statements may also be expressed with the passive **se**. See **p. 270**.

- In the active voice (**la voz activa**), a person or thing (agent) performs an action on an object (recipient). The agent is emphasized as the subject of the sentence. Statements in the active voice usually follow the pattern [*agent*] + [*verb*] + [*recipient*].

| AGENT = SUBJECT | VERB | RECIPIENT |
|---|---|---|
| **El policía** | **vigila** | **la frontera.** |
| *The police officer* | *guards* | *the border.* |
| **El departamento de inmigración** | **ha detenido** | **a diez personas.** |
| *The department of immigration* | *has detained* | *ten people.* |

- In the passive voice (**la voz pasiva**), the recipient of the action becomes the subject of the sentence. Passive statements emphasize the thing that was done or the person that was acted upon. They follow the pattern [*recipient*] + **ser** + [*past participle*] + **por** + [*agent*].

| RECIPIENT = SUBJECT | *SER* + PAST PARTICIPLE | *POR* + AGENT |
|---|---|---|
| **La frontera** | **es vigilada** | **por el policía.** |
| *The border* | *is guarded* | *by the police officer.* |
| **Diez personas** | **han sido detenidas** | **por el departamento de inmigración.** |
| *Ten people* | *have been detained* | *by the department of immigration.* |

- Note that singular forms of **ser** (**es, ha sido, fue,** etc.) are used with singular recipients, and plural forms (**son, han sido, fueron,** etc.) are used with plural recipients.

  La manifestación **es organizada** por un grupo de activistas.
  *The demonstration is organized by a group of activists.*

  Los dos candidatos **fueron rechazados** por el comité.
  *The two candidates were rejected by the committee.*

- In addition, the past participle must agree in number and gender with the recipient(s).

  La **disminución** de empleos fue **prevista** por el Secretario de Economía.
  *The decline in jobs was predicted by the Treasury Secretary.*

  Los **problemas** han sido **resueltos** por el jefe.
  *The problems have been resolved by the boss.*

- Note that **por** + [*agent*] may be omitted if the agent is unknown or not specified.

  Las metas fueron alcanzadas.
  *The goals were reached.*

  El maltrato no ha sido eliminado.
  *Abuse has not been eradicated.*

# Práctica

**1**

**Cambio de país** Completa las oraciones en voz pasiva con la forma adecuada del participio pasado.

1. Una fiesta fue _____ (organizar) por sus familiares para despedir a la familia Villar.

2. En el aeropuerto, sus pasaportes y visas fueron _____ (revisar) por los agentes de aduana.

3. Su equipaje fue _____ (examinar) antes de subir al avión.

4. Ya en los Estados Unidos, los jóvenes de la familia fueron _____ (admitir) en las escuelas de la comunidad.

5. Los hijos de los Villar ya no son _____ (considerar) extranjeros.

6. Cuando volvieron a visitar Argentina, los Villar fueron _____ (recibir) en el aeropuerto por todos sus familiares.

**2**

**El artículo** Lee las notas que tomó una periodista sobre un caso de robo y escribe el artículo utilizando la voz pasiva.

**Modelo**　Hace 25 años fue asaltado el Museo de Bellas Artes...

Notas sobre el caso

• Hace 25 años:
asaltaron el Museo de Bellas Artes; robaron seis cuadros muy famosos, destruyeron varios marcos antiguos en un pasillo, dañaron una estatua, golpearon a los dos guardias de seguridad, lastimaron con una navaja al cuidador

• El mes pasado:
un detective descubrió los seis cuadros en París; dos meses antes, un empresario de Taiwán los vendió a una galería francesa

• Ayer:
la policía allanó *(raided)* las propiedades del empresario en Taipéi, encontró las otras obras de arte robadas, no atrapó al sospechoso

• Ahora:
la aseguradora del museo investiga pistas de los posibles ladrones. Ella afirma: "considerarán el robo resuelto cuando atrapen a los culpables"

**3**

**Titulares** Elige uno de los siguientes titulares y escribe un breve artículo para el periódico de tu universidad. Utilizando la voz pasiva y las palabras de la lista, explica dónde y cómo fue el evento, quiénes participaron y qué consecuencias tuvo.

| Hallan planeta habitado en el espacio | | |
|---|---|---|
| descubrir | amenaza | investigar |
| establecer | extraterrestre | nave espacial |

| Entrega de premios a las mejores películas del año | | |
|---|---|---|
| dedicar | ganador(a) | presentar |
| inspirar | principiante | triunfo |

| Encuentran la cura de la obesidad | | |
|---|---|---|
| aliviar | avance | enfermedad |
| lograr | científico/a | recompensar |

Presentation

# Uses of *se*

## The passive *se*

- In Spanish, the pronoun **se** is often used to express the passive voice when the agent performing the action is not stated. The third person singular verb form is used with singular nouns, and the third person plural form is used with plural nouns.

> **Se subirán** los impuestos a final de año.
> *Taxes will be raised at the end of the year.*

> **Se necesita** un cajero automático en este edificio.
> *An ATM is needed in this building.*

*En esta tienda no **se aceptan** cheques.*

- When the passive **se** refers to a specific person or persons, the personal **a** is used and the verb is always singular.

> **Se despidió al** vendedor por llegar tarde.
> *The salesperson was fired for being late.*

> **Se informó a** los dueños sobre los cambios en el presupuesto.
> *The owners were informed of the budget changes.*

## The impersonal *se*

- **Se** is also used with third person singular verbs in impersonal constructions where the subject of the sentence is indefinite. In English, the words *one, people, we, you,* or *they* are often used for this purpose.

> **Se habla** mucho de la crisis.
> *People are talking about the crisis a lot.*

> ¿**Se puede** vivir sin dinero?
> *Can one live without money?*

> **Se dice** que es mejor prestar que pedir prestado.
> *They say it is better to lend than to borrow.*

> No **se debe** invertir todo en la bolsa de valores.
> *You shouldn't invest everything in the stock market.*

- Constructions with the impersonal **se** are often used on signs and warnings.

> **Se habla** español.
> *We speak Spanish.*

> **Se alquilan** apartamentos.
> *Apartments for rent.*

> **Se busca** camarero.
> *Waiter wanted.*

> **No se aceptan** tarjetas de crédito.
> *We don't accept credit cards.*

## *Se* to express unexpected events

*A mis amigos **se les ocurrió** hacerme una
fiesta sorpresa de cumpleaños.*

- **Se** is also used in statements that describe accidental or unplanned incidents. In this
  construction, the agent who performs the action is de-emphasized, implying that the
  incident is not his or her direct responsibility.

| | INDIRECT OBJECT PRONOUN | VERB | SUBJECT |
|---|---|---|---|
| **Se** | **me** | **perdió** | **el reloj.** |

- In this construction, the person(s) to whom the event happened is/are expressed as an
  indirect object. What would normally be the direct object of the English sentence becomes
  the subject of the Spanish sentence.

| | INDIRECT OBJECT PRONOUN | VERB | SUBJECT |
|---|---|---|---|
| **Se** | **me** | **acabó** | **el dinero.** |
| | **te** | **cayeron** | **las gafas.** |
| | **le** | **ocurrió** | **una buena idea.** |
| | **nos** | **dañó** | **la radio.** |
| | **os** | **olvidaron** | **las llaves.** |
| | **les** | **perdió** | **el documento.** |

- These verbs are frequently used with **se** to describe unplanned events.

| | |
|---|---|
| **acabar**  *to finish, to run out* | **olvidar**  *to forget* |
| **caer**  *to fall, to drop* | **perder** (e:ie)  *to lose* |
| **dañar**  *to damage, to break* | **quedar**  *to leave behind* |
| **ocurrir**  *to occur* | **romper**  *to break* |

**Se me quedó** la tarjeta de crédito en el almacén.
*I left my credit card at the store.*

**Se nos dañó** la computadora en la reunión con los ejecutivos.
*Our computer broke at the meeting with the executives.*

- To clarify or emphasize the person(s) to whom the unexpected occurrence happened,
  the construction sometimes begins with **a** + [*noun*] or **a** + [*prepositional pronoun*].

**A María** siempre se le olvida pagar los impuestos.
*María always forgets to pay her taxes.*

**A mí** se me cayeron todos los documentos en medio de la calle.
*I dropped all the documents in the middle of the street.*

# Práctica

**1**

**Unir** Une las frases de la columna A con las frases correspondientes de la columna B.

| **A** | **B** |
|---|---|
| _____ 1. A la empresa | a. se les pagó el sueldo mínimo. |
| _____ 2. A los empleados | b. se le dio un aumento. |
| _____ 3. A mí | c. se nos depositó el sueldo en la cuenta. |
| _____ 4. A nosotros | d. se le exigió pagar más impuestos. |
| _____ 5. A ti | e. se te olvidó pagar la tarjeta de crédito. |
| | f. se me dañó la computadora. |

**2**

**Completar** La empresa para la que trabajas ha cambiado algunas reglas. Complétalas con frases impersonales con **se**.

**Las nuevas reglas de la oficina son:**

1. _____ (trabajar) de ocho a seis.
2. No _____ (deber) comer en las oficinas.
3. _____ (prohibir) los teléfonos celulares.
4. _____ (tener) sólo veinte minutos para almorzar.
5. No _____ (permitir) las llamadas telefónicas personales.
6. _____ (prohibir) escuchar la radio en la oficina.

**3**

**Accidentes**

**A.** Describe qué sucedió en cada situación. Usa **se** y el verbo entre paréntesis.

> **Modelo**  No encuentro las llaves por ningún lado. (perder)
> Se me perdieron las llaves.

1. Dejamos el presupuesto en la oficina. (olvidar)
2. Un virus atacó la computadora que compré hace poco. (dañar)
3. Después de pagar todas las deudas, Julián y Pati no tenían más dinero en la cuenta. (acabar)
4. Tienes varias ideas buenas para luchar contra la pobreza. (ocurrir)
5. Tony no recuerda dónde puso las solicitudes (*applications*) que llevaba para las entrevistas. (perder)
6. Iba con demasiada prisa y tropecé (*tripped*). Ahora los papeles están por todo el suelo. (caer)
7. No pensamos que las copas de cristal estuvieran en peligro en el nuevo lavaplatos. (romper)
8. Carlos y Emilia dijeron que traerían las fotos de sus últimas vacaciones, pero no las tienen. (olvidar)

**B.** Usando las oraciones anteriores como modelo, describe tres situaciones que te hayan pasado a ti o a alguien que conoces.

**4** **La escuela** Marcos y Marta son estudiantes y les cuentan a sus padres qué se hace en la escuela. Describe lo que se hace usando el **se** impersonal y las notas de Marcos y Marta.

Aprender a...

Comer en...

Estudiar...

Hacer...

Compartir...

Hablar con...

Jugar...

Usar...

Practicar...

Escribir...

**5** **Oraciones** Imagina que eres dueño de una empresa y vas a hablar con tus empleados sobre algunas decisiones que se han tomado. Forma oraciones con los elementos de la lista e inventa otros.

| | |
|---|---|
| se contratarán | el dinero |
| se exige | dos ingenieros/as |
| no se puede | mientras usan la computadora |
| se decidió | nuevos/as empleados/as |
| se despidió | para el puesto |
| se entrevistaron | para los sueldos |
| se me acabó | perezosos/as |
| se premiará | tres estudiantes |

**6** **Carteles** Imagina dónde se encuentra cada cartel y qué actividades se hacen allí. Escribe oraciones usando **se**.

**Modelo** La biblioteca
Se prestan libros. Se estudia y se
consultan diccionarios. Se pide y se
da información para hacer investigaciones.

**Se prohíbe hablar.**

**Se venden insectos.**

Se leen
las manos.

**Se necesitan estudiantes de español.**

**Sólo se habla guaraní.**

Presentation

# *Si* clauses

- **Si** (*if*) clauses express a condition or event upon which another condition or event depends. Sentences with **si** clauses are often hypothetical statements. They contain a subordinate clause (**si** clause) and a main clause (result clause).

*Si el proyecto es rentable, seguramente lo aprobarán.*

## TALLER DE CONSULTA

For other transitional expressions that express cause and effect, see this **Manual de gramática, p. 280**.

## ¡ATENCIÓN!

**Si** (*if*) does not carry a written accent. However, **sí** (*yes*) does carry a written accent.

**Si puedes, ven.**
*Come if you can.*

**Sí, puedo.**
*Yes, I can.*

- The **si** clause may be the first or second clause in a sentence. Note that a comma is used only when the **si** clause comes first.

  **Si** tienes tiempo, ven con nosotros al parque de atracciones.
  *If you have time, come with us to the amusement park.*

  Iré con ustedes **si** no tengo que trabajar.
  *I'll go with you if I don't have to work.*

## Hypothetical statements about possible events

- In hypothetical statements about conditions or events that are possible or likely to occur, the **si** clause uses the present indicative. The main clause may use the present indicative, the future indicative, **ir a** + [*infinitive*], or a command.

| *Si* clause: Present indicative | | Main clause |
|---|---|---|
| **Si** usted no **juega** a la lotería,<br>*If you don't play the lottery,* | PRESENT TENSE | no **puede** ganar.<br>*you can't win.* |
| **Si** Gisela **está** dispuesta a hacer cola,<br>*If Gisela is willing to wait in line,* | FUTURE TENSE | **conseguirá** entradas, seguro.<br>*she'll definitely get tickets.* |
| **Si marcan** un solo gol más,<br>*If they score just one more goal,* | IR A + [INFINITIVE] | **van a ganar** el partido.<br>*they are going to win the game.* |
| **Si sales** temprano del trabajo,<br>*If you finish work early,* | COMMAND | **vámonos** a un concierto.<br>*let's go to a concert.* |

## Hypothetical statements about improbable situations

- In hypothetical statements about current conditions or events that are improbable or contrary-to-fact, the **si** clause uses the past subjunctive. The main clause uses the conditional.

| *Si* clause: Past subjunctive | Main clause: Conditional |
|---|---|
| **Si tuviéramos** boletos,<br>*If we had tickets,* | **iríamos** al concierto.<br>*we would go to the concert.* |
| **Si** no **estuviera** tan cansada,<br>*If I weren't so tired,* | **saldría** a cenar contigo.<br>*I'd go out to dinner with you.* |

## Hypothetical statements about the past

- In hypothetical statements about contrary-to-fact situations in the past, the **si** clause describes what *would have happened* if another event or condition *had occurred*. The **si** clause uses the past perfect subjunctive. The main clause uses the conditional perfect.

| *Si* clause: Past perfect subjunctive | Main clause: Conditional perfect |
|---|---|
| **Si** no me **hubiera lastimado** el pie,<br>*If I hadn't injured my foot,* | **habría ganado** la carrera.<br>*I would have won the race.* |
| **Si** me **hubieras llamado** antes,<br>*If you had called me sooner,* | **habríamos podido** reunirnos.<br>*we would have been able to get together.* |

## Habitual conditions and actions in the past

- In statements that express habitual past actions that are not contrary-to-fact, both the **si** clause and the main clause use the imperfect.

| *Si* clause: Imperfect | Main clause: Imperfect |
|---|---|
| **Si** Milena **tenía** tiempo libre,<br>*If Milena had free time,* | siempre **iba** a la playa.<br>*she would always go to the beach.* |
| De niño, **si iba** a la feria,<br>*As a child, if I'd go to the fair,* | siempre **me montaba** en la montaña rusa.<br>*I would always ride the roller coaster.* |

*Los fines de semana, **si hacía** buen tiempo, **íbamos** a caminar por un bosque cerca de casa.*

# Práctica

**1** **Situaciones** Completa las oraciones.

**A. Situaciones probables o posibles**

1. Si mi amiga Teresa no _____ (venir) pronto, tendremos que hacer cola.

2. Si tú no _____ (trabajar) hoy, vamos a la feria.

**B. Situaciones hipotéticas sobre eventos improbables**

3. Si mis padres estuvieran aquí, yo no _____ (poder) salir con mis amigos todas las noches.

4. Si mi novia tuviera más tiempo libre, ella _____ (pasar) todo el día jugando al tenis.

**C. Situaciones hipotéticas sobre el pasado**

5. Si mi tía la aguafiestas no hubiera venido a pasar las vacaciones conmigo, yo _____ (divertirse) mucho más.

6. Si el anfitrión _____ (ser) más simpático, la fiesta habría sido más divertida.

**2** **Si trabajara menos** Completa el diálogo con el condicional o el imperfecto del subjuntivo.

**CAROLINA** Estoy todo el día en la oficina, pero si (1) _____ (trabajar) menos, tendría más tiempo para divertirme. Si sólo viniera a la oficina algunas horas por semana, (2) _____ (practicar) el andinismo más a menudo.

**LETICIA** ¿Andinismo? ¡Qué aburrido! Si yo tuviera más tiempo libre, (3) _____ (hacer) todas las noches lo mismo: (4) _____ (ir) al teatro, luego (5) _____ (salir) a cenar y, para terminar la noche, (6) _____ (hacer) una fiesta para celebrar que ya no tengo que ir a trabajar por la mañana. Si nosotras (7) _____ (tener) la suerte de no tener que trabajar nunca más, (8) _____ (pasarse) todo el día sin hacer absolutamente nada.

**CAROLINA** ¿Te imaginas? Si la vida (9) _____ (ser) así, seríamos mucho más felices, ¿no crees?

**3** **Emparejar** Escribe en cada espacio en blanco la letra del final que completa mejor cada oración.

1. Si los conservadores aprueban la controvertida ley, ___

2. Si yo pudiera ayudarte, ___

3. Elena y yo no nos habríamos perdido ___

4. Si mi hermano tuviera talento para escribir y fuera objetivo, ___

5. Si Manuel tenía un minuto libre, ___

6. Roberto, si lees la crónica deportiva, ___

7. Si los políticos querían influir en nuestro punto de vista, ___

8. Si los activistas lo hubieran sabido, ___

a. sin duda sería periodista.

b. lo pasaba navegando la red.

c. habrían ignorado las amenazas.

d. salvemos el medio ambiente.

e. sabían cómo hacerlo.

f. van a perder las elecciones.

g. habrían prevenido la tragedia.

h. llámame y hablamos.

i. si nos hubieras dado la dirección correcta.

j. lo haría, pero no puedo.

**4** **Si yo hubiera sido** Imagina cómo habría sido tu vida si hubieras sido uno de estos personajes.

**Modelo** uno de los Beatles

Si yo hubiera sido uno de los Beatles, habría tenido millones de aficionados a mi música y habría viajado por todo el mundo.

- Madre Teresa de Calcuta
- Benjamin Franklin
- Elvis Presley
- Ray Charles
- la Princesa Diana de Inglaterra
- Jorge Luis Borges
- ¿?

**5** **¿Qué harías?** Mira los dibujos y escribe qué harías si te ocurriera lo que muestra cada dibujo. Sigue el modelo y sé creativo.

**Modelo** Te encuentras diez mil dólares en la calle.

Si yo encontrara diez mil dólares en la calle, seguramente llamaría a la policía y preguntaría si alguien los había reclamado.

1. Tu suegro viene de visita sin avisar.

2. Te invitan a bailar tango.

3. Se descompone tu carro en el desierto.

4. Te quedas atrapado/a en un ascensor.

**6** **¿Qué pasaría?** Responde qué hacías, haces, harías o habrías hecho en las siguientes situaciones.

**Modelo** Si fueras un(a) atleta famoso/a.

Si fuera un(a) atleta famoso/a, donaría parte de mi sueldo para construir más escuelas.

1. Si hoy hubieras tenido el día libre.
2. Si, de niño/a, tus padres te regañaban.
3. Si suspendieran las clases durante una semana.
4. Si ves a tu novio/a con otro/a en el cine.
5. Si descubrieras que tienes el poder de ser invisible.

Presentation

# Time expressions with *hacer*

- In Spanish, the verb **hacer** is used to describe how long something has been happening or how long ago an event occurred.

| Time expressions with **hacer** | |
|---|---|
| **PRESENT** | **Hace** + [*period of time*] + **que** + [*verb in present tense*]<br><br>Hace tres semanas que busco trabajo.<br>*I've been looking for work for three weeks.* |
| **PRETERITE** | **Hace** + [*period of time*] + **que** + [*verb in the preterite*]<br><br>Hace seis meses que fueron a Bolivia.<br>*They went to Bolivia six months ago.* |
| **IMPERFECT** | **Hacía** + [*period of time*] + **que** + [*verb in the imperfect*]<br><br>Hacía treinta años que trabajaba con nosotros cuando por fin se jubiló.<br>*He had been working with us for thirty years when he finally retired.* |

- To express the duration of an event that continues into the present, Spanish uses the construction **hace** + [*period of time*] + **que** + [*present tense verb*]. Note that **hace** does not change form.

<table>
<tr>
<td>¿Cuánto tiempo **hace que vives** en Paraguay?<br>*How long have you lived in Paraguay?*</td>
<td>**Hace** siete años **que vivo** en Paraguay.<br>*I've lived in Paraguay for seven years.*</td>
</tr>
</table>

- To make a sentence negative, add **no** before the conjugated verb. Negative time expressions with **hacer** often translate as *since* in English.

<table>
<tr>
<td>¿Hace mucho tiempo que **no** recibe un aumento de sueldo?<br>*Has it been a long time since you got a raise?*</td>
<td>¡Uy, hace años que **no** recibo un aumento de sueldo!<br>*It's been years since I got a raise!/ I haven't gotten a raise in years!*</td>
</tr>
</table>

- To tell how long ago an event occurred, use **hace** + [*period of time*] + **que** + [*preterite tense verb*].

<table>
<tr>
<td>¿Cuánto tiempo **hace que** te **despidieron**?<br>*How long ago were you fired?*</td>
<td>**Hace cuatro días que** me **despidieron**.<br>*I was fired four days ago.*</td>
</tr>
</table>

- **Hacer** is occasionally used in the imperfect to describe how long an event had been happening before another event occurred. Note that both **hacer** and the conjugated verb use the imperfect.

> **Hacía dos años que no estudiaba español** cuando decidió tomar otra clase.
> *She hadn't studied Spanish for two years when she decided to take another class.*

# Práctica

**1**

**Oraciones** Escribe oraciones utilizando expresiones de tiempo con **hacer**. Usa el tiempo presente en las oraciones 1 a 3 y el pretérito en las oraciones 4 a 6.

> **Modelo** Ana / hablar por teléfono / veinte minutos
> Hace veinte minutos que Ana habla por teléfono.

1. Roberto y Miguel / estudiar / tres horas

   _____

2. nosotros / estar enfermos / una semana

   _____

3. tú / trabajar en esta empresa / seis meses

   _____

4. Sergio / visitar Bolivia / un mes

   _____

5. yo / ir a Paraguay / un año

   _____

6. Esteban y Lisa / casarse / dos años

   _____

**2**

**Minidiálogos** Completa los minidiálogos con las palabras adecuadas.

1. **GRACIELA** ¿_____ tiempo hace que vives en esta ciudad?
   **SUSANA** Mmm... _____ dos años que _____ aquí.

2. **GUSTAVO** Hacía veinte años que Miguel _____ con nosotros cuando decidió jubilarse, ¿verdad?
   **ARMANDO** No, _____ quince años que trabajaba con nosotros cuando se jubiló.

3. **MARÍA** _____ a visitar a tu novia hace dos meses, ¿no?
   **PEDRO** Sí, _____ dos meses que fui a visitar a mi novia. ¡La extraño mucho!

4. **PACO** ¿Cuánto tiempo _____ que _____ español?
   **ANA** Estudio español _____ hace tres años.

**3**

**Preguntas** Responde a las preguntas con oraciones completas. Utiliza las palabras entre paréntesis.

1. ¿Cuánto tiempo hace que fuiste de vacaciones a la playa? (cinco años)

   _____

2. ¿Hace cuánto tiempo que estudias economía? (dos semanas)

   _____

3. ¿Cuánto tiempo hace que despidieron a Nicolás? (un mes)

   _____

4. ¿Cuánto tiempo hace que llegaron Irene y Natalia? (una hora)

   _____

5. ¿Hace cuánto tiempo que ustedes trabajan aquí? (cuatro días)

   _____

Presentation

# Transitional expressions

- Transitional words and phrases express the connections between ideas and details.

*La relación entre ellos era tensa, pues, **por una parte,** mi hermana era muy rebelde y, **por la otra,** mis padres le exigían mucho.*

- Many transitional words and phrases function to narrate time and sequence.

| | |
|---|---|
| **al final**  *at the end, in the end* | **hoy**  *today* |
| **al mismo tiempo**  *at the same time* | **luego**  *then, next* |
| **al principio**  *in the beginning* | **mañana**  *tomorrow* |
| **anteayer**  *the day before yesterday* | **mientras**  *while* |
| **antes (de)**  *before* | **pasado mañana**  *the day after tomorrow* |
| **ayer**  *yesterday* | **por fin**  *finally* |
| **después (de)**  *after, afterward* | **primero**  *first* |
| **entonces**  *then, at that time* | **segundo**  *second* |
| **finalmente**  *finally* | **siempre**  *always* |

- Several other transitional expressions compare or contrast ideas and details.

| | |
|---|---|
| **además**  *furthermore* | **ni... ni...**  *neither. . . nor. . .* |
| **al contrario**  *on the contrary* | **o... o...**  *either. . . or. . .* |
| **al mismo tiempo**  *at the same time* | **por otra parte/otro lado**  *on the other hand* |
| **aunque**  *although* | |
| **con excepción de**  *with the exception of* | **por un lado... por el otro...**  *on one hand. . . on the other. . .* |
| **de la misma manera**  *similarly* | **por una parte... por la otra...**  *on one hand. . . on the other. . .* |
| **del mismo modo**  *similarly* | |
| **igualmente**  *likewise* | **sin embargo**  *however, yet* |
| **mientras que**  *meanwhile, whereas* | **también**  *also* |

- Transitional expressions are also used to express cause and effect relationships.

| | |
|---|---|
| **así que**  *so; therefore* | **por consiguiente**  *therefore* |
| **como**  *since* | **por eso**  *therefore* |
| **como resultado (de)**  *as a result (of)* | **por esta razón**  *for this reason* |
| **dado que**  *since* | **por lo tanto**  *therefore* |
| **debido a**  *due to* | **porque**  *because* |

# Práctica

**1**

**Ordena los hechos** Reconstruye el orden de los hechos asignando un número para cada uno. Ten en cuenta las expresiones de transición.

_____ a. Primero envié mi currículum por correo.

_____ b. Después de la entrevista, el gerente se despidió muy contento.

_____ c. Antes de la entrevista, tuve que escribir una carta de presentación.

_____ d. Al principio de la entrevista, el gerente de la empresa me pidió la carta y la leyó.

_____ e. Mañana empiezo a trabajar.

_____ f. Luego, el gerente me recibió en su oficina.

_____ g. Finalmente el gerente alabó mi experiencia y mi disposición.

_____ h. Dos semanas después, me citaron para una entrevista con el gerente.

**2**

**Escoge** Completa las oraciones con una de las opciones entre paréntesis.

1. Me gustan las actividades al aire libre, _____ (sin embargo / por eso) voy a esquiar todos los inviernos.

2. Eres aficionado al boliche y, _____ (por esta razón / por otra parte), te encanta leer.

3. Jugamos con todo el corazón y _____ (sin embargo / debido a eso) perdimos el partido.

4. Me lastimé el pie _____ (como resultado / con excepción) de la carrera.

5. Después de dos meses de búsqueda, _____ (como / por fin) conseguí entradas para el concierto.

6. Es un aguafiestas, _____ (mientras que / por consiguiente) no fue a la feria con nosotros.

7. Julia fue al teatro anoche, pero _____ (ni / además) se divirtió _____ (también / ni) aplaudió.

**3**

**Completar** Completa el relato de Marcos con las expresiones de la lista. Puedes usar algunas expresiones más de una vez.

| | | |
|---|---|---|
| además | del mismo modo | por eso |
| al contrario | mientras que | por un lado |
| debido a eso | por el otro | sin embargo |

Hoy estoy muy contento, (1) _____ ven en mi cara una sonrisa. ¡Hice un viaje maravilloso por Argentina! (2) _____, no fue estresante, (3) _____, descansé mucho. Mi paseo fue muy variado, (4) _____, pasé varios días en Buenos Aires y (5) _____, recorrí la pampa argentina, donde hice muchos amigos. Buenos Aires es una ciudad llena de historia, (6) _____ su carácter contemporáneo la mantiene entre las capitales más activas de Suramérica. (7) _____, todo lo que empieza tiene que acabar y mi viaje terminó antes de lo que esperaba, (8) _____, pienso volver el próximo año.

Presentation

# *Pero* vs. *sino*

*Queríamos entrar al espectáculo,*
*pero había una fila larguísima.*

*Al final no hicimos paracaidismo,*
*sino rafting.*

- In Spanish, both **pero** and **sino** are used to introduce contradictions or qualifications, but the two words are not interchangeable.

- **Pero** means *but* (in the sense of *however*). It may be used after either affirmative or negative clauses.

  > Votaré por este partido, **pero** no me gusta su candidato.
  > *I will vote for this party, but I don't like its candidate.*

  > Él no decía que era religioso, **pero** siempre iba a misa.
  > *He didn't say he was religious, but he always went to mass.*

- **Sino** also means *but* (in the sense of *but rather* or *on the contrary*). It is used only after negative clauses. **Sino** introduces a contradicting idea that clarifies or qualifies the previous information.

  > **No** me interesan las excusas, **sino** las soluciones.
  > *I'm not interested in excuses, but rather in solutions.*

  > La casa **no** está en el centro de la ciudad, **sino** en las afueras.
  > *The house is not in the center of the city, but rather in the outskirts.*

- When **sino** is used before a conjugated verb, the conjunction **que** is added.

  > No quiero que vayas a la fiesta, **sino que** hagas tu tarea.
  > *I don't want you to go to the party, but to do your homework instead.*

  > No iba a su casa, **sino que** se quedaba en la capital.
  > *She was not going home, but was staying in the capital instead.*

- *Not only… but also* is expressed with the phrase **no sólo… sino (que) también/además**.

  > **No sólo** quiero pastel, **sino también** quiero helado.
  > *I not only want cake, but I also want ice cream.*

- The phrase **pero tampoco** means *but neither* or *but not either*.

  > No apoyan la globalización, **pero tampoco** son aislacionistas.
  > *They don't support globalization, but they're not isolationists either.*

---

**¡ATENCIÓN!**

**Pero también** (*but also*) is used after affirmative clauses.

**Pedro es inteligente, pero también es cabezón.**
*Pedro is smart, but he is also stubborn.*

---

# Práctica

**1**

**Columnas** Completa cada oración con la opción correcta de la segunda columna.

1. Sofía no quiere viajar mañana y Marta _____.

2. Mi compañero de cuarto no es de Madrid, _____ de Barcelona.

3. Mis padres querían que yo trabajara, _____ yo me fui de viaje a Europa.

4. No fui al partido de fútbol, _____ fui al concierto de rock.

a. pero

b. pero tampoco

c. sino

d. tampoco

**2**

**Completar** Completa cada oración con **no sólo, pero, sino (que)** o **tampoco**.

1. Las cartas no llegaron el miércoles, _____ el jueves.

2. Mis amigos no quieren ir al cine esta noche y yo _____.

3. No me gusta conducir por la noche, _____ te llevaré a la fiesta en mi carro.

4. Carlos no me llamaba por teléfono, _____ me enviaba correos electrónicos con frecuencia.

5. Yo _____ esperaba aprobar el examen, _____ también sacar una A.

6. Mis amigos no pensaban votar en las próximas elecciones, _____ yo los convencí para que lo hicieran.

7. Quiero aclarar que Juan no llegó temprano, _____ muy tarde.

**3**

**El mundo de hoy** Completa la conversación con las palabras y expresiones de la lista.

| no sólo | sino |
|---|---|
| pero | sino que |
| pero tampoco | |

**TOMÁS** El mundo de hoy es muy complejo, (1) _____ hay que reconocer que hemos avanzado mucho.

**FELIPE** Yo no estoy de acuerdo. Me da la sensación de que últimamente (2) _____ hemos avanzado poco, (3) _____ vamos para atrás.

**TOMÁS** ¡Cómo puedes decir eso, Felipe!

**FELIPE** El mundo no es (4) _____ consumismo en los países ricos y miseria en los países pobres.

**TOMÁS** Ése es un problema grave, (5) _____ creo que esa miseria ya existía antes. Acepto que tienes razón, (6) _____ vas a negar que hay inventos que han mejorado nuestra calidad de vida.

**FELIPE** La verdad es que yo no podría vivir sin el teléfono, el automóvil o la electricidad.

**TOMÁS** Pues a eso me refería yo.

Presentation

# Past participles used as adjectives

- Past participles are used with **haber** to form compound tenses, such as the present perfect and the past perfect, and with **ser** to express the passive voice. They are also frequently used as adjectives.

- When a past participle is used as an adjective, it agrees in number and gender with the noun it modifies.

  **un proyecto complicado**
  *a complicated project*

  **una oficina bien organizada**
  *a well-organized office*

  **los trabajadores destacados**
  *the prominent workers*

  **las reuniones aburridas**
  *the boring meetings*

- Past participles are often used with the verb **estar** to express a state or condition that results from the action of another verb. They frequently express physical or emotional states.

  Felicia, ¿estás despierta?
  *Felicia, are you awake?*

  No, **estoy dormida**.
  *No, I'm asleep.*

  Marco, **estoy enfadado**.
  ¿Por qué no depositaste los cheques?
  *Marco, I'm furious.*
  *Why didn't you deposit the checks?*

  Perdón, don Humberto.
  Es que el banco ya **estaba cerrado**.
  *I'm sorry, Don Humberto.*
  *It's that the bank was already closed.*

- Past participles may be used as adjectives with other verbs, as well.

  Empezó a llover y **llegué empapada** a la reunión.
  *It started to rain and I arrived at the meeting soaking wet.*

  Ese libro **es** tan **aburrido**.
  *That book is so boring.*

  Después de las vacaciones, **nos sentimos descansados**.
  *After vacation, we felt rested.*

  ¿Los documentos? Ya los **tengo corregidos**.
  *The documents? I already have them corrected.*

*Después de limpiar, **quedó muy cansado.***

- Note that past participles are often used as adjectives to describe physical or emotional states.

| | | | |
|---|---|---|---|
| aburrido/a | confundido/a | enojado/a | muerto/a |
| (des)cansado/a | enamorado/a | estresado/a | sorprendido/a |

# Práctica

**1**

**Entrevista de trabajo** Completa cada pregunta de Julieta con el participio del verbo entre paréntesis.

1. ¿Por qué crees que estás _____ (preparar) para este puesto?

2. ¿Estás _____ (informar) sobre nuestros productos?

3. ¿Te sientes _____ (sorprender) de todos los beneficios que ofrecemos?

4. ¿Por qué estás _____ (interesar) en este puesto en particular?

5. ¿Trajiste tu currículum _____ (escribir) en computadora?

6. ¿Cómo manejarás el estrés cuando ya estés _____ (contratar)?

**2**

**¿Cómo están ellos?** Mira las imágenes y relaciónalas con los verbos de la lista. Después completa cada frase usando **estar** + [*participio*].

| aburrir | enamorar | esconder | preparar |
|---------|----------|----------|----------|
| cansar | enojar | lastimar | sorprender |

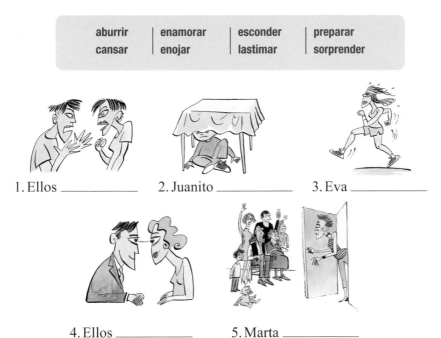

1. Ellos _____    2. Juanito _____    3. Eva _____

4. Ellos _____    5. Marta _____

**3**

**Dicho de otra forma** Transforma las oraciones usando **estar** y el participio pasado del verbo correspondiente. Sigue el modelo.

> **Modelo** Envió las cartas.
> Las cartas están enviadas.

1. El enfermo se despertó.

2. Cubrieron todas las salidas.

3. No preparó el plan todavía.

4. Ya filmaron la película.

5. Por desgracia, rompieron su compromiso.

6. El bar abre sólo por la tarde.

7. Los dos se enamoraron profundamente.

8. Hizo su cama y guardó las cosas en su valija.

Presentation

# Prepositions: *a, hacia,* and *con*

- The preposition **a** can mean *to, at, for, upon, within, of, on, from,* or *by,* depending on the context. Sometimes it has no direct translation in English.

Some verbs require **a** when used with an infinitive, such as **aprender a, ayudar a, comenzar a, enseñar a, ir a,** and **volver a.**

**Aprendí a manejar.**
*I learned to drive.*
**Me ayudó a arreglar el coche.**
*He helped me fix the car.*

**A** + [*infinitive*] can be used as a command.

**¡A comer!** *Let's eat!*
**¡A dormir!** *To bed!*

Fueron **al** cine.
*They went to the movies.*

Lucy estaba **a** mi derecha.
*Lucy was on my right.*

Terminó **a** las doce.
*It ended at midnight.*

**Al** llegar **a** casa, me sentí feliz.
*Upon returning home, I felt happy.*

- The preposition **a** introduces indirect objects.

Le mandó un mensaje de texto **a** su novio.
*She sent a text message to her boyfriend.*

Le prometió **a** María que saldrían el viernes.
*He promised María they'd go out on Friday.*

- When a direct object noun is a person (or a pet), it is preceded by the personal **a,** which has no equivalent in English. If the person in question is not specific, the personal **a** is omitted, except before the words **alguien, nadie, alguno/a,** and **ninguno/a.**

¿Viste **a** tus amigos?
*Did you see your friends?*

Necesitamos un buen ingeniero.
*We need a good engineer.*

No, no he visto **a** nadie.
*No, I haven't seen anyone.*

Conozco **a** una ingeniera excelente.
*I know an excellent engineer.*

¡ATENCIÓN!

There is no accent mark on the **i** in the preposition **hacia.** The stress falls on the first **a.** The word **hacía** is a form of the verb **hacer.**

- With movement, either literal or figurative, **hacia** means *toward* or *to.*

Él se dirige **hacia** Chile para ver el eclipse.
*He is going to Chile to see the eclipse.*

La actitud de René **hacia** él fue negativa.
*René's attitude toward him was negative.*

- With time, **hacia** means *approximately, around, about,* or *toward.*

**Hacia** la una de la mañana, vi una luz extraña en el cielo.
*Around one o'clock in the morning, I saw a strange light in the sky.*

Sus teorías se hicieron populares **hacia** la segunda mitad del siglo XX.
*His theories became popular toward the second half of the twentieth century.*

¡ATENCIÓN!

Spanish adverbs are often expressed with **con** + [*noun*].

**con cuidado** *carefully (with care)*
**con cariño** *affectionately (with affection)*

Note the following contractions:

**con + mí = conmigo**

**con + ti = contigo**

**con + Ud./él/ella = consigo**

**con + Uds./ellos/ellas = consigo**

It is never correct to say "con mí" or "con ti", but it is possible to use **con él mismo/con ella misma** instead of **consigo.**

- The preposition **con** means *with.*

Trabajó **con** los mejores investigadores.
*She worked with the best researchers.*

Quiero una computadora **con** reproductor de DVD.
*I want a computer with a DVD player.*

- **Con** can also mean *but, even though,* or *in spite of* when used to convey surprise at an apparent conflict between two known facts.

No han podido descubrir la cura.
*They've been unable to discover a cure.*

¡**Con** todo el dinero que reciben!
*In spite of all the money they get!*

# Práctica

**1**

**Unir** Elige el elemento de la segunda columna que completa correctamente cada frase de la primera columna.

1. La clase de ciencias comenzará _____          a. hacia la salida.

2. El químico se negó _____                       b. con las noticias.

3. Trata de estar al día _____                     c. con el café.

4. Cuando terminó el experimento, caminó _____    d. a la astrónoma.

5. Manchó la ropa _____                            e. hacia mí fue muy positiva.

6. El reportero hizo reír _____                    f. a realizar ese experimento.

7. La actitud de Alberto _____                     g. hacia las nueve y media.

**2**

**Completar** Coloca la preposición **a** sólo en los casos que sea correcto.

1. Vio _____ la cámara digital que quiere comprar.

2. La astronauta salió _____ la calle.

3. Le presentó _____ la ingeniera el proyecto de construcción.

4. El periódico publicó _____ un artículo sobre el descubrimiento.

5. Vimos _____ un ovni anoche.

6. El matemático dio un informe _____ los periodistas.

7. _____ la investigadora no le gusta levantarse temprano.

8. ¿Conoces _____ un buen restaurante cerca de aquí?

**3**

**Oraciones** Escribe oraciones completas con los elementos dados. En cada una debes usar **a**, **con** o **hacia** por lo menos una vez. Haz los cambios que creas necesarios.

1. estrella fugaz / estarse moviendo / ese planeta

_____

2. biólogo / hablar / jefe / laboratorio

_____

3. hace dos días / químico / salir / comer / científica

_____

4. nosotros / enseñarle / teoría / grupo

_____

5. yo / compartir / información / mis compañeros

_____

6. ayer / María / darle / contraseña / Manuel

_____

7. anoche / ovni / volar / bosque

_____

8. tú / grabar / CD / fotos de la fiesta

_____

Presentation

# Prepositions: *de, desde, en, entre, hasta,* and *sin*

- **De** often corresponds to *of* or the possessive endings *'s/s'* in English.

### Uses of de

| Possession | Description | Material | Position | Origin | Contents |
|---|---|---|---|---|---|
| la superficie del sol <br><br> *the sun's surface* | la fórmula de larga duración <br><br> *the long-lasting formula* | el recipiente de vidrio <br><br> *the glass container* | la pantalla de enfrente <br><br> *the facing screen* | El científico es de Perú. <br><br> *The scientist is from Peru.* | el vaso de agua destilada <br><br> *the glass of distilled water* |

- **Desde** expresses direction *(from)* and time *(since)*.

El cohete viajó **desde** la Tierra a la Luna.
*The rocket traveled from the Earth to the Moon.*

No hemos oído de ellos **desde** el martes.
*We haven't heard from them since Tuesday.*

- **En** corresponds to several English prepositions, such as *in, on, into, onto, by,* and *at.*

El microscopio está **en** la mesa.
*The microscope is on the table.*

El profesor entró **en** la clase.
*The professor went into the classroom.*

Los resultados se encuentran **en** el cuaderno.
*The results can be found in the notebook.*

Luisa y Marta se encontraron **en** el museo.
*Luisa and Marta met at the museum.*

- **Entre** generally corresponds to the English prepositions *between* and *among.*

**entre 1976 y 1982**
*between 1976 and 1982*

**entre ellos**
*among themselves*

- **Entre** is not followed by **ti** and **mí**, the usual pronouns that serve as objects of prepositions. Instead, the subject pronouns **tú** and **yo** are used.

**Entre tú y yo...** *Between you and me . . .*

- **Hasta** corresponds to *as far as* in spatial relationships, *until* in time relationships, and *up to* for quantities. It can also be used as an adverb to mean *even* or *including.*

Avanzaron **hasta** las murallas del palacio.
*They advanced as far as the palace walls.*

**Hasta** 1898, Cuba fue colonia de España.
*Until 1898, Cuba was a colony of Spain.*

Haremos **hasta** veinte experimentos.
*We'll do up to twenty experiments.*

**Hasta** el presidente quedó sorprendido.
*Even the president was surprised.*

- **Sin** corresponds to *without* in English. It is often followed by a noun, but it can also be followed by the infinitive form of a verb.

No veo nada **sin** los lentes.
*I can't see a thing without glasses.*

Lo hice **sin** pensar.
*I did it without thinking.*

# Práctica

**1**

**Completar** Completa cada oración con la opción correcta.

1. _____ la patente no podremos vender nuestro invento.
   a. En                    b. Hasta                    c. Sin

2. Una computadora como ésta puede costar _____ tres mil dólares.
   a. hasta                 b. sin                      c. en

3. ¿Estás segura de que el ovni va a aterrizar _____ nuestro jardín?
   a. de                    b. en                       c. sin

4. Nos vemos a las once en el laboratorio _____ biología.
   a. entre                 b. de                       c. desde

5. _____ mi ventana vi una estrella fugaz y pedí un deseo.
   a. Desde                 b. En                       c. Hasta

6. Este descubrimiento debe quedar sólo _____ tú y yo.
   a. entre                 b. de                       c. desde

**2**

**Un artículo** Completa el texto con las preposiciones **de, desde** o **en**.

(1) _____ la Tierra puedes ver hasta 3.000 estrellas. (2) _____ una noche clara también puedes ver una nube (3) _____ estrellas llamada Vía Láctea. Podrás descubrir rayos (*rays*) (4) _____ luz que se llaman estrellas fugaces. La estrella que está más cerca (5) _____ la Tierra es el Sol. (6) _____ el Sol hasta la Tierra hay unos 150 millones (7) _____ kilómetros.

¿Sabías que (8) _____ los inicios de la humanidad los hombres creían que el Sol era una pelota (9) _____ fuego? Los chinos, por ejemplo, pensaban que el Sol había salido (10) _____ la boca (11) _____ un dragón.

(12) _____ el Sol llegan a la Tierra diferentes tipos (13) _____ rayos. La capa (14) _____ ozono no deja pasar los rayos ultravioleta que son peligrosos para la salud (15) _____ personas, animales y plantas. Por eso, los agujeros (*holes*) (16) _____ la capa (17) _____ ozono se estudian constantemente (18) _____ los laboratorios científicos.

**3**

**La hipótesis** Completa las oraciones con las preposiciones **entre, hasta** o **sin**.

1. Hay varias hipótesis sobre el origen de los humanos en el continente americano. _____ ellas, la del antropólogo argentino Florentino Ameghino.

2. Ameghino decía que la especie humana se había originado en América. Hoy sabemos que Ameghino formuló esa idea _____ demasiados fundamentos.

3. _____ mediados del siglo XX, aún no se había encontrado en América ningún rastro de humanos parecidos al Neandertal.

4. _____ todos los esqueletos encontrados, no hay ninguno que se diferencie mucho del de los humanos modernos.

5. _____ embargo, sí se han encontrado restos (*remains*) de animales extintos desde hace cientos de miles de años.

6. _____ ellos están el mastodonte de Ecuador, un bisonte (*bison*) fósil y un elefante antiguo.

# Verb conjugation tables

Below you will find the infinitive of the verbs introduced as active vocabulary in **SUEÑA**, as well as other common verbs. Each verb is followed by a model verb conjugated on the same pattern. The number in parentheses indicates where in the verb tables, pages **292–299**, you can find the conjugated forms of the model verb. Many of these verbs can be used reflexively. To check the verb conjugation, use the tables on pages **292–299**. For placement of the reflexive pronouns, see page **300**.

**abandonar**  like hablar (1)
**abastecer** (c:zc)  like conocer (35)
**abrazar** (z:c)  like cruzar (37)
**abrir**  like vivir (3) *except* past participle is abierto
**aburrir**  like vivir (3)
**abusar**  like hablar (1)
**acabar**  like hablar (1)
**acariciar**  like hablar (1)
**acercar** (c:qu)  like tocar (43)
**acordar** (o:ue)  like contar (24)
**acosar**  like hablar (1)
**acostar** (o:ue)  like contar (24)
**acostumbrar**  like hablar (1)
**actuar**  like graduar (40)
**acudir**  like vivir (3)
**adaptar**  like hablar (1)
**adivinar**  like hablar (1)
**adjuntar**  like hablar (1)
**administrar**  like hablar (1)
**afeitar**  like hablar (1)
**afligir** (g:j)  like proteger (42) for consonant change only
**agotar**  like hablar (1)
**agradecer** (c:zc)  like conocer (35)
**aguantar**  like hablar (1)
**ahogar** (g:gu)  like llegar (41)
**ahorrar**  like hablar (1)
**alcanzar** (z:c)  like cruzar (37)
**alejar**  like hablar (1)
**alimentar**  like hablar (1)
**aliviar**  like hablar (1)
**amanecer** (c:zc)  like conocer (35)
**amar**  like hablar (1)
**amenazar** (z:c)  like cruzar (37)
**andar**  like hablar (1) *except* preterite stem is anduv-
**animar**  like hablar (1)
**anotar**  like hablar (1)
**anticipar**  like hablar (1)
**añadir**  like vivir (3)
**aparcar** (c:qu)  like tocar (43)
**aplaudir**  like vivir (3)
**apostar** (o:ue)  like contar (24)
**apoyar**  like hablar (1)
**aprender**  like comer (2)
**aprobar** (o:ue)  like contar (24)

**aprovechar**  like hablar (1)
**apuntar**  like hablar (1)
**arreglar**  like hablar (1)
**arrepentir** (e:ie)  like sentir (33)
**arriesgar** (g:gu)  like llegar (41)
**arruinar**  like hablar (1)
**ascender** (e:ie)  like entender (27)
**asimilar**  like hablar (1)
**asistir**  like vivir (3)
**aterrizar** (z:c)  like cruzar (37)
**atraer**  like traer (21)
**atrever**  like comer (2)
**aumentar**  like hablar (1)
**averiguar**  like hablar (1)
**ayudar**  like hablar (1)
**bailar**  like hablar (1)
**bajar**  like hablar (1)
**bañar**  like hablar (1)
**batir**  like vivir (3)
**beber**  like comer (2)
**besar**  like hablar (1)
**borrar**  like hablar (1)
**brindar**  like hablar (1)
**burlar**  like hablar (1)
**buscar** (c:qu)  like tocar (43)
**caber**  (4)
**caer**  (5)
**callar**  like hablar (1)
**cambiar**  like hablar (1)
**caminar**  like hablar (1)
**capacitar**  like hablar (1)
**casar**  like hablar (1)
**castigar** (g:gu)  like llegar (41)
**cazar** (z:c)  like cruzar (37)
**ceder**  like comer (2)
**celebrar**  like hablar (1)
**cepillar**  like hablar (1)
**cerrar** (e:ie)  like pensar (30)
**chantajear**  like hablar (1)
**charlar**  like hablar (1)
**clonar**  like hablar (1)
**cobrar**  like hablar (1)
**coleccionar**  like hablar (1)
**colocar** (c:qu)  like tocar (43)
**comer**  (2)
**cometer**  like comer (2)

**compartir**  like vivir (3)
**comportar**  like hablar (1)
**comprar**  like hablar (1)
**comprobar** (o:ue)  like contar (24)
**compulsar**  like hablar (1)
**conducir** (c:zc)  (6)
**confiar**  like enviar (39)
**congelar**  like hablar (1)
**conocer** (c:zc)  (35)
**conquistar**  like hablar (1)
**conseguir** (e:i) (gu:g)  like seguir (32)
**conservar**  like hablar (1)
**considerar**  like hablar (1)
**construir** (y)  like destruir (38)
**consultar**  like hablar (1)
**consumir**  like vivir (3)
**contagiar**  like hablar (1)
**contaminar**  like hablar (1)
**contar** (o:ue)  (24)
**contentar**  like hablar (1)
**contratar**  like hablar (1)
**contribuir** (y)  like destruir (38)
**construir** (y)  like destruir (38)
**convencer** (c:z)  like vencer (44)
**conversar**  like hablar (1)
**convertir** (e:ie)  like sentir (33)
**convivir**  like vivir (3)
**convocar** (c:qu)  like tocar (43)
**cooperar**  like hablar (1)
**coquetear**  like hablar (1)
**correr**  like comer (2)
**cortar**  like hablar (1)
**crear**  like hablar (1)
**crecer** (c:zc)  like conocer (35)
**creer** (y)  (36)
**criar**  like enviar (39)
**cruzar** (z:c)  (37)
**cubrir**  like vivir (3) *except* past participle is cubierto
**cuidar**  like hablar (1)
**cultivar**  like hablar (1)
**curar**  like hablar (1)
**dañar**  like hablar (1)
**dar**  (7)
**deber**  like comer (2)
**decir** (e:i)  (8)

**dedicar** (c:qu)  like tocar (43)
**defender** (e:ie)  like entender (27)
**dejar**  like hablar (1)
**depositar**  like hablar (1)
**derogar** (g:gu)  like llegar (41)
**derretir** (e:i)  like pedir (29)
**derrocar** (c:qu)  like tocar (43)
**derrotar**  like hablar (1)
**desafiar**  like enviar (39)
**desaparecer** (c:zc)  like conocer (35)
**desaprovechar**  like hablar (1)
**desarrollar**  like hablar (1)
**descargar** (g:gu)  like llegar (41)
**desconfiar**  like enviar (39)
**descongelar**  like hablar (1)
**descubrir**  like vivir (3) *except* past participle is descubierto
**desmayar**  like hablar (1)
**despedir** (e:i)  like pedir (29)
**despertar** (e:ie)  like pensar (30)
**despreciar**  like hablar (1)
**destacar** (c:qu)  like tocar (43)
**destrozar** (z:c)  like cruzar (37)
**destruir** (y)  (38)
**detener** (e:ie)  like tener (20)
**difundir**  like vivir (3)
**dirigir** (g:j)  like proteger (42) for consonant change only
**disculpar**  like hablar (1)
**discutir**  like vivir (3)
**disentir** (e:ie)  like sentir (33)
**diseñar**  like hablar (1)
**disfrutar**  like hablar (1)
**disimular**  like hablar (1)
**disminuir** (y)  like destruir (38)
**disparar**  like hablar (1)
**disponer**  like poner (15)
**distinguir** (gu:g)  like extinguir (46)
**divertir** (e:ie)  like sentir (33)
**divorciar**  like hablar (1)
**doblar**  like hablar (1)
**dominar**  like hablar (1)
**dormir** (o:ue)  (25)
**duchar**  like hablar (1)
**echar**  like hablar (1)
**ejercer** (c:z)  like vencer (44)

**elegir** (e:i) like pedir (29) *except* (g:j) before a and o
**emigrar** like hablar (1)
**empatar** like hablar (1)
**empeorar** like hablar (1)
**empezar** (e:ie) (z:c) (26)
**enamorar** like hablar (1)
**encabezar** (z:c) like cruzar (37)
**encarcelar** like hablar (1)
**engañar** like hablar (1)
**enojar** like hablar (1)
**enriquecer** (c:zc) like conocer (35)
**enrojecer** (c:zc) like conocer (35)
**ensayar** like hablar (1)
**enseñar** like hablar (1)
**entender** (e:ie) (27)
**enterar** like hablar (1)
**enterrar** (e:ie) like pensar (30)
**entretener** (e:ie) like tener (20)
**entrevistar** like hablar (1)
**enviar** (39)
**esconder** like comer (2)
**escribir** like vivir (3) *except* past participle is escrito
**esparcir** (c:z) (45)
**espiar** like enviar (39)
**establecer** (c:zc) like conocer (35)
**estar** (9)
**estrenar** like hablar (1)
**exigir** (g:j) like proteger (42) for consonant change only
**experimentar** like hablar (1)
**explorar** like hablar (1)
**exportar** like hablar (1)
**expulsar** like hablar (1)
**extinguir** (gu:g) (46)
**extrañar** like hablar (1)
**fabricar** (c:qu) like tocar (43)
**festejar** like hablar (1)
**fijar** like hablar (1)
**filmar** like hablar (1)
**financiar** like hablar (1)
**firmar** like hablar (1)
**flotar** like hablar (1)
**fortalecer** (c:zc) like conocer (35)
**ganar** like hablar (1)
**garantizar** (z:c) like cruzar (37)
**gastar** like hablar (1)
**gobernar** (e:ie) like pensar (30)
**golpear** like hablar (1)
**gozar** (z:c) like cruzar (37)
**grabar** like hablar (1)
**graduar** (40)
**gritar** like hablar (1)
**guardar** like hablar (1)
**guiar** like enviar (39)
**haber** (10)
**hablar** (1)
**hacer** (11)
**heredar** like hablar (1)

**homenajear** like hablar (1)
**huir** (y) like destruir (38)
**hundir** like vivir (3)
**incorporar** like hablar (1)
**incluir** (y) like destruir (38)
**independizar** (z:c) like cruzar (37)
**indicar** (c:qu) like tocar (43)
**influir** (y) like destruir (38)
**integrar** like hablar (1)
**intentar** like hablar (1)
**intercambiar** like hablar (1)
**intoxicar** (c:qu) like tocar (43)
**inventar** like hablar (1)
**invertir** (e:ie) like sentir (33)
**investigar** (g:gu) like llegar (41)
**ir** (12)
**jubilar** like hablar (1)
**jugar** (u:ue) (g:gu) (28)
**jurar** like hablar (1)
**juzgar** (g:gu) like llegar (41)
**lamentar** like hablar (1)
**lastimar** like hablar (1)
**lavar** like hablar (1)
**leer** (y) like creer (36)
**levantar** like hablar (1)
**ligar** (g:gu) like llegar (41)
**llegar** (g:gu) (41)
**llevar** like hablar (1)
**lograr** like hablar (1)
**luchar** like hablar (1)
**madrugar** (g:gu) like llegar (41)
**malcriar** like enviar (39)
**malgastar** like hablar (1)
**maquillar** like hablar (1)
**marcar** (c:qu) like tocar (43)
**marchar** like hablar (1)
**marear** like hablar (1)
**matar** like hablar (1)
**mejorar** like hablar (1)
**merecer** (c:zc) like conocer (35)
**meter** like comer (2)
**mezclar** like hablar (1)
**mimar** like hablar (1)
**morir** (o:ue) like dormir (25) *except* past participle is muerto
**mudar** like hablar (1)
**navegar** (g:gu) like llegar (41)
**obedecer** (c:zc) like conocer (35)
**odiar** like hablar (1)
**oír** (y) (13)
**olvidar** like hablar (1)
**opinar** like hablar (1)
**oprimir** like vivir (3)
**otorgar** (g:gu) like llegar (41)
**parar** like hablar (1)
**parecer** (c:zc) like conocer (35)
**partir** like vivir (3)
**pasar** like hablar (1)
**pasear** like hablar (1)
**patear** like hablar (1)

**pedir** (e:i) (29)
**pegar** (g:gu) like llegar (41)
**peinar** like hablar (1)
**pelear** like hablar (1)
**pensar** (e:ie) (30)
**perder** (e:ie) like entender (27)
**perdonar** like hablar (1)
**pertenecer** (c:zc) like conocer (35)
**planificar** (c:qu) like tocar (43)
**plantar** like hablar (1)
**poblar** (o:ue) like contar (24)
**podar** like hablar (1)
**poder** (o:ue) (14)
**poner** (15)
**portar** like hablar (1)
**predecir** (e:i) like decir (8)
**preguntar** like hablar (1)
**preocupar** like hablar (1)
**prescindir** like vivir (3)
**presenciar** like hablar (1)
**prestar** like hablar (1)
**prevenir** (e:ie) like venir (22)
**producir** (c:zc) like conducir (6)
**promover** (o:ue) like volver (34) *except* past participle is regular
**promulgar** (g:gu) like llegar (41)
**proteger** (g:j) (42)
**protestar** like hablar (1)
**publicar** (c:qu) like tocar (43)
**quedar** like hablar (1)
**quejar** like hablar (1)
**quemar** like hablar (1)
**querer** (e:ie) (16)
**quitar** like hablar (1)
**realizar** (z:c) like cruzar (37)
**rechazar** (z:c) like cruzar (37)
**recibir** like vivir (3)
**reciclar** like hablar (1)
**reconocer** (c:zc) like conocer (35)
**recorrer** like comer (2)
**reemplazar** (z:c) like cruzar (37)
**regañar** like hablar (1)
**regresar** like hablar (1)
**reír** (e:i) (31)
**relajar** like hablar (1)
**remodelar** like hablar (1)
**renunciar** like hablar (1)
**residir** like vivir (3)
**resistir** like vivir (3)
**resolver** (o:ue) like volver (34)
**respetar** like hablar (1)
**respirar** like hablar (1)
**reunir** like vivir (3)
**robar** like hablar (1)
**rodar** (o:ue) like contar (24)
**rodear** like hablar (1)
**romper** like comer (2) *except* past participle is roto
**rumorear** like hablar (1)
**saber** (17)

**sacrificar** (c:qu) like tocar (43)
**salir** (18)
**saltar** like hablar (1)
**salvar** like hablar (1)
**secar** (c:qu) like tocar (43)
**secuestrar** like hablar (1)
**seguir** (e:i) (gu:g) (32)
**sellar** like hablar (1)
**sembrar** (e:ie) like pensar (30)
**sentir** (e:ie) (33)
**señalar** like hablar (1)
**ser** (19)
**serrar** (e:ie) like pensar (30)
**significar** (c:qu) like tocar (43)
**silbar** like hablar (1)
**simbolizar** (z:c) like cruzar (37)
**sobresalir** like salir (18)
**sobrevivir** like vivir (3)
**solicitar** like hablar (1)
**soñar** (o:ue) like contar (24)
**soportar** like hablar (1)
**sorprender** like comer (2)
**sospechar** like hablar (1)
**subir** like vivir (3)
**subscribir** like vivir (3) *except* past participle is subscrito
**suceder** like comer (2)
**superar** like hablar (1)
**surgir** (g:j) like proteger (42) for consonant change only
**sustituir** (y) like destruir (38)
**tardar** like hablar (1)
**tener** (e:ie) (20)
**titular** like hablar (1)
**tocar** (c:qu) (43)
**tomar** like hablar (1)
**traducir** (c:zc) like conducir (6)
**traer** (21)
**transmitir** like vivir (3)
**trasladar** like hablar (1)
**trasnochar** like hablar (1)
**tratar** like hablar (1)
**urbanizar** (z:c) like cruzar (37)
**valer** like tener (20) *except* no stem change, regular preterite and regular imperative
**valorar** like hablar (1)
**vencer** (c:z) (44)
**vender** like comer (2)
**vengar** (g:gu) like llegar (41)
**venir** (e:ie) (22)
**ver** (23)
**vestir** (e:i) like pedir (29)
**viajar** like hablar (1)
**vigilar** like hablar (1)
**vivir** (3)
**volar** (o:ue) like contar (24)
**voltear** like hablar (1)
**volver** (o:ue) (34)
**votar** like hablar (1)

# Verb conjugation tables

## Regular verbs: simple tenses

### 1 hablar
Participles: hablando, hablado

| | INDICATIVE | | | | | SUBJUNCTIVE | | IMPERATIVE |
|---|---|---|---|---|---|---|---|---|
| | Present | Imperfect | Preterite | Future | Conditional | Present | Past | |
| | hablo | hablaba | hablé | hablaré | hablaría | hable | hablara | |
| | hablas | hablabas | hablaste | hablarás | hablarías | hables | hablaras | habla tú (no hables) |
| | habla | hablaba | habló | hablará | hablaría | hable | hablara | hable Ud. |
| | hablamos | hablábamos | hablamos | hablaremos | hablaríamos | hablemos | habláramos | hablemos |
| | habláis | hablabais | hablasteis | hablaréis | hablaríais | habléis | hablarais | hablad (no habléis) |
| | hablan | hablaban | hablaron | hablarán | hablarían | hablen | hablaran | hablen Uds. |

### 2 comer
Participles: comiendo, comido

| | INDICATIVE | | | | | SUBJUNCTIVE | | IMPERATIVE |
|---|---|---|---|---|---|---|---|---|
| | Present | Imperfect | Preterite | Future | Conditional | Present | Past | |
| | como | comía | comí | comeré | comería | coma | comiera | |
| | comes | comías | comiste | comerás | comerías | comas | comieras | come tú (no comas) |
| | come | comía | comió | comerá | comería | coma | comiera | coma Ud. |
| | comemos | comíamos | comimos | comeremos | comeríamos | comamos | comiéramos | comamos |
| | coméis | comíais | comisteis | comeréis | comeríais | comáis | comierais | comed (no comáis) |
| | comen | comían | comieron | comerán | comerían | coman | comieran | coman Uds. |

### 3 vivir
Participles: viviendo, vivido

| | INDICATIVE | | | | | SUBJUNCTIVE | | IMPERATIVE |
|---|---|---|---|---|---|---|---|---|
| | Present | Imperfect | Preterite | Future | Conditional | Present | Past | |
| | vivo | vivía | viví | viviré | viviría | viva | viviera | |
| | vives | vivías | viviste | vivirás | vivirías | vivas | vivieras | vive tú (no vivas) |
| | vive | vivía | vivió | vivirá | viviría | viva | viviera | viva Ud. |
| | vivimos | vivíamos | vivimos | viviremos | viviríamos | vivamos | viviéramos | vivamos |
| | vivís | vivíais | vivisteis | viviréis | viviríais | viváis | vivierais | vivid (no viváis) |
| | viven | vivían | vivieron | vivirán | vivirían | vivan | vivieran | vivan Uds. |

## All verbs: compound tenses

### PERFECT TENSES

| INDICATIVE | | | | SUBJUNCTIVE | |
|---|---|---|---|---|---|
| Present Perfect | Past Perfect | Future Perfect | Conditional Perfect | Present Perfect | Past Perfect |
| he | había | habré | habría | haya | hubiera |
| has | habías | habrás | habrías | hayas | hubieras |
| ha hablado | había hablado | habrá hablado | habría hablado | haya hablado | hubiera hablado |
| hemos comido | habíamos comido | habremos comido | habríamos comido | hayamos comido | hubiéramos comido |
| habéis vivido | habíais vivido | habréis vivido | habríais vivido | hayáis vivido | hubierais vivido |
| han | habían | habrán | habrían | hayan | hubieran |

## PROGRESSIVE TENSES

| | INDICATIVE | | | | SUBJUNCTIVE | |
|---|---|---|---|---|---|---|
| Present Progressive | Past Progressive | Future Progressive | Conditional Progressive | | Present Progressive | Past Progressive |
| estoy | estaba | estaré | estaría | | esté | estuviera |
| estás | estabas | estarás | estarías | | estés | estuvieras |
| está } hablando | estaba } hablando | estará } hablando | estaría } hablando | | esté } hablando | estuviera } hablando |
| estamos comiendo | estábamos comiendo | estaremos comiendo | estaríamos comiendo | | estemos comiendo | estuviéramos comiendo |
| estáis viviendo | estabais viviendo | estaréis viviendo | estaríais viviendo | | estéis viviendo | estuvierais viviendo |
| están | estaban | estarán | estarían | | estén | estuvieran |

## Irregular verbs

| Infinitive | INDICATIVE | | | | | | SUBJUNCTIVE | | IMPERATIVE |
|---|---|---|---|---|---|---|---|---|---|
| | Present | Imperfect | Preterite | Future | Conditional | | Present | Past | |
| **4** caber | **quepo** | cabía | **cupe** | **cabré** | **cabría** | | **quepa** | **cupiera** | |
| | cabes | cabías | **cupiste** | **cabrás** | **cabrías** | | **quepas** | **cupieras** | cabe tú (no **quepas**) |
| | cabe | cabía | **cupo** | **cabrá** | **cabría** | | **quepa** | **cupiera** | **quepa** Ud. |
| Participles: | cabemos | cabíamos | **cupimos** | **cabremos** | **cabríamos** | | **quepamos** | **cupiéramos** | **quepamos** |
| cabiendo | cabéis | cabíais | **cupisteis** | **cabréis** | **cabríais** | | **quepáis** | **cupierais** | cabed (no **quepáis**) |
| cabido | caben | cabían | **cupieron** | **cabrán** | **cabrían** | | **quepan** | **cupieran** | **quepan** Uds. |
| **5** caer | **caigo** | caía | caí | caeré | caería | | **caiga** | **cayera** | |
| | caes | caías | **caíste** | caerás | caerías | | **caigas** | **cayeras** | cae tú (no **caigas**) |
| | cae | caía | **cayó** | caerá | caería | | **caiga** | **cayera** | **caiga** Ud. (no **caiga**) |
| Participles: | caemos | caíamos | **caímos** | caeremos | caeríamos | | **caigamos** | **cayéramos** | **caigamos** |
| **cayendo** | caéis | caíais | **caísteis** | caeréis | caeríais | | **caigáis** | **cayerais** | caed (no **caigáis**) |
| **caído** | caen | caían | **cayeron** | caerán | caerían | | **caigan** | **cayeran** | **caigan** Uds. |
| **6** conducir | **conduzco** | conducía | **conduje** | conduciré | conduciría | | **conduzca** | **condujera** | |
| (c:zc) | conduces | conducías | **condujiste** | conducirás | conducirías | | **conduzcas** | **condujeras** | conduce tú (no **conduzcas**) |
| Participles: | conduce | conducía | **condujo** | conducirá | conduciría | | **conduzca** | **condujera** | **conduzca** Ud. (no **conduzca**) |
| conduciendo | conducimos | conducíamos | **condujimos** | conduciremos | conduciríamos | | **conduzcamos** | **condujéramos** | **conduzcamos** |
| conducido | conducís | conducíais | **condujisteis** | conduciréis | conduciríais | | **conduzcáis** | **condujerais** | conducid (no **conduzcáis**) |
| | conducen | conducían | **condujeron** | conducirán | conducirían | | **conduzcan** | **condujeran** | **conduzcan** Uds. |

**7. dar**
Participles: dando, dado

| | Present | Imperfect | Preterite | Future | Conditional | Subj. Present | Subj. Past | Imperative |
|---|---|---|---|---|---|---|---|---|
| | doy | daba | di | daré | daría | dé | diera | |
| | das | dabas | diste | darás | darías | des | dieras | da tú (no des) |
| | da | daba | dio | dará | daría | dé | diera | dé Ud. |
| | damos | dábamos | dimos | daremos | daríamos | demos | diéramos | demos |
| | dais | dabais | disteis | daréis | daríais | deis | dierais | dad (no deis) |
| | dan | daban | dieron | darán | darían | den | dieran | den Uds. |

**8. decir (e:i)**
Participles: diciendo, dicho

| | Present | Imperfect | Preterite | Future | Conditional | Subj. Present | Subj. Past | Imperative |
|---|---|---|---|---|---|---|---|---|
| | digo | decía | dije | diré | diría | diga | dijera | |
| | dices | decías | dijiste | dirás | dirías | digas | dijeras | di tú (no digas) |
| | dice | decía | dijo | dirá | diría | diga | dijera | diga Ud. |
| | decimos | decíamos | dijimos | diremos | diríamos | digamos | dijéramos | digamos |
| | decís | decíais | dijisteis | diréis | diríais | digáis | dijerais | decid (no digáis) |
| | dicen | decían | dijeron | dirán | dirían | digan | dijeran | digan Uds. |

**9. estar**
Participles: estando, estado

| | Present | Imperfect | Preterite | Future | Conditional | Subj. Present | Subj. Past | Imperative |
|---|---|---|---|---|---|---|---|---|
| | estoy | estaba | estuve | estaré | estaría | esté | estuviera | |
| | estás | estabas | estuviste | estarás | estarías | estés | estuvieras | está tú (no estés) |
| | está | estaba | estuvo | estará | estaría | esté | estuviera | esté Ud. |
| | estamos | estábamos | estuvimos | estaremos | estaríamos | estemos | estuviéramos | estemos |
| | estáis | estabais | estuvisteis | estaréis | estaríais | estéis | estuvierais | estad (no estéis) |
| | están | estaban | estuvieron | estarán | estarían | estén | estuvieran | estén Uds. |

**10. haber**
Participles: habiendo, habido

| | Present | Imperfect | Preterite | Future | Conditional | Subj. Present | Subj. Past |
|---|---|---|---|---|---|---|---|
| | he | había | hube | habré | habría | haya | hubiera |
| | has | habías | hubiste | habrás | habrías | hayas | hubieras |
| | ha | había | hubo | habrá | habría | haya | hubiera |
| | hemos | habíamos | hubimos | habremos | habríamos | hayamos | hubiéramos |
| | habéis | habíais | hubisteis | habréis | habríais | hayáis | hubierais |
| | han | habían | hubieron | habrán | habrían | hayan | hubieran |

**11. hacer**
Participles: haciendo, hecho

| | Present | Imperfect | Preterite | Future | Conditional | Subj. Present | Subj. Past | Imperative |
|---|---|---|---|---|---|---|---|---|
| | hago | hacía | hice | haré | haría | haga | hiciera | |
| | haces | hacías | hiciste | harás | harías | hagas | hicieras | haz tú (no hagas) |
| | hace | hacía | hizo | hará | haría | haga | hiciera | haga Ud. |
| | hacemos | hacíamos | hicimos | haremos | haríamos | hagamos | hiciéramos | hagamos |
| | hacéis | hacíais | hicisteis | haréis | haríais | hagáis | hicierais | haced (no hagáis) |
| | hacen | hacían | hicieron | harán | harían | hagan | hicieran | hagan Uds. |

**12. ir**
Participles: yendo, ido

| | Present | Imperfect | Preterite | Future | Conditional | Subj. Present | Subj. Past | Imperative |
|---|---|---|---|---|---|---|---|---|
| | voy | iba | fui | iré | iría | vaya | fuera | |
| | vas | ibas | fuiste | irás | irías | vayas | fueras | ve tú (no vayas) |
| | va | iba | fue | irá | iría | vaya | fuera | vaya Ud. |
| | vamos | íbamos | fuimos | iremos | iríamos | vayamos | fuéramos | vamos (no vayamos) |
| | vais | ibais | fuisteis | iréis | iríais | vayáis | fuerais | id (no vayáis) |
| | van | iban | fueron | irán | irían | vayan | fueran | vayan Uds. |

**13. oír (y)**
Participles: oyendo, oído

| | Present | Imperfect | Preterite | Future | Conditional | Subj. Present | Subj. Past | Imperative |
|---|---|---|---|---|---|---|---|---|
| | oigo | oía | oí | oiré | oiría | oiga | oyera | |
| | oyes | oías | oíste | oirás | oirías | oigas | oyeras | oye tú (no oigas) |
| | oye | oía | oyó | oirá | oiría | oiga | oyera | oiga Ud. |
| | oímos | oíamos | oímos | oiremos | oiríamos | oigamos | oyéramos | oigamos |
| | oís | oíais | oísteis | oiréis | oiríais | oigáis | oyerais | oíd (no oigáis) |
| | oyen | oían | oyeron | oirán | oirían | oigan | oyeran | oigan Uds. |

## INDICATIVE / SUBJUNCTIVE / IMPERATIVE

**14. poder (o:ue)** — Participles: **pudiendo**, podido

| | Present | Imperfect | Preterite | Future | Conditional | Subj. Present | Subj. Past | Imperative |
|---|---|---|---|---|---|---|---|---|
| | **puedo** | podía | **pude** | **podré** | **podría** | **pueda** | **pudiera** | |
| | **puedes** | podías | **pudiste** | **podrás** | **podrías** | **puedas** | **pudieras** | **puede** tú (no **puedas**) |
| | **puede** | podía | **pudo** | **podrá** | **podría** | **pueda** | **pudiera** | **pueda** Ud. |
| | podemos | podíamos | **pudimos** | **podremos** | **podríamos** | podamos | **pudiéramos** | podamos |
| | podéis | podíais | **pudisteis** | **podréis** | **podríais** | podáis | **pudierais** | poded (no podáis) |
| | **pueden** | podían | **pudieron** | **podrán** | **podrían** | **puedan** | **pudieran** | **puedan** Uds. |

**15. poner** — Participles: poniendo, **puesto**

| | Present | Imperfect | Preterite | Future | Conditional | Subj. Present | Subj. Past | Imperative |
|---|---|---|---|---|---|---|---|---|
| | **pongo** | ponía | **puse** | **pondré** | **pondría** | **ponga** | **pusiera** | |
| | pones | ponías | **pusiste** | **pondrás** | **pondrías** | **pongas** | **pusieras** | **pon** tú (no **pongas**) |
| | pone | ponía | **puso** | **pondrá** | **pondría** | **ponga** | **pusiera** | **ponga** Ud. |
| | ponemos | poníamos | **pusimos** | **pondremos** | **pondríamos** | **pongamos** | **pusiéramos** | **pongamos** |
| | ponéis | poníais | **pusisteis** | **pondréis** | **pondríais** | **pongáis** | **pusierais** | poned (no **pongáis**) |
| | ponen | ponían | **pusieron** | **pondrán** | **pondrían** | **pongan** | **pusieran** | **pongan** Uds. |

**16. querer (e:ie)** — Participles: queriendo, querido

| | Present | Imperfect | Preterite | Future | Conditional | Subj. Present | Subj. Past | Imperative |
|---|---|---|---|---|---|---|---|---|
| | **quiero** | quería | **quise** | **querré** | **querría** | **quiera** | **quisiera** | |
| | **quieres** | querías | **quisiste** | **querrás** | **querrías** | **quieras** | **quisieras** | **quiere** tú (no **quieras**) |
| | **quiere** | quería | **quiso** | **querrá** | **querría** | **quiera** | **quisiera** | **quiera** Ud. |
| | queremos | queríamos | **quisimos** | **querremos** | **querríamos** | queramos | **quisiéramos** | queramos |
| | queréis | queríais | **quisisteis** | **querréis** | **querríais** | queráis | **quisierais** | quered (no queráis) |
| | **quieren** | querían | **quisieron** | **querrán** | **querrían** | **quieran** | **quisieran** | **quieran** Uds. |

**17. saber** — Participles: sabiendo, sabido

| | Present | Imperfect | Preterite | Future | Conditional | Subj. Present | Subj. Past | Imperative |
|---|---|---|---|---|---|---|---|---|
| | **sé** | sabía | **supe** | **sabré** | **sabría** | **sepa** | **supiera** | |
| | sabes | sabías | **supiste** | **sabrás** | **sabrías** | **sepas** | **supieras** | sabe tú (no **sepas**) |
| | sabe | sabía | **supo** | **sabrá** | **sabría** | **sepa** | **supiera** | **sepa** Ud. |
| | sabemos | sabíamos | **supimos** | **sabremos** | **sabríamos** | **sepamos** | **supiéramos** | **sepamos** |
| | sabéis | sabíais | **supisteis** | **sabréis** | **sabríais** | **sepáis** | **supierais** | sabed (no **sepáis**) |
| | saben | sabían | **supieron** | **sabrán** | **sabrían** | **sepan** | **supieran** | **sepan** Uds. |

**18. salir** — Participles: saliendo, salido

| | Present | Imperfect | Preterite | Future | Conditional | Subj. Present | Subj. Past | Imperative |
|---|---|---|---|---|---|---|---|---|
| | **salgo** | salía | salí | **saldré** | **saldría** | **salga** | saliera | |
| | sales | salías | saliste | **saldrás** | **saldrías** | **salgas** | salieras | **sal** tú (no **salgas**) |
| | sale | salía | salió | **saldrá** | **saldría** | **salga** | saliera | **salga** Ud. |
| | salimos | salíamos | salimos | **saldremos** | **saldríamos** | **salgamos** | saliéramos | **salgamos** |
| | salís | salíais | salisteis | **saldréis** | **saldríais** | **salgáis** | salierais | salid (no **salgáis**) |
| | salen | salían | salieron | **saldrán** | **saldrían** | **salgan** | salieran | **salgan** Uds. |

**19. ser** — Participles: siendo, sido

| | Present | Imperfect | Preterite | Future | Conditional | Subj. Present | Subj. Past | Imperative |
|---|---|---|---|---|---|---|---|---|
| | **soy** | **era** | **fui** | seré | sería | sea | **fuera** | |
| | **eres** | **eras** | **fuiste** | serás | serías | seas | **fueras** | **sé** tú (no **seas**) |
| | **es** | **era** | **fue** | será | sería | sea | **fuera** | sea Ud. |
| | **somos** | **éramos** | **fuimos** | seremos | seríamos | **seamos** | **fuéramos** | **seamos** |
| | **sois** | **erais** | **fuisteis** | seréis | seríais | **seáis** | **fuerais** | sed (no **seáis**) |
| | **son** | **eran** | **fueron** | serán | serían | sean | **fueran** | sean Uds. |

**20. tener (e:ie)** — Participles: teniendo, tenido

| | Present | Imperfect | Preterite | Future | Conditional | Subj. Present | Subj. Past | Imperative |
|---|---|---|---|---|---|---|---|---|
| | **tengo** | tenía | **tuve** | **tendré** | **tendría** | **tenga** | **tuviera** | |
| | **tienes** | tenías | **tuviste** | **tendrás** | **tendrías** | **tengas** | **tuvieras** | **ten** tú (no **tengas**) |
| | **tiene** | tenía | **tuvo** | **tendrá** | **tendría** | **tenga** | **tuviera** | **tenga** Ud. |
| | tenemos | teníamos | **tuvimos** | **tendremos** | **tendríamos** | **tengamos** | **tuviéramos** | **tengamos** |
| | tenéis | teníais | **tuvisteis** | **tendréis** | **tendríais** | **tengáis** | **tuvierais** | tened (no **tengáis**) |
| | **tienen** | tenían | **tuvieron** | **tendrán** | **tendrían** | **tengan** | **tuvieran** | **tengan** Uds. |

| Infinitive | INDICATIVE | | | | | SUBJUNCTIVE | | IMPERATIVE |
|---|---|---|---|---|---|---|---|---|
| | Present | Imperfect | Preterite | Future | Conditional | Present | Past | |
| **21** traer | **traigo** | traía | **traje** | traeré | traería | **traiga** | **trajera** | |
| | traes | traías | **trajiste** | traerás | traerías | **traigas** | **trajeras** | trae tú (no **traigas**) |
| | trae | traía | **trajo** | traerá | traería | **traiga** | **trajera** | **traiga** Ud. |
| Participles: | traemos | traíamos | **trajimos** | traeremos | traeríamos | **traigamos** | **trajéramos** | **traigamos** |
| **trayendo** | traéis | traíais | **trajisteis** | traeréis | traeríais | **traigáis** | **trajerais** | traed (no **traigáis**) |
| **traído** | traen | traían | **trajeron** | traerán | traerían | **traigan** | **trajeran** | **traigan** Uds. |
| **22** venir (e:ie) | **vengo** | venía | **vine** | **vendré** | **vendría** | **venga** | **viniera** | |
| | **vienes** | venías | **viniste** | **vendrás** | **vendrías** | **vengas** | **vinieras** | **ven** tú (no **vengas**) |
| | **viene** | venía | **vino** | **vendrá** | **vendría** | **venga** | **viniera** | **venga** Ud. |
| Participles: | venimos | veníamos | **vinimos** | **vendremos** | **vendríamos** | **vengamos** | **viniéramos** | **vengamos** |
| **viniendo** | venís | veníais | **vinisteis** | **vendréis** | **vendríais** | **vengáis** | **vinierais** | venid (no **vengáis**) |
| venido | **vienen** | venían | **vinieron** | **vendrán** | **vendrían** | **vengan** | **vinieran** | **vengan** Uds. |
| **23** ver | **veo** | **veía** | **vi** | veré | vería | **vea** | viera | |
| | ves | **veías** | viste | verás | verías | **veas** | vieras | ve tú (no **veas**) |
| | ve | **veía** | **vio** | verá | vería | **vea** | viera | **vea** Ud. |
| Participles: | vemos | **veíamos** | vimos | veremos | veríamos | **veamos** | viéramos | **veamos** |
| viendo | **veis** | **veíais** | visteis | veréis | veríais | **veáis** | vierais | ved (no **veáis**) |
| **visto** | ven | **veían** | vieron | verán | verían | **vean** | vieran | **vean** Uds. |

## Stem-changing verbs

| Infinitive | INDICATIVE | | | | | SUBJUNCTIVE | | IMPERATIVE |
|---|---|---|---|---|---|---|---|---|
| | Present | Imperfect | Preterite | Future | Conditional | Present | Past | |
| **24** contar (o:ue) | **cuento** | contaba | conté | contaré | contaría | **cuente** | contara | |
| | **cuentas** | contabas | contaste | contarás | contarías | **cuentes** | contaras | **cuenta** tú (no **cuentes**) |
| | **cuenta** | contaba | contó | contará | contaría | **cuente** | contara | **cuente** Ud. |
| Participles: | contamos | contábamos | contamos | contaremos | contaríamos | contemos | contáramos | contemos |
| contando | contáis | contabais | contasteis | contaréis | contaríais | contéis | contarais | contad (no contéis) |
| contado | **cuentan** | contaban | contaron | contarán | contarían | **cuenten** | contaran | **cuenten** Uds. |
| **25** dormir (o:ue) | **duermo** | dormía | dormí | dormiré | dormiría | **duerma** | **durmiera** | |
| | **duermes** | dormías | dormiste | dormirás | dormirías | **duermas** | **durmieras** | **duerme** tú (no **duermas**) |
| | **duerme** | dormía | **durmió** | dormirá | dormiría | **duerma** | **durmiera** | **duerma** Ud. |
| Participles: | dormimos | dormíamos | dormimos | dormiremos | dormiríamos | **durmamos** | **durmiéramos** | **durmamos** |
| **durmiendo** | dormís | dormíais | dormisteis | dormiréis | dormiríais | **durmáis** | **durmierais** | dormid (no **durmáis**) |
| dormido | **duermen** | dormían | **durmieron** | dormirán | dormirían | **duerman** | **durmieran** | **duerman** Uds. |
| **26** empezar | **empiezo** | empezaba | **empecé** | empezaré | empezaría | **empiece** | empezara | |
| (e:ie) (z:c) | **empiezas** | empezabas | empezaste | empezarás | empezarías | **empieces** | empezaras | **empieza** tú (no **empieces**) |
| | **empieza** | empezaba | empezó | empezará | empezaría | **empiece** | empezara | **empiece** Ud. |
| Participles: | empezamos | empezábamos | empezamos | empezaremos | empezaríamos | **empecemos** | empezáramos | **empecemos** |
| empezando | empezáis | empezabais | empezasteis | empezaréis | empezaríais | **empecéis** | empezarais | empezad (no **empecéis**) |
| empezado | **empiezan** | empezaban | empezaron | empezarán | empezarían | **empiecen** | empezaran | **empiecen** Uds. |

**27. entender (e:ie)** — Participles: entendiendo, entendido

| | Present | Imperfect | Preterite | Future | Conditional | Subj. Present | Subj. Past | Imperative |
|---|---|---|---|---|---|---|---|---|
| | entiendo | entendía | entendí | entenderé | entendería | entienda | entendiera | |
| | entiendes | entendías | entendiste | entenderás | entenderías | entiendas | entendieras | entiende tú (no entiendas) |
| | entiende | entendía | entendió | entenderá | entendería | entienda | entendiera | entienda Ud. |
| | entendemos | entendíamos | entendimos | entenderemos | entenderíamos | entendamos | entendiéramos | entendamos |
| | entendéis | entendíais | entendisteis | entenderéis | entenderíais | entendáis | entendierais | entended (no entendáis) |
| | entienden | entendían | entendieron | entenderán | entenderían | entiendan | entendieran | entiendan Uds. |

**28. jugar (u:ue) (g:gu)** — Participles: jugando, jugado

| | Present | Imperfect | Preterite | Future | Conditional | Subj. Present | Subj. Past | Imperative |
|---|---|---|---|---|---|---|---|---|
| | juego | jugaba | jugué | jugaré | jugaría | juegue | jugara | |
| | juegas | jugabas | jugaste | jugarás | jugarías | juegues | jugaras | juega tú (no juegues) |
| | juega | jugaba | jugó | jugará | jugaría | juegue | jugara | juegue Ud. |
| | jugamos | jugábamos | jugamos | jugaremos | jugaríamos | juguemos | jugáramos | juguemos |
| | jugáis | jugabais | jugasteis | jugaréis | jugaríais | juguéis | jugarais | jugad (no juguéis) |
| | juegan | jugaban | jugaron | jugarán | jugarían | jueguen | jugaran | jueguen Uds. |

**29. pedir (e:i)** — Participles: pidiendo, pedido

| | Present | Imperfect | Preterite | Future | Conditional | Subj. Present | Subj. Past | Imperative |
|---|---|---|---|---|---|---|---|---|
| | pido | pedía | pedí | pediré | pediría | pida | pidiera | |
| | pides | pedías | pediste | pedirás | pedirías | pidas | pidieras | pide tú (no pidas) |
| | pide | pedía | pidió | pedirá | pediría | pida | pidiera | pida Ud. |
| | pedimos | pedíamos | pedimos | pediremos | pediríamos | pidamos | pidiéramos | pidamos |
| | pedís | pedíais | pedisteis | pediréis | pediríais | pidáis | pidierais | pedid (no pidáis) |
| | piden | pedían | pidieron | pedirán | pedirían | pidan | pidieran | pidan Uds. |

**30. pensar (e:ie)** — Participles: pensando, pensado

| | Present | Imperfect | Preterite | Future | Conditional | Subj. Present | Subj. Past | Imperative |
|---|---|---|---|---|---|---|---|---|
| | pienso | pensaba | pensé | pensaré | pensaría | piense | pensara | |
| | piensas | pensabas | pensaste | pensarás | pensarías | pienses | pensaras | piensa tú (no pienses) |
| | piensa | pensaba | pensó | pensará | pensaría | piense | pensara | piense Ud. |
| | pensamos | pensábamos | pensamos | pensaremos | pensaríamos | pensemos | pensáramos | pensemos |
| | pensáis | pensabais | pensasteis | pensaréis | pensaríais | penséis | pensarais | pensad (no penséis) |
| | piensan | pensaban | pensaron | pensarán | pensarían | piensen | pensaran | piensen Uds. |

**31. reír (e:i)** — Participles: riendo, reído

| | Present | Imperfect | Preterite | Future | Conditional | Subj. Present | Subj. Past | Imperative |
|---|---|---|---|---|---|---|---|---|
| | río | reía | reí | reiré | reiría | ría | riera | |
| | ríes | reías | reíste | reirás | reirías | rías | rieras | ríe tú (no rías) |
| | ríe | reía | rió | reirá | reiría | ría | riera | ría Ud. |
| | reímos | reíamos | reímos | reiremos | reiríamos | riamos | riéramos | riamos |
| | reís | reíais | reísteis | reiréis | reiríais | riáis | rierais | reíd (no riáis) |
| | ríen | reían | rieron | reirán | reirían | rían | rieran | rían Uds. |

**32. seguir (e:i) (gu:g)** — Participles: siguiendo, seguido

| | Present | Imperfect | Preterite | Future | Conditional | Subj. Present | Subj. Past | Imperative |
|---|---|---|---|---|---|---|---|---|
| | sigo | seguía | seguí | seguiré | seguiría | siga | siguiera | |
| | sigues | seguías | seguiste | seguirás | seguirías | sigas | siguieras | sigue tú (no sigas) |
| | sigue | seguía | siguió | seguirá | seguiría | siga | siguiera | siga Ud. |
| | seguimos | seguíamos | seguimos | seguiremos | seguiríamos | sigamos | siguiéramos | sigamos |
| | seguís | seguíais | seguisteis | seguiréis | seguiríais | sigáis | siguierais | seguid (no sigáis) |
| | siguen | seguían | siguieron | seguirán | seguirían | sigan | siguieran | sigan Uds. |

**33. sentir (e:ie)** — Participles: sintiendo, sentido

| | Present | Imperfect | Preterite | Future | Conditional | Subj. Present | Subj. Past | Imperative |
|---|---|---|---|---|---|---|---|---|
| | siento | sentía | sentí | sentiré | sentiría | sienta | sintiera | |
| | sientes | sentías | sentiste | sentirás | sentirías | sientas | sintieras | siente tú (no sientas) |
| | siente | sentía | sintió | sentirá | sentiría | sienta | sintiera | sienta Ud. |
| | sentimos | sentíamos | sentimos | sentiremos | sentiríamos | sintamos | sintiéramos | sintamos |
| | sentís | sentíais | sentisteis | sentiréis | sentiríais | sintáis | sintierais | sentid (no sintáis) |
| | sienten | sentían | sintieron | sentirán | sentirían | sientan | sintieran | sientan Uds. |

**34 — volver (o:ue)**
Participles: volviendo, vuelto

| Infinitive | INDICATIVE Present | Imperfect | Preterite | Future | Conditional | SUBJUNCTIVE Present | Past | IMPERATIVE |
|---|---|---|---|---|---|---|---|---|
| volver (o:ue) | **vuelvo** | volvía | volví | volveré | volvería | **vuelva** | volviera | |
| | **vuelves** | volvías | volviste | volverás | volverías | **vuelvas** | volvieras | **vuelve** tú (no **vuelvas**) |
| | **vuelve** | volvía | volvió | volverá | volvería | **vuelva** | volviera | **vuelva** Ud. |
| Participles: | volvemos | volvíamos | volvimos | volveremos | volveríamos | volvamos | volviéramos | volvamos |
| volviendo | volvéis | volvíais | volvisteis | volveréis | volveríais | volváis | volvierais | volved (no volváis) |
| **vuelto** | **vuelven** | volvían | volvieron | volverán | volverían | **vuelvan** | volvieran | **vuelvan** Uds. |

## Verbs with spelling changes only

**35 — conocer (c:zc)**
Participles: conociendo, conocido

| Infinitive | INDICATIVE Present | Imperfect | Preterite | Future | Conditional | SUBJUNCTIVE Present | Past | IMPERATIVE |
|---|---|---|---|---|---|---|---|---|
| conocer (c:zc) | **conozco** | conocía | conocí | conoceré | conocería | **conozca** | conociera | |
| | conoces | conocías | conociste | conocerás | conocerías | **conozcas** | conocieras | conoce tú (no **conozcas**) |
| | conoce | conocía | conoció | conocerá | conocería | **conozca** | conociera | **conozca** Ud. |
| Participles: | conocemos | conocíamos | conocimos | conoceremos | conoceríamos | **conozcamos** | conociéramos | **conozcamos** |
| conociendo | conocéis | conocíais | conocisteis | conoceréis | conoceríais | **conozcáis** | conocierais | conoced (no **conozcáis**) |
| conocido | conocen | conocían | conocieron | conocerán | conocerían | **conozcan** | conocieran | **conozcan** Uds. |

**36 — creer (y)**
Participles: creyendo, creído

| Infinitive | INDICATIVE Present | Imperfect | Preterite | Future | Conditional | SUBJUNCTIVE Present | Past | IMPERATIVE |
|---|---|---|---|---|---|---|---|---|
| creer (y) | creo | creía | creí | creeré | creería | crea | **creyera** | |
| | crees | creías | **creíste** | creerás | creerías | creas | **creyeras** | cree tú (no creas) |
| | cree | creía | **creyó** | creerá | creería | crea | **creyera** | crea Ud. |
| Participles: | creemos | creíamos | **creímos** | creeremos | creeríamos | creamos | **creyéramos** | creamos |
| **creyendo** | creéis | creíais | **creísteis** | creeréis | creeríais | creáis | **creyerais** | creed (no creáis) |
| **creído** | creen | creían | **creyeron** | creerán | creerían | crean | **creyeran** | crean Uds. |

**37 — cruzar (z:c)**
Participles: cruzando, cruzado

| Infinitive | INDICATIVE Present | Imperfect | Preterite | Future | Conditional | SUBJUNCTIVE Present | Past | IMPERATIVE |
|---|---|---|---|---|---|---|---|---|
| cruzar (z:c) | cruzo | cruzaba | **crucé** | cruzaré | cruzaría | **cruce** | cruzara | |
| | cruzas | cruzabas | cruzaste | cruzarás | cruzarías | **cruces** | cruzaras | cruza tú (no **cruces**) |
| | cruza | cruzaba | cruzó | cruzará | cruzaría | **cruce** | cruzara | **cruce** Ud. |
| Participles: | cruzamos | cruzábamos | cruzamos | cruzaremos | cruzaríamos | **crucemos** | cruzáramos | **crucemos** |
| cruzando | cruzáis | cruzabais | cruzasteis | cruzaréis | cruzaríais | **crucéis** | cruzarais | cruzad (no **crucéis**) |
| cruzado | cruzan | cruzaban | cruzaron | cruzarán | cruzarían | **crucen** | cruzaran | **crucen** Uds. |

**38 — destruir (y)**
Participles: destruyendo, destruido

| Infinitive | INDICATIVE Present | Imperfect | Preterite | Future | Conditional | SUBJUNCTIVE Present | Past | IMPERATIVE |
|---|---|---|---|---|---|---|---|---|
| destruir (y) | **destruyo** | destruía | destruí | destruiré | destruiría | **destruya** | **destruyera** | |
| | **destruyes** | destruías | destruiste | destruirás | destruirías | **destruyas** | **destruyeras** | **destruye** tú (no **destruyas**) |
| | **destruye** | destruía | **destruyó** | destruirá | destruiría | **destruya** | **destruyera** | **destruya** Ud. |
| Participles: | destruimos | destruíamos | destruimos | destruiremos | destruiríamos | **destruyamos** | **destruyéramos** | **destruyamos** |
| **destruyendo** | destruís | destruíais | destruisteis | destruiréis | destruiríais | **destruyáis** | **destruyerais** | destruid (no **destruyáis**) |
| destruido | **destruyen** | destruían | **destruyeron** | destruirán | destruirían | **destruyan** | **destruyeran** | **destruyan** Uds. |

**39 — enviar**
Participles: enviando, enviado

| Infinitive | INDICATIVE Present | Imperfect | Preterite | Future | Conditional | SUBJUNCTIVE Present | Past | IMPERATIVE |
|---|---|---|---|---|---|---|---|---|
| enviar | **envío** | enviaba | envié | enviaré | enviaría | **envíe** | enviara | |
| | **envías** | enviabas | enviaste | enviarás | enviarías | **envíes** | enviaras | **envía** tú (no **envíes**) |
| | **envía** | enviaba | envió | enviará | enviaría | **envíe** | enviara | **envíe** Ud. |
| Participles: | enviamos | enviábamos | enviamos | enviaremos | enviaríamos | enviemos | enviáramos | enviemos |
| enviando | enviáis | enviabais | enviasteis | enviaréis | enviaríais | enviéis | enviarais | enviad (no enviéis) |
| enviado | **envían** | enviaban | enviaron | enviarán | enviarían | **envíen** | enviaran | **envíen** Uds. |

**40 graduar**
Participles: graduando, graduado

| | INDICATIVE | | | | | SUBJUNCTIVE | | IMPERATIVE |
|---|---|---|---|---|---|---|---|---|
| Infinitive | Present | Imperfect | Preterite | Future | Conditional | Present | Past | |
| graduar | gradúo | graduaba | gradué | graduaré | graduaría | gradúe | graduara | |
| | gradúas | graduabas | graduaste | graduarás | graduarías | gradúes | graduaras | gradúa tú (no gradúes) |
| | gradúa | graduaba | graduó | graduará | graduaría | gradúe | graduara | gradúe Ud. |
| | graduamos | graduábamos | graduamos | graduaremos | graduaríamos | graduemos | graduáramos | graduemos |
| | graduáis | graduabais | graduasteis | graduaréis | graduaríais | graduéis | graduarais | graduad (no graduéis) |
| | gradúan | graduaban | graduaron | graduarán | graduarían | gradúen | graduaran | gradúen Uds. |

**41 llegar (g:gu)**
Participles: llegando, llegado

| Present | Imperfect | Preterite | Future | Conditional | Present | Past | Imperative |
|---|---|---|---|---|---|---|---|
| llego | llegaba | llegué | llegaré | llegaría | llegue | llegara | |
| llegas | llegabas | llegaste | llegarás | llegarías | llegues | llegaras | llega tú (no llegues) |
| llega | llegaba | llegó | llegará | llegaría | llegue | llegara | llegue Ud. |
| llegamos | llegábamos | llegamos | llegaremos | llegaríamos | lleguemos | llegáramos | lleguemos |
| llegáis | llegabais | llegasteis | llegaréis | llegaríais | lleguéis | llegarais | llegad (no lleguéis) |
| llegan | llegaban | llegaron | llegarán | llegarían | lleguen | llegaran | lleguen Uds. |

**42 proteger (g:j)**
Participles: protegiendo, protegido

| Present | Imperfect | Preterite | Future | Conditional | Present | Past | Imperative |
|---|---|---|---|---|---|---|---|
| protejo | protegía | protegí | protegeré | protegería | proteja | protegiera | |
| proteges | protegías | protegiste | protegerás | protegerías | protejas | protegieras | protege tú (no protejas) |
| protege | protegía | protegió | protegerá | protegería | proteja | protegiera | proteja Ud. |
| protegemos | protegíamos | protegimos | protegeremos | protegeríamos | protejamos | protegiéramos | protejamos |
| protegéis | protegíais | protegisteis | protegeréis | protegeríais | protejáis | protegierais | proteged (no protejáis) |
| protegen | protegían | protegieron | protegerán | protegerían | protejan | protegieran | protejan Uds. |

**43 tocar (c:qu)**
Participles: tocando, tocado

| Present | Imperfect | Preterite | Future | Conditional | Present | Past | Imperative |
|---|---|---|---|---|---|---|---|
| toco | tocaba | toqué | tocaré | tocaría | toque | tocara | |
| tocas | tocabas | tocaste | tocarás | tocarías | toques | tocaras | toca tú (no toques) |
| toca | tocaba | tocó | tocará | tocaría | toque | tocara | toque Ud. |
| tocamos | tocábamos | tocamos | tocaremos | tocaríamos | toquemos | tocáramos | toquemos |
| tocáis | tocabais | tocasteis | tocaréis | tocaríais | toquéis | tocarais | tocad (no toquéis) |
| tocan | tocaban | tocaron | tocarán | tocarían | toquen | tocaran | toquen Uds. |

**44 vencer (c:z)**
Participles: venciendo, vencido

| Present | Imperfect | Preterite | Future | Conditional | Present | Past | Imperative |
|---|---|---|---|---|---|---|---|
| venzo | vencía | vencí | venceré | vencería | venza | venciera | |
| vences | vencías | venciste | vencerás | vencerías | venzas | vencieras | vence tú (no venzas) |
| vence | vencía | venció | vencerá | vencería | venza | venciera | venza Ud. |
| vencemos | vencíamos | vencimos | venceremos | venceríamos | venzamos | venciéramos | venzamos |
| vencéis | vencíais | vencisteis | venceréis | venceríais | venzáis | vencierais | venced (no venzáis) |
| vencen | vencían | vencieron | vencerán | vencerían | venzan | vencieran | venzan Uds. |

**45 esparcir (c:z)**
Participles: esparciendo, esparcido

| Present | Imperfect | Preterite | Future | Conditional | Present | Past | Imperative |
|---|---|---|---|---|---|---|---|
| esparzo | esparcía | esparcí | esparciré | esparciría | esparza | esparciera | |
| esparces | esparcías | esparciste | esparcirás | esparcirías | esparzas | esparcieras | esparce tú (no esparzas) |
| esparce | esparcía | esparció | esparcirá | esparciría | esparza | esparciera | esparza Ud. |
| esparcimos | esparcíamos | esparcimos | esparciremos | esparciríamos | esparzamos | esparciéramos | esparzamos |
| esparcís | esparcíais | esparcisteis | esparciréis | esparciríais | esparzáis | esparcierais | esparcid (no esparzáis) |
| esparcen | esparcían | esparcieron | esparcirán | esparcirían | esparzan | esparcieran | esparzan Uds. |

**46 extinguir (gu:g)**
Participles: extinguiendo, extinguido

| Present | Imperfect | Preterite | Future | Conditional | Present | Past | Imperative |
|---|---|---|---|---|---|---|---|
| extingo | extinguía | extinguí | extinguiré | extinguiría | extinga | extinguiera | |
| extingues | extinguías | extinguiste | extinguirás | extinguirías | extingas | extinguieras | extingue tú (no extingas) |
| extingue | extinguía | extinguió | extinguirá | extinguiría | extinga | extinguiera | extinga Ud. |
| extinguimos | extinguíamos | extinguimos | extinguiremos | extinguiríamos | extingamos | extinguiéramos | extingamos |
| extinguís | extinguíais | extinguisteis | extinguiréis | extinguiríais | extingáis | extinguierais | extinguid (no extingáis) |
| extinguen | extinguían | extinguieron | extinguirán | extinguirían | extingan | extinguieran | extingan Uds. |

## Reflexive verbs: simple tenses

• In all simple indicative and subjunctive tenses, the reflexive pronoun is placed before the verb. In the imperative, the reflexive pronoun is attached to the verb in affirmative commands, but precedes the verb in negative commands.

| Infinitive | SIMPLE INDICATIVE TENSES | SIMPLE SUBJUNCTIVE TENSES | IMPERATIVE |
|---|---|---|---|
| casarse | me caso | me case | |
| | te casas | te cases | cásate  tú (no te cases) |
| | se casa | se case | cásese  Ud. (no se case) |
| | nos casamos | nos casemos | casémonos  (no nos casemos) |
| | os casáis | os caséis | casaos  (no os caséis) |
| | se casan | se casen | cásense  Uds. (no se casen) |

## Reflexive verbs: compound tenses

• In all compound tenses, the reflexive pronoun is placed before the verb.

| Infinitive | COMPOUND INDICATIVE TENSES | COMPOUND SUBJUNCTIVE TENSES |
|---|---|---|
| casarse | me he casado | me haya casado |
| | te has casado | te hayas casado |
| | se ha casado | se haya casado |
| | nos hemos casado | nos hayamos casado |
| | os habéis casado | os hayáis casado |
| | se han casado | se hayan casado |

# Vocabulary

This glossary contains the words and expressions listed on the **Vocabulario** page found at the end of each lesson in **SUEÑA** as well as other useful vocabulary. A numeral following an entry indicates the lesson where the word or expression was introduced.

### Note on alphabetization

For purposes of alphabetization, **ch** and **ll** are not treated as separate letters, but **ñ** follows **n.**

### Abbreviations used in this glossary

| | | | | | |
|---|---|---|---|---|---|
| *adj.* | adjective | *indef.* | indefinite | *poss.* | possessive |
| *adv.* | adverb | *interj.* | interjection | *prep.* | preposition |
| *art.* | article | *i.o.* | indirect object | *pron.* | pronoun |
| *conj.* | conjunction | *m.* | masculine | *sing.* | singular |
| *def.* | definite | *n.* | noun | *sub.* | subject |
| *d.o.* | direct object | *obj.* | object | *v.* | verb |
| *f.* | feminine | *pej.* | pejorative | | |
| *fam.* | familiar | *p.p.* | past participle | | |
| *form.* | formal | *pl.* | plural | | |

## Español-Inglés

### A

**a** *prep.* at; to **1**
  **¿A qué hora…?**
    At what time…?
  **a bordo** aboard
  **a dieta** on a diet
  **a la derecha** to the right
  **a la izquierda** to the left
  **a la plancha** grilled
  **a la(s) + *time*** at + *time*
  **a menos que** unless
  **a menudo** *adv.* often
  **a nombre de** in the name of
  **a plazos** in installments
  **A sus órdenes.** At your service.
  **a tiempo** *adv.* on time
  **a veces** *adv.* sometimes
  **a ver** let's see
**abajo** *adv.* down
**abeja** *f.* bee
**abandonar** *v.* to leave **1**
**abastecer** *v.* to supply
**abierto/a** *adj.* open
**abogado/a** *m., f.* lawyer **6**
**abrazar(se)** *v.* to hug; to embrace
  (each other)
**abrazo** *m.* hug
**abrigarse** *v.* to wear warm clothes **3**
**abrigo** *m.* coat
**abril** *m.* April
**abrir** *v.* to open

**abuelo/a** *m., f.* grandfather;
  grandmother
**abuelos** *pl.* grandparents
**aburrido/a** *adj.* bored; boring
**aburrir** *v.* to bore
**aburrirse** *v.* to get bored
**abusar** *v.* to abuse **6**
**abuso** *m.* abuse **6**
**acabar de (+ *inf.*)** *v.* to have just
  done something
**acampar** *v.* to camp
**acariciar** *v.* to caress
**accidente** *m.* accident
**acción** *f.* action
  **de acción** action (genre)
**aceite** *m.* oil
**acento** *m.* accent
**acera** *f.* sidewalk **2**
**ácido/a** *adj.* acid
**acomodarse** *v.* to adapt
**acompañar** *v.* to go with;
  to accompany
**aconsejar** *v.* to advise
**acontecimiento** *m.* event **3**
**acordarse (de) (o:ue)** *v.* to remember
**acosar** *v.* to harass
**acostarse (o:ue)** *v.* to go to bed
**acostumbrar** *v.* to do as
  a custom/habit **2**
**actitud** *f.* attitude
**activista** *m., f.* activist **6**
**activo/a** *adj.* active
**actor** *m.* actor **3**
**actriz** *f.* actress **3**
**actualidad** *f.* news; current events **3**

**actualizado/a** *adj.* up-to-date **3**
**actuar** *v.* to act
**acuático/a** *adj.* aquatic
**adaptar(se)** *v.* to adapt
**adelgazar** *v.* to lose weight;
  to slim down
**además (de)** *adv.* furthermore;
  besides
**adicional** *adj.* additional
**adiós** *interj.* good-bye
**adivinar** *v.* to guess
**adjetivo** *m.* adjective
**adjuntar (un archivo)** *v.* to attach
  (a file)
**administración** *f.* **de empresas**
  business administration
**administrar** *v.* to manage, to run
**administrativo/a** *adj.*
  administrative
**ADN** *m.* DNA
**adolescencia** *f.* adolescence **4**
**adolescente** *m., f.* adolescent **4**
**¿adónde?** *adv.* where (to)?
  (destination)
**aduana** *f.* customs
**adulto/a** *m., f.* adult **4**
**aeróbico/a** *adj.* aerobic
**aeropuerto** *m.* airport
**afectado/a** *adj.* affected
**afeitarse** *v.* to shave
**aficionado/a** *adj.* fan
**afirmativo/a** *adj.* affirmative
**afligirse** *v.* to be distressed;
  to get upset **2**
**afueras** *f., pl.* suburbs **2**

**agencia** *f.* **de viajes** travel agency
**agente** *m., f.* **de viajes** travel agent
**agobiado/a** *adj.* overwhelmed **1**
**agosto** *m.* August
**agotado/a** *adj.* exhausted;
  *adj.* sold out
**agotar** *v.* to use up **5**
**agradable** *adj.* pleasant
**agradacer** *v.* to thank **4**
**agua** *f.* water
  **agua mineral** mineral water
**aguafiestas** *m., f.* party pooper
**aguantar** *v.* to put up with;
  to tolerate **5**
**águila** *f.* eagle **5**
**agujero** *m.* pothole **2**
**agujero negro** *m.* black hole
**ahogar(se)** *v.* to suffocate; to drown;
  to stifle **5**
**ahora** *adv.* now
  **ahora mismo** right now
**ahorrar** *v.* to save (money)
**ahorros** *m.* savings
**aire** *m.* air
**aislado/a** *adj.* isolated **4**
**ajedrez** *m.* chess **4**
**ajo** *m.* garlic
**al** (*contraction of* **a** + **el**)
  **al aire libre** open-air; outdoors **5**
  **al contado** in cash
  **(al) este** (to the) east
  **al fondo (de)** at the end (of)
  **al lado de** beside
  **(al) norte** (to the) north
  **(al) oeste** (to the) west
  **(al) sur** (to the) south
**ala: el ala** *f.***/las alas** wing(s)
**alcalde(sa)** *m., f.* mayor **2**
**alcanzar** *v.* to be enough; to
  reach; to attain
  **alcanzar un sueño** to fulfill
  a dream
  **alcanzar una meta** to reach
  a goal
**alcoba** *f.* bedroom
**alcohol** *m.* alcohol
**alcohólico/a** *adj.* alcoholic
**alegrarse (de)** *v.* to be happy
**alegre** *adj.* happy; joyful
**alegría** *f.* happiness
**alejarse** *v.* to move away
**alemán, alemana** *adj.* German
**alérgico/a** *adj.* allergic
**alfombra** *f.* carpet; rug
**algo** *pron.* something; anything
**algodón** *m.* cotton
**alguien** *pron.* someone; somebody;
  anyone
**algún; alguna; algunos/as** *adj.* any;
  some
**alguno/a(s)** *pron.* any; some
**alimentar** *v.* to feed
**alimento** *m.* food

**alimentación** *f.* diet
**aliviado/a** *adj.* relieved
**aliviar** *v.* to reduce; to relieve;
  to soothe **5**
  **aliviar el estrés/la tensión**
    to reduce stress/tension
**allí** *adv.* there
  **allí mismo** right there
**alma** *f.* soul
  **el alma gemela** soulmate,
  kindred spirit **1**
**almacén** *m.* department store;
  warehouse
**almohada** *f.* pillow
**almorzar (o:ue)** *v.* to have lunch
**almuerzo** *m.* lunch
**aló** *interj.* hello (*on the telephone*)
**alpinismo** *m.* mountain climbing
**alquilar** *v.* to rent
**alquiler** *m.* rent (payment)
**alrededores** *m., pl.* the outskirts **2**
**alternador** *m.* alternator
**altillo** *m.* attic
**alto/a** *adj.* tall
**aluminio** *m.* aluminum
**alumno/a** *m., f.* pupil, student **6**
**ama de casa** *m., f.* housekeeper;
  caretaker
**amable** *adj.* nice; friendly
**amado/a** *m., f.* loved one,
  sweetheart **1**
**amanecer** *m.* dawn;
  *v.* to wake up
**amar(se)** *v.* to love (each other) **1**
**amarillo/a** *adj.* yellow
**amenaza** *f.* threat **6**
**amenazar** *v.* to threaten **5**
**amigo/a** *m., f.* friend
**amistad** *f.* friendship **1**
**amnistía** *f.* amnesty
**amor** *m.* love
**analfabeto/a** *adj.* illiterate **6**
**anaranjado/a** *adj.* orange
**anciano/a** *m., f.* elderly person
**andar** *v.* **en patineta**
  to skateboard
**andinismo** *m.* mountain climbing
**anfitrión/anfitriona** *m., f.*
  host/hostess
**ánimo** *m.* spirit, mood **1**
**animado/a** *adj.* lively
**animal** *m.* animal
**aniversario (de bodas)** *m.*
  (wedding) anniversary
**anoche** *adv.* last night
**anotar un gol** *v.* to score a goal
**ansioso/a** *adj.* anxious **1**
**anteayer** *adv.* the day
  before yesterday
**antepasado** *m.* ancestor **4**
**antes** *adv.* before
  **antes (de) que** *conj.* before
  **antes de** *conj.* before

**antibiótico** *m.* antibiotic
**anticipar** *v.* to anticipate;
  to expect
**antídoto** *m.* antidote **5**
**antipático/a** *adj.* unfriendly **4**
**anunciar** *v.* to announce; to advertise
**anuncio** *m.* advertisement;
  commercial **3**
**año** *m.* year
  **año pasado** last year
**añoranza** *f.* homesickness
**apagar** *v.* to turn off
**aparato** *m.* appliance
**aparcamiento** *m.* parking space **5**
**aparcar** *v.* to park **2, 5**
**apartamento** *m.* apartment
**apellido** *m.* last name
**apenas** *adv.* hardly; scarcely; just **3**
**apetecer** *v.* to feel like **4**
**aplaudir** *v.* to applaud; to clap
**apodo** *m.* nickname **4**
**apostar (o:ue)** *v.* to bet
**apoyar(se)** *v.* to support
  (each other) **4**
**apreciar** *v.* to appreciate
**aprender (a + inf.)** *v.* to learn
**aprobar (o:ue)** *v.* to approve
  **aprobar una ley** *v.* to pass a law **6**
**aprovechar** *v.* to take advantage of
**apurarse** *v.* to hurry; to rush
**aquel, aquella** *adj.* that; those
  (over there)
**aquél, aquélla** *pron.* that; those
  (over there)
**aquello** *neuter, pron.* that; that thing;
  that fact
**aquellos/as** *pl. adj.* those (over there)
**aquéllos/as** *pl. pron.* those (ones)
  (over there)
**aquí** *adv.* here
  **Aquí está...** Here it is...
  **aquí mismo** right here
**árbol** *m.* tree **5**
**archivo** *m.* file
**arma** *f.* weapon; gun **6**
**armada** *f.* navy **6**
**armario** *m.* closet
**arqueólogo/a** *m., f.* archaeologist
**arquitecto/a** *m., f.* architect
**arrancar** *v.* to start (a car)
**arreglar** *v.* to fix; to arrange;
  to neaten; to straighten up
**arrepentirse** *v.* to regret **1**
**arriba** *adv.* up
**arriesgarse** *v.* to take a risk
**arroba** *f.* @ symbol
**arroz** *m.* rice
**arruinar** *v.* to ruin
**arte** *m.* art
**artes** *f., pl.* arts
**artesanía** *f.* craftsmanship; crafts
**artículo** *m.* article
**artista** *m., f.* artist

**artístico/a** *adj.* artistic
**arveja** *m.* pea
**asado/a** *adj.* roast
**ascendencia** *f.* heritage **4**
**ascender** *v.* to rise, to be promoted
**ascenso** *m.* promotion
**ascensor** *m.* elevator
**asesor(a)** *m., f.* consultant, advisor
**así** *adv.* like this; so (*in such a way*)
    **así así** so so
**asimilación** *f.* assimilation
**asimilar(se)** *v.* to assimilate
**asistir (a)** *v.* to attend
**aspiradora** *f.* vacuum cleaner
**aspirante** *m., f.* candidate; applicant
**aspirina** *f.* aspirin
**atraer** *v.* to attract
**astronauta** *m., f.* astronaut
**astrónomo/a** *m., f.* astronomer
**ataúd** *m.* casket
**aterrizar** *v.* to land
**atleta** *m., f.* athlete
**atrasado/a** *adj.* late **2**
**atreverse** *v.* to dare
**atrevido/a** *adj.* daring
**atún** *m.* tuna
**aumentar** *v.* to grow
    **aumentar de peso** to gain weight
**aumento** *m.* increase
    **aumento de sueldo** pay raise
**aunque** *conj.* although
**autobús** *m.* bus
**autoestima** *f.* self-esteem **4**
**automático/a** *adj.* automatic
**auto(móvil)** *m.* auto(mobile)
**autopista** *f.* highway
**autoridad** *f.* authority **6**
**avance** *m.* advance; breakthrough
**avanzado/a** *adj.* advanced
**ave** *f.* bird **5**
**avenida** *f.* avenue **2**
**aventura** *f.* adventure
    **de aventura** adventure (genre)
**avergonzado/a** *adj.* embarrassed
**averiguar** *v.* to find out
**avión** *m.* airplane
**¡Ay!** *interj.* Oh!
    **¡Ay, qué dolor!** Oh, what a pain!
**ayer** *adv.* yesterday
**ayudar(se)** *v.* to help (each other) **1**
**ayuntamiento** *m.* city hall **2**
**azúcar** *m.* sugar
**azul** *adj.* blue

### B

**bailar** *v.* to dance
**bailarín/bailarina** *m., f.* dancer
**baile** *m.* dance
**bajar** *v.* to get down **3**
    **bajar(se) de** *v.* to get off of/out of
        (a vehicle)
**bajo** *m.* bass **3**

**bajo/a** *adj.* short (*in height*)
**bajo control** under control
**balcón** *m.* balcony
**ballena** *f.* whale **5**
**balón** *m.* ball
**baloncesto** *m.* basketball
**banana** *f.* banana
**banco** *m.* bank
**banda** *f.* band
    **banda sonora** soundtrack **3**
**bandera** *f.* flag **6**
**bancarrota** *f.* bankruptcy
**bañar(se)** *v.* to bathe; to take a bath
**baño** *m.* bathroom
**barato/a** *adj.* cheap
**barco** *m.* boat
**barrer** *v.* to sweep
    **barrer el suelo** *v.* to sweep
        the floor
**barrio** *m.* neighborhood **2**
**barro** *m.* mud; clay
**bastante** *adv.* enough; rather; pretty
**basura** *f.* trash **5**
**baúl** *m.* trunk
**beber** *v.* to drink
**bebida** *f.* drink
    **bebida alcohólica**
        alcoholic beverage
**beca** *f.* grant
**béisbol** *m.* baseball
**bellas artes** *f., pl.* fine arts
**belleza** *f.* beauty
**beneficio** *m.* benefit
**besar(se)** *v.* to kiss (each other) **1**
**beso** *m.* kiss
**biblioteca** *f.* library
**bicicleta** *f.* bicycle
**bien** *adj.* well
    **bien educado** *adj.*
        well-mannered **4**
**bienes** *m., pl.* goods
**bienestar** *m.* well-being **2**
**bienvenido/a(s)** *adj.* welcome
**bilingüe** *adj.* bilingual
**billar** *m.* billiards
**billete** *m.* paper money; ticket
**billón** *m.* trillion
**biología** *f.* biology
**biólogo/a** *m., f.* biologist
**bioquímico/a** *m., f.* biochemist;
    *adj.* biochemical
**bisabuelo/a** *m., f.* great-grandfather/
    grandmother **4**
**bistec** *m.* steak
**bizcocho** *m.* biscuit
**blanco/a** *adj.* white
**blog** *m.* blog
**bluejeans** *m., pl.* jeans
**blusa** *f.* blouse
**bobo/a** *m.,f.* fool **6**
**boca** *f.* mouth
**boda** *f.* wedding
**boleto** *m.* ticket

**boliche** *m.* bowling
**bolsa** *f.* purse, bag
    **la bolsa de valores**
        stock market
**bombero/a** *m., f.* firefighter
**bonito/a** *adj.* pretty
**borracho/a** *adj.* drunk **2**
**borrador** *m.* eraser
**borrar** *v.* to erase; to delete
**bosque** *m.* forest **5**
    **bosque tropical** tropical forest;
        rainforest
**bota** *f.* boot
**botar** *v.* to fire, throw out
**botella** *f.* bottle
    **botella de vino** bottle of wine
**botones** *m., f. sing.* bellhop
**brazo** *m.* arm
**brecha** *f.* **generacional**
    generation gap **4**
**brindar** *v.* to toast (*drink*)
**bucear** *v.* to scuba dive
**bueno** *adv.* well
**buen, bueno/a** *adj.* good
    **¡Buen viaje!** Have a good trip!
    **buena forma** good shape
        (*physical*)
    **Buena idea.** Good idea.
    **Buenas noches.** Good evening;
        Good night.
    **Buenas tardes.**
        Good afternoon.
    **¿Bueno?** Hello. (*on telephone*)
    **Buenos días.** Good morning.
**buenísimo/a** extremely good
**bulevar** *m.* boulevard
**burlarse (de)** *v.* to mock
**buscador** *m.* search engine
**buscar** *v.* to look for
**buzón** *m.* mailbox

### C

**caballo** *m.* horse
**cabaña** *f.* cabin
**caber** *v.* to fit **3**
    **no cabe duda de** there's no doubt
**cabeza** *f.* head
**cada** *adj. m., f.* each
**cadena** *f.* network **3**
**caerse** *v.* to fall (down)
**café** *m.* café; *m.* coffee; *adj.* brown
**cafeína** *f.* caffeine
**cafetera** *f.* coffee maker
**cafetería** *f.* cafeteria
**caído/a** *p.p.* fallen
**caja** *f.* cash register, box
**cajero/a** *m., f.* cashier **2**
    **cajero automático** *m.* ATM
**calcetín (calcetines)** *m.* sock(s)
**calculadora** *f.* calculator
**calcular** *v.* to estimate **3**

**caldo** *m.* soup
   **caldo de patas** *m.* beef soup
**calentamiento** *m.* warming **5**
**calentarse (e:ie)** *v.* to warm up
**calidad** *f.* quality
   **calidad de vida** standard
     of living **1**
**callar** *v.* to silence
**calle** *f.* street **2**
**calor** *m.* heat
**caloría** *f.* calorie
**calzar** *v.* to take size... shoes
**cama** *f.* bed
**cámara** *f.* camera
   **cámara de video** video camera
   **cámara digital** digital camera
**camarero/a** *m., f.* waiter/waitress
**camarón** *m.* shrimp
**cambiar (de)** *v.* to change
**cambio** *m.* change
   **cambio de moneda**
     currency exchange
**caminar** *v.* to walk
**camino** *m.* road
**camión** *m.* truck; bus
**camisa** *f.* shirt
**camiseta** *f.* t-shirt
**campeonato** *m.* championship
**campo** *m.* countryside
**canadiense** *adj.* Canadian
**canal** *m.* (TV) channel
**cancha** *f.* field
**canción** *f.* song
**candidato/a** *m., f.* candidate
**cansado/a** *adj.* tired
**cantante** *m., f.* singer **3**
**cantar** *v.* to sing
**cantera** *f.* quarry
**caos** *m.* chaos
**capa de ozono** *f.* ozone layer **5**
**capacitar** *v.* to prepare
**capaz** *adj.* capable; competent
**capilla** *f.* chapel
**capital** *f.* capital city
**capó** *m.* hood
**cara** *f.* face
**carácter** *m.* character; personality **4**
**característica** *f.* characteristic **2**
**caramelo** *m.* caramel
**cárcel** *f.* prison; jail **6**
**cargo** *m.* position
**cariñoso/a** *adj.* affectionate **1**
**carne** *f.* meat
   **carne de res** beef
**carnicería** butcher shop
**carnicero/a** *m., f.* butcher
**caro/a** *adj.* expensive
**carpintero/a** *m., f.* carpenter
**carrera** *f.* career; race
**carretera** *f.* highway
**carro** *m.* car; automobile
**carta** *f.* letter; (playing) card
**cartel** *m.* poster

**cartera** *f.* wallet
**cartero/a** *m., f.* mail carrier
**casa** *f.* house; home
**casado/a** *adj.* married **1**
**casarse (con)** *v.* to get married (to) **1**
**casi** *adv.* almost
**castigar** *v.* to punish
**castigo** *m.* punishment **3**
**catorce** *adj.* fourteen
**causa** *f.* cause
**cazar** *v.* to hunt **5**
**CD-ROM** *m.* CD-ROM
**cebolla** *f.* onion
**ceder** *v.* to give up **6**
**celda** *f.* (prison, jail) cell
**celebrar** *v.* to celebrate
**celos** *m.* jealousy **1**
**celoso/a** *adj.* jealous **1**
**célula** *f.* cell
**celular** *adj.* cellular
**cena** *f.* dinner
**cenar** *v.* to have dinner
**censura** *f.* censorship **3**
**centro** *m.* downtown
   **centro comercial** mall **2**
**cepillarse** *v.* **los dientes/el pelo**
   to brush one's teeth/one's hair
**cerámica** *f.* pottery
**cerca de** *prep.* near
**cerdo** *m.* pork
**cereales** *m., pl.* cereal; grains
**cero** *m.* zero
**cerrado/a** *adj.* closed
**cerrar (e:ie)** *v.* to close
**certeza** *f.* certainty
**cerveza** *f.* beer
**césped** *m.* grass
**ceviche** *m.* marinated fish dish
   **ceviche de camarón**
     lemon-marinated shrimp
**chaleco** *m.* vest
**chamán** *m.* shaman **5**
**champán** *m.* champagne
**champiñón** *m.* mushroom
**champú** *m.* shampoo
**chantajear** *v.* to blackmail **6**
**chaqueta** *f.* jacket
**charlar** *v.* to chat **3**
**chato/a** *m., f.* sweetie **3**
**chau** *fam. interj.* bye
**chaval(a)** *m., f.* kid; youngster **6**
**cheque** *m.* (bank) check
   **cheque (de viajero)**
     (traveler's) check
**chévere** *adj., fam.* terrific;
   great; fantastic
**chico/a** *m., f.* boy/girl
**chillar** *v.* to scream **4**
**chisme** *m.* gossip **1**
**chino/a** *adj.* Chinese
**chocar (con)** *v.* to run into
**chocolate** *m.* chocolate
**chompa** *f.* sweater **3**

**choque** *m.* collision; crash **2**
**chuleta** *f.* chop (*food*)
   **chuleta de cerdo** pork chop
**cibercafé** *m.* cybercafé
**ciberespacio** *m.* cyber space
**ciclismo** *m.* cycling
**cielo** *m.* sky
**cien(to)** one hundred
**ciencia** *f.* science
   **de ciencia ficción** *f.* science
     fiction (genre)
**científico/a** *m., f.* scientist
**cierto/a** *adj.* certain
   **(No) es cierto.** It's (not) certain
**cinco** *adj.* five
**cincuenta** *adj.* fifty
**cine** *m.* movie theater; cinema;
   movies **2, 3**
**cinta** *f.* (audio)tape
**cinta caminadora** *f.* treadmill
**cinturón** *m.* belt
**circulación** *f.* traffic
**cita** *f.* date; appointment
   **cita a ciegas** blind date **1**
**ciudad** *f.* city **3**
**ciudadano/a** *m., f.* citizen **2**
**civilización** *f.* civilization **4**
**Claro (que sí).** *fam.* Of course.
**clase** *f.* class
   **clase de (ejercicios) aeróbicos**
     aerobics class
**clásico/a** *adj.* classical
**cliente/a** *m., f.* customer
**clínica** *f.* clinic
**clon** *m.* clone
**clonar** *v.* to clone
**club deportivo** *m.* sports club
**cobrar** *v.* to charge; to be paid
**coche** *m.* car; automobile **5**
**cocina** *f.* kitchen; stove
**cocinar** *v.* to cook
**cocinero/a** *m., f.* cook; chef
**cofre** *m.* hood
**cola** *f.* line
**coleccionar** *v.* to collect
**colega** *m., f.* buddy **4**
**colesterol** *m.* cholesterol
**color** *m.* color
**combustible** *m.* fuel **5**
**comedia** *f.* comedy; play
**comedor** *m.* dining room
**comenzar (e:ie)** *v.* to begin
**comer** *v.* to eat
**comercial** *adj.* commercial;
   business-related
**comercio** *m.* trade, commerce
**comida** *f.* food; meal
**comisaría** *f.* police station **2**
**como** *adv.* like; as
**¿cómo?** *adv.* what?; how?
   **¿Cómo es...?** What's... like?
   **¿Cómo está usted?** *form.*
     How are you?
   **¿Cómo estás?** *fam.* How are you?

¿**Cómo les fue...?** *pl.* How did ... go for you?

¿**Cómo se llama (usted)?** *form.* What's your name?

¿**Cómo te llamas (tú)?** *fam.* What's your name?

**cómoda** *f.* chest of drawers

**cómodo/a** *adj.* comfortable

**compañero/a** *m., f.* **de clase** classmate

**compañero/a** *m., f.* **de cuarto** roommate

**compañía** *f.* company; firm

**compartir** *v.* to share **1**

**completamente** *adv.* completely

**compositor(a)** *m., f.* composer

**compra** *f.* purchase

**comprar** *v.* to buy

**compras** *f., pl.* purchases

   **ir de compras** *v.* to go shopping

**comprender** *v.* to understand

**comprensión** *f.* understanding **4**

**comprensivo/a** *adj.* understanding

**comprobar (o:ue)** *v.* to check; to prove; to confirm

**comprometerse (con)** *v.* to get engaged (to)

**compromiso** *m.* commitment; responsibility; engagement **1**

**computación** *f.* computer science

**computadora** *f.* computer

   **computadora portátil** portable computer; laptop

**comunicación** *f.* communication

**comunicarse (con)** *v.* to communicate (with)

**comunidad** *f.* community

**con** *prep.* with

   **con frecuencia** *adv.* frequently

   **Con permiso.** Pardon me; Excuse me.

   **con tal (de) que** provided (that)

**concierto** *m.* concert

**concordar** *v.* to agree

**concurso** *m.* game show; contest

**conducir** *v.* to drive

**conductor(a)** *m., f.* driver **2**

**confianza** *f.* trust **6**

**confiar (en)** *v.* to trust (in) **1, 6**

**confirmar** *v.* to confirm

   **confirmar una reservación** to confirm a reservation

**conformista** *adj.* conformist

**confundido/a** *adj.* confused

**congelador** *m.* freezer

**congestionado/a** *adj.* congested; stuffed-up

**conjunto musical** *m.* musical group; band

**conmigo** *pron.* with me

**conocer** *v.* to know; to be acquainted with

**conocido** *adj., p.p.* known

**conocimiento** *m.* knowledge **4**

**conquista** *f.* conquest **4**

**conseguir (e:i)** *v.* to get; to obtain

   **conseguir entradas** to get tickets

**consejero/a** *m., f.* counselor; advisor

**consejo** *m.* advice

**conservación** *f.* conservation

**conservador(a)** *adj.* conservative **6**

**conservar** *v.* to conserve; to preserve **2, 5**

**construir** *v.* to build **2**

**consultorio** *m.* doctor's office

**consumir** *v.* to consume

**consumo** *m.* **de energía** energy consumption **5**

**contabilidad** *f.* accounting

**contador(a)** *m., f.* accountant

**contagiar** *v.* to infect; to be contagious **5**

**contaminación** *f.* pollution **5**

   **contaminación del aire/del agua** air/water pollution

**contaminado/a** *adj.* polluted

**contaminar** *v.* to pollute **5**

**contar (o:ue)** *v.* to count; to tell

   **contar (con)** *v.* to count (on); rely on **1**

**contentarse con** *v.* to be contented/satisfied with **1**

**contento/a** *adj.* happy; content

**contestadora** *f.* answering machine

**contestar** *v.* to answer

**contigo** *fam. pron.* with you

**contraseña** *f.* password

**contratar** *v.* to hire

**contribuir** *v.* to contribute

**control** *m.* control

   **control de armas** gun control

   **control remoto** remote control

**controlar** *v.* to control

**controvertido/a** *adj.* controversial **3**

**conversación** *f.* conversation

**conversar** *v.* to converse; to talk; to chat **2**

**convertirse (e:ie) en (algo)** *v.* to turn into (something)

**convivencia** *f.* coexistence

**convivir** *v.* to live together; to coexist **2**

**convocar** *v.* to summon **6**

**cooperar** *v.* to cooperate **2**

**copa** *f.* wineglass; goblet

**coquetear** *v.* to flirt **1**

**coraje** *m.* courage

**corazón** *m.* heart **1**

**corbata** *f.* tie

**cordillera** *f.* mountain range **5**

**corrector** *m.* **ortográfico** spell checker

**corredor(a)** *m., f.* **de bolsa** stockbroker

**correo** *m.* mail; post office

   **correo electrónico** *m.* e-mail

**correr** *v.* to run

**correr la voz** *v.* to spread the word

**cortar** *v.* to cut **5**

**cortesía** *f.* courtesy

**cortinas** *f., pl.* curtains

**corto/a** *adj.* short (*in length*)

   **a corto plazo** *adj.* short-term

**corto(metraje)** *adj.* short film **1**

**cosa** *f.* thing

**costa** *f.* coast **5**

**costar (o:ue)** *v.* to cost

**costumbre** *f.* custom; habit **2**

**cotidiano/a** *adj.* everyday **2**

**cráter** *m.* crater

**crear** *v.* to create

**crecer** *v.* to grow (up)

**crecimiento** *m.* growth **3**

**creencia** *f.* belief **4, 6**

**creer (en)** *v.* to believe (in)

**creído/a** *adj., p.p.* believed

**crema** *f.* **de afeitar** shaving cream

**criar** *v.* to raise (children) **4**

**crimen** *m.* crime; murder

**crisis económica** *f.* economic crisis

**crítico/a de cine** *m., f.* film critic **3**

**crueldad** *f.* cruelty **6**

**cruzar** *v.* to cross **2**

**cuaderno** *m.* notebook

**cuadra** *f.* city block **2**

¿**cuál(es)?** which?; which one(s)?

   ¿**Cuál es la fecha de hoy?** What is today's date?

**cuadro** *m.* picture

**cuadros** *m., pl.* plaid

**cuando** *conj.* when

¿**cuándo?** *adv.* when?

¿**cuánto/a(s)?** *pron.* how much/how many?

   ¿**Cuánto cuesta...?** How much does... cost?

   ¿**Cuántos años tienes?** How old are you?

**cuarenta** *adj.* forty

**cuarto** *m.* room

   **cuarto de baño** bathroom

**cuarto/a** *adj.* fourth

   **menos cuarto** quarter to (*time*)

   **y cuarto** quarter after (*time*)

**cuatro** *adj.* four

**cuatrocientos/as** *adj.* four hundred

**cubierto/a** *p.p.* covered

**cubiertos** *m., pl.* silverware

**cubrir** *v.* to cover

**cuchara** *f.* spoon

**cucharada** *f.* spoonful **5**

   **a cucharadas** in spoonfuls **5**

**cuchillo** *m.* knife

**cuello** *m.* neck

**cuenta** *f.* bill; account

   **cuenta corriente** checking account

   **cuenta de ahorros** savings account

**cuento** *m.* short story

**cuerpo** *m.* body

**cuidado** *m.* care **2**
**cuidadoso/a** *adj.* careful **1**
**cuidar** *v.* to take care (of) **1**
  **¡Cuídense!** Take care!
**culpa** *f.* fault
**cultivar** *v.* to cultivate **4**
**cultivo** *m.* farming; cultivation **4**
**cultura** *f.* culture
**cumpleaños** *m., sing.* birthday
**cumplir años** *v.* to have
  a birthday
**cuñado/a** *m., f.* brother/sister-in law **4**
**cura** *m.* priest
**curandero/a** *m., f.* folk healer **5**
**curar** *v.* to cure
**currículum** *m.* résumé
**curso** *m.* course

## D

**danza** *f.* dance
**dañar** *v.* to damage; to break down
**dañino/a** *adj.* harmful **5**
**daño** *m.* harm
**dar** *v.* to give
  **dar un consejo** *v.* to give advice
  **dar un paseo** *v.* to take a stroll **2**
  **dar una vuelta** *v.* to take
    a walk/ride **2**
  **dar una vuelta en bicicleta/carro/**
  **motocicleta** *v.* to take a bike/car/
    motorcycle walk **2**
  **darse con** *v.* to bump into; to
    run into (something)
  **darse cuenta** *v.* to realize
  **dar para vivir** *v.* to yield enough to
    live with
  **darse prisa** *v.* to hurry; to rush
**dardos** *m., pl.* darts
**de** *prep.* of; from
  **¿De dónde eres?** *fam.*
    Where are you from?
  **¿De dónde es (usted)?** *form.*
    Where are you from?
  **¿De parte de quién?** Who is
    calling? (*on telephone*)
  **¿de quién...?** *sing.* whose...?
  **¿de quiénes...?** *pl.* whose...?
  **de algodón** (made) of cotton
  **de aluminio** (made) of aluminum
  **de buen humor** in a good mood
  **de compras** shopping
  **de cuadros** plaid
  **de excursión** hiking
  **de hecho** in fact
  **de ida y vuelta** roundtrip
  **de la mañana** in the morning; A.M.
  **de la noche** in the evening;
    at night; P.M.
  **de la tarde** in the afternoon;
    in the early evening; P.M.
  **de lana** (made) of wool

**de lunares** polka-dotted
**de mal humor** in a bad mood
**de mi vida** of my life
**de moda** in fashion
**De nada.** You're welcome.
**De ninguna manera.** No way.
**de niño/a** as a child
**de parte de** on behalf of
**de plástico** (made) of plastic
**de rayas** striped
**de repente** suddenly
**de seda** (made) of silk
**de vaqueros** western (*genre*)
**de vez en cuando**
  from time to time
**de vidrio** (made) of glass
**debajo de** *prep.* below; under
**deber (+ *inf.*)** *v.* should; must;
  ought to
**deber (dinero)** *v.* to owe (money)
**deber** *m.* responsibility; obligation
**debido a** due to (the fact that)
**débil** *adj.* weak
**decepción** *f.* disappointment **5**
**decidido/a** *adj.* decided;
  determined **2**
**decidir (+ *inf.*)** *v.* to decide
**décimo/a** *adj.* tenth
**decir (e:i)** *v.* to say; to tell
  **decir la verdad** to tell the truth
  **decir mentiras** to tell lies
  **decir que** to say that
**declarar** *v.* to declare; to say
**dedicarse a** *v.* to devote oneself to **6**
**dedo** *m.* finger
  **dedo del pie** *m.* toe
**defender (e:ie)** *v.* to defend **6**
**deforestación** *f.* deforestation **5**
**dejar** *v.* to let; to quit; to leave
  behind
  **dejar a alguien** *v.* to leave
    someone **1**
  **dejar de (+ *inf.*)** *v.* to stop
    (*doing something*)
  **dejar plantado/a** *v.* to stand some
    one up **1**
  **dejar una propina** *v.* to leave a tip
**del** (*contraction of* **de + el**) of the;
  from the
**delante de** *prep.* in front of
  **por delante** *adv.* ahead (of)
**delantero/a** *m., f.* forward
  (*sport position*)
**delgado/a** *adj.* thin; slender
**delicioso/a** *adj.* delicious
**demás** *adj.* the rest
**demasiado** *adj., adv.* too much
**democracia** *f.* democracy **6**
**dentista** *m., f.* dentist
**dentro de (diez años)** within (ten
  years); inside
**dependiente/a** *m., f.* clerk

**deporte** *m.* sport
  **deportes extremos**
    extreme sports
**deportista** *m.* sports person; athlete
**deportivo/a** *adj.* sports-related
**depositar** *v.* to deposit
**deprimido/a** *adj.* depressed **1**
**derecha** *f.* right
**derecho** *adj.* straight (ahead)
  **a la derecha de** to the right of
**derechos** *m., pl.* rights **6**
  **derechos humanos**
    human rights **6**
**derogar** *v.* to abolish **6**
**derrocar** *v.* to overflow **6**
**derrotar** *v.* to defeat **6**
**desafiar** *v.* to challenge
**desafío** *m.* challenge
**desagradecido/a** *adj.* ungrateful **4**
**desamparo** *m.* helplessness **2**
**desaparecer** *v.* to disappear **5**
**desaparición** *f.* disappearance **3**
**desaprovechar** *v.* to not take
  advantage of
**desarrollar** *v.* to develop
**desarrollo** *m.* development **5**
**desastre (natural)** *m.* (natural)
  disaster
**desatender (e:ie)** *v.* to neglect **5**
**desayunar** *v.* to have breakfast
**desayuno** *m.* breakfast
**descafeinado/a** *adj.* decaffeinated
**descansar** *v.* to rest
**descargar** *v.* to download
**descompuesto/a** *adj.* not working;
  out of order
**desconfiar** *v.* to be suspicious,
  to not trust
**desconocido/a** *m., f.* stranger **2**
**desconsiderado/a** *m., f.*
  inconsiderate **3**
**descontrolado/a** *adj.* out of control **5**
**describir** *v.* to describe
**descrito/a** *p.p.* described
**descubierto/a** *p.p.* discovered
**descubrimiento** *m.* discovery
**descubrir** *v.* to discover
**desde** *prep.* from
**desdén** *m.* disdain **4**
**desear** *v.* to wish; to desire
**desechable** *adj.* disposable **5**
**desempleado/a** *adj.* unemployed
**desempleo** *m.* unemployment
**desenlace** *m.* ending; outcome **2**
**deseo** *m.* desire **1**
**desesperación** *f.* desperation **3**
**desesperado/a** *m., f.* desperate
**desgracia** *f.* misfortune; tragedy
**desgraciado/a** *adj.* ungrateful **4**
**desierto** *m.* desert **5**
**desigual** *adj.* unequal **6**
**desigualdad** *f.* inequality **6**

**desinterés** *m.* lack of interest **5**
**desobediencia** *f.* disobedience **6**
  **desobediencia civil**
    civil disobedience **6**
**desordenado/a** *adj.* disorderly
**despacio** *adv.* slowly
**desaparición** *f.* disappearance **4**
**despedida** *f.* farewell; good-bye
**despedir (e:i)** *v.* to fire
**despedirse (de) (e:i)** *v.* to say
  goodbye (to)
**despejado/a** *adj.* clear (*weather*)
**despertador** *m.* alarm clock
**despertarse (e:ie)** *v.* to wake up
**desplazado/a** *adj.* documents **2**
**despreciar** *v.* to look down on **4**
**después** *adv.* afterwards; then
  **después de** *conj.* after
  **después de que** *conj.* after
**destacado/a** *adj.* prominent **3**
**destino** *m.* destination
**destrozar** *v.* to destroy **6**
**destruir** *v.* to destroy **5**
**detenerse (e:ie)** *v.* to stop
**detrás de** *prep.* behind
**deuda** *f.* debt
**día** *m.* day
  **día de fiesta** holiday
**diálogo** *m.* dialogue
**diario** *m.* diary; newspaper **3**
**diario/a** *adj.* daily
**dibujar** *v.* to draw
**dibujo** *m.* drawing
  **dibujos animados** *m., pl.*
    cartoons
**diccionario** *m.* dictionary
**dicho/a** *p.p.* said
**diciembre** *m.* December
**dictadura** *f.* dictatorship **6**
**diecinueve** *adj.* nineteen
**dieciocho** *adj.* eighteen
**dieciséis** *adj.* sixteen
**diecisiete** *adj.* seventeen
**diente** *m.* tooth
**dieta** *f.* diet
**diez** *adj.* ten
**difícil** *adj.* difficult; hard
**difundir (noticias)** *v.* to spread (news) **2**
**Diga.** *interj.* Hello. (*on telephone*)
**digno/a** *adj.* worthy **4**
**diligencia** *f.* errand
**diminuto/a** *adj.* tiny
**dinero** *m.* money
**dirección** *f.* address **2**
  **dirección electrónica**
    e-mail address
**director(a)** *m., f.* director; (*musical*)
  conductor **3**
**dirigir** *v.* to direct
  **dirigirse a** *v.* to address
**disco** *m.* **compacto** compact disc (CD)
**discoteca** *f.* dance club **2**

**discriminación** *f.* discrimination
**discurso** *m.* speech
**discutir** *v.* to argue **1**
**disentir** *v.* to dissent; to disagree **6**
**diseñador(a)** *m., f.* designer
**diseño** *m.* design
**disfrutar (de)** *v.* to enjoy; to reap the
  benefits (of) **2**
**disgustado/a** *adj.* disgusted **1**
**disminuir** *v.* to decrease; to reduce;
  to diminish
**disparar** *v.* to shoot
**disparate** *m.* silly remark/action;
  nonsense **4**
**disponible (estar)** *m., f.* (to be)
  available **3**
**dispuesto/a (a)** *adj.* ready, willing (to)
**diversidad** *f.* diversity **6**
**diversión** *f.* fun activity;
  entertainment; recreation
**divertido/a** *adj.* fun
**divertirse (e:ie)** *v.* to have fun;
  to have a good time
**divorciado/a** *adj.* divorced **1**
**divorciarse (de)** *v.* to get divorced
  (from) **1**
**divorcio** *m.* divorce **1**
**doblaje** *m.* dubbing **3**
**doblar** *v.* to turn **2**
**doble** *adj.* double
  **doble moral** *f.* double standard **6**
**doce** *adj.* twelve
**doctor(a)** *m., f.* doctor
**documental** *m.* documentary **3**
**documentos de viaje** *m., pl.*
  travel documents
**dolencia** *f.* ailment **5**
**doler (o:ue)** *v.* to hurt
**dolor** *m.* ache; pain **2**
  **dolor de cabeza** *m.* headache
**doméstico/a** *adj.* domestic
**dominar** *v.* to dominate
**domingo** *m.* Sunday
**don/doña** *title of respect used with a*
  *person's first name*
**donde** *adv.* where
  **¿dónde?** where?
  **¿Dónde está...?** Where is…?
**dormir (o:ue)** *v.* to sleep
**dormirse (o:ue)** *v.* to go to sleep;
  to fall asleep
**dormitorio** *m.* bedroom
**dos** *adj.* two
  **dos veces** *adv.* twice; two times
**doscientos/as** *adj.* two hundred
**drama** *m.* drama; play
**dramático/a** *adj.* dramatic
**dramaturgo/a** *m., f.* playwright
**droga** *f.* drug
**drogadicto/a** *adj.* drug addict
**ducha** *f.* shower

**ducharse** *v.* to shower; to take
  a shower
**duda** *f.* doubt
**dudar** *v.* to doubt
**dueño/a** *m., f.* owner; landlord
**dulces** *m., pl.* sweets; candy
**durante** *prep.* during
**durar** *v.* to last

## E

**e** *conj.* and (*used instead of* **y** *before*
  *words beginning with* **i** *and* **hi**)
**echar** *v.* to throw; to throw away **5**
  **echar (una carta) al buzón** *v.*
    to put (a letter) in the mailbox;
    to mail
  **echar de menos** *v.* to miss **1**
**ecología** *f.* ecology
**economía** *f.* economics
**ecoturismo** *m.* ecotourism
**Ecuador** *m.* Ecuador
**ecuatoriano/a** *adj.* Ecuadorian
**edad** *f.* age
  **edad adulta** adulthood **4**
**edificio** *m.* building **2**
  **edificio de apartamentos**
    apartment building
**(en) efectivo** *m.* cash
**efecto** *m.* **invernadero**
  greenhouse effect **5**
**efectos** *m., pl.* **especiales**
  special effects **3**
**egoísta** *adj.* selfish **4**
**ejecución** *f.* execution **6**
**ejecutivo(a)** *m., f.* executive
**ejercer** *v.* to exercise, to exert **6**
  **ejercer el poder** to exercise/
    exert power **6**
**ejercicio** *m.* exercise
  **ejercicios aeróbicos**
    aerobic exercises
  **ejercicios de estiramiento**
    stretching exercises
**ejército** *m.* army **6**
**el** *m., sing., def. art.* the
**él** *sub. pron.* he; *adj. pron.* him
**elecciones** *f., pl.* election
**electricista** *m., f.* electrician
**electrodoméstico** *m.*
  electric appliance
**elegante** *adj.* elegant
**elegir (e:i)** *v.* to elect **6**
**ella** *sub. pron.* she; *obj. pron.* her
**ellos/as** *sub. pron.* they; them
**elogiar** *v.* to praise **6**
**embarazada** *adj.* pregnant **6**
**emergencia** *f.* emergency
**emigrante** *m., f.* emigrant
**emigrar** *v.* to emigrate **1**
**emitir** *v.* to broadcast
**emocionado/a** *adj.* excited **1**

**emocionante** *adj.* exciting
**empatar** *v.* to tie (a game)
**empate** *m.* tie
**empeorar** *v.* to get worse **5**
**empezar (e:ie)** *v.* to begin
**empleado/a** *m., f.* employee
**empleo** *m.* job; employment
**empresa** *f.* company; firm
   **empresa multinacional**
     multinational company
**en** *prep.* in; on; at
   **en casa** at home
   **en caso (de) que** in case (that)
   **en cuanto** as soon as
   **en directo** live **3**
   **en efectivo** in cash
   **en exceso** in excess; too much
   **en línea** in-line; online
   **¡En marcha!** Let's get going!
   **en mi nombre** in my name
   **en punto** on the dot; exactly;
     sharp (*time*)
   **en qué** in what; how
   **¿En qué puedo servirles?**
     How can I help you?
   **en vivo** live **3**
**enamorado/a (de)** *adj.* in love (with) **1**
**enamorarse (de)** *v.* to fall in
   love (with) **1**
**encabezar** *v.* to lead **6**
**encantado/a** *adj.* delighted; pleased
   to meet you
**encantar** *v.* to like very much; to love
   (*inanimate objects*)
   **¡Me encantó!** I loved it!
**encarcelar** *v.* to imprison **6**
**encargado/a** *m., f.* person
   in charge **5**
**encima de** *prep.* on top of
**enclenque** *adj.* weakling **4**
**encontrar (o:ue)** *v.* to find
**encontrar(se) (o:ue)** *v.* to meet (each
   other); to run into (each other)
**encuesta** *f.* poll; survey
**energía** *f.* energy **5**
   **energía eólica** wind energy **5**
   **energía nuclear** nuclear energy **5**
   **energía renovable**
     renewable energy **5**
   **energía solar** solar energy **5**
**enero** *m.* January
**enfermarse** *v.* to get sick
**enfermedad** *f.* illness
**enfermero/a** *m., f.* nurse
**enfermo/a** *adj.* sick
**enfrente de** *adv.* opposite; facing
**engañar** *v.* to cheat, to deceive;
   to trick **1**
**engordar** *v.* to gain weight
**enhorabuena** congratulations **1**
**enigma** *m.* enigma
**enlace** *m.* link
**enloquecido/a** *adj.* ecstatic

**enojado/a** *adj.* mad; angry **1**
**enojarse (con)** *v.* to get angry (with) **1**
**enriquecerse** *v.* to become enriched
**ensalada** *f.* salad
**ensayar** *v.* to rehearse **3**
**enseguida** *adv.* right away
**enseñar** *v.* to teach
**ensuciar** *v.* to get (*something*) dirty
**entender (e:ie)** *v.* to understand
**entendimiento** *m.* understanding
**enterarse (de)** *v.* to become
   informed (about) **3**
**enterrado/a** *adj.* buried
**enterrar (e:ie)** *v.* to bury
**entierro** *m.* burial **2**
**entonces** *adv.* then
**entrada** *f.* entrance; ticket **6**
**entre** *prep.* between; among
**entremeses** *m., pl.* hors
   d'oeuvres; appetizers
**entrenador(a)** *m., f.* trainer
**entrenarse** *v.* to practice; to train
**entretener** *v.* to entertain **3**
**entretenerse (e:ie)** *v.* to amuse oneself
**entretenido/a** *adj.* entertaining
**entrevista** *f.* interview
**entrevistador(a)** *m., f.* interviewer
**entrevistar** *v.* to interview **3**
**envase** *m.* container
**envejecer** *v.* to age **2**
**enviar** *v.* to send; to mail
**envidioso/a** *adj.* envious; jealous
**época** *f.* season **1**
**equilibrado/a** *adj.* balanced
**equipado/a** *adj.* equipped
**equipaje** *m.* luggage
**equipo** *m.* team
**equivocado/a** *adj.* wrong
**eres** *fam.* you are
**erosión** *f.* erosion **5**
**es** he/she/it is
   **Es bueno que…** It's good that…
   **Es de…** He/She is from…
   **es extraño** it's strange
   **Es importante que…**
     It's important that…
   **es imposible** it's impossible
   **es improbable** it's improbable
   **Es la una.** It's one o'clock.
   **Es malo que…** It's bad that…
   **Es mejor que…** It's better that…
   **Es necesario que…**
     It's necessary that…
   **es obvio** it's obvious
   **es ridículo** it's ridiculous
   **es seguro** it's sure
   **es terrible** it's terrible
   **es triste** it's sad
   **Es urgente que…**
     It's urgent that…
   **es una lástima** it's a shame
   **es verdad** it's true
**esa(s)** *f., adj.* that; those

**ésa(s)** *f., pron.* that (one);
   those (ones)
**escalar** *v.* to climb
   **escalar montañas** to climb
     mountains
**escalera** *f.* stairs; stairway
**escama** *f.* scale
**escándalo** *m.* scandal **6**
**escasez** *f.* shortage
**escaso/a** *adj.* scant; scarce **5**
**escoger** *v.* to choose
**escombros** *m., pl.* rubble **2**
**esconder** *v.* to hide
**escribir** *v.* to write
   **escribir a máquina** *v.* to type **4**
   **escribir un mensaje electrónico**
     to write an e-mail message
   **escribir una carta** to write a letter
   **escribir una postal** to write
     a postcard
**escrito/a** *p.p.* written
**escritor(a)** *m., f.* writer
**escritorio** *m.* desk
**escuchar** *v.* to listen to
   **escuchar la radio** to listen
     (to) the radio
   **escuchar música** to listen
     (to) music
**escuela** *f.* school
**esculpir** *v.* to sculpt
**escultor(a)** *m., f.* sculptor
**escultura** *f.* sculpture
**ese** *m., sing., adj.* that
**ése** *m., sing., pron.* that one
**eso** *neuter pron.* that; that thing
**esos** *m., pl., adj.* those
**ésos** *m., pl., pron.* those (ones)
**espacio** *m.* space
**España** *f.* Spain
**español** *m.* Spanish (*language*)
**español(a)** *adj.* Spanish; Spaniard
**esparcir** *v.* to spread
**espárragos** *m., pl.* asparagus
**especialización** *f.* major
**especializado/a** *adj.* specialized
**especie** *f.* **en peligro (de extinción)**
   endangered species **5**
**espectacular** *adj.* spectacular
**espectáculo** *m.* show; performance
**espectador(a)** *m., f.* spectator
**espejo** *m.* mirror
**esperanza** *f.* hope **4**
**esperar** *v.* to hope; to wish
   **esperar (+ *inf.*)** *v.* to wait (for);
     to hope
**espiar** *v.* to spy **6**
**esposo/a** *m., f.* husband/wife;
   spouse **4**
**esquí** *m.* skiing
   **esquí acuático** *m.* (water) skiing
   **esquí alpino** *m.* downhill skiing
   **esquí de fondo** *m.* cross
     country skiing

**esquiar** *v.* to ski
**esquina** *f.* corner **2**
**está** he/she/it is; you are
  **Está bien.** That's fine.
  **Está (muy) despejado.** It's
    (very) clear. (*weather*)
  **Está lloviendo.** It's raining.
  **Está nevando.** It's snowing.
  **Está (muy) nublado.** It's
    (very) cloudy. (*weather*)
**esta(s)** *f., adj.* this; these
**esta noche** tonight
**ésta(s)** *f., pron.* this (one);
    these (ones)
  **Ésta es...** This is…
    (*introducing someone*)
**establecer (se)** *v.* to start; to establish
    (oneself)
**estación** *f.* station; season **2**
  **estación de autobuses**
    bus station **2**
  **estación de bomberos**
    fire station **2**
  **estación del metro**
    subway station
  **estación de policía**
    police station **2**
  **estación de tren(es)**
    train station **2**
**estacionamiento** *m.* parking lot **2**
**estacionar** *v.* to park
**estadio** *m.* stadium **2**
**estado civil** *m.* marital status
**Estados Unidos** *m., pl.* (EE.UU.;
    E.U.) United States
**estadounidense** *adj.* from the
    United States
**estampado/a** *adj.* print
**estampilla** *f.* stamp
**estante** *m.* bookcase; bookshelves
**estantería** *f.* bookcase **3**
**estar** *v.* to be
  **estar a la/en venta** *v.* to be
    on sale
  **estar a (veinte kilómetros) de
    aquí** to be ( twenty kilometers)
    from here
  **estar a dieta** to be on a diet
  **estar aburrido/a** to be bored
  **estar afectado/a (por)** to be
    affected (by)
  **estar bajo control** to be
    under control
  **estar bajo presión** *v.* to be
    under pressure
  **estar cansado/a** to be tired
  **estar contaminado/a**
    to be polluted
  **estar de acuerdo** to agree
  **Estoy (completamente) de
    acuerdo.** I agree (completely).

  **No estoy de acuerdo.**
    I don't agree.
  **estar de moda** to be in fashion
  **estar de vacaciones** *f., pl.*
    to be on vacation
  **estar embarazada**
    to be pregnant **1**
  **estar en buena forma** to be
    in good shape
  **estar enfermo/a** to be sick
  **estar harto/a** to be fed up (with);
    to be sick (of) **1**
  **estar listo/a** to be ready
  **estar perdido/a** to be lost **2**
  **estar roto/a** to be broken
  **estar seguro/a** to be sure
  **estar torcido/a** to be twisted;
    to be sprained
**estatua** *f.* statue
**Este** *m.* East
**este** *m., sing., adj.* this
**éste** *m., sing., pron.* this (one)
  **Éste es...** *m.* This is…
    (*introducing someone*)
**estéreo** *m.* stereo
**estilo** *m.* style **3**
**estiramiento** *m.* stretching
**esto** *neuter pron.* this; this thing
**estómago** *m.* stomach
**estornudar** *v.* to sneeze
**estos** *m., pl., adj.* these
**éstos** *m., pl., pron.* these (ones)
**estrella** *f.* star **3**
  **estrella de cine** *m., f.*
    movie star **3**
  **estrella fugaz** shooting star
**estrenar (una película)** *v.* to release
  (a movie)
**estreno** *m.* premiere; new movie **3**
**estrés** *m.* stress
**estresado/a** *adj.* stressed (out)
**estricto/a** *adj.* strict **4**
**estudiante** *m., f.* student
**estudiantil** *adj.* student
**estudiar** *v.* to study
**estufa** *f.* stove
**estupendo/a** *adj.* stupendous
**etapa** *f.* stage
**ético/a** *adj.* ethical
  **poco ético/a** unethical
**etnia** *f.* ethnic group **4**
**evitar** *v.* to avoid
**examen** *m.* test; exam
  **examen médico** physical exam
**excelente** *adj.* excellent
**exceso** *m.* excess; too much
**excluido/a** *adj.* excluded
**excursión** *f.* hike; tour; excursion
**excursionista** *m., f.* hiker
**exigente** *adj.* demanding **4**
**exigir** *v.* to demand
**exiliado/a** *m., f.* exile
  **exiliado/a político/a**
    political exile

**éxito** *m.* success **3**
**exitoso/a** *adj.* successful
**expansión** *f.* **(urbana)**
    (urban) sprawl **5**
**experiencia** *f.* experience
**experimento** *m.* experiment
**explicar** *v.* to explain
**explorar** *v.* to explore
**expresión** *f.* expression
**extinción** *f.* extinction
**extinguirse** *v.* to become extinct **5**
**extranjero/a** *adj.* foreign;
    *m., f.* foreigner; alien **4**
**extrañar** *v.* to miss
**extraño/a** *adj.* strange
**extraterrestre** *adj.* extraterrestrial; alien

## F

**fabricar** *v.* to manufacture
**fabuloso/a** *adj.* fabulous
**facciones** *f., pl.* features **2**
**facha** *f.* look
**fácil** *adj.* easy
**falda** *f.* skirt
**fallecido/a** *adj.* deceased
**falso/a** *adj.* insincere **1**
**falta (de)** *f.* lack (of)
**faltar** *v.* to lack; to need
**fama** *f.* fame **3**
**familia** *f.* family
**familiares** *m.* relatives **1**
**famoso/a** *adj.* famous
**fantasma** *m.* ghost
**fantástico/a** *adj.* imaginary
**farmacia** *f.* pharmacy
**fascinar** *v.* to fascinate
**favorito/a** *adj.* favorite
**fax** *m.* fax (machine)
**fe** *f.* faith **4**
**febrero** *m.* February
**fecha** *f.* date
**felicidad** *f.* happiness **5**
  **¡Felicidades!** Congratulations!
  **¡Felicitaciones!** Congratulations!
**feliz** *adj.* happy
  **¡Feliz cumpleaños!**
    Happy birthday!
**fenomenal** *adj.* great; phenomenal
**feo/a** *adj.* ugly
**feria** *f.* fair
**festejar** *v.* to celebrate
**festival** *m.* festival
**fidelidad** *f.* faithfulness **1**
**fiebre** *f.* fever
**fiesta** *f.* party
**fijarse** *v.* to pay attention **3**
**fijo/a** *adj.* fixed; set
**fila** *f.* line **2**
**fin** *m.* end
  **fin de semana** weekend
**finalmente** *adv.* finally
**financiero/a** *adj.* financial
**firmar** *v.* to sign (*a document*)

**física** *f.* physics
**físico/a** *m., f.* physicist
**flan (de caramelo)** *m.* crème caramel, custard
**flauta** *f.* flute **3**
**flexible** *adj.* flexible
**flor** *f.* flower
**foca** *f.* seal **5**
**folclórico/a** *adj.* folk; folkloric
**folleto** *m.* brochure
**fondo** *m.* end
**forma** *f.* shape
**formulario** *m.* form
**fortalecer(se)** *v.* to grow stronger; to strengthen **1, 6**
**foto(grafía)** *f.* photograph
**fotógrafo/a** *m., f.* photographer **3**
**fracaso** *m.* failure **6**
**fraile (fray)** *m.* friar; monk (Brother) **4**
**francés, francesa** *adj.* French
**frasquito** *m.* little bottle **5**
**frecuentemente** *adv.* frequently
**frenos** *m., pl.* brakes
**fresco/a** *adj.* cool
**frijoles** *m., pl.* beans
**frío/a** *adj.* cold
**frito/a** *adj.* fried
**frontera** *f.* border
**fruta** *f.* fruit
**frutería** *f.* fruit store
**frutilla** *f.* strawberry
**fuego** *m.* fire
**fuente** *f.* source **5**
**fuente** *f.* **de fritada** platter of fried food
**fuera** *adv.* outside
**fuerte** *adj.* strong
**fuerza** *f.* force **6**
**fumar** *v.* to smoke
**funcionar** *v.* to work; to function
**fútbol** *m.* soccer
**fútbol americano** *m.* football
**futuro/a** *adj.* future
　**en el futuro** in the future

### G

**gafas (de sol)** *f., pl.* (sun)glasses
**gafas (oscuras)** *f., pl.* (sun)glasses
**galaxia** *f.* galaxy
**galleta** *f.* cookie
**ganancia** *f.* profit
**ganar** *v.* to win; to earn (money)
　**ganar las elecciones** to win elections **6**
　**ganar un partido** to win a game
　**ganarse la vida** to earn a living
**ganga** *f.* bargain
**garaje** *m.* garage; (mechanic's) repair shop; garage (*in a house*)
**garganta** *f.* throat
**garra** *f.* claw

**gasoducto** *m.* gas pipeline
**gasolina** *f.* gasoline
**gasolinera** *f.* gas station
**gastar** *v.* to spend (*money*)
**gato** *m.* cat
**gemelo/a** *m., f.* twin **4**
**gen** *m.* gene
**género** *m.* genre **3**
**genética** *f.* genetics
**genial** *adj.* wonderful **1**
**gente** *f.* people **2**
**geografía** *f.* geography
**gerente** *m., f.* manager
**gimnasio** *m.* gymnasium
**gobernar (e:ie)** *v.* to govern **6**
**gobierno** *m.* government **6**
**golf** *m.* golf
**golpe** *m.* blow, hit
　**golpe de estado** *coup d'état* **6**
**golpear** *v.* to beat (a drum) **3**
**gordo/a** *adj.* fat
**gozar (de)** *v.* to enjoy
**grabadora** *f.* tape recorder
**grabar** *v.* to record **3**
　**grabar (un CD)** to burn (a CD)
**gracias** *f., pl.* thank you; thanks
　**Gracias por todo.** Thanks for everything.
　**Gracias una vez más.** Thanks again.
**gracioso/a** *adj.* funny **1**
**graduarse (de/en)** *v.* to graduate (from/in)
**gran, grande** *adj.* big; large
**grasa** *f.* fat
**gratis** *adj.* free of charge
**grave** *adj.* grave; serious
**gravedad** *f.* gravity
**gravísimo/a** *adj.* extremely serious
**grillo** *m.* cricket
**gripe** *f.* flu
**gris** *adj.* gray
**gritar** *v.* to scream; to shout
**grupo** *m.* **musical** musical group, band
**guagua** *f.* child **3**
**guantes** *m., pl.* gloves
**guapo/a** *adj.* handsome; good-looking
**guardar** *v.* to save (on a computer)
**guerra** *f.* war **6**
　**guerra civil** civil war **6**
**guía** *m., f.* guide
**guiar** *v.* to guide
**gustar** *v.* to be pleasing to; to like
　**Me gustaría...** I would like…
**gusto** *m.* pleasure
　**El gusto es mío.** The pleasure is mine.
　**Gusto de verlo/la.** *form.* It's nice to see you.
　**Gusto de verte.** *fam.* It's nice to see you.

**Mucho gusto.** Pleased to meet you.
**¡Qué gusto volver a verlo/la!** *form.* I'm happy to see you again!
**¡Qué gusto volver a verte!** *fam.* I'm happy to see you again!

### H

**haber** *(auxiliar) v.* to have (done something)
　**Ha sido un placer.** It's been a pleasure.
**habitación** *f.* room
　**habitación doble** double room
　**habitación individual** single room
**habitante** *m., f.* inhabitant **2**
**hablar** *v.* to talk; to speak
**hacer** *v.* to do; to make
　**Hace buen tiempo.** The weather is good.
　**Hace (mucho) calor.** It's (very) hot. (*weather*)
　**Hace fresco.** It's cool. (*weather*)
　**Hace (mucho) frío.** It's (very) cold. (*weather*)
　**Hace mal tiempo.** The weather is bad.
　**Hace (mucho) sol.** It's (very) sunny. (*weather*)
　**Hace (mucho) viento.** It's (very) windy. (*weather*)
　**hacer caso** to obey **3**
　**hacer cola** to stand in line; to wait in line
　**hacer diligencias** to run errands **2**
　**hacer ejercicio** to exercise
　**hacer ejercicios aeróbicos** to do aerobics
　**hacer ejercicios de estiramiento** to do stretching exercises
　**hacer el papel (de)** to play the role (of)
　**hacer falta** to be necessary **5**
　**hacer gimnasia** to work out
　**hacer juego (con)** to match (with)
　**hacer la cama** to make the bed
　**hacer las maletas** to pack (one's) suitcases
　**hacer quehaceres domésticos** to do household chores
　**hacer turismo** to go sightseeing
　**hacer un esfuerzo** to make an effort
　**hacer un viaje** to take a trip
　**hacer una excursión** to go on a hike; to go on a tour
**hacia** *prep.* toward
**hallazgo** *m.* discovery **3**
**hambre** *f.* hunger
**hamburguesa** *f.* hamburger
**hasta** *prep.* until; toward
　**Hasta la vista.** See you later.

**Hasta luego.** See you later.
**Hasta mañana.** See you tomorrow.
**hasta que** until
**Hasta pronto.** See you soon.
**hay** there is; there are
**Hay (mucha) contaminación.**
   It's (very) smoggy.
**Hay (mucha) niebla.**
   It's (very) foggy.
**Hay que...** It is necessary that...
**No hay duda de...**
   There's no doubt ...
**No hay de qué.** You're welcome.
**hecho** *m.* fact **5**
**hecho/a** *p.p.* done
**heladería** *f.* ice cream shop
**helado/a** *adj.* iced
**helado** *m.* ice cream
**heredar** *v.* to inherit **4**
**herencia** *f.* heritage
**herencia cultural**
   cultural heritage **6**
**hermanastro/a** *m., f.* stepbrother/
   stepsister **4**
**hermano/a** *m., f.* brother/sister
**hermano/a gemelo/a** *m., f.* twin
   brother/sister **4**
**hermano/a mayor/menor** *m., f.* older/
   younger brother/sister
**hermanos** *m., pl.* siblings (brothers
   and sisters)
**hermoso/a** *adj.* beautiful
**herramienta** *f.* tool
**heterogéneo/a** *adj.* heterogeneous
**híbrido/a** *adj.* hybrid **5**
**hierba** *f.* grass
**hijastro/a** *m., f.* stepson/stepdaughter
**hijo/a** *m., f.* son/daughter
**hijo/a único/a** *m., f.* only child **4**
**hijos** *m., pl.* children
**hipocresía** *f.* hypocrisy **6**
**hiriente** *adj.* hurtful **4**
**historia** *f.* history; story
**historiador(a)** *m., f.* historian **4**
**hockey** *m.* hockey
**hogar** *m.* home
**hoja** *f.* leaf **5**
**hola** *interj.* hello; hi
**hombre** *m.* man
**hombre de negocios** *m.*
   businessman
**homenajear a los dioses** *v.* to pay
   homage to the gods **4**
**homogeneidad** *f.* homogeneity
**honrado/a** *adj.* honest **4**
**hora** *f.* hour; the time
**horario** *m.* schedule
**horario de trabajo**
   work schedule
**horno** *m.* oven
**horno de microondas**
   microwave oven
**horóscopo** *m.* horoscope **3**

**horror** *m.* horror
   **de horror** horror (genre)
**hospital** *m.* hospital
**hotel** *m.* hotel
**hoy** *adv.* today
   **hoy (en) día** *adv.* nowadays
   **Hoy es...** Today is…
**huelga** *f.* strike (*labor*) **6**
**hueso** *m.* bone
**huésped** *m., f.* guest
**huevo** *m.* egg
**huir** *v.* to flee **6**
**humanidad** *f.* humankind
**humanidades** *f., pl.* humanities
**huracán** *m.* hurricane **5**
**huraño/a** *adj.* unsociable **4**

---

## I

**ida** *f.* one way (*travel*)
**idea** *f.* idea
**ideales** *m., pl.* principles; ideals
**idioma** *m.* language
   **idioma oficial** *m.*
      official language
**iglesia** *f.* church
**igual** *adj.* equal **6**
**igualdad** *f.* equality **6**
**igualmente** *adv.* likewise
**ilegal** *adj.* illegal **4**
**ilusión** *m.* dream **2**
**impasible** *adj.* impassively **2**
**imparcial** *adj.* impartial; unbiased **3**
**impedir** *v.* to prevent **2**
**impermeable** *m.* raincoat
**importante** *adj.* important
**importar** *v.* to be important to;
   to matter
**imposible** *adj.* impossible
**imprenta** *f.* printer **1**
**impresora** *f.* printer
**imprimir** *v.* to print
**improbable** *adj.* improbable
**impuesto** *m.* tax
**inalámbrico/a** *adj.* wireless
**incapaz** *adj.* incapable;
   incompetent
**incendio** *m.* fire **5**
**incertidumbre** *f.* uncertainty
**inconformista** *adj.* nonconformist
**increíble** *adj.* incredible
**independizarse** *v.* to
   become independent **4**
**indicar el camino** *v.*
   to give directions **2**
**indiferencia** *f.* indifference
**indignarse** *v.* to be outraged **2**
**individual** *adj.* private (*room*)
**inesperado/a** *adj.* unexpected **2**
**inestabilidad** *f.* instability
**infección** *f.* infection
**infidelidad** *f.* unfaithfulness **1**
**inflación** *f.* inflation

**influencia** *f.* influence **2**
**influir** *v.* to influence **6**
**influyente** *adj.* influential **3**
**informar** *v.* to inform
**informática** *f.* computer science
**informe** *m.* report; paper
   (*written work*) **6**
**ingeniero/a** *m., f.* engineer
**ingenuo/a** *adj.* naïve **2**
**inglés** *m.* English (*language*)
**inglés, inglesa** *adj.* English
**injusticia** *f.* injustice **6**
**injusto/a** *adj.* unfair **6**
**inmigración** *f.* immigration
**inmigrante** *m., f.* immigrant **1**
**innovador(a)** *adj.* innovative
**inocencia** *f.* innocence
**inodoro** *m.* toilet
**inolvidable** *adj.* unforgettable **1**
**inseguridad** *f.* insecurity; lack
   of safety **6**
**inseguro/a** *adj.* insecure **1**
**insensible** *adj.* insensitive
**insistir (en)** *v.* to insist (on)
**insoportable** *adj.* unbearable
**inspector(a)** *m., f.* **de aduanas**
   customs inspector
**instituto** *m.* high school **6**
**integración** *f.* integration
**integrarse (a)** *v.* to become part (of);
   to fit in
**inteligente** *adj.* intelligent
**intentar** *v.* to try
**intercambiar** *v.* to exchange
**interesante** *adj.* interesting
**interesar** *v.* to be interesting to;
   to interest
**internacional** *adj.* international
**Internet** Internet **3**
**intoxicar** *v.* to poison **5**
**intruso/a** *m., f.* intruder
**inundación** *f.* flood **5**
**inventar** *v.* to invent
**invento** *m.* invention
**inversionista** *m., f.* investor
**invertir (e:ie)** *v.* to invest
**investigador(a)** *m., f.* researcher
**investigar** *v.* to research;
   to investigate **3**
**invierno** *m.* winter
**invisible** *adj.* invisible
**invitado/a** *m., f.* guest (*at a function*)
**invitar** *v.* to invite
**inyección** *f.* injection
**ir** *v.* to go
   **ir a (+ inf.)** to be going to
      do something
   **ir de compras** to go shopping
   **ir de excursión (a las montañas)**
      to go for a hike (in the mountains)
   **ir de pesca** to go fishing
   **ir de vacaciones** to go on vacation
   **ir en autobús** to go by bus

---

**ir en auto(móvil)** to go by
auto(mobile); to go by car
**ir en avión** to go by plane
**ir en barco** to go by boat
**ir en metro** to go by subway
**ir en motocicleta** to go
by motorcycle
**ir en taxi** to go by taxi
**ir en tren** to go by train
**irse** *v.* to go away; to leave
**italiano/a** *adj.* Italian
**izquierdo/a** *adj.* left
**a la izquierda de** to the left of

**J**

**jabón** *m.* soap
**jamás** *adv.* never; not ever
**jamón** *m.* ham
**japonés, japonesa** *adj.* Japanese
**jardín** *m.* garden; yard
**jefe/a** *m., f.* boss
**joven** *adj.* young
**joven** *m., f.* youth; young person
**joyería** *f.* jewelry store
**jubilarse** *v.* to retire (*from work*)
**juego** *m.* game
**juego de mesa** board game
**jueves** *m., sing.* Thursday
**juez(a)** *m., f.* judge **6**
**jugador(a)** *m., f.* player
**jugar (u:ue)** *v.* to play
**jugar a las cartas** *f., pl.*
to play cards
**jugo** *m.* juice
**jugo de fruta** *m.* fruit juice
**juguete** *m.* toy
**juicio** *m.* judgment **6**
**julio** *m.* July
**jungla** *f.* jungle
**junio** *m.* June
**juntos/as** *adj.* together
**jurar** *v.* to promise
**justicia** *f.* justice **6**
**justo/a** *adj.* just; fair **2, 6**
**juventud** *f.* youth **4**
**juzgar** *v.* to judge **6**

**K**

**kilómetro** *m.* kilometer

**L**

**la** *f., sing., def. art.* the
**la** *f., sing., d.o. pron.* her, it; *form.* you
**laboratorio** *m.* laboratory
**ladrillo** *m.* brick
**ladrón/ladrona** *m., f.* thief **6**
**lagarto** *m.* lizard **5**
**lago** *m.* lake
**laico/a** *adj.* secular; lay **6**
**lamentable** *adv.* regrettable

**lamentar** *v.* to regret **4**
**lámpara** *f.* lamp
**lana** *f.* wool
**langosta** *f.* lobster
**lápiz** *m.* pencil
**largo/a** *adj.* long
**a largo plazo** *adj.* long-term
**las** *f., pl., def. art.* the
**las** *f., pl., d.o. pron.* them; *form.* you
**lástima** *f.* shame
**lastimar(se)** *v.* to injure (oneself)
**lastimarse el pie** to injure
one's foot
**lata** *f.* (*tin*) can
**lavabo** *m.* sink
**lavadora** *f.* washing machine
**lavandería** *f.* laundromat
**lavaplatos** *m., sing.* dishwasher
**lavar** *v.* to wash
**lavar (el suelo, los platos)**
to wash (the floor, the dishes)
**lavarse** *v.* to wash oneself
**lavarse la cara** to wash one's face
**lavarse las manos** to wash
one's hands
**lazo** *m.* tie **1**
**le** *sing., i.o. pron.* to/for him; her;
*form.* you
**Le presento a…** *form.* I would
like to introduce… to you.
**lección** *f.* lesson
**leche** *f.* milk
**lechuga** *f.* lettuce
**leer** *v.* to read
**leer correo electrónico**
to read e-mail
**leer un periódico**
to read a newspaper
**leer una revista** to read
a magazine
**legal** *adj.* legal **4**
**leído/a** *p.p.* read
**lejos de** *prep.* far from
**lengua** *f.* language **4**
**lenguas extranjeras** *f., pl.*
foreign languages
**lengua materna**
mother tongue
**lenguaje corporal** *m.* body language
**lentes** *m., pl.* **de contacto**
contact lenses
**lentes (de sol)** (sun)glasses
**lento/a** *adj.* slow
**león** *m.* lion **5**
**les** *pl., i.o. pron.* to/for them;
*form* you
**letra** *f.* lyrics **3**
**letrero** *m.* sign; billboard **2**
**levantar** *v.* to lift
**levantar pesas** to lift weights
**levantarse** *v.* to get up
**ley** *f.* law **6**
**liado/a** *adj.* busy **1**

**liberal** *adj.* liberal **6**
**libertad** *f.* liberty; freedom **6**
**libertad de prensa** freedom
of the press **3**
**libre** *adj.* free
**librería** *f.* bookstore
**libro** *m.* book
**licencia de conducir** *f.*
driver's license
**ligar** *v.* to flirt; to hook up **1**
**limón** *m.* lemon
**limpiar** *v.* to clean
**limpiar la casa** *v.* to clean the house
**limpieza** *f.* cleaning
**limpieza étnica** ethnic cleaning
**limpio/a** *adj.* clean
**línea** *f.* line
**lío** *m.* mess
**listo/a** *adj.* ready; smart
**literatura** *f.* literature
**llamar** *v.* to call
**llamar por teléfono** to call
on the phone
**llamarse** *v.* to be called; to be named
**llanta** *f.* tire
**llave** *f.* key
**llegada** *f.* arrival
**llegar** *v.* to arrive
**llenar** *v.* to fill
**llenar el tanque** to fill the tank
**llenar (un formulario)** to fill
out (a form)
**lleno/a** *adj.* full **2**
**llevar** *v.* to carry; *v.* to wear; to take
**llevar una vida sana** to lead a
healthy lifestyle
**llevarse bien/mal/fatal (con)** to
get along well/badly/terribly
(with) **1**
**llover (o:ue)** *v.* to rain
**Llueve.** It's raining.
**lluvia** *f.* rain **5**
**lluvia ácida** acid rain
**lo** *m., sing. d.o. pron.* him, it; *form.* you
**¡Lo hemos pasado de película!**
We've had a great time!
**¡Lo hemos pasado maravillosamente!**
We've had a great time!
**lo mejor** the best (thing)
**Lo pasamos muy bien.**
We had a very good time.
**lo peor** the worst (thing)
**lo que** that which; what
**Lo siento.** I'm sorry.
**Lo siento muchísimo.** I'm so sorry.
**lobo** *m.* wolf **5**
**loco/a** *adj.* crazy
**locutor(a) (de radio/televisión)** *m., f.*
(radio/TV) announcer **3**
**lograr** *v.* to attain; to achieve
**lomo** *m.* **a la plancha** grilled
tenderloin
**los** *m., pl., def. art.* the

**los** *m. pl., d.o. pron.* them; *form.* you
**lotería** *f.* lottery
**lucha** *f.* struggle; fight **6**
**luchar (contra/por)** *v.* to fight; to struggle (against/for)
**luego** *adv.* then; *adv.* later
**lugar** *m.* place
**lujo** *m.* luxury
**luna** *f.* moon **5**
**lunares** *m.* polka dots
**lunes** *m., sing.* Monday
**luz** *f.* light; electricity

### M

**madera** *f.* wood **5**
**madrastra** *f.* stepmother **4**
**madre** *f.* mother
**madrugada** *f.* early morning
**madurez** *f.* maturity; middle age
**maduro/a** *adj.* mature **1**
**maestro/a** *m., f.* teacher
**magnífico/a** *adj.* magnificent
**maíz** *m.* corn
**mal, malo/a** *adj.* bad
**maleducado/a** *adj.* ill-mannered **4**
**malcriado/a** *m., f.* rude **3**
**malcriar** *v.* to spoil **4**
**maleta** *f.* suitcase
**malgastar** *v.* to waste **5**
**maltrato** *m.* abuse; mistreatment
**mamá** *f.* mom
**manchado/a** *m., f.* stained **2**
**mandar** *v.* to order; to send; to mail
**mandón/mandona** *adj.* bossy **4**
**manejar** *v.* to drive
**manera** *f.* way
**manifestación** *f.* protest
**manifestante** *m., f.* demonstrator **6**
**mano** *f.* hand
**manta** *f.* blanket
**mantener (e:ie)** *v.* to maintain
   **mantenerse en forma** to stay in shape
**mantenimiento** *m.* maintenance
**mantequilla** *f.* butter
**manzana** *f.* apple
**mañana** *f.* morning, A.M.; tomorrow
**mapa** *m.* map
**maqueta** *f.* model
**maquillaje** *m.* makeup
**maquillarse** *v.* to put on makeup
**máquina** *f.* machine
**mar** *m.* sea **5**
**maravilloso/a** *adj.* marvelous
**marcar (un gol/un punto)** *v.* to score (a goal/a point)
**marcharse** *v.* to leave
**mareado/a** *adj.* dizzy; nauseated
**margarina** *f.* margarine
**mariscos** *m., pl.* shellfish
**marrón** *adj.* brown
**martes** *m., sing.* Tuesday

**martillo** *m.* hammer
**marzo** *m.* March
**más** *pron.* more
   **más de (+ number)** more than
   **más tarde** later (on)
   **más… que** more… than
**masaje** *m.* massage
**matar** *v.* to kill
**matarse** *v.* to kill oneself
**matemáticas** *f., pl.* mathematics
**matemático/a** *m., f.* mathematician
**materia** *f.* course
**matriarcado** *m.* matriarchy **2**
**matrimonio** *m.* marriage **1**
**máximo/a** *adj.* maximum
**mayo** *m.* May
**mayonesa** *f.* mayonnaise
**mayor** *adj.* older
   **el/la mayor** *adj.* eldest/oldest
**me** *sing., d.o. pron.* me; *sing. i.o. pron.* to/for me
   **Me duele mucho.** It hurts me a lot.
   **Me gusta…** I like…
   **No me gustan nada.** I don't like them at all.
   **Me gustaría(n)…** I would like…
   **Me llamo…** My name is…
   **Me muero por…** I'm dying to/for…
**mecánico/a** *m., f.* mechanic
**mediano/a** *adj.* medium
**medianoche** *f.* midnight
**medias** *f., pl.* pantyhose; stockings
**medicamento** *m.* medication **5**
**medicina** *f.* medicine
**médico/a** *m., f.* doctor; *adj.* medical
**medio/a** *adj.* half
   **medio** *m.* **ambiente** environment **5**
   **y media** thirty minutes past the hour (*time*)
   **medio/a hermano/a** *m., f.* half brother/sister **4**
**mediodía** *m.* noon
**medios** *m., pl.* **(de comunicación)** means of communication; media **3**
**mejor** *adj.* better
   **el/la mejor** *m., f.* the best
**mejora** *f.* improvement
**mejorar** *v.* to improve **5**
**melocotón** *m.* peach
**mendigar** *v.* to beg **2**
**menor** *adj.* younger
   **el/la menor** *m., f.* youngest
**menos** *adv.* less
   **menos cuarto…, menos quince…** quarter to… (*time*)
   **menos de (+ number)** fewer than
   **menos… que** less… than
**mensaje** *m.* message
   **mensaje de texto** text message
   **mensaje electrónico** e-mail message
**mente** *f.* mind

**mentira** *f.* lie
**mentiroso/a** *adj.* lying; liar **1**
**menú** *m.* menu
**mercado** *m.* market
   **mercado al aire libre** open-air market
**merecer** *v.* to deserve **1**
**merendar (e:ie)** *v.* to snack; to have an afternoon snack
**merienda** *f.* afternoon snack
**mes** *m.* month
**mesa** *f.* table
**mesero/a** *m., f.* waiter/waitress
**mesita** *f.* end table
   **mesita de noche** night stand
**meta** *f.* goal
**metro** *m.* subway **2**
**mexicano/a** *adj.* Mexican
**México** *m.* Mexico
**mezclar** *v.* to mix
**mí** *pron., obj. of prep.* me
**mi(s)** *poss. adj.* my
**microondas** *f., sing.* microwave
   **horno** *m.* **de microondas** microwave oven
**miedo** *m.* fear
**mientras** *adv.* while
**miércoles** *m., sing.* Wednesday
**mil** *m.* one thousand
   **mil millones** billion
   **Mil perdones.** I'm so sorry. (*lit.* A thousand pardons.)
**milla** *f.* mile
**millón** *m.* million
**millones (de)** *m.* millions (of)
**milonga** *f.* type of dance/music from the Río de la Plata area in Argentina
**mimar** *v.* to pamper **4**
**mineral** *m.* mineral
**minuto** *m.* minute
**mío/a(s)** *poss.* my; (of) mine
**mirada** *f.* gaze
**mirar** *v.* to look (at); to watch
   **mirar (la) televisión** to watch television
**misa** *f.* mass
**mismo/a** *adj.* same
**mito** *m.* myth **2**
**mochila** *f.* backpack
**moda** *f.* fashion
**módem** *m.* modem
**moderno/a** *adj.* modern
**modo** *m.* means; manner
**molestar** *v.* to bother; to annoy
**monitor** *m.* (computer) monitor
**monitor(a)** *m., f.* trainer
**mono** *m.* monkey **5**
**monolingüe** *adj.* monolingual
**montaña** *f.* mountain
**montar** *v.* **a caballo** to ride a horse
**monumento** *m.* monument
**mora** *f.* blackberry
**morado/a** *adj.* purple

**moreno/a** *adj.* brunet(te)
**morir (o:ue)** *v.* to die
**mostrador** *m.* counter **2**
**mostrar (o:ue)** *v.* to show
**motocicleta** *f.* motorcycle
**motor** *m.* motor
**muchacho/a** *m., f.* boy; girl
**mucho/a** *adj., adv.* a lot of; much; many
  **(Muchas) gracias.** Thank you
    (very much); Thanks (a lot).
  **muchas veces** *adv.* a lot;
    many times
  **Muchísimas gracias.** Thank you
    very, very much.
  **Mucho gusto.** Pleased to meet you.
**muchísimo** very much
**mudarse** *v.* to move (from one house
  to another) **1, 4**
**muebles** *m., pl.* furniture
**muela** *f.* tooth
**muerte** *f.* death **4**
**muerto/a** *p.p.* died
**mujer** *f.* woman
  **mujer de negocios** *f.*
    business woman
  **mujer policía** *f.* policewoman **2**
**mujeriego** *m.* womanizer
**multa** *f.* fine **2**
**mundial** *adj.* worldwide
**Mundial** *m.* World Cup
**mundo** *m.* world
**municipal** *adj.* municipal
**músculo** *m.* muscle
**museo** *m.* museum **2**
**música** *f.* music
**musical** *adj.* musical
**músico/a** *m., f.* musician
**musulmán/musulmana** *m., f.*
  Muslim **6**
**muy** *adv.* very
  **Muy amable.** That's very kind
    of you.
  **(Muy) bien, gracias.**
    (Very) well, thanks.

## N

**nacer** *v.* to be born
**nacimiento** *m.* birth **4**
**nacional** *adj.* national
**nacionalidad** *f.* nationality
**nada** *pron.* nothing; not anything
  **nada mal** not bad at all
**nadar** *v.* to swim
**nadie** *pron.* no one, nobody;
  not anyone
**naipes** *m., pl.* (playing) cards
**naranja** *f.* orange
**nariz** *f.* nose
**natación** *f.* swimming
**natalidad** *f.* birthrate
**natural** *adj.* natural

**naturaleza** *f.* nature
**navegar** *v.* **(en la red, en Internet)**
  to surf (the web, the Internet) **3**
**Navidad** *f.* Christmas
**necesario/a** *adj.* necessary
**necesitar (+ *inf.*)** *v.* to need
**negar (e:ie)** *v.* to deny
**negativo/a** *adj.* negative
**negocios** *m., pl.* business; commerce
**negro/a** *adj.* black
**nervioso/a** *adj.* nervous
**nevar (e:ie)** *v.* to snow
  **Nieva.** It's snowing.
**ni… ni** neither… nor
**niebla** *f.* fog
**nieto/a** *m., f.* grandson/granddaughter **4**
**nieve** *f.* snow
**ningún, ningunos/as** *adj.* no; not any
**ninguno/a(s)** *pron.* none; not any
**niñato/a** *m., f.* spoiled brat (Esp.) **4**
**niñez** *f.* childhood **4**
**niño/a** *m., f.* child **4**
**nivel** *m.* level
  **nivel de vida** standard
    of living
**no** *adv.* no; not
  **¿no?** right?
  **No cabe duda de…** There is
    no doubt…
  **No es así.** That's not the way it is
  **No es para tanto.** It's not a big deal.
  **no es seguro** it's not sure
  **no es verdad** it's not true
  **No está nada mal.** It's not bad
    at all.
  **no estar de acuerdo** to disagree
  **No estoy seguro.** I'm not sure.
  **no hay** there is/are not
  **No hay de qué.** You're welcome.
  **No hay duda de…** There is
    no doubt…
  **No hay problema.** No problem.
  **No más** only **3**
  **¡No me diga(s)!** You don't say!
  **No me gustan nada.** I don't like
    them at all.
  **no muy bien** not very well
  **No quiero.** I don't want to.
  **No sé.** I don't know.
  **No se preocupe.** *form.*
    Don't worry.
  **No te preocupes.** *fam.*
    Don't worry.
  **no tener razón** to be wrong
**noche** *f.* night
**nombre** *m.* name
  **nombre de usuario** user name
**Norte** *m.* North
**norteamericano/a** *adj.*
  (North) American
**nos** *pl., d.o. pron.* us; *pl., i.o. pron.*
  to/for us

**Nos divertimos mucho.**
  We had a lot of fun.
**Nos vemos.** See you.
**nosotros/as** *sub. pron.* we;
  *ob. pron.* us
**nostalgia** *f.* nostalgia
**noticias (internacionales/locales/**
  **nacionales)** *f., pl.* (international/
  local/national) news **3**
**noticiero** *m.* newscast
**novecientos/as** *adj.* nine hundred
**novedad** *f.* new development
**noveno/a** *adj.* ninth
**noventa** *adj.* ninety
**noviembre** *m.* November
**novio/a** *m., f.* boyfriend/girlfriend
**nube** *f.* cloud
**nublado/a** *adj.* cloudy
  **Está (muy) nublado.** It's
    very cloudy.
**nuclear** *adj.* nuclear
**nuera** *f.* daughter-in-law **4**
**nuestro/a(s)** *poss. adj.* our; (of ours)
**nueve** *adj.* nine
**nuevo/a** *adj.* new
**número** *m.* number; (shoe) size
**nunca** *adj.* never; not ever
**nutrición** *f.* nutrition
**nutricionista** *m., f.* nutritionist

## O

**o** *conj.* or
**o… o** *conj.* either… or
**obedecer** *v.* to obey
**obra** *f.* work (*of art, literature,*
  *music, etc.*)
  **obra maestra** masterpiece
  **obra de teatro** theater play
**obrero/a** *m., f.* blue-collar worker
**obtener** *v.* to obtain; to get
**obvio/a** *adj.* obvious
**océano** *m.* ocean
**ochenta** *adj.* eighty
**ocho** *adj.* eight
**ochocientos/as** *adj.* eight hundred
**ocio** *m.* leisure
**octavo/a** *adj.* eighth
**octubre** *m.* October
**ocupación** *f.* occupation
**ocupado/a** *adj.* busy
**ocurrir** *v.* to occur; to happen
**odiar** *v.* to hate **1**
**Oeste** *m.* West
**oferta** *f.* offer
**oficina** *f.* office
**oficio** *m.* trade
**ofrecer** *v.* to offer
**oído** *m.* (sense of) hearing; inner ear
**oído/a** *p.p.* heard
**oír** *v.* to hear

**Oiga./Oigan.** *form., sing./pl.* Listen.
(*in conversation*)
**Oye.** *fam., sing.* Listen.
(*in conversation*)
**ojalá (que)** *interj.* I hope (that);
I wish (that)
**ojo** *m.* eye
**olor** *m.* smell
**olvidar** *v.* to forget
**olvido** *m.* forgetfulness; oblivion **1**
**once** *adj.* eleven
**ópera** *f.* opera
**operación** *f.* operation
**opinar** *v.* to express an opinion;
to think **3**
**opresión** *f.* oppression **4**
**oprimido/a** *adj.* oppressed **6**
**ordenado/a** *adj.* orderly
**ordinal** *adj.* ordinal (*number*)
**oreja** *f.* (outer) ear
**orgullo** *m.* pride
**orgulloso/a** *adj.* proud **1**
**orquesta** *f.* orchestra
**ortografía** *f.* spelling
**ortográfico/a** *adj.* spelling
**os** *fam., pl. d.o. pron.* you;
*fam., pl. i.o. pron.* to/for you
**oso** *m.* bear **5**
**otoño** *m.* autumn
**otro/a** *adj.* other; another
**otra vez** again
**oyente** *m., f.* listener **3**

## P

**paciencia** *f.* patience
**paciente** *m., f.* patient
**pacífico/a** *adj.* peaceful **6**
**pacifista** *adj.* pacifist **6**
**padrastro** *m.* stepfather **4**
**padre** *m.* father
**padres** *m., pl.* parents
**pagar** *v.* to pay
**pagar a plazos**
to pay in installments
**pagar al contado** to pay in cash
**pagar en efectivo** to pay in cash
**pagar la cuenta** to pay the bill
**página** *f.* page
**página principal** home page
**país** *m.* country
**paisaje** *m.* landscape; scenery **5**
**pájaro** *m.* bird **5**
**palabra** *f.* word
**pan** *m.* bread
**pan tostado** *m.* toasted bread
**panadería** *f.* bakery
**pancarta** *f.* banner; sign
**pantalla** *f.* screen **3**
**pantalones** *m., pl.* pants
**pantalones cortos** *m., pl.* shorts
**pantuflas** *f.* slippers
**pañuelo** *m.* headscarf **6**

**papa** *f.* potato
**papas fritas** *f., pl.* fried potatoes;
French fries
**papá** *m.* dad
**papás** *m., pl.* parents
**papel** *m.* paper; role
**papeles** *m., pl.* documents **3**
**papelera** *f.* wastebasket
**paquete** *m.* package
**par** *m.* pair
**par de zapatos** pair of shoes
**para** *prep.* for; in order to; by;
used for; considering
**para que** so that
**parabrisas** *m., sing.* windshield
**parada** *f.* stop **2**
**parada de autobús** bus stop **2**
**parada de metro** subway stop **2**
**parar** *v.* to stop **2**
**parcial** *adj.* biased **3**
**parcialidad** *f.* bias **3**
**parco/a** *adj.* tight-lipped
**parecer** *v.* to seem
**parecerse (c:zc)** *v.* to resemble;
to look like **4, 2**
**pared** *f.* wall
**pareja** *f.* (married) couple; partner **1**
**pariente** *m., f.* relative **4**
**parientes** *m., pl.* relatives
**parque** *m.* park
**parque de atracciones**
amusement park
**parquear** *v.* to park **3**
**párrafo** *m.* paragraph
**parte: de parte de** on behalf of
**partido** *m.* game; match (*sports*)
**partido político** *m.*
political party **6**
**partir** *v.* to split
**pasado/a** *adj.* last; past
**pasado** *p.p.* passed
**pasaje** *m.* ticket
**pasaje de ida y vuelta** *m.* round
trip ticket
**pasajero/a** *m., f.* passenger **2**;
*adj.* fleeting **1**
**pasaporte** *m.* passport
**pasar** *v.* to go through; to pass **6**
**pasar la aspiradora** to vacuum
**pasar por el banco** to go
by the bank
**pasar por la aduana** to go
through customs
**pasar tiempo** to spend time
**pasarlo bien/mal** *v.* to have a
good/bad time **2**
**pasatiempo** *m.* pastime; hobby
**pasear** *v.* to take a walk; to stroll;
to go for a walk
**pasear en bicicleta** to ride
a bicycle
**pasear por** to walk around
**pasillo** *m.* hallway

**pasta** *f.* **de dientes** toothpaste
**pastel** *m.* cake; pie
**pastel de chocolate**
chocolate cake
**pastel de cumpleaños**
birthday cake
**pastelería** *f.* pastry shop
**pastilla** *f.* pill; tablet
**pata** *f.* **de conejo** rabbit's foot **5**
**patata** *f.* potato
**patatas fritas** *f., pl.* fried
potatoes; French fries
**patear** *v.* to kick
**patente** *f.* patent
**patinar (en línea)** *v.* to (in-line) skate
**patineta** *f.* skateboard
**patio** *m.* patio; yard
**patria** *f.* homeland **1, 4**
**pavo** *m.* turkey
**paz** *f.* peace **6**
**peatón/peatona** *m., f.* pedestrian **2**
**pedazo** *m.* piece **5**
**pedazo de lata** piece of junk
**pedir (e:i)** *v.* to ask for; to request;
to order (*food*)
**pedir prestado** *v.* to borrow
**pedir un préstamo** *v.* to apply
for a loan
**pegar** *v.* to hit **6**
**peinarse** *v.* to comb one's hair
**pelear(se)** *v.* to fight with (one
another) **4, 6**
**película** *f.* movie **3**
**peligro** *m.* danger **5**
**peligroso/a** *adj.* dangerous
**pelirrojo/a** *adj.* red-haired
**pelo** *m.* hair
**pelota** *f.* ball
**peluquería** *f.* beauty salon
**peluquero/a** *m., f.* hairdresser
**penicilina** *f.* penicillin
**pensar (e:ie)** *v.* to think
**pensar (+ inf.)** *v.* to intend to;
to plan to (do something)
**pensar en** *v.* to think about
**pensión** *f.* boardinghouse
**peor** *adj.* worse
**el/la peor** *adj.* the worst
**pequeño/a** *adj.* small
**pera** *f.* pear
**perder (e:ie)** *v.* to lose; to miss
**perder las elecciones**
to lose elections **6**
**perder un partido**
to lose a game
**pérdida** *f.* loss
**perdido/a** *adj.* lost
**Perdón.** Pardon me.; Excuse me.
**perdonar** *v.* to forgive **2**
**perezoso/a** *adj.* lazy
**perfecto/a** *adj.* perfect
**periódico** *m.* newspaper **3**
**periodismo** *m.* journalism

**periodista** *m., f.* journalist **3**
**permiso** *m.* permission
**permitir** *v.* to allow **2**
**pero** *conj.* but
**perro** *m.* dog
**persecución** *f.* persecution
**persiana** *f.* shutter **2**
**persona** *f.* person
**personaje** *m.* character
  **personaje principal** *m.*
    main character
**pertenecer** *v.* to belong
**pesas** *f. pl.* weights
**pesca** *f.* fishing
**pescadería** *f.* fish market
**pescado** *m.* fish (*cooked*)
**pescador(a)** *m., f.* fisherman/
  fisherwoman
**pescar** *v.* to fish
**peso** *m.* weight
**petróleo** *m.* oil **5**
**pez** *m.* fish (*live*) **5**
**pie** *m.* foot
**piedra (esculpida)** *f.* (sculpted) stone
**pierna** *f.* leg
**pimienta** *f.* black pepper
**pintar** *v.* to paint
**pintor(a)** *m., f.* painter
**pintura** *f.* painting; picture
**piña** *f.* pineapple
**piscina** *f.* swimming pool
**piso** *m.* floor (*of a building*)
**pista de baile** *f.* dance floor **3**
**pizarra** *f.* blackboard
**placer** *m.* pleasure
  **Ha sido un placer.** It's been
    a pleasure.
**planchar** *v.* **la ropa** to iron the clothes
**planes** *m., pl.* plans
**planeta** *m.* planet
**planificar** *v.* to plan
**plano** *m.* blueprint; plan
**planta** *f.* plant
  **planta baja** *f.* ground floor
**plantar** *v.* to plant **5**
**plástico** *m.* plastic
**plato** *m.* dish (*in a meal*); *m.* plate
  **plato principal** *m.* main dish
**playa** *f.* beach
**plaza** *f.* city or town square **2**
**plazos** *m., pl.* periods; time
  **a corto/largo plazo** *adj.*
    short/long-term
**pluma** *f.* pen
**población** *f.* population
**poblar** *v.* to settle; to populate **2**
**pobre** *adj.* poor
**pobreza** *f.* poverty
**poco/a** *adj.* little; few
**podar** *v.* to prune **5**
**poder (o:ue)** *v.* to be able to; can
**poder** *m.* power **6**
**poderoso/a** *adj.* powerful **4**
**poema** *m.* poem

**poesía** *f.* poetry
**poeta** *m., f.* poet
**polémica** *f.* controversy
**policía** *f.* police (force)
**policía** *m.* policeman **2**
**política** *f.* politics **6**
**político/a** *m., f.* politician;
  *adj.* political **6**
**pollo** *m.* chicken
  **pollo asado** *m.* roast chicken
**ponchar** *v.* to go flat
**poner** *v.* to put; to place; *v.* to turn on
  (*electrical appliances*)
  **poner la mesa** *v.* to set the table
  **poner un disco compacto** *v.*
    to play a CD
  **poner una inyección** *v.* to give
    an injection
**ponerse (+ *adj.*)** *v.* to become;
  to put on
  **ponerse pesado/a** to become
    annoying **1**
**por** *prep.* in exchange for; for;
  by; in; through; around; along;
  during; because of; on account of;
  on behalf of; in search of; by way
  of; by means of
  **por aquí** around here
  **por delante** *adv.* ahead (of)
  **por ejemplo** for example
  **por eso** that's why; therefore
  **por favor** please
  **por fin** finally
  **por la mañana** in the morning
  **por la noche** at night
  **por la tarde** in the afternoon
  **por lo menos** at least
  **¿por qué?** why?
  **Por supuesto.** Of course.
  **por su cuenta** on his/her own **1**
  **por teléfono** by phone; on the phone
  **por último** finally
**porque** *conj.* because
**portada** *f.* front page; cover **3**
**portátil** *m.* portable
**porvenir** *m.* future **5**
  **¡Por el porvenir!** Here's to
    the future!
**posesivo/a** *adj.* possessive
**posible** *adj.* possible
  **(no) es posible** it's (not) possible
**postal** *f.* postcard
**postre** *m.* dessert
**potable** *adj.* drinkable **5**
**practicar** *v.* to practice
  **practicar deportes**
    to play sports
**práctico/a** *adj.* useful; practical
**precio (fijo)** *m.* (fixed; set) price
**predecir (e:i)** *v.* to predict
**preferir (e:ie)** *v.* to prefer
**pregunta** *f.* question
**preguntar** *v.* to ask (*a question*)
  **preguntar el camino** to ask
    for directions **2**

**prejucio social** *m.* social prejudice **4**
**premio** *m.* prize; award
**prender** *v.* to turn on
**prensa (sensacionalista)** *f.*
  (sensationalist) press **3**
**preocupación** *f.* concern
**preocupado/a (por)** *adj.*
  worried (about) **1**
**preocuparse (por)** *v.* to worry (about)
**preparar** *v.* to prepare
**preposición** *f.* preposition
**presagio** *m.* omen
**prescindir (de)** *v.* to do without
**presentación** *f.* introduction
**presentar** *v.* to introduce; to present;
  to put on (*a performance*)
  **Le presento a...** I would like
    to introduce (*name*) to you (*form.*)
  **Te presento a...** I would like
    to introduce (*name*) to you (*fam.*)
**presentimiento** *m.* premonition
**presidente/a** *m., f.* president **6**
**presiones** *f., pl.* pressures
**preso/a** *m., f.* prisoner **5**
**prestado/a** *adj.* borrowed
**préstamo** *m.* loan
**prestar** *v.* to lend; to loan
**presupuesto** *m.* budget
**prevenir (e:ie)** *v.* to prevent **5**
**previo/a** *adj.* prior to
**previsto/a** *adj.* foreseen
**primavera** *f.* spring
**primer, primero/a** *adj.* first
**primo/a** *m., f.* cousin **4**
**principal** *adj.* main
**principio** *m.* principle **2**
**prisa** *f.* haste
  **darse prisa** *v.* to hurry; to rush
**probable** *adj.* probable
  **(no) es probable** it's (not) probable
**probar (o:ue)** *v.* to taste; to try
**probarse (o:ue)** *v.* to try on
**problema** *m.* problem
**profesión** *f.* profession
**profesor(a)** *m., f.* teacher
**programa** *m. program* **3**
  **programa (de computación)**
    software
  **programa de concursos**
    game show **3**
  **programa de entrevistas**
    talk show
  **programa de telerrealidad**
    reality show **3**
**programador(a)** *m., f.*
  computer programmer
**progreso** *m.* progress
**prohibir** *v.* to prohibit; to forbid
**prometido/a** *m., f.* fiancé(e) **1**
**promulgar** *v.* to enact (a law) **6**
**pronombre** *m.* pronoun
**pronto** *adv.* soon
**propina** *f.* tip

**propio/a** *adj.* own
**protagonista** *m., f.* protagonist
**proteger** *v.* to protect 5
**protegido/a** *adj.* protected 5
**proteína** *f.* protein
**protesta** *f.* complaint 2
**protestar** *v.* to protest
**proveniente** *adj.* (coming) from
**próximo/a** *adj.* next
**prueba** *f.* test; quiz; proof
**psicología** *f.* psychology
**psicólogo/a** *m., f.* psychologist
**publicar** *v.* to publish 3
**publicidad** *f.* advertising 3
**público** *m.* audience; public 3
**pueblo** *m.* town
**puente** *m.* bridge 2
**puerta** *f.* door
**Puerto Rico** *m.* Puerto Rico
**puertorriqueño/a** *adj.* Puerto Rican
**pues** *conj.* well
**puesto** *m.* position; job
**puesto/a** *p.p.* put
**pulmón** *m.* lung 5
**pulsar** *v.* to press 4
**puro/a** *adj.* pure, clean 5

### Q

**que** *pron.* that; which; who
 **¿En qué…?** In which…?
 **¡Qué…!** How…!
 **¡Qué dolor!** What pain!
 **¡Qué ropa más bonita!**
  What pretty clothes!
 **¡Qué sorpresa!** What a surprise!
 **¿qué?** what?
 **¿Qué día es hoy?** What day is it?
 **¿Qué hay de nuevo?** What's new?
 **¿Qué hora es?** What time is it?
 **¿Qué les parece?** What do you
  ( *pl.*) think?
 **¿Qué pasa?** What's happening?
  What's going on?
 **¿Qué pasó?** What happened?
 **¿Qué precio tiene?** What is
  the price?
 **¿Qué tal...?** How are you?;
  How is it going?; How is/are…?
 **¿Qué talla lleva/usa?** What size
  do you wear?
 **¿Qué tiempo hace?** How's
  the weather?
**quedar** *v.* to be left over; to fit
 (*clothing*); to be left behind;
 to be located 2
**quedarse** *v.* to stay; to remain 2
**quehaceres domésticos** *m., pl.*
 household chores
**quejarse (de)** *v.* to complain
 (about) 4
**quemado/a** *adj.* burned (out)

**quemar** *v.* to burn
**querer(se) (e:ie)** *v.* to want; to love
 (each other) 1
**queso** *m.* cheese
**quien(es)** *pron.* who; whom; that
 **¿quién(es)?** who?; whom?
 **¿Quién es...?** Who is…?
 **¿Quién habla?** Who is speaking?
  (*telephone*)
**química** *f.* chemistry
**químico/a** *m., f.* chemist
**quince** *adj.* fifteen
 **menos quince** quarter to (*time*)
 **y quince** quarter after (*time*)
**quinceañera** *f.* fifteen-year-old girl
**quinientos/as** *adj.* five hundred
**quinto/a** *adj.* fifth
**quisiera** *v.* I would like
**quitar** *v.* to remove 5
 **quitar el polvo** *v.* to dust
 **quitar la mesa** *v.* to clear the table
 **quitarse** *v.* to take off
**quizás** *adv.* maybe

### R

**racismo** *m.* racism
**radio** *f.* radio
**radioemisora** *f.* radio station 3
**radiografía** *f.* X-ray
**raíz** *f.* root 4
**rancho** *m.* ranch
**rápido/a** *adv.* quickly
**raro/a** *adj.* weird 6
**rascacielos** *m.* skyscraper 2
**rasgo** *m.* feature
**rato** *m.* while 1, 6
**ratón** *m.* mouse
**ratos libres** *m., pl.* free time
**raya** *f.* stripe
**razón** *f.* reason
**realizar** *v.* to carry out
**realizarse** *v.* to become true 4
**rebaja** *f.* sale
**rebelde** *adj.* rebellious 4
**recado** *m.* (*telephone*) message
**receta** *f.* prescription; recipe 4
**recetar** *v.* to prescribe
**rechazar** *v.* to reject; *v.* to turn
 down 2
**recibir** *v.* to receive
**reciclaje** *m.* recycling 5
**reciclar** *v.* to recycle 5
**recién casado/a** *m., f.* newly-wed
**recogedor** *m.* dustpan 4
**recoger** *v.* to pick up
**recomendar (e:ie)** *v.* to recommend
**reconocer (c:zc)** *v.* to recognize
**recordar (o:ue)** *v.* to remember
**recorrer** *v.* to travel (around a city) 2
**recorrido** *m.* route; trip
**recreo** *m.* recreation

**recursos** *m., pl.* resources 5
 **recurso natural**
  natural resource
**red** *f.* network; the Web
 **red de apoyo** support network 1
**redactor(a)** *m., f.* editor 3
**reducir** *v.* to reduce
**reemplazar** *v.* to replace
**refresco** *m.* soft drink
**refrigerador** *m.* refrigerator
**refugiado/a** *m., f.* refugee
 **refugiado/a de guerra** *m., f.*
  war refugee
 **refugiado/a político/a** *m., f.*
  political refugee
**regalar** *v.* to give (a gift)
**regalo** *m.* gift
**regañar** *v.* to scold 4
**regatear** *v.* to bargain
**región** *f.* region; area
**regla** *f.* rule 6
**regresar** *v.* to return
**regular** *adj.* so-so; OK
**reído** *p.p.* laughed
**reírse (e:i)** *v.* to laugh
**relaciones** *f., pl.* relationships
 **relaciones exteriores** *f., pl.*
  foreign relations 6
**relajarse** *v.* to relax 2
**religión** *f.* religion 4
**reloj** *m.* clock; watch
**remodelar** *v.* to remodel
**renovable** *adj.* renewable 5
**renunciar** *v.* to quit
**repartir** *v.* to distribute; hand out
**repentino/a** *adj.* sudden 2
**repetir (e:i)** *v.* to repeat
**repleto/a** *adj.* crowded 2
**reportaje** *m.* (news) report 3
**reportero/a** *m., f.* reporter;
 journalist 3
**represa** *f.* dam
**representante** *m., f.* representative
**reprochar** *v.* to blame 1
**reproductor de DVD** *m.*
 DVD player
**reproductor de MP3** *m.*
 MP3 player
**rescatado/a** *adj.* rescued 6
**reseña** *f.* review 1
**resfriado** *m.* cold (*illness*)
**residencia estudiantil** *f.* dormitory
**residir** *v.* to reside 2
**resolver (o:ue)** *v.* to solve;
 to resolve 5
**respetar** *v.* to respect 4
**respirar** *v.* to breathe 5
**respuesta** *f.* answer
**restaurante** *m.* restaurant
**resuelto/a** *p.p.* resolved
**reto** *m.* challenge 5
**retroceder** *v.* to move backward 2

**reunión** *f.* meeting
**reunirse (con)** *v.* to get together (with)
**revisar** *v.* to check
   **revisar el aceite** *v.* to check the oil
**revista** *f.* magazine **3**
**revolucionario/a** *adj.* revolutionary
**rico/a** *adj.* rich; *adj.* tasty; delicious
**ridículo/a** *adj.* ridiculous
**riesgo** *m.* risk **1**
**río** *m.* river **5**
**riqueza** *f.* wealth
**riquezas** *f., pl.* riches
**riquísimo/a** *adj.* extremely delicious
**ritmo** *m.* rhythm **3**
**rito sagrado** *m.* sacred ritual **4**
**rivalidad** *f.* rivalry
**rodar (o:ue)** *v.* to shoot (a movie) **3**
**rodeado/a** *adj.* surrounded
**rodear** *v.* to surround **4**
**rodilla** *f.* knee
**rogar (o:ue)** *v.* to beg; to plead
**rojo/a** *adj.* red
**romántico/a** *adj.* romantic
**romper** *v.* to break
   **romper con** *v.* to break up with **1**
   **romperse la pierna** *v.* to break
     one's leg
**rompimiento** *m.* breakup **1**
**ropa** *f.* clothing; clothes
   **ropa interior** *f.* underwear
**rosado/a** *adj.* pink
**roto/a** *adj.* broken
**rubio/a** *adj.* blond(e)
**ruido** *m.* noise
**ruidoso/a** *adj.* noisy **2**
**rumorear** *v.* to be rumored (that)
**ruso/a** *adj.* Russian
**rutina** *f.* routine **5**
   **rutina diaria** daily routine **5**

## S

**sábado** *m.* Saturday
**saber** *v.* to know; to know how; to taste
   **saber a** to taste like
**sabrosísimo/a** *adj.*
   extremely delicious
**sabroso/a** *adj.* tasty; delicious
**sacar** *v.* to take out
   **sacar fotos** to take photos
   **sacar la basura** to take out
     the trash
   **sacar(se) un diente** to have a
     tooth removed
**sacerdote** *m.* priest **4**
**sacrificar** *v.* to sacrifice **4**
**sacudir** *v.* to dust
   **sacudir los muebles** to dust
     the furniture
**sal** *f.* salt
**sala** *f.* living room; room
   **sala de emergencia(s)**
     emergency room

**salario** *m.* salary
**salchicha** *f.* sausage
**salida** *f.* departure; exit
**salir** *v.* to leave; to go out
   **salir (con)** to go out (with); to date **1**
   **salir a comer algo** to go out
     to eat
   **salir a la venta** to go on sale **3**
   **salir a tomar algo** to go out to
     have a drink
   **salir con** to go out with **1**
   **salir de** to leave from
   **salir para** to leave for (*a place*)
**salmón** *m.* salmon
**salón** *m.* **de belleza** beauty salon
**saltar** *v.* to jump
**salud** *f.* health
**saludable** *adj.* healthy
**saludar(se)** *v.* to greet (each other)
**saludo** *m.* greeting
   **saludos a...** greetings to...
**salvar** *v.* to save **4**
**sandalia** *f.* sandal
**sandía** *f.* watermelon
**sándwich** *m.* sandwich
**sangre** *f.* blood
**sano/a** *adj.* healthy
**se** *ref. pron.* himself; herself;
   itself; *form.* yourself; themselves;
   yourselves
**se** *impersonal* one
   **Se hizo...** He/she/it became...
   **Se nos dañó...** The... broke down.
   **Se nos pinchó una llanta.**
     We had a flat tire.
**secadora** *f.* clothes dryer
**secarse** *v.* to dry oneself
**sección de (no) fumar** *f.*
   (non) smoking section
**sección de sociedad** *f.*
   lifestyle section **3**
**sección deportiva** *f.* sports section **3**
**seco/a** *adj.* dry **5**
**secretario/a** *m., f.* secretary
**secuencia** *f.* sequence
**secuestrar** *v.* to kidnap; to hijack **6**
**secuestro** *m.* kidnapping **6**
**sed** *f.* thirst
**seda** *f.* silk
**sedentario/a** *adj.* sedentary; related
   to sitting
**seguir (e:i)** *v.* to follow; to continue
**según** according to
**segundo/a** *adj.* second
**seguridad** *f.* security; safety **6**
**seguro/a** *adj.* sure; safe;
   secure; confident **1**
**seis** *adj.* six
**seiscientos/as** *adj.* six hundred
**selva** *f.* jungle; rainforest **5**
   **selva tropical** tropical rainforest **5**
**semáforo** *m.* traffic light **2**

**semana** *f.* week
   **fin** *m.* **de semana** weekend
   **semana pasada** last week
**sembrar** *v.* to plant
**semejante** *adj.* similar
**semestre** *m.* semester
**semilla** *f.* seed **5**
**sendero** *m.* trail; trailhead
**sensible** *adj.* sensitive **1**
**sentarse (e:ie)** *v.* to sit down
**sentido** *m.* sense
   **sentido común** common sense
**sentimiento** *m.* feeling **1**
**sentir(se) (e:ie)** *v.* to feel; to be sorry;
   to regret **1**
   **sentirse realizado/a** to feel fulfilled
**señal** *f.* sign
   **señal de tráfico** road sign **2**
**señor (Sr.); don** *m.* Mr.; sir
**señora (Sra.); doña** *f.* Mrs.; ma'am
**señorita (Srta.)** *f.* Miss
**separado/a** *adj.* separated **1**
**separarse (de)** *v.* to separate (from)
**septiembre** *m.* September
**séptimo/a** *adj.* seventh
**sequía** *f.* drought **5**
**ser** *v.* to be
   **ser aficionado/a (a)** to be
     a fan (of)
   **ser alérgico/a (a)** to be
     allergic (to)
   **ser gratis** to be free of charge
   **ser parcial** to be biased **3**
**ser humano** *m.* human being **3**
**serio/a** *adj.* serious
**serpiente** *f.* snake **5**
**serrar** *v.* to saw **5**
**servilleta** *f.* napkin
**servir (e:i)** *v.* to serve; to help
**sesenta** *adj.* sixty
**setecientos/as** *adj.* seven hundred
**setenta** *adj.* seventy
**sexismo** *m.* sexism
**sexo** *m.* gender **4**
**sexto/a** *adj.* sixth
**sí** *adv.* yes
**si** *conj.* if
**sí mismo/a** himself/herself **4**
**SIDA** *m.* AIDS
**sido** *p.p.* been
**siempre** *adv.* always
**siete** *adj.* seven
**significar** *v.* to mean **2**
**silbar (a)** *v.* to whistle (at) **6**
**silla** *f.* seat
**sillón** *m.* armchair
**símbolo** *m.* symbol **5**
**similar** *adj.* similar
**simpático/a** *adj.* nice; likeable
**sin** *prep.* without
   **sin duda** without a doubt
   **sin embargo** however
   **sin que** *conj.* without

**sincerarse** *v.* to come clean
**sindicato** *m.* labor union
**sino** *conj.* but (rather)
**síntoma** *m.* symptom
**sitio** *m.* **web** website **3**
**situado/a** *p.p.* located
**smog** *m.* smog **5**
**sobre** *m.* envelope; *prep.* on; over
**sobrevivir** *v.* to survive **4**
**sobrino/a** *m., f.* nephew/niece **4**
**socio/a** *m., f.* partner; member
**sociología** *f.* sociology
**sofá** *m.* couch; sofa
**sol** *m.* sun **5**
**solar** *adj.* solar
**soldado** *m., f.* soldier
**soleado/a** *adj.* sunny
**soledad** *f.* loneliness
**solicitar** *v.* to apply
**solicitud (de trabajo)** *f.*
   (job) application
**sólo** *adv.* only
**solo/a** *adj.* alone
**soltero/a** *adj.* single **1**
**solución** *f.* solution
**sombrero** *m.* hat
**Son las dos.** It's two o'clock.
**sonar (o:ue)** *v.* to ring
**sonreído** *p.p.* smiled
**sonreír (e:i)** *v.* to smile
**soñar (o:ue)** *v.* to dream
   **soñar con** to dream about **1**
**sopa** *f.* soup
**soportar** *v.* to put up with **5**
**sorprender** *v.* to surprise
**sorprendido/a** *m., f.* surprised **2**
**sorpresa** *f.* surprise
**sospecha** *f.* suspicion **3**
**sospechar** *v.* to suspect
**sospechoso/a** *adj.* suspicious
**sótano** *m.* basement; cellar
**soy** I am
   **Soy de...** I'm from...
   **Soy yo.** That's me.
**su(s)** *poss. adj.* his; her; its;
   *form.* your; their
**subir** *v.* to go up; to upload (*on a*
   *computer*) **2**
**subir(se) a** *v.* to get on/into
   (*a vehicle*)
**subsistir** *v.* to survive **2**
**subtítulos** *m., pl.* subtitles **3**
**suburbio** *m.* suburb **2**
**suceder** *v.* to happen
**sucio/a** *adj.* dirty
**sucre** *m.* former
   Ecuadorian currency
**sudar** *v.* to sweat
**suegro/a** *m., f.* father/mother-in-law **4**
**sueldo** *m.* salary
   **sueldo mínimo** minimum wage
**suelo** *m.* floor; ground **3**
**sueño** *m.* sleep

**suerte** *f.* luck
**suéter** *m.* sweater
**sufrir** *v.* to suffer
   **sufrir muchas presiones**
     to be under a lot of pressure
   **sufrir una enfermedad**
     to suffer an illness
**sugerir (e:ie)** *v.* to suggest
**sumiso/a** *adj.* submissive **4**
**superar(se)** *v.* to overcome;
   to better oneself **4**
**supermercado** *m.* supermarket
**superpoblación** *f.* overpopulation
**supersticioso/a** *m., f.* superstitious
**supervivencia** *f.* survival
**suponer** *v.* to suppose
**Sur** *m.* South
**surgir** *v.* to emerge, to arise
**suscribirse (a)** *v.* to subscribe (to) **3**
**sustantivo** *m.* noun
**sustituir** *v.* to substitute
**suyo(s)/a(s)** *poss.* (of) his/her; (of)
   hers; (of) its; (of); *form.* your; (of)
   yours; (of) their

## T

**tacaño/a** *adj.* cheap; stingy **1**
**tal vez** *adv.* maybe
**talentoso/a** *adj.* talented
**talla** *f.* size
   **talla grande** *f.* large (*size*)
**taller** *m.* **mecánico** garage;
   mechanic's repairshop
**tamaño** *m.* size
**también** *adv.* also; too
**tambor** *m.* drum **3**
**tampoco** *adv.* neither; not either
**tan** *adv.* so
   **tan... como** as... as
   **tan pronto como** *conj.* as soon as
**tanque** *m.* tank
**tanto** *adv.* so much
   **tanto... como** as much... as
   **tantos/as... como** as many... as
**tarde** *adv.* late; *f.* afternoon;
   evening; P.M.
**tarea** *f.* homework
**tarjeta** *f.* (post) card
   **tarjeta de débito** debit card
   **tarjeta de crédito** credit card
   **tarjeta postal** postcard
**taxi** *m.* taxi
**taza** *f.* cup
**te** *sing., fam., d.o. pron.* you;
   *sing., fam., i.o. pron.* to/for you
   **Te presento a...** *fam.* I would like
     to introduce... to you
   **¿Te gustaría?** Would you like to?
   **¿Te gusta(n)...?** Do you like...?
**té** *m.* tea
   **té helado** iced tea

**teatro** *m.* theater
**techo** *m.* ceiling
**teclado** *m.* keyboard
**técnico/a** *m., f.* technician
**tejido** *m.* weaving
**teleadicto/a** *m., f.* couch potato
**(teléfono) celular** *m.* cell (phone)
**telenovela** *f.* soap opera **3**
**telepatía** *f.* telepathy
**telescopio** *m.* telescope
**teletrabajo** *m.* telecommuting
**televidente** *m., f.* television viewer **3**
**televisión** *f.* television
**televisión por cable** *f.*
   cable television
**televisor** *m.* television set
**tembloroso/a** *adj.* trembling **4**
**temer** *v.* to fear
**temor** *m.* fear **6**
**temperatura** *f.* temperature
**tempestuoso/a** *adj.* stormy **1**
**temporada** *f.* season **3**
**temprano** *adv.* early
**tendero/a** *m., f.* storekeeper
**tenedor** *m.* fork
**tener** *v.* to have
   **tener... años** to be... years old
   **Tengo... años.** I'm... years old.
   **tener buena fama** to have a
     good reputation **3**
   **tener (mucho) calor** to be (very) hot
   **tener celos (de)** to be jealous (of) **1**
   **tener conexiones** *v.*
     to have connections;
     to have influence
   **tener (mucho) cuidado** to be
     (very) careful
   **tener (la) culpa** to be at fault **1**
   **tener derecho a** to have the right to **6**
   **tener dolor** to have a pain
   **tener éxito** to be successful
   **tener fiebre** to have a fever
   **tener (mucho) frío** to be (very) cold
   **tener ganas de (+ *inf.*)** to feel
     like (doing something)
   **tener (mucha) hambre** *f.* to be
     (very) hungry
   **tener mala fama** to have
     a bad reputation **3**
   **tener (mucho) miedo (de)**
     to be (very) afraid (of);
     to be (very) scared (of)
   **tener miedo (de) que** to be
     afraid that
   **tener planes** to have plans
   **tener (mucha) prisa** to be in
     a (big) hurry **1**
   **tener que (+ *inf.*)** *v.* to have to
     (*do something*)
   **tener razón** *f.* to be right
   **tener (mucha) sed** *f.* to be
     (very) thirsty

**tener (mucho) sueño** to be (very) sleepy
**tener (mucha) suerte** to be (very) lucky
**tener tiempo** to have time
**tener una cita** to have a date; to have an appointment
**tener vergüenza (de)** to be ashamed (of) **1**
**tenis** *m.* tennis
**tensión** *f.* tension
**teoría** *f.* theory
**tercer, tercero/a** *adj.* third
**terminar** *v.* to end; to finish
**terminar de (+ *inf.*)** *v.* to finish (*doing something*)
**ternura** *f.* tenderness **2**
**terremoto** *m.* earthquake **5**
**terreno** *m.* terrain
**terrible** *adj.* terrible
**territorio** *m.* territory
**terrorismo** *m.* terrorism **6**
**terrorista** *m., f.* terrorist **6**
**ti** *prep., obj. of prep., fam.* you
**tibio/a** *m., f.* warm **3**
**tiempo** *m.* time; weather
**tiempo libre** free time
**tienda** *f.* shop; store
**tienda de campaña** tent
**tierra** *f.* land; earth; soil **5**
**Tierra** *f.* Earth **5**
**tigre** *m.* tiger **5**
**timidez** *f.* shyness
**tímido/a** *adj.* shy **1**
**tinto/a** *adj.* red (wine)
**tío/a** *m., f.* uncle/aunt
**tío/a abuelo/a** *m.* great uncle/aunt **4**
**tíos** *m., pl.* aunts and uncles
**tira cómica** *f.* comic strip **3**
**titular** *m.* headline **3**
**título** *m.* title
**tiza** *f.* chalk
**toalla** *f.* towel
**tobillo** *m.* ankle
**tocadiscos compacto** *m., sing.* compact disc player
**tocar** *v.* to play (*a musical instrument*) **3**; to touch
**todavía** *adv.* yet; still
**todo** *m.* everything
**Todo está bajo control.** Everything is under control.
**todos/as** *m., f., pl.* all of us; *m., pl.* everybody; everyone
**¡Todos a bordo!** All aboard!
**todo(s)/a(s)** *adj.* all; whole; every; *adv.* completely
**en todo el mundo** throughout the world
**todos los días** every day
**(todo) derecho** straight ahead

**tomar** *v.* to take; to drink
**tomar clases** *f., pl.* to take classes
**tomar el sol** to sunbathe
**tomar el pelo** to pull someone's leg
**tomar en cuenta** to take into account
**tomar fotos** *f., pl.* to take photos
**tomar la temperatura** to take someone's temperature
**tomate** *m.* tomato
**tonto/a** *adj.* silly; fool; foolish
**torcerse (o:ue) (el tobillo)** *v.* to sprain (one's ankle)
**torcido/a** *adj.* twisted; sprained
**tormenta** *f.* storm
**tornado** *m.* tornado
**torpe** *adj.* clumsy **4**
**tortilla** *f.* tortilla
**tortilla de maíz** corn tortilla
**tortuga** *f.* **(marina)** (sea) turtle **5**
**tos** *f., sing.* cough
**toser** *v.* to cough
**tostado/a** *adj.* toasted
**tostadora** *f.* toaster
**tóxico/a** *adj.* toxic **5**
**trabajador(a)** *adj.* hard-working
**trabajar** *v.* to work
**trabajo** *m.* job; work
**traducir** *v.* to translate
**traer** *v.* to bring
**tráfico** *m.* traffic **2**
**tragedia** *f.* tragedy
**traído/a** *p.p.* brought
**traje** *m.* suit
**traje de baño** *m.* bathing suit
**trámite** *m.* process
**trampa** *f.* trap **6**
**tranquilo/a** *adj.* calm; quiet **1**
**Tranquilo.** Don't worry.; Be cool.
**transbordador espacial** *m.* space shuttle
**transmisión** *f.* broadcast **3**
**transmitir** *v.* to broadcast **3**
**transporte** *m.* transportation **2**
**transporte público** public transportation **2**
**tras** *prep.* after **3**
**trasnochar** *v.* to stay up late
**tratar de (+ *inf.*)** *v.* to try (*to do something*)
**trato** *m.* treatment **2**
**trece** *adj.* thirteen
**treinta** *adj.* thirty
**y treinta** thirty minutes past the hour (*time*)
**tren** *m.* train
**tres** *adj.* three
**trescientos/as** *adj.* three hundred
**tribunal** *m.* court **6**

**trimestre** *m.* trimester; quarter
**triste** *adj.* sad
**tronco** *m.* trunk **5**
**trotamundos** *m., f.* globetrotter **1**
**tú** *fam. sub. pron.* you
**Tú eres...** You are…
**tu(s)** *fam. poss. adj.* your
**turismo** *m.* tourism
**turista** *m., f.* tourist
**turístico/a** *adj.* touristic
**tuyo/a(s)** *fam. poss. pron.* your; (of) yours

## U

**u** *conj. (used instead of **o** before words beginning with **o** and **ho**)* or
**ubicado/a** *adj.* located
**último/a** *adj.* last
**un, uno/a** *indef. art.* a; one
**uno/a** *m., f., sing. pron.* one
**a la una** at one o'clock
**una vez** once; one time
**una vez más** one more time
**único/a** *adj.* only
**unido/a** *adj.* close-knit **4**
**universidad** *f.* university; college
**universo** *m.* universe
**unos/as** *m., f., pl., indef. art.* some
**unos/as** *pron.* some
**urbanizar** *v.* to urbanize **5**
**urgente** *adj.* urgent
**usar** *v.* to wear; to use
**usted (Ud.)** *form., sing.* you
**ustedes (Uds.)** *form., pl.* you
**útil** *adj.* useful
**utilidad** *f.* usefulness **5**
**uva** *f.* grape

## V

**vaca** *f.* cow
**vacaciones** *f. pl.* vacation
**vacío/a** *adj.* empty **2**
**valer la pena** *v.* to be worth it
**valle** *m.* valley
**valorar** *v.* to value **2**
**valores** *m., pl.* values
**vamos** let's go
**vanguardia** *f.* vanguard
**vaquero** *m.* cowboy
**de vaqueros** *m., pl.* western (*genre*)
**varios/as** *adj. m., f., pl.* various; several
**vaso** *m.* glass
**veces** *f., pl.* times
**vecino/a** *m., f.* neighbor
**veinte** *adj.* twenty
**veinticinco** *adj.* twenty-five
**veinticuatro** *adj.* twenty-four
**veintidós** *adj.* twenty-two
**veintinueve** *adj.* twenty-nine

**veintiocho** *adj.* twenty-eight
**veintiséis** *adj.* twenty-six
**veintisiete** *adj.* twenty-seven
**veintitrés** *adj.* twenty-three
**veintiún, veintiuno/a** *adj.* twenty-one
**vejez** *f.* old age **4**
**velocidad** *f.* speed
   **velocidad máxima** *f.* speed limit
**vencer** *v.* to defeat
**vendedor(a)** *m., f.* salesman/
   saleswoman
**vender** *v.* to sell
**venir** *v.* to come
**venta** *f.* sale
**ventana** *f.* window
**ver** *v.* to see
   **a ver** *v.* let's see
   **ver películas** *f., pl.* to see movies
**verano** *m.* summer
**verbo** *m.* verb
**verdad** *f.* truth
   **¿verdad?** right?
**verde** *adj.* green
**verduras** *f., pl.* vegetables
**vergüenza** *f.* embarrassment
**vestido** *m.* dress
**vestirse (e:i)** *v.* to get dressed
**vez** *f.* time
**viajar** *v.* to travel
**viaje** *m.* trip
**viajero/a** *m., f.* traveler
**víctima** *f.* victim **6**
**victoria** *f.* victory **6**
**vida** *f.* life
   **vida nocturna** *f.* nightlife **2**
**video** *m.* video
**video musical** *m.* music video **3**

**video(casete)** *m.* video(cassette)
**videocasetera** *f.* VCR
**videoconferencia** *f.* videoconference
**videojuego** *m.* video game
**vidrio** *m.* glass
**viejo/a** *adj.* old
**viento** *m.* wind
**viernes** *m., sing.* Friday
**vigilar** *v.* to watch; keep an eye on;
   keep watch on **3**
**vinagre** *m.* vinegar
**vino** *m.* wine
   **vino blanco** *m.* white wine
   **vino tinto** *m.* red wine
**violencia** *f.* violence **6**
**violonchelo** *m.* cello **3**
**visitar** *v.* to visit
   **visitar monumentos** *m., pl.*
   to visit monuments
**visto/a** *p.p.* seen
**vitamina** *f.* vitamin
**viudo/a** *adj.* widower/widow
**vivienda** *f.* housing; home **2**
**vivir** *v.* to live
**vivo/a** *adj.* bright; lively; living
**volante** *m.* steering wheel
**volar (o:ue)** *v.* to fly
**volcán** *m.* volcano
**vóleibol** *m.* volleyball
**voltear** *v.* to turn back
**voluntad** *f.* will **1**
**volver (o:ue)** *v.* to return
   **volver a ver(te/lo/la)** to see
   (you/him/her) again
**vos** *pron.* you
**vosotros/as** *form., pl.* you
**votar** *v.* to vote

**vuelta** *f.* return trip
**vuelto/a** *p.p.* returned
**vuestro/a(s)** *poss. adj.* your; *fam.*
   (of) yours

## Y

**y** *conj.* and
   **y cuarto** quarter after (time)
   **y media** half-past (time)
   **y quince** quarter after (time)
   **y treinta** thirty (minutes past the
   hour)
   **¿Y tú?** *fam.* And you?
   **¿Y usted?** *form.* And you?
**ya** *adv.* already
**yacimiento** *m.* deposit
**yerno** *m.* son-in-law **4**
**yo** *sub. pron.* I
   **Yo soy...** I'm...
**yogur** *m.* yogurt

## Z

**zanahoria** *f.* carrot
**zapatería** *f.* shoe store
**zapatos de tenis** *m., pl.* tennis
   shoes; sneakers

## English-Spanish

### A

**a** un/(a) *m., f., sing.; indef. art.* **1**
**@** (*symbol*) arroba *f.*
**A.M.** mañana *f.*
**able: be able to** poder (o:ue) *v.*
**aboard** a bordo
**abolish** derogar *v.* **6**
**abuse** abusar *v.* **6**
**abuse** abuso *m.* **6**; maltrato *m.*
**accent** acento *m.*
**accident** accidente *m.*
**accompany** acompañar *v.*
**account** cuenta *f.*
   **on account of** por *prep.*
**accountant** contador(a) *m., f.*
**accounting** contabilidad *f.*
**ache** dolor *m.*
**achieve** lograr *v.* **0**
**acid** ácido/a *adj.*
   **acid rain** lluvia ácida
**acquainted: be acquainted with**
   conocer *v.*
**act** actuar *v.*
**action (genre)** de acción *f.*
**active** activo/a *adj.*
**activist** activista *m., f.* **6**
**actor** actor *m.*, actriz *f.* **3**
**actress** actriz *f.* **3**
**adapt** acomodarse *v.*;
   adaptarse *v.*
**addict (drug)** drogadicto/a *adj.*
**additional** adicional *adj.*
**address** dirección *f.* **2**; dirigirse *v.*
**adjective** adjetivo *m.*
**administrative** administrativo/a *adj.*
**adolescence** adolescencia *f.* **4**
**adolescent** adolescente *m., f.* **4**
**adult** adulto/a *m., f.* **4**
**adulthood** edad adulta *f.* **4**
**advance** avance *m.*
**advanced** avanzado/a *adj.*
**adventure (genre)** de aventura *f.*
**advertise** anunciar *v.*
**advertisement** anuncio *m.* **3**
**advertising** publicidad *f.* **3**
**advice** consejo *m.*
   **give advice** dar consejos
**advise** aconsejar *v.*
**advisor** consejero/a *m., f.*;
   asesor(a) *m., f.*
**aerobic** aeróbico/a *adj.*
   **aerobics class** clase de
     (ejercicios) aeróbicos
   **to do aerobics** hacer (ejercicios)
     aeróbicos
**affected** afectado/a *adj.*
   **be affected (by)** estar *v.*
     afectado (por)
**affection** afecto *m.*
**affectionate** cariñoso/a *adj.* **1**

**affirmative** afirmativo/a *adj.*
**afraid: be (very) afraid (of)** tener
   (mucho) miedo (de)
   **be afraid that** tener miedo (de) que
**after** después de *prep.*; después de
   que *conj.*; tras *prep.* **3**
**afternoon** tarde *f.*
**afterward** después *adv.*
**again** otra vez
**age** edad *f.*; envejecer *v.* **2**
**agree** concordar *v.*
**agree** estar *v.* de acuerdo
   **I agree (completely).** Estoy
     (completamente) de acuerdo.
   **I don't agree.** No estoy de acuerdo.
**agreement** acuerdo *m.*
**ahead (of)** por delante *adv.*
**AIDS** SIDA *m.*
**ailment** dolencia *f.* **5**
**air** aire *m.*
   **air pollution** contaminación
     del aire
**airplane** avión *m.*
**airport** aeropuerto *m.*
**alarm clock** despertador *m.*
**alcohol** alcohol *m.*
   **to consume alcohol**
     consumir alcohol
**alcoholic** alcohólico/a *adj.*
**alien** extranjero/a *m., f.*;
   extraterrestre *adj.*
**all** todo(s)/a(s) *adj.*
   **All aboard!** ¡Todos a bordo!
   **all of us** todos
   **all over the world** en todo
     el mundo
**allergic** alérgico/a *adj.*
   **be allergic (to)** ser alérgico/a
**alleviate** aliviar *v.*
**allow** permitir *v.*
**almost** casi *adv.*
**alone** solo/a *adj.*
**along** por *prep.*
**already** ya *adv.*
**also** también *adv.*
**alternator** alternador *m.*
**although** aunque *conj.*
**aluminum** aluminio *m.*
   **(made) of aluminum** de aluminio
**always** siempre *adv.*
**American (North)**
   norteamericano/a *adj.*
**amnesty** amnistía *f.*
**among** entre *prep.*
**amuse oneself** entretenerse (e:ie) *v.*
**amusement** diversión *f.*
**amusement park** parque *m.*
   de atracciones
**ancestor** antepasado *m.* **4**
**and** y *conj.*; e *conj.* (*before words
   beginning with* ***i*** *or* ***hi***)
   **And you?**¿Y tú? *fam.*;
     ¿Y usted? *form.*

**angry** enojado/a *adj.* **1**
   **get angry (with)** enojarse *v.* (con) **1**
**animal** animal *m.*
**ankle** tobillo *m.*
**anniversary** aniversario *m.*
   **(wedding) anniversary**
     aniversario *m.* (de bodas)
**announce** anunciar *v.*
**announcer (TV/radio)** locutor(a) *m.,
   f.* (de televisión/radio) **3**
**annoy** molestar *v.*
**annoying** pesado/a *adj.* **1**
**another** otro/a *adj.*
**answer** contestar *v.*; respuesta *f.*
**answering machine** contestadora *f.*
**antibiotic** antibiótico *m.*
**anticipate** anticipar *v.*
**antidote** antídoto *m.* **5**
**anxious** ansioso/a *adj.* **1**
**any** algún, alguno/a(s) *adj.*
**anyone** alguien *pron.*
**anything** algo *pron.*
**apartment** apartamento *m.*
**apartment building** edificio
   de apartamentos
**appear** aparecer *v.*
**appetizers** entremeses *m., pl.*
**applaud** aplaudir *v.*
**apple** manzana *f.*
**appliance (electric)** electrodoméstico *m.*
**applicant** aspirante *m., f.*
**application** solicitud *f.*
   **job application** solicitud de trabajo
**apply** (*for a job*) solicitar *v.*
   **apply for a loan** pedir (e:ie) *v.*
     un préstamo
**appointment** cita *f.*
   **have an appointment** tener *v.*
     una cita
**appreciate** apreciar *v.*
**April** abril *m.*
**aquatic** acuático/a *adj.*
**archaeologist** arqueólogo/a *m., f.*
**architect** arquitecto/a *m., f.*
**area** región *f.*
**argue** discutir *v* **1**
**arise** surgir *v.*
**arm** brazo *m.*
**armchair** sillón *m.*
**army** ejército *m.* **6**
**around** por *prep.*
   **around here** por aquí
**arrange** arreglar *v.*
**arrival** llegada *f.*
**arrive** llegar *v.*
**art** arte *m.*
   **(fine) arts** bellas artes *f., pl.*
**article** *m.* artículo
**artist** artista *m., f.*
**artistic** artístico/a *adj.*
**arts** artes *f., pl.*
**as** como
   **as a child** de niño/a

**as... as** tan... como
  **as many... as** tantos/as... como
  **as much... as** tanto... como
  **as soon as** en cuanto *conj.*;
    tan pronto como *conj.*
**ask** (*a question*) preguntar *v.*
  **ask for** pedir (e:i) *v.*
  **ask for directions** preguntar
    el camino *v.* **2**
**asparagus** espárragos *m., pl.*
**aspirin** aspirina *f.*
**assimilate** asimilar *v.*
**assimilation** asimilación *f.*
**astronaut** astronauta *m., f.*
**astronomer** astrónomo/a *m., f.*
**at** a *prep.*; en *prep.*
  **at** + *time* a la(s) + *time*
  **at home** en casa
  **at least** por lo menos
  **at night** por la noche
  **at the end (of)** al fondo (de)
  **At what time...?** ¿A qué hora...?
  **At your service.** A sus órdenes.
**athlete** atleta *m., f.*; deportista
  *m., f.*
**ATM** cajero *m.* automático
**attach (a file)** adjuntar
  (un archivo) *v.*
**attain** alcanzar *v.*; lograr *v.*
**attend** asistir (a) *v.*
**attic** altillo *m.*
**attitude** actitud *f.*
**attract** atraer *v.*
**audience** público *m.* **3**
**August** agosto *m.*
**aunt** tía *f.* **4**
  **aunts and uncles** tíos *m., pl.*
**authority** autoridad *f.* **6**
**automobile** automóvil *m.*; carro *m.*;
  coche *m.*
**autumn** otoño *m.*
**available (to be)** disponible (estar)
  *m., f.* **3**
**avenue** avenida *f.* **2**
**avoid** evitar *v.*
**award** premio *m.*

---

### B

**backpack** mochila *f.*
**bad** mal, malo/a *adj.*
  **have a bad reputation** tener (e:ie)
    mala fama *v.* **3**
  **It's bad that...** Es malo que...
  **It's not at all bad.** No está nada mal.
**bag** bolsa *f.*
**bakery** panadería *f.*
**balanced** equilibrado/a *adj.*
**balcony** balcón *m.*
**ball** pelota *f.*; balón *m.*
**banana** banana *f.*
**band** banda *f.*; conjunto/grupo *m.*
  musical

**bank** banco *m.*
**bankruptcy** bancarrota *f.*
**banner** pancarta *f.* **4**
**bargain** ganga *f.*; regatear *v.*
**baseball** (*game*) béisbol *m.*
**basement** sótano *m.*
**basketball** (*game*) baloncesto *m.*
**bass** bajo *m.* **3**
**bathe** bañar(se) *v.*
**bathing suit** traje *m.* de baño
**bathroom** baño *m.*; cuarto de baño *m.*
**be** ser *v.*; estar *v.*
  **be at fault** tener la culpa *v.* **1**
  **be ashamed** tener vergüenza **1**
  **be biased** ser parcial **3**
  **be contagious** contagiar **5**
  **be distressed** afligirse
  **be enough** alcanzar **4**
  **be located** quedar *v.* **2**
  **be lost** estar perdido/a **2**
  **be necessary** hacer falta **5**
  **be on sale** estar a la venta
  **be outraged** indignarse *v.* **2**
  **be paid** cobrar
  **be pregnant** estar embarazada
  **be promoted** ascender
  **be rumored (that)** rumorear
  **be suspicious** desconfiar
  **be under pressure** estar
    bajo presión
  **be worth it** valer la pena
  **be... years old** tener... años
**beach** playa *f.*
**beans** frijoles *m., pl.*
**bear** oso *m.* **5**
**beat** (*a drum*) golpear *v.* **3**
**beautiful** hermoso/a *adj.*
**beauty** belleza *f.*
  **beauty salon** peluquería *f.*;
    salón *m.* de belleza
**because** porque *conj.*
  **because of** por *prep.*
**become (+ adj.)** ponerse;
  convertirse *v.*
  **become annoying** ponerse *v.*
    pesado/a **1**
  **become enriched**
    enriquecerse *v.*
  **become extinct** extinguirse *v.* **5**
  **become independent**
    independizarse *v.* **4**
  **become informed (about)**
    enterarse (de) *v.* **3**
  **become part (of)** integrarse (a) *v.*
  **become true** realizarse *v.* **4**
**bed** cama *f.*
  **go to bed** acostarse (o:ue) *v.*
**bedroom** alcoba *f.*; dormitorio *m.*;
  recámara *f.*
**beef** carne de res *f.*
  **beef soup** caldo de patas
**been** sido *p.p.*
**beer** cerveza *f.*

**before** antes *adv.*; antes de *prep.*;
  antes (de) que *conj.*
**beg** rogar (o:ue) *v.*; mendigar *v.* **2**
**begin** comenzar (e:ie) *v.*;
  empezar (e:ie) *v.*
**behalf: on behalf of** de parte de
**behind** detrás de *prep.*
**being (human)** ser humano *m.*
**belief** creencia *f.* **4, 6**
**believe (in)** creer *v.* (en); creer *v.*
**believed** creído/a *p.p.*
**bellhop** botones *m., f. sing.*
**belong** pertenecer *v.*
**below** debajo de *prep.*
**beloved** amado/a *m., f.* **1**
**belt** cinturón *m.*
**benefit** beneficio *m.*
**beside** al lado de *prep.*
**besides** además (de) *adv.*
**best** mejor *adj.*
  **the best** el/la mejor *m., f.*;
    lo mejor *neuter*
**bet** apostar (o:ue) *v.*
**better** mejor *adj.*
  **It's better that...** Es mejor que...
**better oneself** superarse *v.*
**between** entre *prep.*
**beverage** bebida *f.*
  **alcoholic beverage**
    bebida alcohólica *f.*
**bias** parcialidad *f.* **3**
**biased** parcial *adj.* **3**
**bicycle** bicicleta *f.*
**big** gran, grande *adj.*
**bilingual** bilingüe *adj.*
**bill** cuenta *f.*
**billboard** letrero *m.* **2**
**billion** mil millones
**billiards** billar *m.*
**biology** biología *f.*
**biochemical** bioquímico/a *adj.*
**biochemist** bioquímico/a *m., f.*
**biologist** biólogo/a *m., f.*
**bird** ave *f.*; pájaro *m.* **5**
**birth** nacimiento *m.* **4**
**birthday** cumpleaños *m., sing.*
  **have a birthday** cumplir *v.* años
**birthrate** natalidad *f.*
**black** negro/a *adj.*
**black hole** agujero negro *m.*
**blackberry** mora *f.*
**blackboard** pizarra *f.*
**blackmail** chantajear *v.* **6**
**blame** reprochar *v.* **1**
**blanket** manta *f.*
**block (city)** cuadra *f.* **2**
**blog** blog *m.*
**blond(e)** rubio/a *adj.*
**blood** sangre *f.*
**blouse** blusa *f.*
**blue** azul *adj. m., f.*
**blue-collar worker** obrero/a *m., f.*
**blueprint** plano *m.*

**boad game** juego *m.* de mesa
**boarding house** pensión *f.*
**boat** barco *m.*
**body** cuerpo *m.*
  **body language** lenguaje corporal *m.*
**bone** hueso *m.*
**book** libro *m.*
**bookcase** estante *m.*; estantería *f.* **3**
**bookshelves** estante *m.*
**bookstore** librería *f.*
**boot** bota *f.*
**border** frontera *f.*
**bore** aburrir *v.*
**bored** aburrido/a *adj.*
  **be bored** estar *v.* aburrido/a
  **get bored** aburrirse *v.*
**boring** aburrido/a *adj.*
**born: be born** nacer *v.*
**borrow** pedir (e:ie) *v.* prestado
**borrowed** prestado/a *adj.*
**boss** jefe/a *m., f.*
**bossy** mandón/mandona *adj* **4.**
**bother** molestar *v.*
**bottle** botella *f.*
  **bottle of wine** botella de vino
  **little bottle** frasquito *m.* **5**
**bottom** fondo *m.*
**boulevard** bulevar *m.*
**bowling** boliche *m.*
**box** caja *f.*
**boy** chico *m.*; muchacho *m.*
**boyfriend** novio *m.*
**brakes** frenos *m., pl.*
**bread** pan *m.*
**break** romper *v.*
  **break (one's leg)** romperse
    (la pierna)
  **break down** dañar *v.*
  **The… broke down.** Se nos
    dañó el/la…
  **break up (with)** romper (con) **1**
**breakfast** desayuno *m.*
  **have breakfast** desayunar *v.*
**breakthrough** avance *m.*
**breakup** rompimiento *m.* **1**
**breathe** respirar *v.* **5**
**brick** ladrillo *m.*
**bridge** puente *m.* **2**
**bring** traer *v.*
**broadcast** transmisión *f.* **3**;
  transmitir *v.*; emitir *v.* **3**
**brochure** folleto *m.*
**broken** roto/a *adj.*
  **be broken** estar roto/a
**brother** hermano *m.*
  **brother-in-law** cuñado *m.* **4**
  **brothers and sisters**
    hermanos *m., pl.*
**brought** traído/a *p.p.*
**brown** café *adj.*; marrón *adj.*
**brunet(te)** moreno/a *adj.*
**brush** cepillar *v.*
  **brush one's hair** cepillarse el pelo
  **brush one's teeth** cepillarse los dientes

**buddy** colega *m., f.* **4**
**budget** presupuesto *m.*
**build** construir *v.* **2**
**building** edificio *m.* **2**
**bump into** (*something accidentally*)
  darse con; (*someone*) encontrarse *v.*
**burial** entierro *m.* **2**
**burn** quemar *v.*
  **burn (a CD)** grabar (un CD) *v.*
**burned (out)** quemado/a *adj.*
**buried** enterrado/a *adj.*
**bury** enterrar (e:ie) *v.*
**bus** autobús *m.*
  **bus station** estación *f.*
    de autobuses **2**
  **bus stop** parada *f.* de autobús **2**
**business** negocios *m. pl.*
  **Business Administration**
    Comercio *m.*
  **business-related** comercial *adj.*
**businessman** hombre *m.*
  de negocios
**businesswoman** mujer *f.*
  de negocios
**busy** ocupado/a *adj.*; liado/a *adj.* **1**
**but** pero *conj.*; (**rather**) sino *conj.*
  (*in negative sentences*)
**butcher** carnicero/a *m., f.*
**butcher shop** carnicería *f.*
**butter** mantequilla *f.*
**buy** comprar *v.*
**by** por *prep.*; para *prep.*
  **by means of** por *prep.*
  **by phone** por teléfono
  **by plane** en avión
  **by way of** por *prep.*
**bye** chau *interj. fam.*

## C

**cabin** cabaña *f.*
**cable television** televisión *f.*
  por cable *m.*
**café** café *m.*
**cafeteria** cafetería *f.*
**caffeine** cafeína *f.*
**cake** pastel *m.*
  **chocolate cake** pastel
    de chocolate
**calculator** calculadora *f.*
**call** llamar *v.*
  **be called** llamarse *v.*
  **call on the phone** llamar
    por teléfono
**calm** tranquilo/a *adj.* **1**
**calorie** caloría *f.*
**camera** cámara *f.*
**camp** acampar *v.*
**can** (*tin*) lata *f.*
**can** poder (o:ue) *v.*
**Canadian** canadiense *adj.*
**candidate** aspirante *m., f.*;
  candidato/a *m., f.*
**candy** dulces *m., pl.*

**capable** capaz *adj.*
**capital city** capital *f.*
**car** coche *m.* **5**; carro *m.*;
  auto(móvil) *m.*
**caramel** caramelo *m.*
**card** tarjeta *f.*; (*playing*) carta *f.*
**care** cuidado *m.* **2**
  **Take care!** ¡Cuídense! *v.*
  **take care of** cuidar *v.* **1**
**career** carrera *f.*
**careful** cuidadoso/a *adj.* **1**
  **be (very) careful** tener *v.*
    (mucho) cuidado
**caress** acariciar *v.*
**caretaker** ama *m., f.* de casa
**carpenter** carpintero/a *m., f.*
**carpet** alfombra *f.*
**carrot** zanahoria *f.*
**carry** llevar *v.*
**carry out** realizar *v.*
**cartoons** dibujos *m, pl.* animados
**case: in case (that)** en caso (de) que
**cash (a check)** cobrar *v.*
  **cash** (en) efectivo
  **cash register** caja *f.*
  **pay in cash** pagar *v.* al contado;
    pagar en efectivo
**cashier** cajero/a *m., f.* **2**
**cat** gato *m.*
**cause** causa *f.*
**CD-ROM** CD-ROM *m.*
**ceiling** techo *m.*
**celebrate** celebrar *v.*; festejar *v.*
**celebration** celebración *f.*
**cell** célula *f.*; celda *f.* **6**
**cell (phone)** (teléfono) celular *m.*
**cellar** sótano *m.*
**cello** violonchelo *m.* **3**
**censorship** censura *f.* **3**
**cereal** cereales *m., pl.*
**certain** cierto *m.*; seguro *m.*
  **it's (not) certain** (no) es
    cierto/seguro
**certainty** certeza *f.*
**chalk** tiza *f.*
**challenge** reto *m.* **5**; desafío *m.*;
  desafiar *v.*
**champagne** champán *m.*
**championship** campeonato *m.*
**change** cambiar *v.* (de)
**channel** (*TV*) canal *m.*
**chaos** caos *m.*
**chapel** capilla *f.*
**character** (*fictional*) personaje *m.*;
  carácter *m.* **4**
  **(main) character** *m.* personaje
    (principal); protagonista *m., f.*
**characteristic** característica *f.* **2**
**charge** cobrar *v.*
**chat** conversar *v.*; charlar *v.* **3**
**chauffeur** conductor(a) *m., f.*
**cheap** (*inexpensive*) barato/a *adj.*;
  (*stingy*) tacaño/a *adj.* **1**
**cheat** engañar *v.* **1**

**check** comprobar (o:ue) *v.*; revisar *v.*;
(*bank*) cheque *m.*
  **check the oil** revisar el aceite
**checking account** cuenta *f.* corriente
**cheese** queso *m.*
**chef** cocinero/a *m., f.*
**chemist** químico/a *m., f.*
**chemistry** química *f.*
**chess** ajedrez *m.* 4
**chest of drawers** cómoda *f.*
**chicken** pollo *m.*
**child** niño/a *m., f.*; guagua *f.* 3 4
**childhood** niñez *f.* 4
**children** hijos *m., pl.*
**Chinese** chino/a *adj.*
**chocolate** chocolate *m.*
  **chocolate cake** pastel *m.*
    de chocolate
**cholesterol** colesterol *m.*
**choose** escoger *v.*
**chop** (*food*) chuleta *f.*
**Christmas** Navidad *f.*
**church** iglesia *f.*
**cinema** cine *m.* 3
**citizen** ciudadano/a *adj.*
**city** ciudad *f.* 2
  **city hall** ayuntamiento *m.* 2
**civil** civil *adj.*
  **city block** cuadra *f.* 2
  **civil disobedience**
    desobediencia civil *f.* 6
  **civil war** guerra civil *f.* 6
**civilization** civilización *f.* 4
**citizen** ciudadano/a *m., f.* 2
**clap** aplaudir *v.*
**class** clase *f.*
  **take classes** tomar *v.* clases
**classical** clásico/a *adj.*
**classmate** compañero/a *m., f.*
  de clase
**claw** garra *f.*
**clay** barro *m.*
**clean** limpio/a *adj.*; puro/a *adj.* 5;
  limpiar *v.*
**clean the house** limpiar *v.* la casa
**clear** (*weather*) despejado/a *adj.*
  **clear the table** quitar *v.* la mesa
  **It's (very) clear.** (*weather*)
    Está (muy) despejado.
**clerk** dependiente/a *m., f.*
**climb** escalar *v.*
  **climb mountains** escalar montañas
**climbing: mountain climbing**
  alpinismo *m.*; andinismo *m.*
**clinic** clínica *f.*
**clock** reloj *m.*
**clone** clon *m.*; clonar *v.*
**close** cerrar (e:ie) *v.*
**close-knit** unido/a *adj.* 4
**closed** cerrado/a *adj.*
**closet** armario *m.*
**clothes** ropa *f.*
  **clothes dryer** secadora *f.*

**clothing** ropa *f.*
**cloud** nube *f.*
**cloudy** nublado/a *adj.*
  **It's (very) cloudy.** Está
    (muy) nublado.
**clumsy** torpe *adj.* 4
**coast** costa *f.* 5
**coat** abrigo *m.*
**coexist** convivir *v.* 2
**coexistence** convivencia *f.*
**coffee** café *m.*
  **coffee maker** cafetera *f.*
**cold** frío *m.*; (*illness*) resfriado *m.*
  **be** (*feel*) **(very) cold** tener
    (mucho) frío
  **It's (very) cold.** (*weather*) Hace
    (mucho) frío.
**collect** coleccionar *v.*
**college** universidad *f.*
**collision** choque *m.*
**color** color *m.*
**comb one's hair** peinarse *v.*
**come** venir *v.*
  **come clean** sincerarse *v.*
**comedy** comedia *f.*
**comfortable** cómodo/a *adj.*
**comic strip** tira cómica *f.* 3
**coming from** proveniente *adj.*
**commerce** comercio *m. sing*;
  negocios *m., pl.*
**commercial** anuncio *m.* 3;
  comercial *adj.*
**commitment** compromiso *m.* 1
**common** común *adj.*
  **common sense** sentido *m.* común
**communicate (with)** comunicarse *v.* (con)
**communication** comunicación *f.*
  **means of communication**
    medios *m. pl.* de comunicación
**community** comunidad *f.*
**compact disc (CD)**
  disco *m.* compacto
  **compact disc player** tocadiscos
    *m. sing.* compacto
**company** compañía *f.*; empresa *f.*
**comparison** comparación *f.*
**competent** capaz *adj.*
**complain (about)** quejarse (de) *v.* 4
**complaint** protesta *f.* 2
**completely** completamente *adv.*
**composer** compositor(a) *m., f.*
**computer** computadora *f.*
  **computer disc** disco *m.*
  **computer monitor** monitor *m.*
  **computer programmer**
    programador(a) *m., f.*
  **computer science** computación *f.*;
    informática *f.*
**concern** preocupación *f.*
**concert** concierto *m.*
**conductor (musical)** director(a) *m., f.*
**confident** seguro/a *adj.* 1

**confirm** confirmar *v.*; comprobar
  (o:ue) *v.*
  **confirm a reservation** confirmar
    una reservación
**conformist** conformista *adj.*
**confused** confundido/a *adj.*
**congested** congestionado/a *adj.*
**Congratulations!** ¡Felicidades!;
  *f., pl.* ¡Felicitaciones!;
  enhorabuena *f.* 1
**conquest** conquista *f.* 4
**conservation** conservación *f.*
**conservative** conservador(a) *adj.* 6
**conserve** conservar *v.*
**consultant** asesor(a) *m., f.*
**consume** consumir *v.*
**container** envase *m.*
**contamination** contaminación *f.*
**content** contento/a *adj.*
  **to be contented with**
    contentarse con *v.* 1
**contest** concurso *m.*
**continue** seguir (e:i) *v.*
**contribute** contribuir *v.*
**control** control *m.*; controlar *v.*
  **be under control** estar bajo control
**controversial** controvertido/a *adj.* 3
**controversy** polémica *f.*
**conversation** conversación *f.*
**converse** conversar *v.*
**cook** cocinar *v.*; cocinero/a *m., f.*
**cookie** galleta *f.*
**cool** fresco/a *adj.*
  **Be cool.** Tranquilo.
  **It's cool.** (*weather*) Hace fresco.
**cooperate** cooperar *v.* 2
**corn** maíz *m.*
**corner** esquina *f.* 2
**cost** costar (o:ue) *v.*
**cotton** algodón *f.*
  **(made of) cotton** de algodón
**couch** sofá *m.*
**couch potato** teleadicto/a *m., f.*
**cough** tos *f.*; toser *v.*
**counselor** consejero/a *m., f.*
**count (on)** contar (o:ue) *v.* (con) 1
**counter** mostrador *m.* 2
**country** (*nation*) país *m.*
**countryside** campo *m.*
**coup d'état** golpe de estado *m.* 6
**couple** pareja *f.* 1
**courage** coraje *m.*
**course** curso *m.*; materia *f.*
**court** tribunal *m.* 6
**courtesy** cortesía *f.*
**cousin** primo/a *m., f.* 4
**cover** portada *f.* 3; cubrir *v.*
**covered** cubierto/a *p.p.*
**cow** vaca *f.*
**crafts** artesanía *f.*
**craftsmanship** artesanía *f.*
**crash** choque *m.* 2
**crater** cráter *m.*

**crazy** loco/a *adj.*
**create** crear *v.*
**credit** crédito *m.*
   **credit card** tarjeta *f.* de crédito
**crime** crimen *m.*; delito *m.* 3
**cross** cruzar *v.* 2
**crowded** repleto/a *adj.* 2
**cruelty** crueldad *f.* 6
**cultivate** cultivar *v.* 4
**cultivation** cultivo *m.* 4
**cultural** cultural *adj.*
   **cultural heritage**
      herencia cultural *f.*
**culture** cultura *f.*
**cup** taza *f.*
**cure** curar *v.*
**currency exchange** cambio *m.*
   de moneda
**current events** actualidad *f.*;
   actualidades *f., pl.* 3
**curtains** cortinas *f., pl.*
**custard** (*crème caramel*) flan *m.*
**custom** costumbre *f.* 2
**customer** cliente/a *m., f.*
**customs** aduana *f.*
   **customs inspector** inspector(a)
      *m., f.* de aduanas
**cut** cortar *v.* 5
**cyber space** ciberespacio *m.*
**cybercafé** cibercafé *m.*
**cycling** ciclismo *m.*

**D**

**dad** papá *m.*
**daily** diario/a *adj.*
   **daily routine** rutina *f.* diaria 5
**dam** represa *f.*
**damage** dañar *v.*
**dance** bailar *v.*; danza *f.*; baile *m.*
   **dance club** discoteca *f.* 2
   **dance floor** pista *f.* de baile 3
**dancer** bailarín/bailarina *m., f.*
**danger** peligro *m.* 5
**dangerous** peligroso/a *adj.*
**dare** atreverse *v.*
**daring** atrevido/a *adj.*
**darts** dardos *m., pl.*
**date** (*appointment*) cita *f.* 1;
   (*calendar*) fecha *f.*; (*someone*) salir
   *v.* con (alguien)
   **blind date** cita a ciegas 1
   **have a date** tener una cita
**daughter** hija *f.*
**daughter-in-law** nuera *f.* 4
**dawn** amanecer *m.*
**day** día *m.*
   **day before yesterday**
      anteayer *adv.* **deal** trato *m.*
   **It's not a big deal.**
      No es para tanto.
   **You've got a deal!** ¡Trato hecho!

**death** muerte *f.* 4
**debit card** tarjeta *f.* de débito
**debt** deuda *f.*
**decaffeinated** descafeinado/a *adj.*
**deceased** fallecido/a *adj.*
**deceive** engañar *v.* 1
**December** diciembre *m.*
**decide** decidir *v.* (+ *inf.*)
**decided** decidido/a *adj. p.p.*
**declare** declarar *v.*
**decrease** disminuir *v.*
**defeat** derrotar *v.* 6; vencer *v.*
**defend** defender (e:ie) *v.* 6
**deforestation** deforestación *f.* 5
**delete** borrar *v.*
**delicious** delicioso/a *adj.*; rico/a *adj.*;
   sabroso/a *adj.*
**delighted** encantado/a *adj.*
**demand** exigir *v.*
**demanding** exigente *adj.* 4
**democracy** democracia *f.* 6
**demonstrator** manifestante *m., f.* 6
**dentist** dentista *m., f.*
**deny** negar (e:ie) *v.*
   **not to deny** no dudar
**department store** almacén *m.*
**departure** salida *f.*
**deposit** depositar *v.*;
   yacimiento *m.*
   **quarry** cantera *f.*
**depressed** deprimido/a *adj.* 1
**describe** describir *v.*
**described** descrito/a *p.p.*
**desert** desierto *m.* 5
**deserve** merecer *v.* 1
**design** diseño *m.*
**designer** diseñador(a) *m., f.*
**desire** desear *v.*; deseo *m.* 1
**desk** escritorio *m.*
**desperate** desesperado/a *adj.*
**desperation** desesperación *f.* 3
**dessert** postre *m.*
**destination** destino *m.*
**destroy** destruir *v.* 5, 6
**determined** decidido/a *adj.* 2
**develop** desarrollar *v.*
**devote oneself to** dedicarse a *v.* 6
**development** desarrollo *m.* 5
**dialogue** diálogo *m.*
**diary** diario *m.*
**dictatorship** dictadura *f.* 6
**dictionary** diccionario *m.*
**die** morir (o:ue) *v.*
**died** muerto/a *p.p.*
**diet** dieta *f.*; alimentación *f.*
   **balanced diet** dieta equilibrada
   **be on a diet** estar a dieta
**difficult** difícil *adj.*
**digital camera** cámara *f.* digital
**diminish** disminuir *v.*
**dining room** comedor *m.*
**dinner** cena *f.*
   **have dinner** cenar *v.*

**direct** dirigir *v.*
**director** director(a) *m., f.* 3
**dirty** ensuciar *v.*; sucio/a *adj.*
   **get (something) dirty** ensuciar *v.*
**disagree** no estar de acuerdo *v.*;
   disentir *v.* 6
**disappear** desaparecer *v.* 5
**disappearance** desaparición *f.* 3
**disappointment** decepción *f.* 5
**disaster** desastre *m.*
**discover** descubrir *v.*; (*find out*)
   averiguar *v.*
**discovered** descubierto/a *p.p.*
**discovery** hallazgo *m.* 3;
   descubrimiento *m.*
**discrimination** discriminación *f.*
**disdain** desdén *m.* 4
**dish** plato *m.*
   **main dish** *m.* plato principal
**dishwasher** lavaplatos *m., sing.*
**disk** disco *m.*
**disorderly** desordenado/a *adj.*
**disposable** desechable *adj.* 5
**dissent** disentir *v.* 6
**distribute** repartir *v.*
**dive** bucear *v.*
**diversity** diversidad *f.* 6
**divorce** divorcio *m.* 1
**divorced** divorciado/a *adj.* 1
   **get divorced (from)**
      divorciarse (de) *v.* 1
**dizzy** mareado/a *adj.*
**DNA** ADN *m.*
**do** hacer *v.*
   **do aerobics** hacer
      (ejercicios) aeróbicos
   **do as a custom/habit**
      acostumbrar *v.*
   **do household chores** hacer
      quehaceres domésticos
   **do stretching exercises** hacer
      ejercicios de estiramiento
   **(I) don't want to.** No quiero.
   **do without** prescindir (de) *v.*
**doctor** doctor(a) *m., f.*; médico/a *m., f.*
**documentary** (*film*) documental *m.* 3
**documents** papeles *m., pl.* 3
**dog** perro *m.*
**domestic** doméstico/a *adj.*
   **domestic appliance**
      electrodoméstico *m.*
**dominate** dominar *v.*
**done** hecho/a *p.p.*
**door** puerta *f.*
**dormitory** residencia *f.* estudiantil
**double** doble *adj.*
   **double room** habitación *f.* doble
   **double standard** doble moral *f.* 6
**doubt** duda *f.*; dudar *v.*
   **There is no doubt that...**
      No cabe duda de...
      No hay duda de...
**Down with... !** ¡Abajo el/la...!

**download** descargar *v.*
**downtown** centro *m.*
**drama** drama *m.*
**dramatic** dramático/a *adj.*
**draw** dibujar *v.*
**drawing** dibujo *m.*
**dream** ilusión *m.* 2; soñar (o:ue) *v.* 1
**dress** vestido *m.*
   **get dressed** vestirse (e:i) *v.*
**drink** beber *v.*; bebida *f.*; tomar *v.*
**drinkable** potable *adj.* 5
**drive** conducir *v.*; manejar *v.*
**driver** conductor(a) *m., f.* 2
**drought** sequía *f.* 5
**drown** ahogar(se) *v.* 5
**drug** droga *f.*
   **drug addict** drogadicto/a *adj.*
**drum** tambor *m.* 3
**drunk** borracho/a *adj.* 2
**dry** seco/a *adj.* 5
**dry oneself** secarse *v.*
**dubbing** doblaje *m.* 3
**during** durante *prep.*; por *prep.*
**dust** sacudir *v.*; quitar *v.* el polvo
   **dust the furniture** sacudir
     los muebles
   **dustpan** recogedor *m.* 4
**DVD player** reproductor *m.* de DVD

## E

**each** cada *adj.*
**eagle** águila *f.* 5
**ear** (outer) oreja *f.*
**early** temprano *adv.*
**early morning** madrugada *f.*
**earn** ganar *v.*
   **earn a living** ganarse la vida *v.*
**earth** tierra *f.* 5
**Earth** Tierra *f.* 5
**earthquake** terremoto *m.* 5
**ease** aliviar *v.*
**east** Este *m.*
   **to the east** al este
**easy** fácil *adj. m., f.*
**eat** comer *v.*
**ecology** ecología *f.*
**economic** económico/a *adj.*
   **economic crisis**
     crisis *f.* económica
**economics** economía *f.*
**ecotourism** ecoturismo *m.*
**ecstatic** enloquecido/a *adj.*
**Ecuador** Ecuador *m.*
**Ecuadorian** ecuatoriano/a *adj.*
**editor** redactor(a) *m., f.* 3
**effective** eficaz *adj. m., f.*
**effects (special)**
   efectos *m.* especiales 3
**effort** esfuerzo *m.*
**egg** huevo *m.*
**eight** ocho *adj.*

**eight hundred** ochocientos/as *adj.*
**eighteen** dieciocho *adj.*
**eighth** octavo/a *adj.*
**eighty** ochenta *adj.*
**either... or** o... o *conj.*
**elderly person** anciano/a *m., f.*
**eldest** el/la mayor
**elect** elegir (e:i) *v.* 6
**election** elecciones *f. pl.*
**electric appliance**
   electrodoméstico *m.*
**electrician** electricista *m., f.*
**electricity** luz *f.*
**elegant** elegante *adj.*
**elevator** ascensor *m.*
**eleven** once *adj.*
**e-mail** correo *m.* electrónico
**e-mail address**
   dirrección *f.* electrónica
   **e-mail message**
     mensaje *m.* electrónico
   **read e-mail** leer *v.*
     el correo electrónico
**embarrassed** avergonzado/a *adj.*
**embarrassment** vergüenza *f.*
**embrace (each other)** abrazar(se) *v.*
**emerge** surgir *v.*
**emergency** emergencia *f.*
   **emergency room** sala *f.*
     de emergencia
**emigrant** emigrante *m., f.*
**emigrate** emigrar *v.* 1
**employee** empleado/a *m., f.*
**employment** empleo *m.*
**empty** vacío/a *adj.* 2
**enact** (a law) promulgar *v.* 6
**end** fin *m.*; terminar *v.*
   **end table** mesita *f.*
**ending** desenlace *m.* 2
**energy** energía *f.* 5
   **energy consumption** consumo *m.*
     de energía 5
   **nuclear energy** energía nuclear 5
   **renewable energy**
     energía renovable 5
   **solar energy** energía solar 5
   **wind energy** energía eólica 5
**engaged: get engaged (to)**
   comprometerse (con) *v.*
**engagement** compromiso *m.* 1
**engineer** ingeniero/a *m., f.*
**English** (*language*) inglés *m.*; inglés,
   inglesa *adj.*
**enigma** enigma *f.*
**enjoy** disfrutar (de) *v.*; gozar (de) *v.* 2
**enough** bastante *adv.*
**entertain** entretener *v.* 3
**entertaining** entretenido/a *adj.*
**entertainment** diversión *f.*
**entrance** entrada *f.*
**envelope** sobre *m.*
**envious** envidioso/a *adj.*

**environment** medio ambiente *m.* 5
**equal** igual *adj.* 6
**equality** igualdad *f.* 6
**equipped** equipado/a *adj.*
**erase** borrar *v.*
**eraser** borrador *m.*
**erosion** erosión *f.* 5
**errand** diligencia *f.*
**establish** establecer *v.*
   **establish oneself** establecerse *v.*
**estimate** calcular *v.* 3
**ethical** ético/a *adj.*
**ethnic cleansing**
   limpieza étnica *f.*
**ethnic group** etnia *f.* 4
**evening** tarde *f.*
**event** acontecimiento *m.* 3
**every day** todos los días
**everyday** cotidiano/a *adj.* 2
**everybody** todos/as *m., f., pl.*
**everything** todo *m.*
   **Everything is under control.**
     Todo está bajo control.
**exactly** (time) en punto
**exam** examen *m.*
**excellent** excelente *adj.*
**excess** exceso *m.*
   **in excess** en exceso
**exchange** intercambiar *v.*
   **in exchange for** por
**excited** emocionado/a *adj.* 1
**exciting** emocionante *adj.*
**excluded** excluido/a *adj.*
**excursion** excursión *f.*
**excuse** disculpar *v.*
**Excuse me.** (*May I?*) Con permiso.;
   (*I beg your pardon.*) Perdón.
**execution** ejecución *m.* 6
**executive** ejecutivo/a *m., f.*
**exhausted** agotado/a *adj.*
**exercise** ejercicio *m*;
   hacer *v.* ejercicio
   **exercise (power)** ejercer
     (el poder) *v.* 6
**exert (power)** ejercer (el poder) *v.* 6
**exile** exiliado/a *m., f.*
**exit** salida *f.*
**expect** anticipar *v.*
**expensive** caro/a *adj.*
**experience** experiencia *f.*
**experiment** experimento *m.*
**explain** explicar *v.*
**explore** explorar *v.*
**express** (an opinion) opinar *v.* 3
**expression** expresión *f.*
**extinction** extinción *f.*
**extraterrestrial** extraterrestre *adj.*
**extreme sports** deportes extremos
   *m., pl.*
**extremely delicious** riquísimo/a *adj.*
**extremely serious** gravísimo *adj.*
**eye** ojo *m.*
   **keep an eye on** vigilar *v.* 3

## F

**fabulous** fabuloso/a *adj.*
**face** cara *f.*
**facing** enfrente de *prep.*
**fact** hecho *m.* **5**
  **in fact** de hecho
**failure** fracaso *m.* **6**
**faith** fe *f.* **4**
**faithfulness** fidelidad *f.* **1**
**fair** justo/a *adj.* **2, 6**; feria *f.*
**fall (down)** caerse *v.*
  **fall asleep** dormirse (o:ue) *v.*
  **fall in love (with)**
    enamorarse *v.* (de) **1**
  **fall (season)** otoño *m.*
**fallen** caído/a *p.p.*
**fame** fama *f.* **3**
**family** familia *f.*
**famous** famoso/a *adj.*
**fan** aficionado/a *adj.*
  **be a fan (of)** ser aficionado/a (a)
**fantastic** chévere *adj.* **4**
**far from** lejos de *prep.*
**farewell** despedida *f.*
**farm** cultivar *v.* **4**
**farming** cultivo *m.* **4**
**fascinate** fascinar *v.*
**fashion** moda *f.*
  **be in fashion** estar de moda
**fast** rápido/a *adj.*
**fat** gordo/a *adj.*; grasa *f.*
**father** padre *m.*
**father-in-law** suegro *m.* **4**
**fault** culpa *f.*
**favorite** favorito/a *adj.*
**fax (machine)** fax *m.*
**fear** miedo *m.*; temor *m.* **6**
**fear** temer *v.*
**feature** rasgo *m.*; facciones *f., pl.* **2**
**February** febrero *m.*
**feel** sentir(se) (e:ie) *v.* **1**
  **feel fulfilled** sentirse realizado/a *v.*
  **feel like** (*doing something*) tener
    ganas de (+ *inf.*); apetecer **4**
**feeling** sentimiento *m.* **1**
**festival** festival *m.*
**fever** fiebre *f.*
  **have a fever** tener *v.* fiebre
**few** pocos/as *adj. pl.*
  **fewer than** menos de (+ *number*)
**fiancé(e)** *m., f.* prometido/a **1**
**field** cancha *f.*
**field: major field of study**
  especialización *f.*
**fifteen** quince *adj.*
  **fifteen-year-old girl** quinceañera *f.*
**fifth** quinto/a *adj.*
**fifty** cincuenta *adj.*
**fight** luchar, pelear *v.* **6**
  **fight (for/against)** luchar
    (por/contra)

**fight with (one another)**
  pelear(se) *v.* **4**
**fight** lucha *f.* **6**
**figure** (*number*) cifra *f.*
**file** archivo *m.*
**fill** llenar *v.*
  **fill out (a form)** llenar
    (un formulario)
  **fill the tank** llenar el tanque
**film critic** crítico/a de cine *m., f.* **3**
**finally** finalmente *adv.*; por último;
  por fin
**financial** financiero/a *adj.*
**find** encontrar (o:ue) *v.*
  **find (each other)** encontrar(se)
  **find out** averiguar
**fine** multa *f.*
  **That's fine.** Está bien.
**(fine) arts** bellas artes *f., pl.*
**finger** dedo *m.*
**finish** terminar *v.*
  **finish** (*doing something*)
    terminar *v.* de (+ *inf.*)
**fire** incendio *m.* **5**; despedir
  (e:i) *v.*; botar *v* **4**; fuego *m.*
  **fire station** estación *f.*
    de bomberos **2**
**firefighter** bombero/a *m., f.*
**firm** compañía *f.*; empresa *f.*
**first** primer *adj.*; primero/a *adj.*
**fish** (*food*) pescado *m.*; pescar *v.*;
  (*live*) pez *m.* **5**
  **fish market** pescadería *f.*
**fisherman** pescador *m.*
**fisherwoman** pescadora *f.*
**fishing** pesca *f.*
**fit** (*clothing*) quedar *v.*
  **fit in** integrarse (a) *v.*
**five** cinco *adj.*
**five hundred** quinientos/as *adj.*
**fix** arreglar *v.*
**fixed** fijo/a *adj.*
**flag** bandera *f.* **6**
**flank steak** lomo *m.*
**flat tire: We had a flat tire.** Se nos
  pinchó una llanta.
**flee** huir *v.* **6**
**fleeting** pasajero/a *adj.* **1**
**flexible** flexible *adj.*
**flirt** coquetear *v.* **1**
**flood** inundación *f.* **5**
**floor** (*of a building*) piso *m.*; suelo *m.*
  **dance floor** pista *f.* de baile **3**
  **ground floor** planta *f.* baja
  **top floor** planta *f.* alta
**flower** flor *f.*
**flu** gripe *f.*
**flute** flauta *f.* **3**
**fly** volar *v.*
**fog** niebla *f.*
**folk** folclórico/a *adj.*
**folk healer** curandero/a *m., f.* **5**

**follow** seguir (e:i) *v.*
**food** comida *f.*; alimento
**fool** tonto/a *m., f.*; bobo/a *m., f.* **6**
**foolish** tonto/a *adj.*
**foot** pie *m.*
**football** fútbol *m.* americano
**for** para *prep.*; por *prep.*
  **for example** por ejemplo
  **for me** para mí
**forbid** prohibir *v.*
**force** fuerza *f.* **6**
**foreign** extranjero/a *adj.*
  **foreign languages**
    lenguas extranjeras *f., pl.*
  **foreign relations**
    relaciones exteriores *f., pl.* **6**
**foreseen** previsto/a *adj.*
**forest** bosque *m.* **5**
**forget** olvidar *v.*
**forgetfulness** olvido *m.* **1**
**forgive** perdonar *v.* **2**
**fork** tenedor *m.*
**form** formulario *m.*
**forty** cuarenta *m.*
**forward** (*sports position*)
  delantero/a *m., f.*
**four** cuatro *adj.*
**four hundred** cuatrocientos/as *adj.*
**fourteen** catorce *adj.*
**fourth** cuarto/a *adj.*
**free** libre *adj. m., f.*
  **be free (of charge)** ser gratis
  **free time** tiempo libre;
    ratos libres
**freedom (of the press)** libertad *f.*
  (de prensa) **3, 6**
**freezer** congelador *m.*
**French** francés, francesa *adj.*
  **French fries** papas *f., pl.*
    fritas; patatas *f., pl.* fritas
**frequently** frecuentemente *adv.*; con
  frecuencia *adv.*
**friar (monk)** fraile (Fray) *m.* **4**
**Friday** viernes *m., sing.*
**fried** frito/a *adj.*
  **fried potatoes** papas *f., pl.* fritas;
    patatas *f., pl.* fritas
**friend** amigo/a *m., f.*
**friendly** amable *adj.*
**friendship** amistad *f.* **1**
**from** de *prep.*; desde *prep.*;
  proveniente *adj.*
  **from the United States**
    estadounidense *adj.*
  **from time to time** de vez
    en cuando
  **He/She/It is from…** Es de…
  **I'm from…** Soy de…
**front page** portada *f.* **3**
**fruit** fruta *f.*
  **fruit juice** jugo *m.* de fruta
  **fruit store** frutería *f.*
**fuel** combustible *m.* **5**

**fulfill (a dream)** alcanzar (un sueño) *v.*
**full** lleno/a *adj.* **2**
**fun** divertido/a *adj.*
   **fun activity** diversión *f.*
   **have fun** divertirse (e:ie) *v.*
**function** funcionar *v.*
**funny** gracioso/a *adj.* **1**
**furniture** muebles *m., pl.*
**furthermore** además (de) *adv.*
**future** futuro *adj.*; porvenir *m.* **5**
   **Here's to the future!**
      ¡Por el porvenir!
   **in the future** en el futuro

## G

**gain weight** aumentar *v.* de peso;
   engordar *v.*
**galaxy** galaxia *f.*
**game** juego *m.; (match)* partido *m.*
   **game show** programa *m.*
      de concursos **3**
**garage** *(in a house)* garaje *m.*; garaje
   *m.*; taller (mecánico)
**garden** jardín *m.*
**garlic** ajo *m.*
**gas pipeline** gasoducto *m.*
**gas station** gasolinera *f.*
**gasoline** gasolina *f.*
**gaze** mirada *f.*
**gender** sexo *m.* **4**
**gene** gen *m.*
**generation gap** brecha generacional *f.* **4**
   **genetics** genética *f.*
**genre** género *m.* **3**
**geography** geografía *f.*
**German** alemán, alemana *adj.*
**get** conseguir (e:i) *v.*; obtener *v.*
   **get along well/badly/terribly (with)**
      llevarse bien/mal/fatal (con) **1**
   **get angry** enojarse *v.* **1**
   **get bored** aburrirse *v.*
   **get off of (a vehicle)**
      bajar(se) de *v.* **2**
   **get on/into (a vehicle)**
      subir(se) a *v.* **2**
   **get out of (a vehicle)**
      bajar(se) de *v.*
   **get tickets** conseguir (e:i) *v.*
      entradas
   **get together (with)** reunirse
      (con) *v.*
   **get up** levantarse *v.*
   **get upset** afligirse *v.* **2**
   **get worse** empeorar *v.* **5**
**ghost** fantasma *m.*
**gift** regalo *m.*
**girl** chica *f.*; muchacha *f.*
**girlfriend** novia *f.*
**give** dar *v.*; *(as a gift)* regalar *v.*
   **give directions** indicar *v.* el camino **2**
   **give up** ceder *v.* **6**

**glass** *(drinking)* vaso *m.*; vidrio *m.*
   **(made) of glass** de vidrio
**glasses** gafas *f., pl.*
   **sunglasses** gafas *f., pl.* de sol
**globetrotter** trotamundos *m., f.* **1**
**gloves** guantes *m., pl.*
**go** ir *v.*
   **go away** irse
   **go by boat** ir en barco
   **go by bus** ir en autobús
   **go by car** ir en auto(móvil)
   **go by motorcycle** ir en moto(cicleta)
   **go by taxi** ir en taxi
   **go by the bank** pasar por el banco
   **go down** bajar(se) *v.* **2**
   **go for a walk** pasear *v.*
   **go on a hike (in the mountains)**
      ir de excursión (a las montañas)
   **go on sale** salir a la venta *v.* **3**
   **go out** salir *v.*
   **go out to eat** salir a comer algo
   **go out to have a drink** salir a
      tomar algo
   **go out (with)** salir *v.* (con) **1**
   **go up** subir *v.* **2**
   **go with** acompañar *v.*
   **Let's go.** Vamos.
**goal** meta *f.*
**goblet** copa *f.*
**going to: be going to** *(do something)*
   ir a (+ *inf.*)
**golf** golf *m.*
**good** buen, bueno/a *adj.*
   **Good afternoon.** Buenas tardes.
   **Good evening.** Buenas noches.
   **Good idea.** Buena idea.
   **Good morning.** Buenos días.
   **Good night.** Buenas noches.
   **have a good reputation**
      tener (e:ie) buena fama *v.* **3**
   **It's good that...** Es bueno que...
**goodbye** adiós *interj.*
   **say goodbye (to)**
      despedirse (e:i) *v.* (de)
**good-looking** guapo/a *adj.*
**goods** bienes *m., pl.*
**gossip** chisme *m.* **1**
**govern** gobernar (e:ie) *v.* **6**
**government** gobierno *m.* **6**
**graduate (from/in)** graduarse *v.*
   (de/en)
**grains** cereales *m., pl.*
**granddaughter** nieta *f.* **4**
**grandfather** abuelo *m.*
**grandmother** abuela *f.*
**grandparents** abuelos *m., pl.*
**grandson** nieto *m.* **4**
**grant** beca *f.*
**grape** uva *f.*
**grass** hierba *f.*
**grave** grave *adj.*
**gravity** gravedad *f.*

**gray** gris *adj. m., f.*
**great** fenomenal *adj.*
   chévere *adj.* **4**
**great aunt** tía abuela *f.* **4**
**great-grandfather** bisabuelo *m.* **4**
**great-grandmother** bisabuela *f.* **4**
**great uncle** tío abuelo *m.* **4**
**green** verde *adj.*
**greenhouse effect**
   efecto invernadero *m.* **5**
**greet (each other)** saludar(se) *v.*
**greeting** saludo *m.*
   **Greetings to...** Saludos a...
**grilled** *( food)* a la plancha
   **grilled tenderloin**
      lomo *m.* a la plancha
**ground** suelo *m.* **3**
   **ground floor** planta baja *f.*
**grow (up)** aumentar; crecer *v.*
**growth** crecimiento *m.* **3**
**guess** adivinar *v.* **3**
**guest** *(at a house/hotel)* huésped *m., f.*
   *(invited to a function)* invitado/a *m., f.*
**guide** guía *m., f.*; guiar *v.*
**gun** arma *f.*
   **gun control** control *m.* de armas
**gymnasium** gimnasio *m.*

## H

**habit** costumbre *f.* **2**
**hair** pelo *m.*
**hairdresser** peluquero/a *m., f.*
**half** medio/a *adj.*
   **half-brother/sister**
      medio/a hermano/a *m., f.* **4**
   **half-past...** *(time)* ... y media
**hallway** pasillo *m.*
**ham** jamón *m.*
**hamburger** hamburguesa *f.*
**hammer** martillo *m.*
**hand** mano *f.*
**hand out** repartir *v.*
**Hands up!** ¡Manos arriba!
**handsome** guapo/a *adj.*
**happen** ocurrir *v.*; suceder *v*
**happiness** alegría *f.*; felicidad *f.* **5**
**Happy birthday!** ¡Feliz cumpleaños!
**happy** alegre *adj.*; contento/a *adj.*;
   feliz *adj. m., f.*
   **be happy** alegrarse *v.* (de)
**harass** acosar *v.*
**hard** difícil *adj.*
**hard-working** trabajador(a) *adj.*
**hardly** apenas *adv.* **3**
**harm** daño *m.*
**harmful** dañino/a *adj.* **5**
**haste** prisa *f.*
**hat** sombrero *m.*
**hate** odiar *v.* **1**
**have** tener (e:ie) *v.*
   **have a bad reputation** tener
      mala fama **3**

**have a bad time** pasarlo mal **2**
**have connections**
  tener conexiones
**have a good reputation** tener
  buena fama **3**
**have a good time** divertirse (e:ie);
  pasarlo bien **2**
**Have a good trip!** ¡Buen viaje!
**have influence** tener conexiones
**have the right to** tener derecho a **6**
**have time** tener tiempo
**have to** (*do something*) tener
  que (+ *inf.*); deber (+ *inf.*)
**have a tooth removed** sacar(se)
  un diente
**he** él *m., sing., pron.*
**head** cabeza *f.*
**headache** dolor *m.* de cabeza
**headline** titular *m.* **3**
**headscarf** pañuelo *m.* **6**
**health** salud *f.*
**healthy** saludable *adj.*; sano/a *adj.*
  **lead a healthy lifestyle** llevar *v.*
  una vida sana
**hear** oír *v.*
**heard** oído/a *p.p.*
**hearing: sense of hearing** oído *m.*
**heart** corazón *m.* **1**
**heat** calor *m.*
**Hello.** Hola.; (*on the telephone*) Aló.;
  ¿Bueno?; Diga.
**help** ayudar *v.*; servir (e:i) *v.*
  **help each other** ayudarse *v.* **1**
**helplessness** desamparo *m.* **2**
**her** su(s) *poss. adj.*
  **(of) hers** suyo(s)/a(s) *poss.*
**her** la *f., sing., d.o. pron.*
  **to/for her** le *f., sing., i.o. pron.*
**here** aquí *adv.*
  **Here it is.** Aquí está.
**herself** sí misma **4**
**heritage** ascendencia *f.* **4**
**heterogeneous** heterogéneo/a *adj.*
**Hi.** Hola. *interj.*
**hide** esconder *v.*
**high** alto/a *adj.*
  **high school** instituto *m.* **6**
**highway** autopista *f.*; carretera *f.*
**hijack** secuestrar *v.* **6**
**hike** excursión *f.*
  **go on a hike** hacer una
  excursión; ir de excursión
**hiker** excursionista *m., f.*
**hiking** de excursión; excursionismo *m.*
**him: to/for him** le *m., sing., i.o. pron.*
**himself** sí mismo **4**
**hire** contratar *v.*
**his** su(s) *poss. adj.*
  **(of) his** suyo(s)/a(s) *poss. pron.*
**his** lo *m., sing., d.o. pron.*
**historian** historiador(a) *m., f.* **4**
**history** historia *f.*
**hit** pegar *v.* **6**

**hobby** pasatiempo *m.*
**hockey** hockey *m.*
**holiday** día *m.* de fiesta
**home** casa *f.*; hogar *m.*; vivienda *f.* **2**
  **home page** página *f.* principal
  **home country** patria *f* **1**
**homeland** patria *f.* **4**
**homesickness** añoranza *f.*
**homework** tarea *f.*
**homogeneity** homogeneidad *f.*
**honest** honrado/a *adj.* **4**
**hood** capó *m.*; cofre *m.*
**hook up** ligar *v.* **1**
**hope** esperar *v.* (+ *inf.*); esperar *v.*;
  esperanza *f.* **4**
  **I hope (that)** ojalá (que)
**horoscope** horóscopo *m.* **3**
**horror (genre)** de horror *m.*
**hors d'oeuvres** entremeses *m., pl.*
**horse** caballo *m.*
**hospital** hospital *m.*
**host** anfitrión *m.*
**hostess** anfitriona *f.*
**hot: be** (*feel*) **(very) hot** tener
  (mucho) calor
  **It's (very) hot.** Hace (mucho) calor.
**hotel** hotel *m.*
**hour** hora *f.*
**house** casa *f.*
**household chores**
  quehaceres *m. pl.* domésticos
**housekeeper** ama *m., f.* de casa
**housing** vivienda *f.* **2**
**How…!** ¡Qué…!
  **how** ¿cómo? *adv.*
  **How are you?** ¿Qué tal?
  **How are you?** ¿Cómo estás? *fam.*
  **How are you?** ¿Cómo está usted? *form.*
  **How can I help you?** ¿En qué
    puedo servirles?
  **How did it go for you…?**
    ¿Cómo le/les fue…?
  **How is it going?** ¿Qué tal?
  **How is/are…?** ¿Qué tal...?
  **How is the weather?**
    ¿Qué tiempo hace?
  **How much/many?**
    ¿Cuánto/a(s)?
  **How much does… cost?**
    ¿Cuánto cuesta…?
  **How old are you?** ¿Cuántos
    años tienes? *fam.*
**however** sin embargo
**hug (each other)** abrazar(se) *v.*
**human** humano/a *adj.*
  **human being** ser humano *m.*
  **human rights** derechos
    humanos *m., pl.* **6**
**humanities** humanidades *f., pl.*
**humankind** humanidad *f.*
**hundred** cien, ciento *adj.*; *m.*

**hunger** hambre *f.*
**hungry: be (very) hungry** tener *v.*
  (mucha) hambre
**hunt** cazar *v.* **5**
**hurricane** huracán *m.* **5**
**hurry** apurarse *v.*; darse prisa *v.*
  **be in a (big) hurry** tener *v.*
    (mucha) prisa
**hurt** doler (o:ue) *v.*
  **It hurts me a lot…** Me duele
    mucho…
**hurtful** hiriente *adj.* **4**
**husband** esposo *m.* **4**
**hybrid** híbrido/a *adj.* **5**
**hypocrisy** hipocresía *f.* **6**

## I

**I** yo
  **I am…** Yo soy…
  **I hope (that)** Ojalá (que) *interj.*
  **I wish (that)** Ojalá (que) *interj.*
**ice cream** helado *m.*
  **ice cream shop** heladería *f.*
**iced** helado/a *adj.*
  **iced tea** té *m.* helado
**idea** idea *f.*
**ideals** ideales *m., pl.*
**if** si *conj.*
**ill-mannered** maleducado/a *adj.* **4**
**illiterate** analfabeto/a *adj.* **6**
**illness** enfermedad *f.*
**imaginary** fantástico/a *adj.*
**immigrant** inmigrante *m., f.* **1**
**immigration** inmigración *f.*
**impartial** imparcial *adj.* **3**
**impassively** impasible *adj.* **2**
**important** importante *adj.*
  **be important to** importar *v.*
  **It's important that…** Es
    importante que…
**impossible** imposible *adj.*
  **it's impossible** es imposible
**imprison** encarcelar *v.* **6**
**improbable** improbable *adj.*
  **it's improbable** es improbable
**improve** mejorar *v.* **5**
**improvement** mejora *f.*
**in** en *prep.*; por *prep.*
  **in the afternoon** de la tarde;
    por la tarde
  **in a bad mood** de mal humor
  **in the direction of** para *prep.*
  **in the early evening** de la tarde
  **in the evening** de la noche;
    por la noche
  **in fact** de hecho *adv.*
  **in front of** delante de *prep.*
  **in a good mood** de buen humor
  **in the morning** de la mañana;
    por la mañana
  **in love (with)** enamorado/a (de)
  **in search of** por *prep.*

**incapable** incapaz *adj.*
**incompetent** incapaz *adj.*
**inconsiderate** desconsiderado/a
   *m.*, *f.* **3**
**increase** aumento *m.*
**incredible** increíble *adj.*
**indifference** indiferencia *f.*
**inequality** desigualdad *f.* **6**
**infect** contagiar *v.* **5**
**infection** infección *f.*
**inflation** inflación *f.*
**influence** influir *v.* **6**
**influence** influencia *f.* **2**
**influential** influyente *adj.* **3**
**inform** informar *v.*
**informed: become informed about**
   enterarse (de) *v.* **3**
**inhabitant** habitante *m.*, *f.* **2**
**inherit** heredar *v.* **4**
**injection** inyección *f.*
   **give an injection** poner *v.*
     una inyección
**injure (oneself)** lastimar(se) *v.*
   **injure (one's foot)** lastimarse
     (el pie)
**injustice** injusticia *f.* **6**
**inner ear** oído *m.*
**innocence** inocencia *f.*
**innovative** innovador(a) *adj.*
**insecure** inseguro/a *adj.* **1**
**insecurity** inseguridad *f.* **6**
**insensitive** insensible *adj.*
**inside** dentro *adv.*
**insincere** falso/a *adj.* **1**
**insist (on)** insistir (en) *v.*
**instability** inestabilidad *f.*
**installments: pay in installments**
   pagar *v.* a plazos
**instrument: play an instrument** tocar
   *v.* (un instrumento) **3**
**integration** integración *f.*
**intelligent** inteligente *adj.*
**intend to** pensar *v.* (+ *inf.*)
**interest** interesar *v.*
**interesting** interesante *adj.*
   **be interesting to** interesar *v.*
**international** internacional *adj.*
   **international news** noticias *f.*
     internacionales **3**
**Internet** Internet **3**
**interview** entrevista *f.*
**interview** entrevistar *v.* **3**
**interviewer** entrevistador(a) *m.*, *f.*
**introduction** presentación *f.*
   **I would like to introduce (name)**
   **to you…** Le presento a… *form.*;
     Te presento a… *fam.*
**intruder** intruso/a *m.*, *f.*
**invent** inventar *v.*
**invention** invento *m.*
**invest** invertir (e:ie) *v.*
**investigate** investigar *v.* **3**
**investor** inversionista *m.*, *f.*

**invisible** invisible *adj.*
**invite** invitar *v.*
**iron** hierro *m.*
   **iron (clothes)** planchar *v.* (la ropa)
**isolated** aislado/a *adj.* **4**
**it** lo/la *sing.*, *d.o.*, *pron.*
**Italian** italiano/a *adj.*
**its** su(s) *poss. adj.*
   suyo(s)/a(s) *poss. pron.*
**It's me.** Soy yo.

**jacket** chaqueta *f.*
**jail** celda *f.* **6**
   **(jail) cell** celda *f.* **6**
**January** enero *m.*
**Japanese** japonés, japonesa *adj.*
**jealous** celoso/a *adj.* **1**;
   envidioso/a *adj.*
   **to be jealous (of)** tener celos (de) **1**
**jealousy** celos *m.*, *pl.* **1**
**jeans** bluejeans *m.*, *pl.*
**jewelry store** joyería *f.*
**job** empleo *m.*; puesto *m.*; trabajo *m.*
   **job application** solicitud *f.*
     de trabajo
**jog** correr *v.*
**journalism** periodismo *m.*
**journalist** periodista *m.*, *f.* **3**;
   reportero/a *m.*, *f.*
**joy** alegría *f.*
   **give joy** dar *v.* alegría
**joyful** alegre *adj.*
**judge** juez(a) *m.*, *f.* **6**
**judge** juzgar *v.* **6**
**judgment** juicio *m.* **6**
**juice** jugo *m.*
**July** julio *m.*
**jump** saltar *v.*
**June** junio *m.*
**jungle** selva, jungla *f.*
**just** apenas *adv.* **3**; justo/a *adj.* **2**
   **have just done something**
     acabar de (+ *inf.*)
**justice** justicia *f.* **6**

**keep** conservar *v.*
   **keep an eye on** vigilar *v.* **3**
   **keep watch on** vigilar *v.* **6**
**key** llave *f.*; clave *f.* **8**
**keyboard** teclado *m.*
**kick** patear *v.*
**kid** chaval(a) *m.*, *f.* **6**
**kidnap** secuestrar *v.* **6**
**kidnapping** secuestro *m.* **6**
**kill** matar *v.*
   **kill oneself** matarse *v.*

**kilometer** kilómetro *m.*
**kind: That's very kind of you.**
   Muy amable.
**kiss** beso *m.*
   **kiss (each other)** besar(se) *v.* **1**
**kitchen** cocina *f.*
**knee** rodilla *f.*
**knife** cuchillo *m.*
**know** saber *v.*; conocer *v.*
**knowledge** conocimiento *m.* **4**
**know how** saber *v.*

**labor union** sindicato *m.*
**laboratory** laboratorio *m.*
**lack** faltar *v.*
   **lack (of)** falta (de) *f.*
   **lack of interest** desinterés *m.* **5**
   **lack of safety** inseguridad *f.* **6**
**lazy** perezoso/a *adj.*
**lake** lago *m.*
**lamp** lámpara *f.*
**land** tierra *f.* **5**; aterrizar *v.*
**landlord** dueño/a *m.*, *f.*
**landscape** paisaje *m.* **5**
**language** lengua *f.* **4**
   **official language**
     lengua *f.* oficial
**laptop (computer)**
   computadora *f.* portátil
**large** grande *adj.*
**large** (*clothing size*) talla grande
**last** durar *v.*; pasado/a *adj.*;
   último/a *adj.*
   **last name** apellido *m.*
   **last night** anoche *adv.*
   **last week** semana *f.* pasada
   **last year** año *m.* pasado
**late** atrasado/a *adj.* **2**
**late** tarde *adv.*
**later (on)** más tarde
   **See you later.** Hasta la vista.;
     Hasta luego.
**laugh** reírse (e:i) *v.*
**laughed** reído *p.p.*
**laundromat** lavandería *f.*
**law** ley *f.* **6**
**lawyer** abogado/a *m.*, *f.* **6**
**lay** laico/a *adj.* **6**
**lazy** perezoso/a *adj.*
**lead** encabezar *v.* **6**
**leaf** hoja *f.* **5**
**learn** aprender *v.* (a + *inf.*)
**least: at least** por lo menos
**leave** salir *v.*; irse *v.*; abandonar *v.* **1**;
   marcharse *v.*
   **leave a tip** dejar una propina
   **leave behind** dejar *v.*
   **leave for** (*a place*) salir para
   **leave from** salir de
   **leave someone** dejar a alguien *v.* **1**

**left** izquierdo/a *adj.*
   **be left over** quedar *v.*
   **to the left of** a la izquierda de
**leg** pierna *f.*
**leisure** ocio *m.*
**lemon** limón *m.*
**lend** prestar *v.*
**less** menos *adv.*
   **less… than** menos… que
   **less than** menos de (+ *number*)
**lesson** lección *f.*
**let** dejar *v.*
**let's see** a ver
**letter** carta *f.*
**lettuce** lechuga *f.*
**liar** mentiroso/a *m., f.* 1
**liberal** liberal *adj.* 6
**liberty** libertad *f.*
**library** biblioteca *f.*
**license** (*driver's*) licencia *f.* de conducir
**lie** mentira *f.*
**life** vida *f.*
   **of my life** de mi vida
**lifestyle: lead a healthy lifestyle**
   llevar una vida sana
   **lifestyle section** sección *f.*
   de sociedad 3
**lift** levantar *v.*
   **lift weights** levantar pesas
**light** luz *f.*
   **traffic light** semáforo *f.* 2
**like** como *adv.*; gustar *v.*
   **I don't like them at all.**
   No me gustan nada.
   **I like…** Me gusta(n)…
   **like this** así *adv.*
   **like very much** encantar *v.*;
   fascinar *v.*
   **Do you like…?** ¿Te gusta(n)…?
**likeable** simpático/a *adj.*
**likewise** igualmente *adv.*
**line** línea *f.*; cola (*queue*) *f.*; fila *f.* 2
**link** enlace *m.*
**lion** león *m.* 5
**listen (to)** escuchar *v.*
   **Listen!** (*command*) ¡Oye! *fam.,*
   *sing.*; ¡Oiga/Oigan! *form., sing./pl.*
   **listen to music** escuchar música
   **listen (to) the radio** escuchar
   la radio
**listener** oyente *m., f.* 3
**literature** literatura *f.*
**little** (*quantity*) poco/a *adj*; poco *adv.*
**live** vivir *v.*; en directo/vivo 3
   **live together** convivir *v.* 2
**lively** animado/a *adj.*
**living room** sala *f.*
**lizard** lagarto *m.* 5
**loan** préstamo *m.*; prestar *v.*
**lobster** langosta *f.*
**local: local news**
   noticias *f.* locales 3

**located** situado/a *adj.*; *adj.*
   ubicado/a
   **be located** quedar *v.*
**loneliness** soledad *f.*
**long** largo/a *adj.*
   **long term** a largo plazo *adj.*
**look** facha *f.*
**look (at)** mirar *v.*
   **look down on** despreciar *v.* 4
   **look for** buscar *v.*
   **look like** parecerse (c:zc) *v.* 2, 4
**lose** perder (e:ie) *v.*
   **lose a game** perder un partido
   **lose elections** perder
   las elecciones 6
   **lose weight** adelgazar
**loss** pérdida *f.*
**lost** perdido/a *adj.* 2
   **be lost** estar perdido/a 2
**lot, a** muchas veces *adv.*
**lot of, a** mucho/a *adj.*
**lottery** lotería *f.*
**love** (*another person*) querer (e:ie) *v.*;
   (*each other*) amarse; quererse (e:ie)
   *v.* 1; (*inanimate objects*) encantar
   *v.*; amor *m.*
   **in love** enamorado/a *adj.* 1
   **I loved it!** ¡Me encantó!
**luck** suerte *f.*
**lucky: be (very) lucky** tener
   (mucha) suerte
**luggage** equipaje *m.*
**lunch** almuerzo *m.*
   **have lunch** almorzar (o:ue) *v.*
**lung** pulmón *m.* 5
**luxury** lujo *m.*
**lyrics** letra *f.* 3
**lying** mentiroso/a *adj.* 1

## M

**ma'am** señora (Sra.); doña *f.*
**machine** máquina *f.*
**mad** enojado/a *adj.* 1
**magazine** revista *f.* 3
**magnificent** magnífico/a *adj.*
**mail** correo *m.*; enviar *v.*, mandar *v.*;
   echar una carta al buzón
   **mail carrier** cartero *m.*
**mailbox** buzón *m.*
**main** principal *adj.*
**maintain** mantener *v.*
**maintenance** mantenimiento *m.*
**major** especialización *f.*
**make** hacer *v.*
   **make an effort** hacer
   un esfuerzo
   **make the bed** hacer la cama
**makeup** maquillaje *m.*
   **put on makeup** maquillarse *v.*
**mall** centro comercial *m.* 2
**man** hombre *m.*

**manage** administrar *v.*
**manager** gerente *m., f.*
**manner** modo *m.*
**manufacture** fabricar *v.*
**many** mucho/a *adj.*
   **many times** muchas veces
**map** mapa *m.*
**March** marzo *m.*
**margarine** margarina *f.*
**marinated fish** ceviche *m.*
   **lemon-marinated shrimp**
   ceviche *m.* de camarón
**marital status** estado *m.* civil
**market** mercado *m.*
   **open-air market** mercado al
   aire libre
**marriage** matrimonio *m.* 1
**married** casado/a *adj.* 1
   **get married (to)** casarse (con) *v.* 1
**marry** casar *v.*
**marvelous** maravilloso/a *adj.*
**marvelously** maravillosamente *adv.*
**mask: ski mask** pasamontañas
   *m., sing.*
**mass** misa *f.*
**massage** masaje *m.*
**masterpiece** obra maestra *f.*
**match** (*sports*) partido *m.*
**match (with)** hacer *v.* juego (con)
**mathematician** matemático/a *m., f.*
**mathematics** matemáticas *f., pl.*
**matriarchy** matriarcado *m.* 2
**matter** importar *v.*
**mature** maduro/a *adj.* 1
**maturity** madurez *f.*
**maximum** máximo/a *adj.*
**May** mayo *m.*
**maybe** tal vez; quizás
**mayonnaise** mayonesa *f.*
**mayor** alcalde(sa) *m., f.* 2
**me** me *sing., d.o. pron.*
   **to/for me** me *sing., i.o. pron.*
**meal** comida *f.*
**mean** significar *v.* 2
**means** modo *m.*
**means of communication**
   medios *m., pl.* de comunicación
**meat** carne *f.*
**mechanic** mecánico/a *m., f.*
   **mechanic's repair shop**
   taller mecánico
**media** medios *m., pl.*
   (de comunicación) 3
**medical** médico/a *adj.*
**medication** medicamento *m.* 5
**medicine** medicina *f.*
**medium** mediano/a *adj.*
**meet (each other)** encontrar(se) *v.*;
   conocerse(se) *v.*
**meeting** reunión *f.*
**member** socio/a *m., f.*
**menu** menú *m.*
**mess** lío *m.*

**message** recado *m.*; mensaje *m.*
  **text message** mensaje de texto
**Mexican** mexicano/a *adj.*
**Mexico** México *m.*
**microwave** microondas *f.*
  **microwave oven** horno *m.*
    de microondas
**middle age** madurez *f.*
**midnight** medianoche *f.*
**mile** milla *f.*
**milk** leche *f.*
**million** millón *m.*
  **million of** millón de
**mind** mente *f.*
**mine** mío/a(s) *poss.*
**mineral** mineral *m.*
  **mineral water**
    agua *f.* mineral
**minimum** mínimo/a *adj.*
  **minimum wage**
    sueldo *m.* mínimo
**minute** minuto *m.*
**mirror** espejo *m.*
**misfortune** desgracia *f.*
**Miss** señorita (Srta.) *f.*
**miss** perder (e:ie) *v*; echar *v.* de
  menos *v.* **1**; extrañar *v.*
**mistaken** equivocado/a *adj.*
**mistreatment** maltrato *m.*
**mix** mezclar *v.*
**mock** burlarse (de) *v.*
**model** maqueta *f.*
**modem** módem *m.*
**modern** moderno/a *adj.*
**mom** mamá *f.*
**Monday** lunes *m., sing.*
**money** dinero *m.*
**monitor** monitor *m.*
**monkey** mono *m.* **5**
**monolingual** monolingüe *adj.*
**month** mes *m.*
**monument** monumento *m.*
**mood** ánimo *m.* **1**
**moon** luna *f.* **5**
**more** más
  **more... than** más... que
  **more than** más de (+ *number*)
**morning** mañana *f.*
**mother** madre *f.*
  **mother tongue** lengua materna *f.*
**mother-in-law** suegra *f.* **4**
**motor** motor *m.*
**motorcycle** motocicleta *f.*
**mountain** montaña *f.*
**mountain range** cordillera *f.* **5**
**mouse** ratón *m.*
**mouth** boca *f.*
**move** (*from one house to another*)
  mudarse *v.* **1, 4**
  **move away** alejarse *v.*
  **move backward** retroceder *v.* **2**

**movie** película *f.* **3**
  **movie star** estrella *f.* de cine **3**
  **movie theater** cine *m.* **2**
  **new movie** estreno *m.* **3**
  **shoot (a movie)** rodar (o:ue) *v.* **3**
**movies** cine *m.* **3**
**MP3 player** reproductor *m.* de MP3
**Mr.** señor (Sr.); don *m.*
**Mrs.** señora (Sra.); doña *f.*
**much** mucho/a *adj.*
  **very much** muchísimo/a *adj.*
**mud** barro *m.*
**multinational** multinacional *adj. m., f.*
  **multinational company**
    empresa *f.* multinacional
**municipal** municipal *adj.*
**murder** crimen *m.*
**muscle** músculo *m.*
**museum** museo *m.* **2**
**mushroom** champiñón *m.*
**music** música *f.*
  **music video** video *m.* musical **3**
**musical** musical *adj.*
  **musical group** conjunto/grupo *m.*
    musical
**musician** músico/a *m., f.*
**Muslim** musulmán/musulmana *adj.* **6**
**must** deber *v.* (+ *inf.*)
  **It must be...** Debe ser...
**my** mi(s) *poss. adj.*; mío/a(s) *poss pron.*
**myth** mito *m.* **2**

## N

**naïve** ingenuo/a *adj.* **2**
**name** nombre *m.*
  **be named** llamarse *v.*
  **in the name of** a nombre de
  **last name** apellido *m.*
  **My name is...** Me llamo...
  **user name** nombre de usuario
**napkin** servilleta *f.*
**national** nacional *adj.*
  **national news** noticias *f., pl.*
    nacionales **3**
**nationality** nacionalidad *f.*
**natural** natural *adj.*
  **natural disaster** desastre *m.* natural
  **natural resource** recurso *m.* natural
**nature** naturaleza *f.*
**nauseated** mareado/a *adj.*
**navy** armada *f.* **6**
**near** cerca de *prep.*
**neaten** arreglar *v.*
**necessary** necesario/a *adj.*
  **It is necessary that...**
    Hay que...
**neck** cuello *m.*
**need** faltar *v.*; necesitar *v.* (+ *inf.*)
**negative** negativo/a *adj.*
**neglect** desatender (e:ie) *v.* **5**

**neighbor** vecino/a *m., f.*
**neighborhood** barrio *m.* **2**
**neither** tampoco *adv.*
**neither... nor** ni... ni *conj.*
**nephew** sobrino *m.* **4**
**nervous** nervioso/a *adj.*
**network** cadena *f.* **3**; red *f.* **1**
**never** nunca *adj.*; jamás
**new** nuevo/a *adj.*
  **new movie** estreno *m.* **3**
**new development** novedad *f.*
**newlywed** recién casado/a *m., f.*
**news** noticias *f., pl.* **3**;
  actualidades *f., pl.*
  **international news**
    noticias internacionales **3**
  **local news** noticias locales **3**
  **national news**
    noticias nacionales **3**
  **news report** reportaje *m.* **3**
**newscast** noticiero *m.*
**newspaper** periódico *m.* **3**;
  diario *m.* **3**
**next** próximo/a *adj.*
  **next to** al lado de *prep.*
**nice** simpático/a *adj.*; amable *adj.*
**nickname** apodo *m.* **4**
**niece** sobrina *f.* **4**
**night** noche *f.*
  **night stand** mesita *f.* de noche
**nightlife** vida *f.* nocturna **2**
**nine** nueve *adj.*
**nine hundred** novecientos/as *adj.*
**nineteen** diecinueve *adj.*
**ninety** noventa *adj.*
**ninth** noveno/a *adj.*
**no** no; ningún, ninguno/a(s) *adj.*
  **no one** nadie *pron.*
  **No problem.** No hay problema.
  **no way** de ninguna manera
**nobody** nadie *pron.*
**noise** ruido *m.*
**noisy** ruidoso/a *adj.* **2**
**nonconformist** inconformista *adj.*
**none** ninguno/a(s) *pron.*
**noon** mediodía *m.*
**nor** ni *conj.*
**north** Norte *m.*
  **to the north** al norte
**nose** nariz *f.*
**nostalgia** nostalgia *f.*
**not** no *adv.*
  **not any** ningún, ninguno/a(s) *adj.,*
    *adv.*; ningunos/as *pron.*
  **not anyone** nadie *pron.*
  **not anything** nada *pron.*
  **not bad at all** nada mal
  **not either** tampoco *adv.*
  **not ever** nunca *adv.*; jamás *adv.*
  **not trust** desconfiar *v.*
  **not very well** no muy bien
  **not working** descompuesto/a *adj.*

**notebook** cuaderno *m.*
**nothing** nada *pron.*
**noun** sustantivo *m.*
**November** noviembre *m.*
**now** ahora *adv.*
**nowadays** hoy día *adv.*
**nuclear** nuclear *adj. m., f.*
    **nuclear energy** energía nuclear
**number** número *m.*
**nurse** enfermero/a *m., f.*
**nutrition** nutrición *f.*
**nutritionist** nutricionista *m., f.*

## O

**oblivion** olvido *m.* **1**
**o'clock: It's… o'clock** Son las…
    **It's one o'clock.** Es la una.
**obey** obedecer *v.*; hacer caso **3**
**obligation** deber *m.*
**obtain** conseguir (e:i) *v.*; obtener *v.*
**obvious** obvio/a *adj.*
    **it's obvious** es obvio
**occupation** ocupación *f.*
**occur** ocurrir *v.*
**October** octubre *m.*
**of** de *prep.*
    **Of course.** Claro que sí.;
        Por supuesto.
**offer** oferta *f.*; ofrecer (c:zc) *v.*
**office** oficina *f.*
    **doctor's office** consultorio *m.*
**official** oficial *adj.*
    **official language** lengua oficial *f.*
**often** a menudo *adv.*
**Oh!** ¡Ay!
**oil** aceite *m.*; petróleo *m.* **5**
**OK** regular *adj.*
    **It's okay.** Está bien.
**old** viejo/a *adj.*
**old age** vejez *f.* **4**
**older** mayor *adj.*
    **older brother, sister**
        hermano/a mayor *m., f.*
**oldest** el/la mayor
**omen** presagio *m.*
**on** en *prep.*; sobre *prep.*
    **go on sale** salir a la venta *v.* **3**
    **keep an eye on** vigilar *v.* **3**
    **on behalf of** por *prep.*
    **on the dot** en punto
    **on time** a tiempo
    **on top of** encima de
**once** una vez
**one** un, uno/a *adj.*; *m., f.*; *sing. pron.*
    **one hundred** cien(to)
    **one million** un millón *m.*
    **one more time** una vez más
    **one thousand** mil
    **one time** una vez
**onion** cebolla *f.*
**online** en línea *adj.*

**only** sólo *adv.*; único/a *adj.*; no más
    *adv.* **3**
    **only child** hijo/a único/a *m., f.* **4**
**open** abierto/a *adj.*; abrir *v.*
**open-air** al aire libre
**opera** ópera *f.*
    **soap opera** telenovela *f.* **3**
**operation** operación *f.*
**opinion** opinión *f.*
    **express an opinion** opinar *v.* **3**
**opposite** enfrente de *prep.*
**oppresion** opresión *f.* **4**
**oppressed** oprimido/a *adj.* **6**
**or** o *conj.*; u *conj. (before words
    beginning with o or ho)*
**orange** anaranjado/a *adj.*; naranja *f.*
**orchestra** orquesta *f.*
**order** mandar; (*food*) pedir (e:i) *v.*
    **in order to** para *prep.*
**orderly** ordenado/a *adj.*
**ordinal** (*numbers*) ordinal *adj.*
**other** otro/a *adj.*
**ought to** deber *v.* (+ *inf.*) *adj.*
**our** nuestro/a(s) *poss. adj.*; *poss. pron.*
**out of control** descontrolado/a *adj.* **5**
**out of order** descompuesto/a *adj.*
**out of place** desplazado/a *adj.* **2**
**outcome** desenlace *m.* **2**
**outdoors** al aire libre **5**
**outskirts** alrededores *m., pl.* **2**
**oven** horno *m.*
**over** sobre *prep.*
**overcome** superar *v.* **4**
**overpopulation** superpoblación *f.*
**overthrow** derrocar *v.* **6**
**overwhelmed** agobiado/a *adj.* **1**
**owe (money)** deber *v.* (dinero)
**own** propio/a *adj.*
    **on his/her own** por su cuenta. **1**
**owner** dueño/a *m., f.*
**ozone layer** capa *f.* de ozono **5**

## P

**p.m.** tarde *f.*
**pacifist** pacifista *adj.* **6**
**pack (one's suitcases)** hacer *v.*
    las maletas
**package** paquete *m.*
**page** página *f.*
    **front page** portada *f.* **3**
**pain** dolor *m.* **2**
    **have a pain** tener *v.* dolor
**paint** pintar *v.*
**painter** pintor(a) *m., f.*
**painting** pintura *f.*
**pair** par *m.*
    **pair of shoes** par *m.* de zapatos
**pamper** mimar *v.* **4**
**pants** pantalones *m., pl.*
**pantyhose** medias *f., pl.*
**paper** papel *m.*; (*report*) informe *m.*

**Pardon me.** (*May I?*) Con permiso.;
    (*Excuse me.*) Perdón.
**parents** padres *m., pl.*; papás *m., pl.*
**park** estacionar *v.*; aparcar *v.* **5**;
    parquear *v.* **3**; parque *m.*
**parking lot** estacionamiento *m.* **2**
**parking space** aparcamiento *m.* **5**
**partner** (*one of a married couple*)
    pareja *f.*; socio/a *m., f.*
**party** fiesta *f.*
    **party pooper** aguafiestas *m., f.*
**pass** pasar *v.* **6**
    **pass a law** aprobar (o:ue)
        una ley *v.* **6**
**passed** pasado/a *p.p.*
**passenger** pasajero/a *m., f.* **2**
**passport** pasaporte *m.*
**password** contraseña *f.* **5**
**past** pasado/a *adj.*
**pastime** pasatiempo *m.*
**pastry shop** pastelería *f.*
**patent** patente *f.*
**patience** paciencia *f.*
**patient** paciente *m., f.*
**patio** patio *m.*
**pay** pagar *v.*
    **pay attention** fijarse *v.* **3**
    **pay the bill** pagar la cuenta
    **pay homage to the gods**
        homenajear a los dioses *v.* **4**
    **pay in cash** pagar *v.* al contado;
        pagar en efectivo
    **pay in installments** pagar *v.*
        a plazos
    **pay raise** aumento *m.* de sueldo
**pea** arveja *m.*
**peace** paz *f.* **6**
**peaceful** pacífico/a *adj.* **6**
**peach** melocotón *m.*
**pear** pera *f.*
**pedestrian** peatón/peatona *m., f.* **2**
**pen** pluma *f.*
**pencil** lápiz *m.*
**penicillin** penicilina *f.*
**people** gente *f.* **2**
**pepper (black)** pimienta *f.*
**per** por *prep.*
**perfect** perfecto/a *adj.*
**performance** espectáculo *m.*
**perhaps** quizás; tal vez
**permission** permiso *m.*
**persecution** persecución *f.*
**person** persona *f.*
    **person in charge**
        encargado/a *m., f.* **5**
**personality** carácter *m.* **4**
**pharmacy** farmacia *f.*
**phenomenal** fenomenal *adj.*
**photograph** foto(grafía) *f.*
**photographer** fotógrafo/a *m., f.* **3**
**physical (exam)** examen *m.* médico
**physician** doctor(a), médico/a *m., f.*
**physicist** físico/a *m., f.*

**physics** física *f. sing.*
**pick up** recoger *v.*
**picture** cuadro *m.*; pintura *f.*
**pie** pastel *m.*
**piece** pedazo *m.* **5**
    **piece of junk** pedazo de lata
**pill (tablet)** pastilla *f.*
**pillow** almohada *f.*
**pineapple** piña *f.*
**pink** rosado/a *adj.*
**place** lugar *m.*; poner *v.*
**plaid** de cuadros
**planet** planeta *m.*
**plan** plano *m.*; planificar *v.*
**plans** planes *m., pl.*
    **have plans** tener planes
**plant** planta *f.*; plantar *v.* **5**;
    sembrar *v.*
**plastic** plástico *m.*
    **(made) of plastic** de plástico
**plate** plato *m.*
    **platter of fried food**
        fuente *f.* de fritada
**play** drama *m.*; comedia *f.*; jugar
    (u:ue) *v.*; (*a musical instrument*)
    tocar *v.*; (*a role*) hacer el papel de;
    (*cards*) jugar a (las cartas); (*sports*)
    practicar deportes; poner *v.*
    **play a CD** poner un disco compacto
    **play an instrument** tocar *v.* **3**
**player** jugador(a) *m., f.*
**playwright** dramaturgo/a *m., f.*
**plead** rogar (o:ue) *v.*
**pleasant** agradable *adj.*
**please** por favor
**Pleased to meet you.** Mucho gusto.;
    Encantado/a. *adj.*
**pleasing: be pleasing to** gustar *v.*
**pleasure** gusto *m.*; placer *m.*
    **It's a pleasure to...** Gusto de
        (+ *inf.*)
    **It's been a pleasure.** Ha sido
        un placer.
    **The pleasure is mine.**
        El gusto es mío.
**poem** poema *m.*
**poet** poeta *m., f.*
**poetry** poesía *f.*
**poison** intoxicar *v.* **5**
**police (force)** policía *f.*
    **police station** comisaría *f.* **2**
**policeman** policía *m.* **2**
**policewoman** mujer policía *f.* **2**
**political** político/a *adj.*
    **political exile** exiliado/a político/a
        *m., f.*
    **political party** partido político **6**
    **political refugee**
        refugiado/a político/a
**politician** político/a *m., f.* **6**
**politics** política *f.* **6**
**polka-dotted** de lunares
**poll** encuesta *f.*

**pollute** contaminar *v.* **5**
**polluted** contaminado/a *m., f.*
    **be polluted** estar contaminado/a
**pollution** contaminación *f.* **5**
**pool** piscina *f.*
**poor** pobre *adj.*
**populate** poblar *v.* **2**
**population** población *f.*
**pork** cerdo *m.*
    **pork chop** chuleta *f.* de cerdo
**portable** portátil *adj.*
    **portable computer**
        computadora *f.* portátil
**position** puesto *m.*; cargo *m.*
**possessive** posesivo/a *adj.*
**possible** posible *adj.*
    **it's (not) possible**
        (no) es posible
**post office** correo *m.*
**postcard** postal *f.*
**poster** cartel *m.*
**potato** papa *f.*; patata *f.*
**pothole** agujero *m.* **2**
**pottery** cerámica *f.*
**poverty** pobreza *f.*
**power** poder *m.* **6**
**powerful** poderoso/a *adj.* **4**
**practical** práctico/a *adj.*
**practice** entrenarse *v.*; practicar *v.*
**praise** elogiar *v.* **6**
**predict** predecir (e:i) *v.*
**prefer** preferir (e:ie) *v.*
**pregnant** embarazada *adj.*
**premiere** estreno *m.* **3**
**premonition** presentimiento *m.*
**prepare** preparar *v.*; capacitar *v.*
**preposition** preposición *f.*
**prescribe** (*medicine*) recetar *v.*
**prescription** receta *f.*
**present** regalo *m.*; presentar *v.*
**preserve** conservar *v.* **2, 5**
**president** presidente/a *m., f.* **6**
**press** prensa *f.* **3**; pulsar *v.* **4**
    **freedom of the press**
        libertad *f.* de prensa **3**
    **sensationalist press**
        prensa sensacionalista **3**
**pressure** presión *f.*
    **be under a lot of pressure** sufrir
        muchas presiones
**pretty** bonito/a *adj.*; bastante *adv.*
**prevent** prevenir (e:ie) *v.* **5**; impedir
    *v.* **2**
**price** precio *m.*
    **(fixed, set) price** precio *m.* fijo
**prior to** previo/a *adj.*
**pride** orgullo *m.*
**priest** sacerdote *m.* **4**; cura *m.* **6**
**principles** ideales *m., pl.*
**print** estampado/a *adj.*; imprimir *v.*
**printer** impresora *f.*; imprenta *f.* **1**
**prison** cárcel *f.* **6**
    **(prison) cell** celda *f.*

**prisoner** preso/a *m., f.* **5**
**private** (*room*) individual *adj.*
**prize** premio *m.*
**probable** probable *adj.*
    **it's (not) probable** (no) es probable
**problem** problema *m.*
**process** trámite *m.*
**profession** profesión *f.*
**professor** profesor(a) *m., f.*
**profit** ganancia *f.*
**program** programa *m.*
**programmer** programador(a) *m., f.*
**progress** progreso *m.*
**prohibit** prohibir *v.*
**prominent** destacado/a *adj.* **3**
**promise** jurar *v.*
**promotion** (*career*) ascenso *m.*
**pronoun** pronombre *m.*
**proof** prueba *f.*
**protect** proteger *v.* **5**
**protected** protegido/a *adj.* **5**
**protein** proteína *f.*
**protest** protestar *v.*; manifestación *f.*
**proud** orgulloso/a *adj.* **1**
**prove** comprobar (o:ue) *v.*
**provided (that)** con tal (de) que *conj.*
**prune** podar *v.* **5**
**psychologist** psicólogo/a *m., f.*
**psychology** psicología *f.*
**public** público *m.* **3**
    **public ransportation**
        transporte *m.* público **2**
**publish** publicar *v.* **3**
**Puerto Rican** puertorriqueño/a *adj.*
**Puerto Rico** Puerto Rico *m.*
**pull** tirar; sacar *v.*
    **pull a tooth** sacar una muela
    **pull someone's leg** tomar
        el pelo *v.*
**punish** castigar *v.*
**punishment** castigo *m.* **3**
**pupil** alumno/a *m., f.* **6**
**purchase** compra *f.*
**purchases** compras *f., pl.*
**pure** puro/a *adj.* **5**
**purple** morado/a *adj.*
**purse** bolsa *f.*
**put** poner *v.*; puesto/a *p.p.*
    **put (a letter) in the mailbox**
        echar (una carta) al buzón
    **put on (a performance)** presentar *v.*
    **put on (clothing)** ponerse *v.*
    **put on makeup** maquillarse *v.*
    **put up with** aguantar *v.*; soportar *v.* **5**

## Q

**quality** calidad *f.*
**quarry** cantera *f.*
**quarter** (*academic*) trimestre *m.*
    **quarter after** (*time*) y cuarto;
        y quince
    **quarter to** (*time*) menos cuarto;
        menos quince

**question** pregunta *f.*
**quickly** rápido *adv.*
**quiet** tranquilo/a *adj.*
**quit** dejar *v.*; renunciar *v.*
**quiz** prueba *f.*

## R

**rabbit's foot** pata de conejo *f.* **5**
**race** carrera *f.*
**racism** racismo *m.*
**radio** (*medium*) radio *f.* **3**
   **radio (set)** radio *m.*
   **radio announcer** locutor(a) *m., f.*
     de radio **3**
   **radio station** radioemisora *f.* **3**
**rain** llover (o:ue) *v.*; lluvia *f.* **5**
   **It's raining.** Llueve.;
     Está lloviendo.
**raincoat** impermeable *m.*
**rainforest** bosque *m.* tropical;
   selva *f.* **5**
   **tropical rainforest**
     selva tropical *f.* **5**
**raise** (*salary*) aumento de sueldo
**raise** (*children*) criar *v.* **4**
**ranch** rancho *m.*
**rather** bastante *adv.*
**reach** alcanzar *v.*
   **reach a goal** alcanzar
     una meta *v.*
**read** leer *v.*; leído/a *p.p.*
   **read e-mail** leer correo electrónico
   **read a magazine** leer una revista
   **read a newspaper**
     leer un periódico
**ready** listo/a *adj.*; dispuesto/a (a) *adj.*
   **(Are you) ready?** ¿(Están) listos?
**reality: reality show** programa *m.*
   de telerrealidad **3**
**realize** darse cuenta de *v.*
**reap the benefits (of)** *v.* disfrutar *v.* (de)
**reason** razón *f.*
**rebellious** rebelde *adj.* **4**
**receive** recibir *v.*
**recipe** receta *f.* **4**
**recognize** reconocer (c:zc) *v.*
**recommend** recomendar (e:ie) *v.*
**record** grabar *v.* **3**
**recreation** diversión *f.*; recreo *m.*
**recycle** reciclar *v.* **5**
**recycling** reciclaje *m.* **5**
**red** rojo/a *adj.*
**red-haired** pelirrojo/a *adj.*
**reduce** reducir *v.*; disminuir *v.*
   **reduce stress/tension** aliviar
     el estrés/la tensión
**refrigerator** refrigerador *m.*
**refugee** refugiado/a *m., f.*
   **political refugee**
     refugiado/a político/a
   **war refugee** refugiado/a
     de guerra
**region** región *f.*

**regret** arrepentirse *v.* **1**; lamentar
   *v.* **4**; sentir (e:ie) *v.*
**regrettable** lamentable *adv.*
**rehearse** ensayar *v.* **3**
**reject** rechazar *v.*
**related to sitting** sedentario/a *adj.*
**relative** pariente *m., f.* **4**
   **relatives** familiares *m., pl.* **1**;
     parientes *m., pl.* **4**
**relax** relajarse *v.* **2**
**release (a movie)** estrenar *v.*
   (una película)
**relieve** aliviar *v.* **5**
**relieved** aliviado/a *adj.*
**religion** religión *f.* **4**
**rely (on)** contar (o:ue) (con) *v.* **1**
**remain** quedarse *v.*
**remember** acordarse (o:ue) *v.* (de);
   recordar (o:ue) *v.*
**remodel** remodelar *v.*
**remote control** control remoto *m.*
**remove** quitar *v.* **5**
**renewable** renovable *adj.* **5**
**rent** alquilar *v.*; (*payment*) alquiler *m.*
**repeat** repetir (e:i) *v.*
**replace** reemplazar *v.*
**report** informe *m.* **6**; reportaje *m.*
   **news report** reportaje *m.* **3**
**reporter** reportero/a *m., f.* **3**
**representative** representante *m., f.*
**reputation: have a good/bad**
   **reputation** tener buena/mala fama
   *v.* **3**
**request** pedir (e:i) *v.*
**rescued** rescatado/a *adj.* **6**
**research** investigar *v.* **3**
**researcher** investigador(a) *m., f.*
**resemble** parecerse (c:zc) *v.* **4**
**reservation** reservación *f.*
**reside** residir *v.* **2**
**resign (from)** renunciar (a) *v.*
**resolve** resolver (o:ue) *v.* **5**
**resolved** resuelto/a *p.p.*
**resources** recursos *m., pl.* **5**
**respect** respetar *v.* **4**
**responsibility** deber *m.*;
   responsabilidad *f.*; compromiso
   *m.* **1**
**rest** descansar *v.*
**restaurant** restaurante *m.*
**résumé** currículum *m.*
**retire (from work)** jubilarse *v.*
**returned** vuelto/a *p.p.*
**review** reseña *f.* **1**
**revolutionary** revolucionario/a *adj.*
**rhythm** ritmo *m.* **3**
**rice** arroz *m.*
**rich** rico/a *adj.*
**riches** riquezas *f., pl.*
**ride a bicycle** pasear *v.* en bicicleta
**ride a horse** montar *v.* a caballo
**ridiculous** ridículo/a *adj.*
   **it's ridiculous** es ridículo
**right** derecha *f.*
   **be right** tener razón

**right?** (*question tag*) ¿no?;
   ¿verdad?
**right away** enseguida *adv.*
**right here** aquí mismo
**right now** ahora mismo
**right there** allí mismo
**to the right of** a la derecha de
**rights** derechos *m.*
**ring** (*a doorbell*) sonar (o:ue) *v.*
**rise** ascender *v.*
**risk** riesgo *m.* **1**
**rivalry** rivalidad *f.*
**river** río *m.* **5**
**road** camino *m.*
**road sign** señal de tráfico *f.* **2**
**roast** asado/a *adj.*
   **roast chicken** pollo *m.* asado
**rollerblade** patinar *v.* en línea
**romantic** romántico/a *adj.*
**room** habitación *f.*; cuarto *m.*
   **living room** sala *f.*
**roommate** compañero/a *m., f.*
   de cuarto
**root** raíz *f.* **4**
**roundtrip** de ida y vuelta
   **roundtrip ticket** pasaje *m.* de
     ida y vuelta
**rout** recorrido *m.*
**routine** rutina *f.*
**rubble** escombros *m., pl.* **2**
**rude** malcriado/a *m., f.* **3**
**rug** alfombra *f.*
**ruin** arruinar *v.*
**rule** regla *f.* **6**
**run** correr *v.*; administrar *v.*
   **run errands** hacer diligencias **2**
   **run into** (*have an accident*)
     chocar (con) *v.*; (*meet*
     *accidentally*) encontrar(se)
     (o:ue) *v.*; (*run into some*
     *thing*) darse (con) *v.*
   **run into (each other)**
     encontrar(se) (o:ue) *v.*
**rush** apurarse, darse prisa *v.*
**Russian** ruso/a *adj.*

## S

**sacred ritual** rito sagrado *m.* **4**
**sacrifice** sacrificar *v.* **4**
**sad** triste *adj.*
   **it's sad** es triste
**safe** seguro/a *adj.*
**safety** seguridad *f.* **6**
**said** dicho/a *p.p.*
**salad** ensalada *f.*
**salary** salario *m.*; sueldo *m.*
**sale** rebaja *f.*; venta *f.*
   **go on sale** salir a la venta *v.* **3**
**salesman** vendedor *m.*
**saleswoman** vendedora *f.*
**salmon** salmón *m.*
**salt** sal *f.*
**same** mismo/a *adj.*

**sandal** sandalia *f.*
**sandwich** sándwich *m.*
**Saturday** sábado *m.*
**sausage** salchicha *f.*
**save** salvar *v.* **4**; (*on a computer*)
   guardar *v.*
  **save (money)** ahorrar *v.*
**savings** ahorros *m., pl.*
  **savings account** cuenta *f.*
   de ahorros
**saw** serrar *v.* **5**
**say** decir *v.*; declarar *v.*
  **say (that)** decir (que) *v.*
  **say goodbye** despedirse (e:i) *v.*
  **say the answer** decir la respuesta
**scale** escama *f.*
**scandal** escándalo *m.* **6**
**scant** escaso/a *adj.* **5**
**scarce** escaso/a *adj.* **5**
**scarcely** apenas *adv.*
**scared: be (very) scared (of)**
  tener (mucho) miedo (de)
**scenery** paisaje *m.* **5**
**schedule** horario *m.*
**school** escuela *f.*
**science** *f.* ciencia
  **science fiction** ciencia *f.* ficción
**scientist** científico/a *m., f.*
**scold** regañar *v.* **4**
**score (a goal/a point)** marcar *v.* (un
  gol/un punto); anotar *v.* un gol
**scream** chillar *v.* **4**
**screen** pantalla *f.* **3**
**scuba dive** bucear *v.*
**sculpt** esculpir *v.*
**sculptor** escultor(a) *m., f.*
**sculpture** escultura *f.*
**sea** mar *m.* **5**
**seal** foca *f.* **5**
**search engine** buscador *m.*
**season** temporada *f.* **3**; estación *f.*;
  época *f.* **1**
**seat** silla *f.*
**second** segundo/a *adj.*; *m., f.*
**secretary** secretario/a *m., f.*
**section** sección *f.*
  **lifestyle section** sección
   de sociedad **3**
  **sports section** sección
   deportiva **3**
**secure** seguro/a *adj.* **1**
**secular** laico/a *adj.* **6**
**security** seguridad *f.* **6**
**sedentary** sedentario/a *adj.*
**see** ver *v.*
  **see (you/him/her) again** volver
   a ver(te/lo/la)
  **see movies** ver películas
  **See you.** Nos vemos.
  **See you later.** Hasta la vista.;
   Hasta luego.
  **See you soon.** Hasta pronto.
  **See you tomorrow.** Hasta mañana.

**seed** semilla *f.* **5**
**seem** parecer *v.*
**seen** visto/a *p.p.*
**self-esteem** autoestima *f.* **4**
**selfish** egoísta *adj.* **4**
**sell** vender *v.*
**semester** semestre *m.*
**send** enviar; mandar *v.*
**sensationalist: sensationalist press**
  prensa *f.* sensacionalista **3**
**sensitive** sensible *adj.* **1**
**separate (from)** separarse *v.* (de)
**separated** separado/a *adj.* **1**
**September** septiembre *m.*
**sequence** secuencia *f.*
**serious** grave *adj.*
**serve** servir (e:i) *v.*
**set** (*fixed*) fijo *adj.*
  **set the table** poner la mesa
**settle** poblar *v.* **2**
**seven** siete *adj.*
**seven hundred** setecientos/as *adj.*
**seventeen** diecisiete *adj.*
**seventh** séptimo/a *adj.*
**seventy** setenta *adj.*
**several** varios/as *adj. pl.*
**sexism** sexismo *m.*
**shaman** chamán *m.* **5**
**shame** (*pity*) lástima *f.*;
  (*embarassment, remorse*)
  vergüenza *f.*
  **it's a shame** es una lástima
**shampoo** champú *m.*
**shape** forma *f.*
  **be in good shape** estar en
   buena forma
  **stay in shape** mantenerse
   en forma
**share** compartir *v.* **1**
**sharp** (*time*) en punto
**shave** afeitarse *v.*
**shaving cream** crema *f.* de afeitar
**she** ella *f., sing. pron.*
**shellfish** mariscos *m., pl.*
**ship** barco *m.*
**shirt** camisa *f.*
**shoe** zapato *m.*
  **shoe size** número *m.*
  **shoe store** zapatería *f.*
  **tennis shoes** zapatos *m., pl.*
   de tenis
**shoot** disparar *v.*
  **shoot a movie** rodar (o:ue) *v.* **3**
**shop** tienda *f.*
**shopping, to go** ir *v.* de compras
  **shopping mall** centro *m.* comercial
**short** (*in height*) bajo/a *adj.*; (*in
  length*) corto/a *adj.*
  **short film** cortometraje *m.*
  **short story** cuento *m.*
  **short term** a corto plazo *adv.*
**shortage** escasez *f.*
**shorts** pantalones cortos *m., pl.*
**should** (*do something*) deber *v.*
  (+ *inf.*)

**shout** gritar *v.*
**show** espectáculo *m.*; mostrar (o:ue) *v.*
  **game show** programa *m.*
   de concursos **3**; concurso *m.*
  **reality show** programa *m.*
   de telerrealidad **3**
**shower** ducha *f.*; ducharse *v.*
**shrimp** camarón *m.*
**shutter** persiana *f.* **2**
**shy** tímido/a *adj.* **1**
**shyness** timidez *f.*
**siblings** hermanos/as *pl.*
**sick** enfermo/a *adj.*
  **be sick** estar enfermo/a
  **get sick** enfermarse *v.*
  **get sick (of)** (*be fed up*)
   estar harto *v.* **1**
**sidewalk** acera *f.* **2**
**sign** firmar *v.*; letrero *m.* **2**;
  pancarta *f.*; señal *f.*
**silence** silencio *m.*
**silence** callar *v.* **6**
**silk** seda *f.*
  **(made of)** de seda
**silly** tonto/a *adj.*
**similar** semejante *adj.*
**since** desde *prep.*
**sing** cantar *v.*
**singer** cantante *m., f.* **3**
**single** soltero/a *adj.* **1**
  **single room**
   habitación *f.* individual
**sink** lavabo *m.*
**sir** señor (Sr.); don *m.*
**sister** hermana *f.*
**sister-in-law** cuñada *f.* **4**
**sit down** sentarse (e:ie) *v.*
**six** seis *adj.*
**six hundred** seiscientos/as *adj.*
**sixteen** dieciséis *adj.*
**sixth** sexto/a *adj.*
**sixty** sesenta *adj.*
**size** talla *f.*; tamaño *m.*
  **shoe size** *m.* número
**(in-line) skate** patinar (en línea)
**skateboard** andar en patineta *v.*
**ski** esquiar *v.*
  **ski mask** pasamontañas *m., sing.* **3**
**skiing** esquí *m.*
  **cross country skiing** esquí
   de fondo
  **downhill skiing** esquí alpino
  **water-skiing** esquí acuático
**skirt** falda *f.*
**sky** cielo *m.*
**skyscraper** rascacielos *m.* **2**
**sleep** dormir (o:ue) *v.*; sueño *m.*
  **go to sleep** dormirse (o:ue) *v.*
**sleepy: be (very) sleepy** tener
  (mucho) sueño
**slender** delgado/a *adj.*
**slim down** adelgazar *v.*
**slippers** pantuflas *f.*
**slow** lento/a *adj.*
**slowly** despacio *adv.*

**small** pequeño/a *adj.*

**smart** listo/a *adj.*

**smell** olor *m.*

**smile** sonreír (e:i) *v.*

**smiled** sonreído *p.p.*

**smog** smog *m.* **5**

**smoggy: It's (very) smoggy.** Hay (mucha) contaminación.

**smoke** fumar *v.*

**smoking section** sección *f.* de fumar

  **(non) smoking section** *f.* sección de (no) fumar

**snack** merendar *v.*;

  **afternoon snack** merienda *f.*

  **have a snack** merendar *v.*

**snake** serpiente *f.* **5**

**sneakers** los zapatos de tenis

**sneeze** estornudar *v.*

**snow** nevar (e:ie) *v.*; nieve *f.*

**snowing: It's snowing.** Nieva.; Está nevando.

**so** (*in such a way*) así *adv.*; tan *adv.*

  **so much** tanto *adv.*

  **so-so** regular *adj.*

  **so that** para que *conj.*

**soap** jabón *m.*

  **soap opera** telenovela *f.* **3**

**soccer** fútbol *m.*

**social prejudice** prejuicio social *m.* **4**

**sociology** sociología *f.*

**sock(s)** calcetín (calcetines) *m.*

**sofa** sofá *m.*

**soft drink** refresco *m.*

**software** programa *m.* (de computación)

**soil** tierra *f.*

**solar** solar *adj. m., f.*

  **solar energy** energía solar

**sold out** agotado/a *adj.*

**soldier** soldado *m., f.*

**solution** solución *f.*

**solve** resolver (o:ue) *v.* **5**

**some** algún, alguno/a(s) *adj.*; unos/as *pron. m., f., pl; indef. art.*

**somebody** alguien *pron.*

**someone** alguien *pron.*

**something** algo *pron.*

**sometimes** a veces *adv.*

**son** hijo *m.*

**song** canción *f.*

**son-in-law** yerno *m.* **4**

**soon** pronto *adv.*

  **See you soon.** Hasta pronto.

**soothe** aliviar *v.* **5**

**sorry: be sorry** sentir (e:ie) *v.*

  **I'm sorry.** Lo siento.

  **I'm so sorry.** Mil perdones.; Lo siento muchísimo.

**soul** alma *f.* (*but:* el alma) **1**

  **soulmate** alma gemela

**soundtrack** banda *f.* sonora **3**

**soup** caldo *m.*; sopa *f.*

**source** fuente *f.* **5**

**south** Sur *m.*

  **to the south** al sur

**space** espacio *m.*

**space shuttle**

  transbordador *m.* espacial

**Spain** España *f.*

**Spanish** (*language*) español *m.*; español(a) *adj.*

**spare (free) time** ratos libres

**speak** hablar *v.*

**special: special effects**

  efectos *m.* especiales **3**

**specialized** especializado/a *adj.*

**species** especie *f.* **5**

  **endangered species** especie en peligro (de extinción) **5**

**spectacular** espectacular *adj.*

**spectator** espectador(a) *m., f.*

**speech** discurso *m.*

**speed** velocidad *f.*

  **speed limit** velocidad *f.* máxima

**spell checker**

  corrector *m.* ortográfico **5**

**spelling** ortografía *f.*; ortográfico/a *adj.*

**spend** (*money*) gastar *v.*

**spirit** (*soul*) alma *f.*; (*mood*) ánimo *m.* **1**

**spoil** malcriar *v.* **4**

**spoiled brat** niñato/a *m., f.* **4**

**spoon** (*table or large*) cuchara *f.*

**spoonful** cucharada *f.* **5**

  **in spoonfuls** a cucharadas **5**

**sport** deporte *m.*

  **sports club** club *m.* deportivo

  **sports-related** deportivo/a *adj.*

  **sports section**

    sección *f.* deportiva **3**

**spouse** esposo/a *m., f.*

**sprain (one's ankle)** torcerse (o:ue) *v.* (el tobillo)

**sprained** torcido/a *adj.*

  **be sprained** estar torcido/a

**sprawl** expansión *f.* **5**

  **urban sprawl** expansión urbana **5**

**spread** esparcir *v.*; difundir *v.* **2**

  **spread news** difundir *v.* **2**

  **spread the word** correr *v.* la voz

**spring** primavera *f.*

**spy** espiar *v.* **6**

**(city or town) square** plaza *f.*

**square** plaza *f.* **2**

**stadium** estadio *m.* **2**

**stage** etapa *f.*

**stained** manchado/a *adj.* **2**

**stairs** escalera *f.*

**stairway** escalera *f.*

**stamp** estampilla *f.* **2**

**stand in line** hacer *v.* cola

**stand (someone) up**

  dejar *v.* plantado/a **1**

**standard of living** nivel *m.* de vida *f.*; calidad *f.* de vida *f.* **1**

**star** estrella *f.*

  **movie star** estrella de cine **3**

  **shooting star** estrella fugaz

**start** (*a vehicle*) arrancar *v.*; (*establish*) establecer *v.*

**station** estación *f.* **2**

  **bus station** estación *f.* de autobuses **2**

  **fire station** estación *f.* de bomberos **2**

  **police station** estación *f.* de policía **2**

  **radio station** radioemisora *f.* **3**

  **subway station** estación *f.* del metro **2**

  **train station** estación *f.* de trenes **2**

**statue** estatua *f.*

**status: marital status**

  estado *m.* civil

**stay** quedarse *v.* **2**

  **stay in shape** mantenerse en forma

  **stay up late** trasnochar *v.*

**steak** bistec *m.*

**steering wheel** volante *m.*

**step** etapa *f.*

**stepbrother** hermanastro *m.* **4**

**stepdaughter** hijastra *f.*

**stepfather** padrastro *m.* **4**

**stepmother** madrastra *f.* **4**

**stepsister** hermanastra *f.* **4**

**stepson** hijastro *m.*

**stereo** estéreo *m.*

**still** todavía *adv.*

**stingy** tacaño/a *adj.* **1**

**stock market** bolsa *f.* de valores

**stockbroker** corredor(a) *m., f.* de bolsa

**stockings** medias *f., pl.*

**stomach** estómago *m.*

**stone** piedra *f.*

  **sculpted stone** piedra esculpida

**stop** parar *v.*; detenerse (e:ie) *v.* **2**

  **stop** (*doing something*) dejar de (+ *inf.*)

**stop** parada *f.* **2**

  **bus stop** parada *f.* de autobús **2**

  **subway stop** parada *f.* de metro **2**

**store** tienda *f.*

  **storekeeper** tendero/a *m., f.*

**storm** tormenta *f.*

**stormy** tempestuoso/a *adj.* **1**

**story** cuento *m.*; historia *f.*

**stove** cocina, estufa *f.*

**straight** derecho *adj.*

  **straight (ahead)** derecho

**straighten up** arreglar *v.*

**strange** extraño/a *adj.*

  **it's strange** es extraño

**strawberry** frutilla *f.*; fresa

**street** calle *f.* **2**

**strengthen** fortalecer *v.* **6**

**stress** estrés *m.*

**stressed (out)** estresado/a *adj.*

**stretching** estiramiento *m.*
  **do stretching exercises** hacer
    ejercicios; *m. pl.* de estiramiento
**strict** estricto/a *adj.* **4**
**strike** (*labor*) huelga *f.* **6**
**stripe** raya *f.*
  **striped** de rayas
**stroll** pasear *v.*
**strong** fuerte *adj.*
  **to grow stronger** fortalecerse *v.* **1**
**struggle** lucha *f.* **6**
**struggle (for/against)** luchar *v.*
  (por/contra)
**student** estudiante *m., f.*; estudiantil
  *adj.*; alumno/a *m., f.* **6**
**study** estudiar *v.*
**stuffed-up** (*sinuses*)
  congestionado/a *adj.*
**stupendous** estupendo/a *adj.*
**style** estilo *m.* **3**
**submissive** sumiso/a *adj.* **4**
**subscribe (to)** suscribirse (a) *v.* **3**
**substitute** sustituir *v.*
**subtitles** subtítulos *m., pl.* **3**
**suburb** suburbio *m.* **2**
**suburbs** afueras *f., pl.* **2**
**subway** metro *m.*
  **subway station** estación *f.*
    del metro **2**
  **subway stop** parada *f.* del metro **2**
**success** éxito *m.* **3**
**successful** exitoso/a *adj.*
  **be successful** tener éxito
**such as** tales como
**sudden** repentino/a *adj.* **2**
**suddenly** de repente *adv.*
**suffer** sufrir *v.*
  **suffer an illness** sufrir
    una enfermedad
**suffocate** ahogarse *v.* **5**
**sugar** azúcar *m.*
**suggest** sugerir (e:ie) *v.*
**suit** traje *m.*
**suitcase** maleta *f.*
**summer** verano *m.*
**summon** convocar *v.* **6**
**sun** sol *m.* **5**
**sunbathe** tomar *v.* el sol
**Sunday** domingo *m.*
**(sun)glasses** gafas *f., pl.*
  (oscuras/de sol); lentes *m.*
  *pl.* (oscuros/de sol)
**sunny: It's (very) sunny.** Hace
  (mucho) sol.
**supermarket** supermercado *m.*
**superstitious** supersticioso/a *adj.*
**supply** abastecer *v.*
**support** apoyo *m.*
  **support (each other)**
    apoyar(se) *v.* **4**
  **support network** red *f.*
    de apoyo *m.* **1**

**suppose** suponer *v.*
**sure** seguro/a *adj.*
  **be sure** estar seguro/a
**surf** (*the Internet/web*) navegar *v.* (en
  Internet/en la red) **3**
**surprise** sorprender *v.*; sorpresa *f.*
**surprised** sorprendido/a *adj.* **2**
**surround** rodear *v.* **4**
**surrounded** rodeado/a *m., f.*
**survey** encuesta *f.*
**survival** supervivencia *f.*
**survive** subsistir *v.* **2**
**suspect** sospechar *v.*
**suspicion** sospecha *f.* **3**
**suspicious** sospechoso/a *adj.*
**sweat** sudar *v.*
**sweater** suéter *m.*; chompa *f.* **3**
**sweep the floor** barrer el suelo
**sweetie** chato/a *m., f.* **3**
**sweets** dulces *m., pl.*
**swim** nadar *v.*
**swimming** natación *f.*
  **swimming pool** piscina *f.*
**symbol** símbolo *m.* **5**
**symptom** síntoma *m.*

## T

**table** mesa *f.*
**tablespoon** cuchara *f.*
**tablet** (*pill*) pastilla *f.*
**take** tomar *v.*; llevar *v.*;
  **(not) take advantage of**
    (des)aprovechar *v.*
  **take a bath** bañarse *v.*
  **take care of** cuidar *v.*
  **take a bike/car/motorcycle ride**
    dar una vuelta en bicicleta/carro/
    motocicleta *v* **2**
  **take off** quitarse *v.*
  **take out the trash** *v.* sacar
    la basura
  **take photos** tomar *v.* fotos;
    sacar *v.* fotos
  **take a risk** arriesgarse *v.*
  **take** (*wear*) **a shoe size** calzar *v.*
  **take a shower** ducharse *v.*
  **take someone's temperature**
    tomar *v.* la temperatura
  **take a stroll** dar un paseo *v.* **2**
  **take a walk/ride** dar una vuelta *v.* **2**
**talented** talentoso/a *adj.*
**talk** hablar *v.*; conversar *v.* **2**
  **talk show** programa *m.*
    de entrevistas
**tall** alto/a *adj.*
**tank** tanque *m.*
**tape recorder** grabadora *f.*
**taste** probar (o:ue) *v.*; saber *v.*
  **taste like** saber a
**tasty** rico/a *adj.*; sabroso/a *adj.*
**tax** impuesto *m.*

**taxi** taxi *m.*
**tea** té *m.*
**teach** enseñar *v.*
**teacher** profesor(a) *m., f.*;
  maestro/a *m., f.*
**team** equipo *m.*
**technician** técnico/a *m., f.*
**telecommuting** teletrabajo *m.*
**telepathy** telepatía *f.*
**telephone** teléfono
  **cellular telephone**
    teléfono *m.* celular
**telescope** telescopio *m.*
**television** televisión *f.*;
  **television set** televisor *m.*
  **television viewer** televidente *m.,*
    *f.* **3**
**tell** contar *v.*; decir *v.*
**tell (that)** decir *v.* (que)
  **tell lies** decir mentiras
  **tell the truth** decir la verdad
**temperature** temperatura *f.*
**ten** diez *adj.*
**tenderness** ternura *f.* **2**
**tennis** tenis *m.*
  **tennis shoes** zapatos *m., pl.*
    de tenis
**tension** tensión *f.*
**tent** tienda *f.* de campaña
**tenth** décimo/a *adj.*
**terrain** terreno *m.*
**terrible** terrible *adj. m., f.*
  **it's terrible** es terrible
**terrific** chévere *adj.*
**territory** territorio *m.*
**terrorism** terrorismo *m.* **6**
**terrorist** terrorista *m., f.* **6**
**test** prueba *f.*; examen *m.*
**text message** mensaje *m.* de texto
**thank** agradecer *v.* **4**
**Thank you.** Gracias. *f., pl.*
  **Thank you (very much).**
    (Muchas) gracias.
  **Thank you very, very much.**
    Muchísimas gracias.
  **Thanks (a lot).** (Muchas) gracias.
  **Thanks again.** (*lit. Thanks one
    more time.*) Gracias una vez
    más/de nuevo.
  **Thanks for everything.** Gracias
    por todo.
**that** que; quien(es); lo que *pron.*
  **that (one)** ése; ésa; eso *pron.*;
    ese; esa; *adj.*
  **that** (*over there*) aquél, aquélla,
    aquello *pron.*; aquel, aquella *adj.*
  **that which** lo que *conj.*
  **that's me** soy yo
  **That's not the way it is.** No es así.
  **that's why** por eso
**the** el *m.*, la *f. sing.*; los *m.*, las *f., pl.*
**theater** teatro *m.*
  **theater play** obra *f.* de teatro

**their** su(s) *poss. adj.*;
suyo/a(s) *poss. pron.*
**them** los/las *pl., d.o. pron.*
**to/for them** les *pl., i.o. pron.*
**then** (*afterward*) después *adv.*; (*as a result*) entonces *adv.*; (*next*) luego *adv.*; pues *adv.*
**theory** teoría *f.*
**there** allí *adv.*
**There is/are…** Hay…
**There is/are not…** No hay…
**therefore** por eso
**these** éstos; éstas *pron.*; estos; estas *adj.*
**they** ellos *m.*, ellas *f. pron.*
**thief** ladrón/ladrona *m., f* **6**
**thin** delgado/a *adj.*
**thing** cosa *f.*
**think** opinar *v.* **3**; pensar (e:ie) *v.*; (*believe*) creer *v.*
**think about** pensar en *v.*
**third** tercero/a *adj.*
**thirst** sed *f.*
**thirsty: be (very) thirsty** tener (mucha) sed
**thirteen** trece *adj.*
**thirty** treinta *adj.*
**thirty** (*minutes past the hour*) *adj.* y treinta; y media
**this** este; esta *adj.*; éste, ésta, esto *pron.*
**This is…** (*introduction*) Éste/a es…
**This is he/she.** (*on telephone*) Con él/ella habla.
**those** ésos; ésas *pron.*; esos; esas *adj.*
**those (over there)** aquéllos; aquéllas *pron.*; aquellos; aquellas *adj.*
**thousand** mil *adj.*
**threat** amenaza *f.* **6**
**threaten** amenazar *v.* **5**
**three** tres
**three hundred** trescientos/as *adj.*
**throat** garganta *f.*
**through** por *prep.*
**throughout: throughout the world** en todo el mundo
**throw away** echar *v.* **5**
**throw out** botar *v.*
**Thursday** jueves *m., sing.*
**thus** (*in such a way*) así *adj.*
**ticket** boleto *m.*; entrada *f.* **6**; pasaje *m.*
**tie** (*clothing*) corbata *f.*; empate *m.*; (*link*) lazo *m.* **1**; (*a game*) empatar *v.*
**tiger** tigre *m.* **5**
**tight-lipped** parco/a *adj.*
**time** vez *f.*; tiempo *m.*
**have a good/bad time** pasarlo bien/mal
**We had a great time.** Lo pasamos de película.

**What time is it?** ¿Qué hora es?
**(At) What time…?** ¿A qué hora…?
**times** veces *f., pl.*
**many times** muchas veces
**two times** dos veces
**tiny** diminuto/a *adj.*
**tip** propina *f.*
**tire** llanta *f.*
**tired** cansado/a *adj.*
**be tired** estar cansado/a
**to** a *prep.*
**toast** (*drink*) brindar *v.*
**toast** pan *m.* tostado
**toasted** tostado/a *adj.*
**toasted bread** pan tostado *m.*
**toaster** tostadora *f.*
**today** hoy *adv.*
**Today is…** Hoy es...
**toe** dedo *m.* del pie
**together** juntos/as *adj.*
**toilet** inodoro *m.*
**tolerate** aguantar *v.* **5**
**tomato** tomate *m.*
**tomorrow** mañana *f.*
**See you tomorrow.** Hasta mañana.
**tongue** lengua *f.*
**mother tongue** lengua materna *f.*
**tonight** esta noche *adv.*
**too** también *adv.*;
**too much** demasiado *adv.*; en exceso
**tool** herramienta *f.*
**tooth** diente *m.*
**toothpaste** pasta *f.* de dientes
**tornado** tornado *m.*
**tortilla** tortilla *f.*
**touch** tocar *v.*;
**tour an area** recorrer *v*; excursión *f.*
**tourism** turismo *m.*
**tourist** turista *m., f.*; turístico/a *adj.*
**toward** hacia *prep.*; para *prep.*
**towel** toalla *f.*
**town** pueblo *m.*
**toxic** tóxico/a *adj.* **5**
**toy** juguete *m.*
**trade** oficio *m.*; comercio *m. sing.*
**traffic** circulación *f.*; tráfico *m.* **2**
**traffic light** semáforo *f.* **2**
**tragedy** desgracia *v.*; tragedia *f.*
**trail** sendero *m.*
**trailhead** sendero *m.*
**train** entrenarse *v.*; tren *m.*
**train station** estación *f.* (de) tren *m.* **2**
**trainer** entrenador(a) *m., f.*
**translate** traducir *v.*
**transportation (public)** transporte *m.* público **2**
**trap** trampa *f.* **6**
**trash** basura *f.* **5**
**travel** viajar *v.*
**travel agent** agente *m., f.* de viajes

**travel** (*around a city*) recorrer *v.* **2**
**traveler** viajero/a *m., f.*
**(traveler's) check** cheque (de viajero)
**treadmill** cinta caminadora *f.*
**trembling** tembloroso/a *adj.* **4**
**tree** árbol *m.* **5**
**trick** engañar *v.*
**trillion** billón *m.*
**trimester** trimestre *m.*
**trip** viaje *m.*; recorrido *m.*
**take a trip** hacer un viaje
**tropical forest** bosque *m.* tropical
**true** verdad *adj.*
**it's (not) true** (no) es verdad
**trunk** baúl *m.*; tronco *m.* **5**
**trust** confianza *f.* **5**
**trust (in)** confiar (en) *v.* **1, 6**
**truth** verdad *f.*
**try** intentar *v.*; probar (o:ue) *v.*
**try** (*to do something*) tratar de (+ *inf.*)
**try on** probarse (o:ue) *v.*
**t-shirt** camiseta *f.*
**Tuesday** martes *m., sing.*
**tuna** atún *m.*
**turkey** pavo *m.*
**turn** doblar *v.* **2**
**turn back** voltear *v.*
**turn down** rechazar *v.* **2**
**turn into** (*something*) convertirse (e:ie) en (algo) *v.*
**turn off** (*electricity/appliance*) apagar *v.*
**turn on** (*electricity/appliance*) poner *v.*; prender *v.*
**turtle** tortuga *f.* **5**
**sea turtle** tortuga marina **5**
**twelve** doce *adj.*
**twenty** veinte *adj.*
**twenty-eight** veintiocho *adj.*
**twenty-five** veinticinco *adj.*
**twenty-four** veinticuatro *adj.*
**twenty-nine** veintinueve *adj.*
**twenty-one** veintiún *adj.*; veintiuno/a *adj.*; *m., f.*
**twenty-seven** veintisiete *adj.*
**twenty-six** veintiséis *adj.*
**twenty-three** veintitrés *adj.*
**twenty-two** veintidós *adj.*
**twice** dos veces
**twin** gemelo/a *m., f.*
**twin brother** hermano gemelo *m.* **4**
**twin sister** hermana gemela *f.* **4**
**twisted** torcido/a *adj.*
**be twisted** estar torcido/a
**two** dos *adj.*
**two hundred** doscientos/as *adj.*
**two times** dos veces
**type** escribir a máquina *v.* **4**

## U

**ugly** feo/a *adj.*
**unbearable** insoportable *adj.*
**unbiased** imparcial *adj.* **3**
**uncertainty** incertidumbre *f.*
**uncle** tío *m.* **4**
**under** bajo *adv.*; debajo de *prep.*
**understand** comprender *v.*; entender (e:ie) *v.*
**understanding** comprensión *f.* **4**; entendimiento *m.*
**understanding** comprensivo/a *adj.*
**underwear** ropa interior
**unemployed** desempleado/a *adj.*
**unemployment** desempleo *m.*
**unequal** desigual *adj.* **6**
**unethical** poco ético/a *adj.*
**unexpected** inesperado/a *adj.* **2**
**unfair** injusto/a *adj.* **6**
**unfaithffulness** infidelidad *f.* **1**
**unforgettable** inolvidable *adj.* **1**
**unfriendly** antipático/a *adj.* **4**
**ungrateful** desagradecido/a *m., f.* **4**
**union** unión *f.*
**labor union** sindicato *m.*
**United States** Estados Unidos (EE.UU.) *m. pl.*
**universe** universo *m.*
**university** universidad *f.*
**unless** a menos que *adv.*
**unmarried** soltero/a *adj.*
**unsociable** huraño/a *adj.* **4**
**until** hasta *prep.*; hasta que *conj.*
**up** arriba *adv.*
**up-to-date** actualizado/a *adj.* **3**
**upload** subir *v.*
**upset** disgustado/a *adj.* **1**
**urbanize** urbanizar *v.* **5**
**urgent** urgente *adj.*
**It's urgent that...** Es urgente que...
**us** nos *pl., d.o. pron.*
**to/for us** nos *pl., i.o. pron.*
**use** usar *v.*
**use up** agotar *v.* **5**
**used for** para *prep.*
**useful** útil *adj.*; práctico/a *adj.*
**usefulness** utilidad *f.* **5**
**user name** nombre de usuario

## V

**vacation** vacaciones *f., pl.*
**be on vacation** estar de vacaciones
**go on vacation** ir de vacaciones
**vacuum** pasar *v.* la aspiradora
**vacuum cleaner** aspiradora *f.*
**valley** valle *m.*
**value** valorar *v.* **2**

**values** valores *m., pl.*
**vanguard** vanguardia *f.*
**various** varios/as *adj. pl.*
**VCR** videocasetera *f.*
**vegetables** verduras *pl., f.*
**verb** verbo *m.*
**very** muy *adv.*
**very much** muchísimo *adv.*
**(Very) well, thank you.** (Muy) bien, gracias.
**victim** víctima *f.* **6**
**victory** victoria *f.* **6**
**video** video *m.*
**music video** video *m.* musical **3**
**video camera** cámara *f.* de video
**video(cassette)** video(casete) *m.*
**videoconference** videoconferencia *f.*
**video game** videojuego *m.*
**viewer: television viewer** televidente *m., f.* **3**
**vinegar** vinagre *m.*
**violence** violencia *f.* **6**
**visit** visitar *v.*
**visit monuments** visitar monumentos
**vitamin** vitamina *f.*
**volcano** volcán *m.*
**volleyball** vóleibol *m.*
**vote** votar *v.* **6**

## W

**wage** sueldo *m.*
**wait (for)** esperar *v.* (+ *inf.*)
**wait in line** hacer *v.* cola
**waiter/waitress** camarero/a; mesero/a *m., f.*
**wake up** despertarse (e:ie) *v.*; amanecer *v.*
**walk** caminar *v.*
**take a walk** pasear *v.*;
**walk around** pasear por
**wall** pared *f.*
**wallet** cartera *f.*
**want** querer (e:ie) *v.*
**war** guerra *f.* **6**
**war refugee** refugiado/a de guerra
**warehouse** almacén *m.*
**warm** tibio/a *m., f.* **3**
**warm (oneself) up** calentarse (e:ie) *v.*
**warming** calentamiento *m.* **5**
**wash** lavar *v.*
**wash one's face/hands** lavarse la cara/las manos
**wash (the floor, the dishes)** lavar (el suelo, los platos)
**wash oneself** lavarse *v.*
**washing machine** lavadora *f.*
**waste** malgastar *v.* **5**

**wastebasket** papelera *f.*
**watch** vigilar *v.* **3**; mirar *v.*; reloj *m.*
**watch television** mirar (la) televisión
**water** agua *f.*
**water pollution** contaminación del agua
**water-skiing** esquí *m.* acuático
**way** manera *f.*
**we** nosotros(as) *m., f.*
**Web** red *f.*
**weak** débil *adj. m., f.*
**weakling** enclenque *adj.* **4**
**wealth** riqueza *f.*
**weapon** arma *f.* (*but:* el arma) **6**
**wear** llevar *v.*; usar *v.*
**wear warm clothes** abrigarse *v.* **3**
**weather** tiempo *m.*
**The weather is bad.** Hace mal tiempo.
**The weather is good.** Hace buen tiempo.
**weaving** tejido *m.*
**web** red *f.*
**surf the web** navegar *v.* en la red **3**
**website** sitio *m.* web **3**
**wedding** boda *f.*
**Wednesday** miércoles *m., sing.*
**week** semana *f.*
**weekend** fin *m.* de semana
**weight** peso *m.*
**lift weights** levantar *v.* pesas *f., pl.*
**weird** raro/a *adj.* **6**
**welcome** bienvenido(s)/a(s) *adj.*
**well** pues *adv.*; bueno *adv.*
**(Very) well, thanks.** (Muy) bien, gracias.
**well-being** bienestar *m.* **2**
**well organized** ordenado/a *adj.*
**well-mannered** (bien) educado/a *adj.* **4**
**west** oeste *m.*
**to the west** al oeste
**western** (*genre*) de vaqueros
**whale** ballena *f.* **5**
**what** lo que *pron.*
**what?** ¿qué?
**At what time...?** ¿A qué hora...?
**What a pleasure to... !** ¡Qué gusto (+ *inf.*)...
**What day is it?** ¿Qué día es hoy?
**What do you guys think?** ¿Qué les parece?
**What happened?** ¿Qué pasó?
**What is today's date?** ¿Cuál es la fecha de hoy?
**What nice clothes!** ¡Qué ropa más bonita!
**What size do you take?** ¿Qué talla lleva/usa?
**What time is it?** ¿Qué hora es?
**What's going on?** ¿Qué pasa?
**What's happening?** ¿Qué pasa?
**What's... like?** ¿Cómo es...?
**What's new?** ¿Qué hay de nuevo?

**What's the weather like?** ¿Qué tiempo hace?
**What's wrong?** ¿Qué pasó?
**What's your name?** ¿Cómo se llama usted? *form.*
**What's your name?** ¿Cómo te llamas (tú)? *fam.*
**when** cuando *conj.*
**When?** ¿Cuándo?
**where** donde
**where (to)?** (*destination*) ¿adónde?; (*location*); ¿dónde?
**Where are you from?** ¿De dónde eres (tú)? *fam.*; ¿De dónde es (usted)? *form.*
**Where is…?** ¿Dónde está…?
**(to) where?** ¿adónde?
**which** que *pron.*; lo que *pron.*
**which?** ¿cuál?; ¿qué?
**In which…?** ¿En qué…?
**which one(s)?** ¿cuál(es)?
**while** mientras *adv.*; rato *m.* **6**
**whistle (at)** silbar (a) *v.* **6**
**white** blanco/a *adj.*
**white wine** vino blanco
**who** que *pron.*; quien(es) *pron.*
**who?** ¿quién(es)?
**Who is…?** ¿Quién es…?
**Who is calling?** (*on telephone*) ¿De parte de quién?
**Who is speaking?** (*on telephone*) ¿Quién habla?
**whole** todo/a *adj.*
**whom** quien(es) *pron.*
**whose?** ¿de quién(es)?
**why?** ¿por qué?
**widow** viuda *f.*
**widowed** viudo/a *adj.* **1**
**widower** viudo *m.*
**wife** esposa *f.* **4**
**will** voluntad *f.* **1**
**willing (to)** dispuesto/a (a) *adj.*
**win** ganar *v.*
**win a game** ganar un partido
**win elections** ganar las elecciones **6**
**wind** viento *m.*
**window** ventana *f.*
**windshield** parabrisas *m.,sing.*
**windy: It's (very) windy.** Hace (mucho) viento.
**wine** vino *m.*
**red wine** vino tinto
**white wine** vino blanco

**wineglass** copa *f.*
**wing(s)** el ala *f.* /las alas
**winter** invierno *m.*
**wireless** inalámbrico/a *adj.*
**wish** desear *v.*; esperar *v.*
**I wish (that)** ojalá (que)
**with** con *prep.*
**with me** conmigo
**with you** contigo *fam.*
**within (ten years)** dentro de (diez años) *prep.*
**without** sin *prep.*; sin que *conj.*
**wolf** lobo *m.* **5**
**woman** mujer *f.*
**womanizer** mujeriego *m.*
**wonderful** genial *adj.* **1**
**wood** madera *f.* **5**
**wool** lana *f.*
**(made of) wool** de lana
**word** palabra *f.*
**work** trabajar *v.*; funcionar *v.*; trabajo *m.*
**work** (*of art, literature, music, etc.*) obra *f.*
**work out** hacer gimnasia
**work schedule** horario *m.* de trabajo
**world** mundo *m.*
**World Cup** Mundial *m.*
**worldwide** mundial *adj.*
**worried (about)** preocupado/a (por) *adj.* **1**
**worry (about)** preocuparse *v.* (por)
**Don't worry.** No se preocupe. *form.*; Tranquilo.; No te preocupes. *fam.*
**worse** peor *adj.*
**worst** el/la peor, lo peor
**worthy** digno/a *adj.* **4**
**Would you like to…?** ¿Te gustaría…? *fam.*
**write** escribir *v.*
**write a letter/post card/e-mail message** escribir una carta/postal/mensaje electrónico
**writer** escritor(a) *m., f*
**written** escrito/a *p.p.*
**wrong** equivocado/a *adj.*
**be wrong** no tener razón

**X-ray** radiografía *f.*

**yard** jardín *m.*; patio *m.*
**year** año *m.*
**be… years old** tener… años
**yellow** amarillo/a *adj.*
**yes** sí *interj.*
**yesterday** ayer *adv.*
**yet** todavía *adv.*
**yield enough to live on** dar para vivir *v.*
**yogurt** yogur *m.*
**You** tú *fam.*, usted (Ud.) *form. sing.*; vosotros/as *m., f., fam.*; ustedes (Uds.) *form. pl.*
**(to, for) you** te *fam. sing*; os *fam. pl.*; le *form. sing.*; les *form pl.*
**you** te *fam., sing.*; lo/la *form., sing.*; os *fam., pl.*; los/las *form., pl, d.o. pron.*
**You don't say!** ¡No me digas! *fam.*; ¡No me diga! *form.*
**You are…** Tú eres…
**You're welcome.** De nada.; No hay de qué.
**young** joven *adj.*
**young person** joven *m., f.*
**young woman** señorita (Srta.) *f.*
**younger** menor *adj.*
**younger brother, sister** hermano/a *m., f.* menor
**youngest** el/la menor
**youngster** chaval(a) *m., f.* **6**
**your** su(s) *poss. adj. form.*
**your** tu(s) *poss. adj. fam. sing.*
**your** vuestro/a(s) *poss. adj. form. pl.*
**your(s)** suyo(s)/a(s) *poss. pron. form.*
**your(s)** tuyo(s)/a(s) *poss. fam. sing.*
**your(s)** vuestro(s)/a(s) *poss. fam.*
**youth** juventud *f.* **4**

**zero** cero *m.*

# Index

# Credits

Every effort has been made to trace the copyright holders of the works published herein. If proper copyright acknowledgment has not been made, please contact the publisher and we will correct the information in future printings.

## Photography and Art Credits

All images © Vista Higher Learning unless otherwise noted.

**Cover:** Iñaki B. Argazkiak/Moment Open/Getty Images.

**Lesson 1: 2:** Aldomurillo/iStockphoto; **3:** (b) J. Emilio Flores/Corbis Historical/Getty Images; **4:** (l) Anne Loubet; (tm) Edyta Pawlowska/Fotolia; (bm) ImageShop/Corbis; (tr) Pixland/Jupiterimages; (mr) FotoliaI/Fotolia; (br) Ant236/Fotolia; **8:** Courtesy of Network Ireland Television; **12–13:** Colorblind/ Corbis; **13:** (tl) AO Images/PacificCoastNews/Newscom; (mr) Helga Esteb/Shutterstock; (ml) Noppasin Wongchum/123RF; (br) Eddie Moore/ZUMA Press/Newscom; **14:** (l) Digital Catwalk/Retna/Photoshot/ Newscom; (inset left) Patrick McMullan Co./PMC/Sipa USA/Newscom; (r) From *In the Time of the Butterflies* by Julia Alvarez ©2010 by Julia Alvarez. Courtesy of Algonquin Books; (inset right) Peggy Peattie/ZUMA Press/Newscom; **15:** (t) *Earache Treatment* (1989), Carmen Lomas Garza. Alkyd and oil on canvas. 17 1/8 X 15 1/8 in. (43.4 X 38.3 cm). Hirshhorn Museum and Sculpture Garden, Smithsonian Institution, Museum Purchase, 1995. Photography by Ricardo Blanc; (b) Aldamisa Entertainment/Photos 12/Alamy; (inset) Patrick McMullan Co./PMC/Sipa USA/Newscom; **16:** (b) Philip Gould/Corbis Documentary/Getty Images; **21:** (l, r) Martín Bernetti; (m) José Blanco; **24:** Janet Dracksdorf; **25:** (tl) Ali Burafi; (tm) Janet Dracksdorf; (tr) José Blanco; (bl) Paola Rios-Schaaf; (bm) Oscar Artavia Solano; (br) Martín Bernetti; **27:** Shironosov/iStockphoto; **28:** (tl, tr, br) Martín Bernetti; (tm) PM Images/ Getty Images; (bl) Paula Díez; (bm) Reed Kaestner/Corbis; **32:** J. Emilio Flores/Corbis Historical/Getty Images; **33:** Aldo Murillo/iStockphoto; **35:** Jean-Régis Roustan/Roger-Viollet/The Image Works; **36:** (foregound) Josh Westrich/Corbis/Getty Images; (background) Image Source/Corbis.

**Lesson 2: 40:** Don Mason/Blend Images/Corbis; **41:** (b) Todd Coleman **42:** (tl) Ferenc Szelepcsenyi/ Fotolia; (tm) Lauren Krolick; (m) Paula Díez; (bl) Luis Sandoval Mandujano/iStockphoto; (bm) David R. Frazier Photolibrary, Inc/Alamy; (br) Stockbyte/Getty Images; **50:** (bl) Stockcam/iStockphoto; (br) Monica Rodriguez/Media Bakery; **50–51:** (t) Wojtek Buss/AGE Fotostock; **51:** (tl) Vario Images GmbH & Co.KG/Alamy; (mr) Grigorev Mikhail/Shutterstock; (ml) Fotointeractiva/123RF; (br) Christian Rodriguez/ Bloomberg/Getty Images; **52:** (l) *Autorretrato con mono* (1938), Frida Kahlo. Oil on Masonite. Oil on Masonite, support: 16 x 12 in; framed: 19 1/2 x 15 1/2 x 1 1/2 in. Albright-Knox Art Gallery/Art Resource, NY/©2017 Banco de México Diego Rivera Frida Kahlo Museums Trust, Mexico, D.F./Artists Rights Society (ARS), New York; (r) SUN/Newscom; **53:** (t) Featureflash Photo Agency/Shutterstock; (b) Detail of *Batalla de los Aztecas y Españoles* (1929-1930), Diego Rivera. Fresco, 4.35 x 5.24 meters. Palace of Cortes, Cuernavaca, Mexico. Schalkwijk/Art Resource, NY/©2017 Banco de México Diego Rivera Frida Kahlo Museums Trust, Mexico, D.F./Artists Rights Society (ARS), New York; **54:** Buddy Mays/Corbis Documentary/Getty Images; **58:** Mark Lewis/Alamy; **61:** James W. Porter/Corbis/Getty Images; **62:** Angus McComiskey/Alamy; **70:** Todd Coleman; **71:** *Autorretrato como tehuana* (1943), Frida Kahlo. Oil on masonite, 76 x 61 cm. The Jacques and Natasha Gelman Collection of Mexican Art, Mexico City, D.F., Mexico. Erich Lessing/Art Resource, NY/©2017 Banco de México Diego Rivera Frida Kahlo Museums Trust, Mexico, D.F./Artists Rights Society (ARS), New York; **73:** Courtesy of Mercè Rodriguez; **74:** Adan Perez/EyeEm/Getty Images.

**Lesson 3: 80:** Franckreporter/iStockphoto; **81:** (b) Maremagnum/Photolibrary/Getty Images; **82:** (tl) Courtesy of Facebook ©2017; (tm) Tsian/Fotolia; (tr) José Blanco; (m) Damir Karan/ iStockphoto; (b) Pascal Pernix; **90–91:** Ocean/Corbis; **91:** (t) Lucas Vallecillos/VWPics/Newscom; (mt) Maremagnum/Photolibrary/Getty Images; (mb) Luis Alcala del Olmo/El Nuevo Dia de Puerto Rico/ Newscom; (b) Bob Krist/Corbis Documentary/Getty Images; **92:** (l) *Vegetación Tropical* (1948), Wifredo Lam. Moderna Museet. Estocolmo, Suecia. ©2017 Artists Rights Society (ARS), New York/ADAGP, Paris. (tr) Alberto Cristofari/Contrasto/Redux; (br) Jacket cover from *La Casa de La Laguna* by Rosario Ferré. Used by permission of Vintage Books, a division of Penguin Random House LLC; **93:** (l) Monica Davey/ EPA/Newscom; (r) Courtesy of Ediciones de La Discreta S.L.; (inset) Graham Tim/Corbis Historical/ Getty Images; **94:** Patrick Eden/Alamy; **99:** Hugh Burden/Masterfile; **104:** Alberto E. Tamargo/Sipa USA/ Newscom; **110:** Goodshoot/Photononstop; **112:** (t) Patrik Giardino/Corbis/Getty Images; (bl) John Parra/

Wire Image/Getty Images; (bm) Comstock/Corbis; (br) Lawrence Manning; **113:** (t) Pascal Pernix; (b) Ingram Publishing/Alamy; **115:** Photo courtesy of Oriol Miralles; **116:** Chris Knorr/Design Pics/Corbis.

**Lesson 4: 120:** Kevin Kozicki/Media Bakery; **121:** (b) Danny Lehman/Corbis; **122:** Elena Ray/ Fotolia; **123:** Randy Faris/Corbis/VCG/Getty Images; **126:** Courtesy of ECAM; **130–131:** Danny Lehman/ Corbis/VCG/Getty Images; **131:** (t) Charles O. Cecil/Danita Delimont Photography/Newscom; (mr) Kent Gilbert/AP Images; (ml) Alberto Lowe/Reuters; (b) Esteban Felix/AP Images; **132:** (t) Oscar Elias/ Newscom; (b) *Dos peras en un paisaje* (1973), Armando Morales. Mary-Anne Martin Fine Art/©2017 Artists Rights Society (ARS), New York/ADAGP, Paris; **133:** (t) Richard Bickel; (inset) Danny Lehman/ Corbis; (b) *Caserio* by Mauricio Puente, El Salvador. Photo courtesy of Mauricio R. Puente; **134:** Joson/ Media Bakery; **137:** Oleg Gekman/123RF; **140:** (both) Martín Bernetti; **142:** (all) Paula Díez; **146:** Danny Lehman/Corbis Documentary/Getty Images; **147:** Martin Norris/Alamy; **149:** Win McNamee/Getty Images; **150:** (t) AFP/Getty Images; (b) White House Press Office/ZUMA Press/Newscom; **151:** Jared Wickerham/Getty Images; **153:** Toni Albir/EPA Photo EFE/Newscom; **154:** Long10000/123RF.

**Lesson 5: 158:** Martín Bernetti; **159:** (b) Sipa Press Pixelformula/SIPA/Newscom; **160:** (tl) Corel/ Corbis; (tm) Martín Bernetti; (tr) Janet Dracksdorf; (ml) Vrabelpeter1/Fotolia; (mr) Carsten Reisinger/ Fotolia; (bl) Frank Burek/Corbis; (br) Anne Loubet; **168:** (b) Edwin de Jongh/123RF; **168–169:** (t) Martín Bernetti; **169:** (t) Martín Bernetti; (m) Paola Rios-Schaaf; (b) Daryl Benson/Masterfile; **170:** (tl) Sipa Press Pixelformula/SIPA/Newscom; (inset) Carlos Alvarez/Getty Images; (r) Piero Pomponi/Liaison/Getty Images; **171:** (tl) *President Charles DeGaulle* (1967), Marisol Escobar. Mixed media: wood, plaster and mirror. Dimensions: 107 1/4 x 86 1/4 x 31 7/8 in. Smithsonian American Art Museum, Washington, DC/Art Resource, NY/Licensed by VAGA, New York, NY; (tr) Oscar White/Corbis Historical/Getty Images; (b) AP Images; **172:** Fotos 593/Fotolia; **177:** Szefei/Shutterstock; **179:** Medioimages/Photodisc/Getty Images; **188:** Amazon-Images/Alamy; **189:** Martín Bernetti; **190:** Corbis; **191:** AP Images; **192:** Scott Picunko/Illustration Source.

**Lesson 6: 196:** Juan Carlos Lucas/NurPhoto/Getty Images; **197:** (b) Christophe Simon/AFP/Getty Images; **198:** (t) Gary Yim/Shutterstock; (m) Ernesto Arias/EFE/Newscom; (b) Leo Ramirez/AFP/ Getty Images; **201:** (l) Katie Wade; (ml) Martín Bernetti; (mr, r) José Blanco; **206:** (bl) Lars Rosen Gunnilstram; (br) Eric Wheater/Lonely Planet Images/Getty Images; **206–207:** (t) Hubert Stadler/Corbis Documentary/Getty Images; **207:** (tl) Beyond Fotomedia GmbH/Alamy; (tr, br) Lauren Krolick; (bl) Martín Bernetti; **208:** (l) Book cover from *Hija de la Fortuna* by Isabel Allende. Copyright ©1999 por Isabel Allende. Reprinted by permission of HarperCollins Publishers; (m) Christophe Simon/AFP/Getty Images; (r) El Mercurio de Chile/Newscom; **209:** (t) Luis Hernán Herreros Infante; (m) *L'Etang de No.* (1958), MATTA. Oil on canvas, 293 x 200 cm. Musée National d'Art Moderne, Centre Georges Pompidou, Paris, France/CNAC/MNAM/Dist. RMN-Grand Palais/Art Resource, NY/©2017 Artists Rights Society (ARS), New York/ADAGP, Paris; (b) Marc Alex/AFP/Getty Images; **210:** Lauren Krolick; **215:** Prathan Chorruangsak/Shutterstock; **218:** Lauren Krolick; **222:** Martín Bernetti; **223:** (l) Ekaterina Pokrovsky/ Fotolia; (r) Jorg Hackemann/Shutterstock; **226:** (l) Bettmann/Getty Images; (r) World History Archive/ Newscom; **229:** Ezequiel Scagnetti/ZUMA Press/Newscom; **230:** (bird) Daniel Hernanz Ramos/Moment Open/Getty Images; (branches) Andrean Richardo/EyeEm/Getty Images.

**Manual de gramática: 241:** Paula Díez; **248:** (all) Martín Bernetti; **254:** Martín Bernetti; **260:** Martín Bernetti; **261:** (t) Pressmaster/Shutterstock; (b) Piranka/iStockphoto; **264:** Anne Loubet; **266:** Anne Loubet; **268:** Corbis; **270:** José Blanco; **271:** Martín Bernetti; **274:** Paula Díez; **275:** Martín Bernetti; **280:** SW Productions/Photodisc/Getty Images; **282:** (l) José Blanco; (r) Janet Dracksdorf; **283:** Paula Díez; **284:** Martín Bernetti.

**Back Cover:** Demaerre/iStockphoto.

## Text Credits

**page 36**   "Poema 20", Veinte poemas de amor y una canción desesperada. © 1924, Fundación Pablo Neruda.

**page 74**   Courtesy of Mercè Sarrias Fornés.

**page 116**   Courtesy of Ginés Cutillas.

**page 154**   © Augusto Monterroso.

**page 192**   © Jaime Sabines, "La luna", reprinted by permission of the Sabines family.

**page 230**   From Memoria del fuego: El siglo del viento. Copyright © 1986 by Eduardo Galeano. Published by Siglo XXI de Espana Editores, S.A. By permission of Susan Bergholz Literary Services, New York, NY and Lamy, NM. All rights reserved.

## Short Film Credits

**page 08** Courtesy of Network Ireland Television.
**page 46** By permission of IMCINE.
**page 86** Courtesy of Yecid Benavides, Yecid Benavides Jr. and Johanan Benavides.
**page 126** Courtesy of ECAM.
**page 164** By permission of Gaizka Urresti.
**page 202** By permission of Xavi Sala Camarena.

## TV Clip Credits

**page 33** Courtesy of Univision Communications, Inc.
**page 71** Courtesy of Mariana Price.
**page 113** Courtesy of Noticias SIN.
**page 151** © 2013 Noticiero Univision.
**page 189** Courtesy of Agencia EFE.
**page 227** Courtesy of ANA INES CIBILS, MATHILDE BELLENGER/AFPTV/AFP.